Reflection and Extension of Basic Theory of Tax Law

税法基础理论的反思与拓补

侯 卓 著

图书在版编目(CIP)数据

税法基础理论的反思与拓补／侯卓著. -- 北京：北京大学出版社, 2024.10. -- ISBN 978-7-301-35747-7

Ⅰ.D912.201

中国国家版本馆 CIP 数据核字第 20241JH986 号

书　　　名	税法基础理论的反思与拓补
	SHUIFA JICHU LILUN DE FANSI YU TUOBU
著作责任者	侯　卓　著
责 任 编 辑	吴佩桢　张　宁
标 准 书 号	ISBN 978-7-301-35747-7
出 版 发 行	北京大学出版社
地　　　址	北京市海淀区成府路 205 号　100871
网　　　址	http://www.pup.cn
新 浪 微 博	@北京大学出版社　@北大出版社法律图书
电 子 邮 箱	编辑部 law@pup.cn　总编室 zpup@pup.cn
电　　　话	邮购部 010-62752015　发行部 010-62750672
	编辑部 010-62752027
印 刷 者	北京溢漾印刷有限公司
经 销 者	新华书店
	730 毫米×1020 毫米　16 开本　23 印张　412 千字
	2024 年 10 月第 1 版　2024 年 10 月第 1 次印刷
定　　　价	88.00 元

未经许可，不得以任何方式复制或抄袭本书之部分或全部内容。
版权所有，侵权必究
举报电话：010-62752024　电子邮箱：fd@pup.cn
图书如有印装质量问题，请与出版部联系，电话：010-62756370

国家社科基金后期资助项目
出版说明

后期资助项目是国家社科基金设立的一类重要项目,旨在鼓励广大社科研究者潜心治学,支持基础研究多出优秀成果。它是经过严格评审,从接近完成的科研成果中遴选立项的。为扩大后期资助项目的影响,更好地推动学术发展,促进成果转化,全国哲学社会科学工作办公室按照"统一设计、统一标识、统一版式、形成系列"的总体要求,组织出版国家社科基金后期资助项目成果。

全国哲学社会科学工作办公室

目　　录

导论 ·· 1

第一章　税收法律关系性质的批判性反思 ·· 23
第一节　"债务关系说"的解释力缺失 ······································· 24
第二节　"债务关系说"指引税法建制的个案省察 ······················· 35

第二章　税收与税法功能的适当性检视 ··· 47
第一节　税收调控的局限及其税法约束——以房地产市场的
　　　　税收调控为视角 ··· 47
第二节　税法控权功能的反思及其替代 ······································ 77

第三章　税法基本原则的内涵廓清与内容拓补 ···································· 94
第一节　重识税收法定的实质意涵 ·· 95
第二节　重申量能课税的制度价值 ·· 116
第三节　重新发现税收中性原则及其治理价值 ····························· 141

第四章　税法形式渊源的辩证审思 ·· 166
第一节　税法空筐结构的成因、合理性及其规范续造
　　　　——以《个人所得税法》为视角 ································· 166
第二节　税务规范性文件创制规则的实然与应然考察
　　　　——从"经国务院批准"切入 ····································· 192

第五章　税收权力和纳税人权利的内在逻辑与规范理路 ························ 210
第一节　税权配置的范式提炼 ·· 210
第二节　超越文本的税权配置及其正当性剖视 ····························· 233
第三节　纳税人权利的体系化提炼 ·· 246

第六章 税法体系内部的特异性规则 …………………………………… 273
  第一节　管制诱导性规范如何融入税法体系——以税收优惠
     为中心的审视 ………………………………………………… 273
  第二节　特定目的税种法的制度逻辑——以环境保护税法
     为视角 ………………………………………………………… 289

第七章 税法体系外部的制度关联 …………………………………… 308
  第一节　财政法和税法一体化的障碍及其突破 ………………… 308
  第二节　税法与其他法体系的关联及其反思 …………………… 324

结论 ……………………………………………………………………… 352

主要参考文献 …………………………………………………………… 357

导　论

一、研究背景

我国的税法研究在2013年以后出现过短暂的研究热潮，标志性事件是中共十八届三中全会通过的《中共中央关于全面深化改革若干重大问题的决定》（以下简称《决定》）提出落实税收法定原则，而彼时18个税种中已立法者不过六分之一，这意味着后续几年单是各税种的立法任务便大有理论文章可做；更兼房地产税改革、"营改增"、个税改革纷至沓来，观者皆是目不暇接，一时间研习者众。但坦白地讲，近年来税法研究的热度有所下降，标志便是主流期刊发文量和重要研究项目中标课题数量的减少。相较之下，同属经济法范畴的反垄断法等子部门法，则在平台反垄断等热点话题的助推下进入了理论和制度研究新的繁荣期。

在外部环境有利的时候，如果未能在基础理论的研究中开创新局，那么在有利的外部环境逐渐褪去后，学科的持续发展便很可能遇到挑战。这是因为，若是有价值的研究成果过于集中在针对新制度、新问题的回应上，也就对新制度、新问题产生了高度依赖，一旦新变成了旧，无论相关问题是否得到解决，研究的热度和传播价值均会大打折扣[1]；而若是在短期内未产生新的制度和问题，则研究的空间也将受到压缩。反之，若是学科的基础理论足够扎实，则既能够持续性地自我创设具有问题意识的真问题，也能够在推动解决一些问题的基础上发现另外一些层次更高也更深刻的新问题，进而促成理论与实践的良性循环。因此，缺乏外部热点的刺激对于我国税法学研究的长远健康发展来讲并非坏事，学界正好可对税法学理展开反思性研究，进一步夯实基础。毕竟，热点议题能让一个学科发展更快，而只有坚实的理论基础才能让其走得更远。

应当说，我国税法学研究在20世纪末以来发展迅猛，在相对较短的时间

---

[1] 事实上，前阶段许多热点问题并未得到很好的解决，比如自2011年1月开启保有环节征收房产税试点以来，迄今已逾十载，但房地产税的正式出台仍不可期。这当中有经济、社会、环境等方面的因素，但理论界未将相关问题研究透彻乃至许多基本共识都未能凝练，也是引致此种状况的重要原因。而显然，现时关于房地产税法的研究热度较之数年前已然下降多个级次。

内便奠定了学科的理论基础,提炼了基本的研究范式,产出了众多有分量的学术成果。但若以更高标准来衡量,则至少在如下方面仍然存在较大的拓掘空间。

其一,制度研究较热,理论研究相对薄弱。而且,制度研究主要是针对将要制定或修改的法律规范展开的立法论研究,关于法律规范如何适用的解释论研究相对不足;理论研究的部分,在本学科著名学者于21世纪初奠定基本的研究框架后,进一步的提炼和发展有所不够。

其二,可能是由于学者们各自所掌握资料和研究进路不同,理论研究在一定程度上呈现思维方式单线条化的状况,相对缺乏思考的辩证性和多元观点间有意识的融会贯通,致使不同主张之间在形式上相互排斥。比如,一种观点特别重视税收和税法的宏观调控功能,另一种观点则强调组织财政收入为其功能体系的主干,两种不同见解甚至导致对税法性质的认知差异。又如,部分学者奉税收法定为圭臬,由此强调税收事项应当尽量通过全国人大及其常委会立法决定,这便导向一种无论横向还是纵向都高度集中的税权配置结构,并对税务规范性文件在征管实践中扮演重要角色的状况颇为不满。形成鲜明对比的则是,另有学者从客观实际出发,认为赋予地方层级更大税权是充实地方财力,激发其积极性的重要制度基础,而税务规范性文件掌握较多"剩余立法权"也是不得不然的。实际上,同一问题常常有多个面向,结论不同很多时候不过是因为观察角度有差异而已。前述观点各有其合理性成分,也都不能完整、排他地解释清楚意欲解释的问题。虽然在学术研究中,人们常说片面的才是深刻的,可再深刻的片面也还是片面,真正有价值的是很多相互掣肘的片面见解,此时人们方有可能在不同观点的瑕瑜互见中发现各自的价值。故此,针对各类通说的辩证思考和在此基础上融通不同理论主张的努力,便很有必要。

其三,既有理论研究达成的共识对制度实践的指引价值有限。这易造成税法学理和实践的脱节,削弱税法学研究持续健康发展的利基。比如,税法学界高度重视税收法定已毋庸赘言,且习惯于将税收基本制度的法律保留作为税收法定的核心要求,正因如此,中共十八届三中全会将"落实税收法定原则"写入其所形成的《决定》中,被视作理论影响实践的重要标志。可细究之,在18个税种的立法进程中,基本遵循了将暂行条例简单上升为法律的平移式立法路径,具体规则无甚变化,这使观者不免发出"税收法定到底改变了什么""税收法定究竟有何实质作用"的诘问。归根到底,或许是对税收法定实质内涵的把握尚不通透,才使得受其指引的相关实践同理想状态似还有一段落差。又如,税法学界普遍将税收公平作为税法基本原则之一,但对

"如何做到公平"这一命题的阐释则显得回应性不够。现有学说多从量能课税和量益课税两个维度把握税收公平,但这两项本不一致的标准似乎谁也无法彻底说服谁——18个税种中,有的确实更契合量能课税的制度逻辑,至为典型者如个人所得税,有的则被认为可由量益课税的角度加以理解,如环境保护税。① 这就使得理论学说对税法建制的影响相当有限,更像是设计好制度后再来分析其从哪个角度体现了税收公平,而不是由税收公平出发便能知晓该如何设计制度。易言之,是"六经注我",而非"我注六经"。

正因为这些问题的存在,促使本书试图在基础理论的研究方面作出一些努力,以就教于方家,并期待能引起学界对税法基础理论的关注和热议。基于对前述税法基础理论研究拓掘空间的把握,本书在开展研究时希望能做到三点:一是对学界通说作辩证式思考,着力揭示其在"基本合理"的基础上可进一步斟酌的部分;二是对不同理论主张作融通式研究,尤其是在税法体系内部具有高度异质性的语境下,尝试释明各家理论学说的合理性成分及其适用场域;三是对学术理论和制度实践作一体式考察,虽置重心于反思和拓补税法基础理论,但每一章节的问题皆可谓是缘于对现实的观察,尤其重视现有理论无法很好解释和回应制度实践的情形,从中提炼出值得研究的理论问题,同时也注重以"能否更好地服务于制度实践"作为检验理论合理性和有用性的标尺。

二、研究述评

如前所述,我国税法基础理论的研究在过去若干年已取得丰硕成果,现从研究概览和重点问题研究成果梳理两个层次,兹概要述评如下。

(一) 研究概览

回顾过往,我国税法学界在21世纪初产出了若干基础理论方面的奠基式著作,其所提供的基本原理和基本分析框架,时至今日仍然被广泛应用于税法研究。其中最具代表性者包括但不限于:刘剑文、熊伟所著《税法基础理论》,最突出的理论贡献在于对税收法律关系的性质、税收法定、量能课税等重要问题作了系统性的学理探讨,同时基于债法逻辑对税法规则体系作了

---

① 参见叶金育:《环境税量益课税原则的诠释、证立与运行》,载《法学》2019年第3期。

梳理和重述①;张守文所著《财税法疏议》,提炼了两权分离主义、税收法定主义、财政联邦主义三大主义,作为分析诸多财税法问题的基本范式,同时还建构了可税性理论,作为连接财税法问题与主义的桥梁,这同样成为后续研究的重要理论框架②;施正文更加全面地接受税收债务关系理论,系统梳理了税收之债的原理、变动和保障③;张怡在较长一段时间致力于提炼"衡平税法"的分析框架,既有植根于中国实践对税法理念、功能、原则的学理反思,也基于理论构想而对实体税法和程序税法的优化提出了建议④;王鸿貌则对税法哲学和方法、基本理论问题和税收立法问题展开了较为系统的研究⑤。

我国税法学基础理论研究深受域外译著和我国台湾地区文献的影响。其中,日本的税法学著作对我国税法学研究的助力最大,金子宏所著《日本税法》⑥和北野弘久所著《日本税法学原论》⑦可谓是两大代表作。前者的第一编也即"税法序说"对税收的概念、税法的概念、税法的基本原则、税法的法源和效力等基础理论问题作了客观中立的阐发,可以视为是日本税法学界在这些问题上的共识性见解。后者则呈现鲜明的主观特色,作者以"北野税法学"的标签名世,其在最初的起点便展现出独具一格之处,也即扬弃传统的税收概念,改由收支一体的角度提炼符合宪法的税收概念⑧,以此作为基点对许多税法问题提出有别于传统认知的见解。其后,中里实等多名税法理论和实务界人士编著的《日本税法概论》亦在我国产生了一定影响,其旨在客观介绍日本的税法学理和制度实践,某些见解也具有理论上的创新性,如关于"公法领域的税法与交易法领域的税法"的界分,对税法与税收政策关联性的揭示,基于自主财政主义而对税权配置所作的探讨。⑨ 除日本的税法学文献外,其他国家和国际组织的引介文献对我国税法学的发展也发挥了不

---

① 参见刘剑文、熊伟:《税法基础理论》,北京大学出版社2004年版,第53—76、100—127、128—146、189—344页。
② 参见张守文:《财税法疏议》,北京大学出版社2005年版,第33—80、137—180页。
③ 参见施正文:《税收债法论》,中国政法大学出版社2008年版。
④ 参见张怡等:《衡平税法研究》,中国人民大学出版社2012年版。诚如正文中所述,该书虽成书于2012年,但作者对该问题的系统性思考自21世纪初便已开始,成书后仍在继续。参见张怡:《论非均衡经济制度下税法的公平与效率》,载《现代法学》2007年第4期;张怡:《税收法定化:从税收衡平到税收实质公平的演进》,载《现代法学》2015年第3期。
⑤ 参见王鸿貌主编:《税法学的立场与理论》,中国税务出版社2008年版。
⑥ 参见〔日〕金子宏:《日本税法》,战宪斌、郑林根等译,法律出版社2004年版。
⑦ 参见〔日〕北野弘久:《日本税法学原论》(第五版),郭美松、陈刚译,中国检察出版社2008年版。
⑧ 同上书,第15—22页。
⑨ 参见〔日〕中里实等:《日本税法概论》,西村朝日律师事务所西村高等法务研究所监译,法律出版社2014年版,第2—3、22—23页。

同程度的作用①,但整体上看,这些文献关注基础理论的偏度相对较小,更多是在介绍具体的税法制度。相较而言,我国台湾地区的税法学文献更为青睐学理问题,引入大陆后对基础理论研究的借鉴价值颇高。其研究进路的特色在于"跳脱税法看税法",有的学者倾向于从宪法的高度审思税法问题,如葛克昌以国家与社会的二元论为基点,对税法的功能、原则等开展研究②;有的学者习惯运用发展更为成熟之民法学的研究范式观照税法议题,如黄茂荣的税法学研究严格遵循规范分析的进路,这可从其关于税法体系、税法与民法关系的阐发中窥见一斑③;有的学者则强调法理方法的运用,如陈清秀有意识地应用概念法学、利益法学、评价法学、自然法学的方法开展研究,尤为引人注目的是,其还将传统中华文化中的儒释道思想运用于税法研究。④

辩证地看,域外译著和我国台湾地区文献对税法基础理论研究的影响有正反两个方面:一方面,我国税法学基础理论研究用了相对较短的时间便走上正轨乃至形成体系;另一方面,学者的研究进路在一定程度上受所掌握文献的影响甚至束缚,由于被引入我国的域外译著在背景方面具有不全面性,对日本等大陆法系国家文献的引介较多、较早,致使我国的税法学研究比较明显地倚重其理论范式,而对世界范围内同样存在的其他税法学研究范式和进路较为陌生,更兼大陆税法学研究受我国台湾地区文献的影响颇深,而后者同样存在此种"偏听"状况,这便加深了我国税法学研究路径依赖的程度。

(二) 重点问题研究成果梳理

针对本书欲研究的具体论题,学界已形成若干具有代表性的著述。

就税收法律关系的性质而言,早在1989年翻译出版的金子宏教授的著

---

① 代表性文献参见〔美〕约瑟夫·A. 佩契曼:《美国税收政策》,李冀凯、蒋黔贵译,北京出版社1994年版;〔美〕维克多·瑟仁伊:《比较税法》,丁一译,北京大学出版社2006年版;〔美〕V. 图若尼:《税法的起草与设计》(第一卷、第二卷),国际货币基本组织、国家税务总局政策法规司译,中国税务出版社2004年版;〔德〕迪特尔·比尔克:《德国税法教科书》(第十三版),徐妍译,北京大学出版社2018年版。
② 参见葛克昌:《租税国的危机》,厦门大学出版社2016年版,第28—49页。其从宪法的高度审视税法问题的研究进路是一以贯之的,代表性著作还可以参见葛克昌:《国家学与国家法:社会国租税国和法治国理念》,月旦出版社股份有限公司1996年版;葛克昌:《税法基本问题(财政宪法篇)》,北京大学出版社2004年版;葛克昌:《所得税与宪法》,北京大学出版社2004年版;葛克昌:《行政程序与纳税人基本权》,北京大学出版社2005年版;等等。
③ 参见黄茂荣:《法学方法与现代税法》,北京大学出版社2011年版,第48—324页。值得注意的是,黄茂荣另撰《法学方法与现代民法》,其间对法学方法论的运用更为淋漓尽致。
④ 陈清秀:《现代财税法原理》,元照出版有限公司2015年版,第4—24页。陈清秀运用这些法理方法对税法基础理论的研究,除可见于该书外,另见陈清秀:《税法总论》,元照出版有限公司2012年版。

作①中便客观介绍了债务关系说和权力关系说的对立,并且将税收法律关系性质的二元论作为通说提出,也即实体税法主要是债务关系,程序税法则更加接近权力关系。后续引进的北野弘久教授的著作在整体上推崇以债务关系说来解释税收法律关系,但仔细阅读其论述可知,其所提出的毋宁说是另一种意义上的二元论——从法实践论的角度,税收法律关系应当是债务关系;从法认识论的角度,税收法律关系应被把握成权力关系。② 受日本学说的影响,我国税法学界对该议题的探讨经历了"无论无争""有论无争"和"有论有争"三个时期③,目前已基本达成共识,一般认为债务关系说可用于解释实体税法,程序税法如税收责任法、税收征收法等则可被视为税收债法的外围领域,是实现税收债务的法律手段。通说特别重视债务关系说的理论和制度价值,强调其有利于使税法摆脱对行政法的依附,使税法的研究转移到法学思维上来,也能为解决中国税法的体系化问题提供助力。④ 即便有学者更为青睐金子宏提出的二元论分析范式,认为权力关系说更适用于税收征纳程序,债务关系说则更侧重于强调纳税人对国家所负的税收债务,但其也指出"已有越来越多的学者认为,税收征纳实体法律关系是一种公法上的债权债务关系"⑤,这实际上也多少体现出一种倾向性。需要注意的是,其间亦有学者对债务关系说持反对立场⑥,但说理主要是从传统的税收"三性"出发,严格来讲是在以税收话语沟通税法理论,所以未能实质性地阻碍债务关系说成为国内解释税收法律关系性质的通说。

就税收与税法的功能而言,马斯格雷夫将税收的功能概括为组织收入、配置资源和保障稳定三项⑦,我国学者也基本接受了这一主张。在此基础上,税法的功能通常被界定为以法律手段实现税收职能⑧,或是直接用典型的税收功能来表述税法功能。⑨ 这样一来,税法的功能便同税收的功能高度

---

① 参见〔日〕金子宏:《日本税法原理》,刘多田等译,中国财政经济出版社1989年版,第18—21页。
② 〔日〕北野弘久:《日本税法学原论》(第五版),郭美松、陈刚译,中国检察出版社2008年版,第175页。
③ 参见朱崇实主编:《共和国六十年法学论争实录:经济法卷》,厦门大学出版社2009年版,第234—257页。
④ 刘剑文、熊伟:《财政税收法》(第八版),法律出版社2019年版,第152页。另见刘剑文、李刚:《税收法律关系新论》,载《法学研究》1999年第4期。
⑤ 张守文:《财税法学》(第六版),中国人民大学出版社2018年版,第118页。
⑥ 参见王家林:《也从纳税人的权利和义务谈起——就一些税法新理论求教刘剑文教授》,载《法学杂志》2005年第5期。
⑦ See R. A. Musgrave, *The Theory of Public Finance*, McGraw-Hill, 1959, pp. 180-194.
⑧ 参见刘隆亨:《中国财税法学》(第二版),法律出版社2010年版,第15—18页。
⑨ 参见鲁篱:《税法功能论》,载《现代法学》1996年第1期。该文中,作者提炼了税法的显功能和潜功能,其中显功能的第一、二项是收入功能和调节功能,正对应税收的三大功能。

关联,二者间存在一种形式和实质、手段和目的的关系,比如宏观调控是税收的功能之一,相应地,保障和规范宏观调控便成为税法的一项功能。针对前述理论认知,学者们也从两个方面进行了反思。一是强调税法功能有其独立性,税法首先作为法律体系而存在,故应秉承法的价值和理念,具有若干超脱于乃至不同于税收的功能。① 概括来讲,有学者强调税法在保障纳税人权利、限制税收权力方面的功能。② 有学者则指出财税法功能横跨经济、社会、政治等各方面,相应具有规范理财行为、促进社会公平、保障经济发展等三方面的功能。③ 另有学者虽是从经济学角度切入考察税法的功能,但选取的是微观视角,注重运用制度经济学的分析范式,故同样提炼出不同于税收功能的结论,如外部性内部化、减少不确定性、削减交易成本、创设激励机制等。④ 二是对通常具有高度共识的税收与税法功能展开反向思考,如有学者认为相较于组织公共财产收入、分配公共财产这一主要功能,宏观调控仅仅是现代国家赋予财税法的补充功能。⑤ 总体上看,既有关于税收与税法功能的研究还存在体系性不够、相互间对话不充分等问题,尚须对学者们提炼出来的各项功能开展"提取公因数"的工作,并注意在此过程中界分税收功能和税法功能,进而在辩证审视的基础上思考各项功能应如何实现调谐融通的问题。

就税法基本原则而言,虽然囿于其法律后果的不确定而较少在执法和司法实践中直接适用,但其对理解和适用税法颇为关键,国外学者就格外重视研究税法原则,提倡直接运用税法原则来解释法条。⑥ 更重要的是,税法基本原则对于税收立法有着很强的指引价值,能使税法建制趋于科学化、正当化。应当说,关于税收原则的探讨一直是税收学研究的重心之一,威廉·配第、攸士第、亚当·斯密、萨伊、瓦格纳、马斯格雷夫等经济学家在这方面都作出了自己的贡献⑦,这也为税法基本原则的提炼奠定了基础。大体上,学界

---

① 比如有学者在研究广义财政法的功能时,便将之概括为权力授予、权力规范和权力监督三个方面的内容。这实际上是典型的从法律而非财税的角度思考问题的表现。参见刘剑文主编:《财税法学研究述评》,高等教育出版社2004年版,第19—20页。
② 熊伟:《走出宏观调控法误区的财税法学》,载刘剑文主编:《财税法论丛》第13卷,法律出版社2011年版,第74页。
③ 参见刘剑文:《财税法功能的定位及其当代变迁》,载《中国法学》2015年第4期。
④ 胡元聪:《法与经济学视野中的税法功能解析》,载《税务与经济》2007年第5期。
⑤ 陈少英:《财税法的法律属性——以财税法调控功能的演进为视角》,载《法学》2016年第7期。
⑥ See John Avery Jones, "Tax Law: Rules or Principles?", 17(3) Fiscal Studies 63-89 (1996).
⑦ 参见张守文:《税法原理》(第九版),北京大学出版社2019年版,第21—23页。

习惯于将税收法定、税收公平、税收效率作为税法的三项基本原则。① 在此基础上,对此三者的内涵,学者们持续开展着研究。

首先,关于税收法定原则,学者们很早便提炼了其基本要求,且相互间大同小异。② 近年来,相关研究或是从理论和实践的落差入手,揭示税务机关完全依赖裁量来解决新型交易的课税问题有违税收法定原则③,税收行政立法变相扩张权力也不符合税收法定的要求④;或是对其内涵加以充实,如提出落实税收法定应当遵循从"无法"到"有法"再到"良法",最后落脚到"善治"的进路。⑤ 值得注意的是,已有学者开始对税收法定应否过于刚性展开反思,如学者揭示了海南自由贸易港建设可能遇到的税收法定与地方税制创新之间的紧张关系,提出应重释税收法定而不宜坚持绝对化的法律保留。⑥ 这一反思性研究很有必要,其重点关注的是个案样本,在此基础上,仍须在整体、全局语境下审视税收法定与地方治理的关系。总体上看,学界当前更为关注税收法定原则如何在中国落地生根的问题。⑦

其次,关于税收公平原则,学界对其作为税法基本原则的地位并无疑议,但对其具体要求也即如何才能做到税收公平,则存在不同见解。世界范围内的财政学和财税法学理论在该议题上的争论较大,主要是量能原则和量益原则相持不下。财政学界中一种具代表性的观点认为,在不考虑公共支出的前提下量能课税是合理的,但欧陆学者似乎更愿意将社会欲求纳入考量范围,从而悦纳量益原则。⑧ 相较之下,日本学者更为倾心量能原则,其在探讨税

---

① 参见刘剑文主编:《财税法学研究述评》,高等教育出版社 2004 年版,第 186—194 页;张守文:《财税法学》(第六版),中国人民大学出版社 2018 年版,第 123 页。除基本原则外,学界也有将实质课税、诚实信用、禁止类推适用、禁止溯及课税等作为税法的适用原则。参见张守文:《税法原理》(第九版),北京大学出版社 2019 年版,第 36—38 页。

② 参见张守文:《论税收法定主义》,载《法学研究》1996 年第 6 期;覃有土等:《论税收法定主义》,载《现代法学》2000 年第 3 期。值得注意的是,不少学者习惯于从法律保留的角度理解税收法定,参见刘莘、王凌光:《税收法定与立法保留》,载《行政法学研究》2008 年第 3 期。本书将在第三章第一节对这一进路加以评价。

③ 参见汤洁茵:《税法续造与税收法定主义的实现机制》,载《法学研究》2016 年第 5 期。

④ 参见熊伟:《重申税收法定主义》,载《法学杂志》2014 年第 2 期。

⑤ 参见刘剑文:《落实税收法定原则的现实路径》,载《政法论坛》2015 年第 3 期;张婉苏:《从税收法定到税收法治的实践进阶——以进一步落实税收法定原则为中心》,载《法学研究》2023 年第 1 期;陈阵香:《税收法定主义实现路径研究——以立法为中心》,法律出版社 2022 年版,第 171—178 页。

⑥ 参见许多奇:《重释税收法定主义——以〈海南自由贸易港法〉颁布为契机》,载《法学论坛》2022 年第 2 期。

⑦ 有学者提炼了"税收法定原则中国化"的命题,并重点从税收立法权的纵横配置和税收立法程序的制度重构等角度展开论述。参见王鸿貌:《税收法定原则中国化的路径研究》,西北大学出版社 2020 年版,第 10—67 页。

⑧ [美]理查德·A. 马斯格雷夫、艾伦·T. 皮考克主编:《财政理论史上的经典文献》,刘守刚、王晓丹译,上海财经大学出版社 2015 年版,第 4—11 页。

收公平原则时多会直接将量能课税作为税收公平的评价标准,较有代表性的论述方式是:税收公平就是要相同情况相同对待,不同情况不同对待,何为"相同情况",何为"适当的不同对待",都无法从"公平"本身导出,而必须补入"税负能力"作为评价标准。① 值得一提的是,北野弘久虽然特别主张将财政收支打通研究,但其也认为,纵使量益原则可以被课税方用作课征税款的一种说明手段,却不能成为税负分配的原理,"作为纳税者税务负担分配的原则,只能是应能负担原则"。② 我国台湾地区学者虽在学缘关系上亲近欧陆尤其是德国,但在该议题上的见解则与日本相接近。黄茂荣③、葛克昌④、陈清秀⑤、陈敏⑥等均将量能课税作为税收公平的基本要求,在此语境下,甚至认为不符合量能原则的便不属于税法的范畴。我国大陆地区学者在此议题上的态度则经历了一个不断转变的过程。税法学研究发蒙之初,曾有代表性观点认为量能课税仅是财税理想而不足以成为税法原则,对税法建制和运行仅具有观念上的指导价值而无法律上的约束力,后来相关学者自身也转而认为"仅就以财政收入为目的的税收而言,量能课税的确是一项比较理想的原则"⑦,该观点颇具代表性。⑧ 有学者进一步指出践行量能课税有助于实现"弱者正义",从而更加夯实其在分配税负时的基础性地位。⑨ 甚至在数字时代的背景下,借"用户参与"概念可重建国家与个人间的关联,进而优化传统税法制度以更好彰显量能课税原则。⑩

---

① 〔日〕中里实等:《日本税法概论》,西村朝日律师事务所西村高等法务研究所监译,法律出版社 2014 年版,第 19 页。
② 〔日〕北野弘久:《日本税法学原论》(第五版),郭美松、陈刚译,中国检察出版社 2008 年版,第 102 页。
③ "量能课税原则为税捐正义之基本原则。"黄茂荣:《法学方法与现代税法》,北京大学出版社 2011 年版,第 190 页。值得注意的是,其提炼了量能课税的双重含义,一是容许国家按人民负担能力依法征税,二是禁止超出负担能力课税。这一观点对本书第三章第二节的论述颇具启发价值。
④ "税法则依量能课税原则而分配租税负担。……税法乃基于个人(或家庭)之所得、财产、消费之事实状态作为课税衡量标准。"葛克昌:《租税国的危机》,厦门大学出版社 2016 年版,第 88 页。
⑤ "承认量能课税原则属于宪法上平等原则在税法上之表现形式。"陈清秀:《现代财税法原理》,元照出版有限公司 2015 年版,第 44 页。
⑥ "时至今日,无论租税法学或财政学,皆普遍肯定量能课税原则。"陈敏:《税法总论》,新学林出版有限公司 2019 年版,第 75 页。
⑦ 参见刘剑文、熊伟:《财政税收法》(第八版),法律出版社 2019 年版,第 143 页。
⑧ 持此类见解的代表性文献包括但不限于许多奇:《论税法量能平等负担原则》,载《中国法学》2013 年第 5 期;曹明星:《量能课税原则新论》,载《税务研究》2012 年第 7 期。
⑨ 参见张牧君:《弱者的"对"与"错":税法分配税负的理论和原则》,载《法学家》2022 年第 6 期。
⑩ 参见张牧君:《重申量能原则:数字时代税收制度改革的规范性理由》,载《法制与社会发展》2023 年第 3 期。

学者们在分析具体税法建制时也会自觉运用量能课税的分析框架。① 但由前述不难发现，即便是将量能课税作为税收公平基本要求的论述，也会对其适用范围作一限缩，也就是将特定目的税、调控税和税收特别措施从中撇开。由此出发，近年来一方面有学者认为量益原则应当是特定目的税、调控税的建制原则②，另一方面也有学者提出，当前税法学界关于税收公平的两种表达也即量能原则和量益原则应当统一起来，基于政治经济学分析，应当将量益原则作为税收公平的普适性标准。③ 相关观点是否允当，本书第三章将提出自己的见解。此外，学界也有从其他角度研究税收公平原则，比如有域外学者探讨税制繁简度与税收公平的关系，认为税制的简化能从实体和程序两方面提高税收公平的程度。④ 由于这些研究同本书所关注的问题联系不大，故不予赘述。

最后，关于税收效率原则，学界的认识较为一致，一般认为其有税收行政效率和税收经济效率两个维度。前者强调用最少的费用汲取最多的税收收入，后者则是指税收的征取不能窒碍而应促进经济发展。⑤ 学界对税收行政效率的研究通常指向稽征经济的维度，其不仅关涉征管层面诸如机构设置和优化、纳税人遵从度提升之类的议题，在实体税法层面也应有所回应。我国台湾地区学者较为热衷于在税收行政效率的语境下研究减少申报单位、类型化税基、拟制性规范等内容⑥，我国大陆地区学者近年来关于拟制性规范的研究也在一定程度上是出于税收行政效率的考量。⑦ 税收经济效率同时导向税收中性⑧和税收调控两方面要求，经济学界较早便对此二者的关系有所

---

① 参见曾大鹏、查临平珈：《房地产税款模型确定研究——基于量能课税的视角》，载《重庆社会科学》2022 年第 7 期；程国琴：《从量能课税视角看消费税的立法完善》，载《税务研究》2020 年第 6 期；叶姗：《房地产税法建制中的量能课税考量》，载《法学家》2019 年第 1 期；杨小强：《保有环节房地产税改革与量能课税原则》，载《政法论丛》2015 年第 2 期；翁武耀：《量能课税原则与我国新一轮税收法制改革》，载《中国政法大学学报》2017 年第 5 期。
② 参见叶金育：《环境税量益课税原则的诠释、证立与运行》，载《法学》2019 年第 3 期。
③ 刘水林：《论税负公平原则的普适性表述》，载《法商研究》2021 年第 2 期。
④ See Simon James & Ian Wallschutzky, "Tax Law Improvement in Australia and the UK: The Need for a Strategy for Simplification", 18(4) Fiscal Studies 445-460 (1997).
⑤ 参见刘剑文主编：《财税法学研究述评》，高等教育出版社 2004 年版，第 193 页。
⑥ 参见黄茂荣：《法学方法与现代税法》，北京大学出版社 2011 年版，第 259—292 页。
⑦ 参见叶金育：《回归法律之治：税法拟制性规范研究》，载《法商研究》2016 年第 1 期；欧阳天健：《税法拟制条款的证成及反思》，载《法学》2019 年第 9 期；叶金育、郑乐生：《回归拟制性规范：〈契税法〉第 2 条第 3 款释义省思》，载《江西财经大学学报》2022 年第 4 期。
⑧ 颇多域外学者强调税收中性对税收经济效率的促进作用。See Harold M. Groves, "Neutrality in Taxation", 1(1) National Tax Journal 18 (1948); Lena Hiort af Ornäs Leijon, "Tax Policy, Economic Efficiency and the Principle of Neutrality from a Legal and Economic Perspective", Uppsala Faculty of Law Working Paper (2015).

思考①,其后,经济法学者也认为二者是统一而非对立关系,税收调控的灵魂就是税收中性思想。② 但总体上讲,由于宏观调控是税收的基本功能之一,税法也属于宏观调控法的核心内容,故税法学界对税收调控的关注更多,对税收中性的观照则相对不足。形成对比的是,域外学者则通常较为重视税收中性的价值,整体来看,其特别倾向于从增进经济效率的角度来把握和理解税收中性。③

就税法的形式渊源而言,由于学界习惯于从法律保留的角度来理解税收法定,所以通常会对我国税收立法较为原则、粗疏的状况提出批评。典型的批评方式是认为不同位阶的税收规范在立法权限方面的划分有失清晰、准确,下位规范实际扮演重要角色,并将该状况归因于《立法法》④第11条对税收领域法定事项的列举不够周延。⑤ 在此基础上,有学者剖析了税收立法较为原则、粗疏易产生的危害,其认为除非就同一事项已经有全国人大及其常委会制定的税收法律,否则行政机关在税收立法上基本不受阻碍和限制,这易导致行政权力的膨胀和纳税人权利受侵害风险的上升。⑥ 大体上,只要对税收法律的不完备性提出批评,基本上就会倾向于质疑税务规范性文件实质性创设税收规则的做法。⑦

就税收权力与纳税人权利而言,张守文教授在国内较早地系统研究了税权理论与体制⑧,关于我国税权配置纵向集中、横向分散的论断也由其提出。随后,多位知名学者将税权作为税法上的基石范畴,对其内涵、定位及分类等议题展开研究⑨,总体上看,学者们对税权的界定较为宽泛,有将纳税人权利纳入其中的趋势,但考虑到二者的差异更大,本书将其作区分处理。还有学

---

① 参见邓子基、邓力平:《税收中性、税收调控与产业政策》,载《财政研究》1995年第9期。
② 刘大洪、张剑辉:《税收中性与税收调控的经济法思考》,载《中南财经政法大学学报》2002年第4期。
③ See Harold M. Groves, "Neutrality in Taxation", 1(1) *National Tax Journal* 18 (1948); Lena Hiort af Ornäs Leijon, "Tax Policy, Economic Efficiency and the Principle of Neutrality from a Legal and Economic Perspective", *Uppsala Faculty of Law Working Paper* (2015).
④ 本书中涉及的法条除特别注明外,均指中华人民共和国法律法规。
⑤ 刘剑文、赵菁:《税收法律体系的优化——以个人所得税为例》,载《东岳论丛》2021年第2期。
⑥ 李楠楠:《论优化中央与地方税收授权立法的法治路径》,载《北方法学》2018年第5期。
⑦ 比如有学者提出,即便承认财税执法机关有行使税收剩余立法权的必要,也是为了规范、限制其行使,而非出于授权的目的。叶姗:《税收剩余立法权的界限——以成品油消费课税规则的演进为样本》,载《北京大学学报(哲学社会科学版)》2013年第6期。
⑧ 参见张守文:《税权的定位与分配》,载《法商研究》2000年第1期。
⑨ 这方面的代表性文献包括但不限于施正文:《论征纳税权利——兼论税权问题》,载《中国法学》2002年第6期;单飞跃、王霞:《纳税人税权研究》,载《中国法学》2004年第4期;张富强:《论税权二元结构及其价值逻辑》,载《法学家》2011年第2期。

者通过梳理税务规范性文件，提炼我国税权在纵向上持续集中化的轨迹。① 近年来较为新颖的观点是，有经济学者引入国民收入循环的概念，认为其从上游到下游包含生产、再分配、使用、积累等四个环节，税收内嵌于这四个环节，越是接近上游环节的税种越是适合作为中央税，越是接近下游环节的税种则越是适合作为地方税。② 客观地讲，关于税权的研讨在近年来有降温趋势。新一轮政府间财政体制改革虽置重心于事权划分维度，可税权配置的优化也是很重要的一个方面③，当前诸如消费税征税环节后移、房地产税改革等议题都关涉税权配置，唯有在理论层面廓清税权配置的应然格局，方能为相关改革实践提供智识支撑。而且，在税权内部，最近一段时期学界对税收收益权的关注程度高于税收立法权，这或许是因为不少人认为后一层面的问题已有共识，但实际上，熟知未必是真知，税权配置尤其是税收立法权配置仍有反思的空间，这也是本书相关章节将着力探究的。至于纳税人权利，则一直是税法研究的重心，学界对其所包含的内容作了诸多提炼④，也结合税收征收管理法的修改提出不少纳入特定纳税人权利类型的建议。⑤ 此外，我国逐步进入数字时代，算法决策、人工智能等新鲜事物的产生对纳税人权利的实现也有一定冲击，如何回应这种状况也成为不少学者的关注对象。⑥

就税法体系内部的特异性规则而言，学界主要是对税法规范内部的异质性和不同税种法制度逻辑的差异展开研究，其中后一层面的研究常会涉及税与非税界限的问题。在前者，学界对税法规范进行了类型化的工作，形成了

---

① 参见叶姗：《税权集中的形成及其强化——考察近20年的税收规范性文件》，载《中外法学》2012年第4期。
② 参见吕冰洋：《央地关系——寓活力于秩序》，商务印书馆2022年版，第345—351页。
③ 财政部原部长楼继伟曾著书探讨我国政府间财政关系的改进思路，"适度调整政府间收入划分"是其中重要一环。从其论述看，若将税权划分为税收收益权、税收征管权和税收立法权，则除需要调整收益权外，征管权、立法权等也有优化空间。参见楼继伟：《中国政府间财政关系再思考》，中国财政经济出版社2013年版，第309—314页。
④ 参见刘剑文、熊伟：《税法基础理论》，北京大学出版社2004年版，第88—95页；黎江虹：《中国纳税人权利研究》（修订版），中国检察出版社2014年版，第177—197页。由于本书第五章第三节有一部分内容是梳理学界关于纳税人权利内容的观点，故此处且不赘述。
⑤ 参见朱大旗、胡明等：《〈税收征收管理法〉修订问题研究》，法律出版社2018年版，第122—132、146—167页；刘剑文：《〈税收征收管理法〉修改的几个基本问题——以纳税人权利保护为中心》，载《法学》2015年第6期；张富强：《论纳税人诚实纳税推定权立法的完善》，载《学术研究》2011年第2期；王桦宇：《论税法上的纳税人诚实推定权》，载《税务研究》2014年第1期。
⑥ 参见杨小强、王淼：《税权均衡：算法决策对纳税人权利的冲击与回应》，载《财经法学》2023年第1期；黎江虹、李思思：《重塑纳税人权利："以数治税"时代的底层逻辑》，载《华中科技大学学报（社会科学版）》2022年第6期。

"二分法"和"三分法"等大同小异的观点①,其间均认识到税收优惠在税法体系中有一定特殊性。概言之,税收优惠的特殊性体现在其多被用于发挥诱导功能,相应在规则生成时便不宜完全恪守税法主体部分规则所要满足的形式和实质要求。在形式要求的维度,税收优惠固然也须依法设定,但由于其须依据客观情势的变化而作出相应调整,故法定要求不宜过高,有学者便强调对此类变量规范须预留一定"调控空间",也即经由授权性规范允许财税主管部门实施相机抉择的调控。② 与之相应,虽不宜在设定税收优惠时提出过高程度的法定要求,但鉴于其政策性特质,当社会或经济政策上的理由不再具备时,相应的税收优惠应得到及时清理。③ 可见,学界已然注意到税收优惠的变易性特质,且在此基础上对其形式层面的立改废提出不同于其他税法规则的思路。在实质要求的维度,学者们公认税收优惠在一定程度上得以脱离量能课税的规训,但其对量能课税的偏离须有正当理由且能通过比例原则测试。有学者将税收优惠区分为照顾性优惠和政策性优惠等两大类④,认为照顾性优惠并不违反量能课税,但政策性优惠的数量更多,且恰好同量能课税相背离。由此出发,针对政策性税收优惠,只有当其追求的目标合理正当,且采用手段恰当有效时,才具备正当性。⑤

在后者,学界已然初步认识到《环境保护税法》等特定目的税种法异于传统税种法之处,并主要从"归责→应益"的机理出发,指出量能课税不适用于《环境保护税法》,而应改采由受益主体承担相应税款的量益课税的思路。⑥ 针对相关特定目的税种法的功能,学界普遍认为《环境保护税法》重在规制,而非组织财政收入,但也有学者对此加以反思,建言认真对待《环境保护税法》的收入功能。⑦ 至于税收收入和非税收入的界限,学界已提炼出对

---

① 前者将之类型化为财政目的规范和管制诱导性规范,后者在此基础上另有"简化的规范"一项,同时以社会目的规范来替代管制诱导性规范,德国税法学家 Tipke 和 Lang 便持此种见解。参见陈清秀:《现代财税法原理》,元照出版有限公司 2015 年版,第 44—47 页;陈清秀:《税法总论》,元照出版有限公司 2012 年版,第 20—22 页。
② 参见张守文:《财税法疏议》,北京大学出版社 2005 年版,第 95—96 页。
③ 参见黄茂荣:《法学方法与现代税法》,北京大学出版社 2011 年版,第 154—155 页。
④ 关于税收优惠的分类还有其他观点,较具代表性的如保障(救助)型税收优惠—经济调控(激励)型税收优惠的二分法。但从具体内容看看,其实同正文所述分类方法无本质区别。参见王霞:《税收优惠法律制度研究:以法律的规范性及正当性为视角》,法律出版社 2012 年版,第 8—9 页。
⑤ 参见熊伟:《法治视野下清理规范税收优惠政策研究》,载《中国法学》2014 年第 6 期。
⑥ 叶金育:《环境税量益课税原则的诠释、证立与运行》,载《法学》2019 年第 3 期。
⑦ 参见何锦前:《论环境税法的功能定位——基于对"零税收论"的反思》,载《现代法学》2016 年第 4 期。该学者还对环境保护税法的其他法理问题展开了反思性研究,比如认为目前的规则设计过于偏重效率导向,而对公平的观照是不够的。参见何锦前:《价值视域下的环境税立法》,载《法学》2016 年第 8 期。

其加以厘清所具有的多方面价值,这包括但不限于指引府际权限划分、明确应否实施法律保留和确定对相对人权利保护的强度。① 学界一般以行政事业性收费、政府性基金为非税收入的代表,来辨析其与税收的差异。通说认为二者在有偿性、强制性、功能及规模等方面显著不同,这一观点已成为域外学说的主流,以至于获得司法裁判的支持。② 此外,税收收入和非税收入在受益群体③、目的④和发生原因⑤等方面亦不尽相同。值得一提的是,学界已注意到税收收入和非税收入存在向中间地带发展的趋势,特定目的税的出现便是典型表现,这也侧面说明特定目的税确实同非税收入存在千丝万缕的联系。但即便如此,相关学者还是主张,从外部特征、受益群体、设定理念等角度出发,仍可寻得辨别税与非税的线索。⑥ 然而,能够区分税收收入和非税收入只是观念层面的问题,若将视角转移至制度实践的层面,则特定目的税是否真能融入税法体系,仍是值得考究的问题。

就税法体系外部的制度关联而言,学界通常将贯通研究财政法和税法视为我国法学界的创举,高度肯定其理论和实践价值⑦,并且在借鉴北野弘久打通财政收支的统一税收概念的基础上,尝试从"征税之法"和"用税之法"的视角分别阐释税法和财政法⑧,使之呈现更紧密的内在联系。也有学者提炼源于但超越税收概念的"公共财产"这一理论范畴,并试图以此来实质性地整合财政法和税法。⑨ 前述主张希望使财税法既非财政法和税法的简单合成,也不是因为税收属于财政收入之一种而又极为重要便将其和财政并举,而是真正具有统一、贯通之内在逻辑的法体系。这一学术上的努力十分值得肯定,但不得不指出,目前财政法和税法研究一旦走向深入便遵循着并非一致的范式,仍然是客观存在的状况。除具有浓厚"亲缘关系"的财政法

---

① 参见葛克昌:《国家学与国家法:社会国、租税国与法治国理念》,月旦出版社股份有限公司1996年版,第157—159页。
② See Bharat ji Agarwal,"Difference between Tax & Fee and Guidelines for Drafting of Fiscal Legislation",http://ijtr.nic.in/articles/art52.pdf,2021-06-09 last visited.
③ 参见陈清秀:《税法总论》,元照出版有限公司2012年版,第85页。
④ 参见熊伟:《财政法基本问题》,北京大学出版社2012年版,第297页。
⑤ 参见黄茂荣:《法学方法与现代税法》,北京大学出版社2011年版,第12—16页。
⑥ 参见刘剑文、熊伟:《财政税收法》(第八版),法律出版社2019年版,第52页。两位学者也对税收收入和非税收入以特定目的税的形式相互融合这一做法,在一定程度上提出了保留意见。参见刘剑文、熊伟:《税法基础理论》,北京大学出版社2004年版,第20页。
⑦ 参见刘剑文、侯卓等:《财税法总论》,北京大学出版社2016年版,第439—441页。该书中,财税一体被称为"中国财税法学的特色和贡献"。
⑧ 参见李大庆:《财税法治整体化的理论与制度研究》,中国检察出版社2017年版,第48—50页;彭礼堂、张方华:《论一体化税法中的税概念》,载《湖北经济学院学报》2017年第3期。
⑨ 参见刘剑文、王桦宇:《公共财产权的概念及其法治逻辑》,载《中国社会科学》2014年第8期;吕铖钢:《公共财产与私有财产分离下的财税法一体化》,载《财政研究》2018年第12期。

外,与税法展开制度互动的对象还包括部门法与其他领域法。学界对税法与民法等部门法之间的制度关联投入了一定关注,《民法典》于2020年颁布、税法总则的制定也提上日程后,探究税法与民法法际协调路径的文献不断增多①,虽然对此种制度关联的结构性特征仍然缺乏充分提炼,但学界具有税法须与部门法进行制度对话并展开理论反思的自觉意识。相形之下,对于税法与其他领域法制度互动的研究则较为匮乏,这实际上也反映出,"领域法学"研究范式虽在近年来逐渐流行,但总体上仍偏重于方法论层面的理论阐释②,深入到制度层面的探讨则还有不小的发展空间。就此而言,研究税法与其他领域法的关联,其意义或许超越了税法学本身。

三、研究内容

本书针对国内税法学界的若干通说展开反思性研究,在肯定其合理性成分的基础上,着力对传统认知中有所偏颇之处进行匡正,对有所疏漏之处加以拓补,尝试优化税法基础理论体系,为学理和制度研究夯实基础。总体上,本书除导论和结论外共分为七章,所关注的都是税法学的重大基础性议题。通常认为,研究法律基础理论可从本体论、价值论、发生论、规范论等面向展开,本书既然研究的是税法基础理论,便也遵循这一脉络。本书的七章主要内容如下所述。

第一面向为本体论,解决税法是什么、税收法律关系是什么的问题。从既有研究成果看,学界对于税法是什么已无甚争议,故本编对此不多作阐发而集中笔墨于税收法律关系是什么的问题,这也是由本书作为学术专著而非教材的定位所决定的。第一面向含第一章。

第一章聚焦税收法律关系的性质,揭示作为通说的"债务关系说"在理论上的不自洽和对征管实践的消极影响,提出要将改造后的权力关系说和债务关系说有机结合起来。

第二面向为价值论。"价值"的核心意涵是"有用性",本编解决税法有什么用,以及拥有自己独特价值的税法应当确立哪些基本原则、相关原则的内容该当如何确定的问题。第二面向含第二章和第三章。

---

① 代表性成果可以参见杨小强:《论民法典与税法的关系及协调》,载《政法论丛》2020年第4期;熊伟、刘珊:《协调与衔接:〈民法典〉实施对税法的影响》,载《税务研究》2021年第1期;贾先川、米伊尔别克·赛力克:《论民法典时代税法对民法规范的适度承接》,载《税务研究》2021年第10期。

② "领域法学"理论提出后,短期内即产出了一系列研究成果,前一阶段部分有代表性者已结集出版。参见刘剑文等:《领域法学:社会科学的新思维与法学共同体的新融合》,北京大学出版社2019年版。

第二章关注税收和税法的功能，一方面从税收和税法的性质入手，对组织收入、调节分配、宏观调控等旨在干预市场的税收功能进行检视，另一方面则在现代治理语境下对税法控权功能作适当性考察。此二者分别是对授权导向和控权导向之税法功能认知的反思和纠偏，在此基础上初步提炼税法须兼顾授权和控权的主张。

第三章研究税法的基本原则，一是揭示理论和实务界在当前对税收法定认知的异化，进而明确其真正意涵所在，二是对量能课税和量益课税作融通式研究，尝试提炼真正富含指引价值的税收公平原则，三是指出税收中性不仅是一项经济学原则，也有着突出的法学意味，应当成为税法建制和运行的指导性原则。

第三面向为发生论，解决税法的制度规范如何形成的问题。整体上看，制度规范如何形成有宏观和微观两个层面，分别关注税法的制度变迁和税法的形式渊源。前一层面主要涉及客观事实，一则与基础理论的关联不大，二则也没有太多在学理上反思的空间，所以本书第三编更多探讨后一层面也即税法形式渊源的问题。第三面向含第四章。

第四章考察税法的形式渊源，指出狭义税法一定程度上采用框架式立法的做法是合理且必要的，反对片面追求高立法位阶的倾向，同时也从实然和应然两个层面对税务规范性文件的出台路径进行剖析，指出规范性文件在税法的渊源体系中确应有一席之地。

第四面向为规范论。规范论同样可在微观和宏观两个层面展开。微观层面的规范论对应本书第五章，聚焦税法最核心的制度规则也即税收权力和纳税人权利，由于其属于税法的基石范畴，所以这部分研究也可被视为范畴论的内容。宏观层面的规范论对应本书第六章和第七章，关涉的是"规则束"的问题，分别从内部和外部视角观察和省思税法规范体系。

第五章探讨税收权力和纳税人权利，在对税权概念作狭义理解的基础上，阐明"税收法定当然要求税权集中"这一观点并不准确，提出要从事物本质属性而不单纯是政治属性的角度来把握税权配置，探索一条融通控权与授权、兼顾税收法定与功能适当的税权配置新脉络。与此同时，该章也反思了纳税人权利的空洞化、程序化倾向，尝试提炼既能贴近又能指引制度实践的纳税人权利体系。

第六章审视税法体系内部的特异性规则，特别注重考察税法体系中的两大"异数"，一是以税收优惠为主干的管制诱导性规范，二是以《环境保护税法》为代表的特定目的税种法，探究二者与税法的整体制度逻辑是否相合，在何种意义上具有特异性，应如何与税法体系的其他部分保持协调，又该在哪些方面保持自身的固有特色。

第七章反思税法体系外部的制度关联,一方面剖视学界以统一"税收"概念为媒介,试图使财政法和税法在实质层面得以一体化的努力,通过对比狭义财政法和税法在实质维度建制原则、在形式维度建制思路、自身是否内含法价值、法律控制重心等方面的差异,提出统一的"税收"概念不宜使用过泛,财政法和税法的一体化也更适合停留在抽象层面、观念层面。另一方面,税法与其他领域法看似泾渭分明,但彼此间在制度功能层面存在尚未被学界关注的互动关系,其以功能中心主义作为结构性特征,颇为特殊,但"功能—规范融合"的新互动结构更为可欲。所以,须以税法为关注中心,从领域法内制度构造与领域法间价值协调两个方面改造原有互动结构,据此指引税法与其他法体系的互动与协调。

本书所讨论的内容均属于税法基础理论中的重大议题,各面向和各章之间也有着紧密的内在逻辑联系。首先,本体论当然处于最基础、最根本的地位,税收法律关系性质的厘清是价值论、发生论和规范论研究的前提。其次,紧随本体论之后的价值论居于承上启下的关键地位,就承上而言,价值论与本体论有强烈的呼应关系,如果说本体论是向内反思,价值论则是向外观照;就启下而言,本书在第二章和第三章对税法功能、原则的廓清,成为后续几章探究税法形式渊源应然状态、税权配置理想格局时的理论前提,举例言之,税法的形式渊源何以呈现今日的面貌,相当程度上便是为更好发挥税法功能,税权配置理想格局的提炼又须自觉置于更新后的税法基本原则框架下。再次,发生论的研究建立在本体论、价值论的基础上,其基本研究工具多由前面篇章的结论所提供,同时,正是在反思税法形式渊源的过程中,引出了税法规范论的重要问题。最后,规范论研究包含了微观和宏观两个层面。微观层面的规范论研究对作为税法基石范畴的权利、权力问题进行剖析,该处不仅有客观阐释,更有基于前几章研究结论而得出的改进建议。宏观层面的规范论研究需要综合运用前五章的分析框架和基本结论,既是对其总结和提炼,也起到反思和收束的作用。

四、研究方法

本书在研究过程中,综合运用了如下方法。

一是辩证分析法。针对关于税法基础理论的每一理论主张,均着重从正反两方面加以剖析,尤其重视对于学界通说的反向思考,比如对税收法律关系债务关系说、税法控权理论、税收法律空筐结构非合意性的反思,均遵循这一研究路径。在此基础上,本书尝试揭示同一问题不同见解的对立统一关系,进而使其相互间进行有机协调。比如把握税收法律关系性质时融通债务关系说与权力关系说,又如探讨税权配置应然格局时兼顾授权与控权,皆是如此。

二是规范分析法。规范分析法是法学研究所固有的方法,部门法研究的法理深度和"法味"浓度很大程度上取决于自觉运用规范分析法的程度。规范分析法不等于制度研究法、文本研究法,而是指一种关注法的合法性、运行绩效、形式和实体构成要素的研究方法。① 由此观之,本书对税收与税法的功能、税法基本原则、税收权力与纳税人权利、税法形式渊源和实质内核所展开的研究,正是运用规范分析法的体现。

三是价值分析法。本书有意识地从法价值的高度切入,对税收法定、税收公平/量能课税、税收中性的内涵作拓补式考察,进而将其作为基本工具,运用到针对税收权力与纳税人权利、税法规则的形式渊源和实质内核等议题的分析过程中。

四是比较分析法。本书虽然以基础理论研究为主,但也不可避免地会涉及若干制度问题,此间多会主动考察美国、日本和欧洲国家的相关制度实践。如在研究税收立法如何真正体现纳税人同意,以更好践行税收法定时,系统考察了日本税制调查委员会设立和运行的相关实践。又如在提炼税收中性原则的要求时,有意识地借鉴相关国际组织和世界其他主要国家的制度经验。需要说明的是,本书在运用比较分析法时,并未采用简单移植的做法,而是注意对域外经验作批判性考察和基于我国语境的调适。此外,与比较分析法相关联的是,本书在研究理论问题时,对域外学说尤其是较为晚近的研究成果也有所观照。

五是类型分析法。税法是一个复杂法体系,其从价值、功能到规范都具有鲜明的异质性,这决定了在许多议题上,整齐划一的结论可能未必合意,而在类型化基础上得出的结论更具有针对性和可操作性。有鉴于此,本书特别重视税法规范的异质性,对其展开类型化梳理,并以此作为在税收法定、税权配置、税法形式渊源等议题上采取差异化分析进路的逻辑基点。本书关于许多问题的结论因而也是类型化的。

六是历史分析法。为更加准确地探明有关制度和理论的内核,本书将考察历史源流作为重要的研究手段,梳理税收法定的内涵流变进而提炼贯穿始终的"纳税人同意"之意涵,便是一例。同时,本书也注重将相关理论和制度嵌入特定的时空语境中加以审视,以发展的眼光研究学理问题,譬如在传统

---

① 参见谢晖:《论规范分析方法》,载《中国法学》2009年第2期。

内容的基础上与时俱进地拓补了税收中性原则的新内涵。

七是实证分析法。本书在研究税收与税法的功能、税法规则的实质内核等部分时,充分依托和运用实证素材,如以数据形式揭示房产税、土地增值税的征收对房地产市场的影响。此外,本书若干问题意识也是在赴财税主管部门调研时萌生,如关于从债务关系角度理解税收法律关系可能给征管实践带来消极影响的观点,便发端于同有关部门的座谈。

五、可能存在的创新点与不足之处

(一) 可能存在的创新点

本书可能存在的创新点可从如下三个层面加以释明。

1. 学术思想创新

本书坚持反思—解构—融合的立场,拓掘核心范畴的内涵、重视各大范畴间的联系与张力。

其一,分别由"形式—实质""纵向—横向""垂直—水平"的维度理解税收法定、量能课税和税收中性,这既拓补了此三项原则的内涵,也为各项税法理论和实践问题的研究提供了更具指引性的分析范式。

其二,提出税法要兼顾授权和控权这双重面向,无论是税收与税法的功能发挥、税收法定的辐射范围、税权的纵横配置还是税法的形式渊源,都应追求授权和控权的平衡。

其三,强调在把握税收与税法的功能、税法原则的内涵、税权配置的格局等议题时,不宜停留在纯粹理性的层次,也须从客观需求入手,作功能适当性考察。

2. 学术观点创新

由前述基本立场出发,本书在各章节分别提出若干可能较为新颖的观点。

一是指出税收法律关系虽然具有"公法之债"的性质,但"公法"的部分要比"债"的部分更为重要。"债"的使用固然可以超越法域,但其作为一项法律范畴实则已将"平等主体间"作为默认前提,这同税法的语境差异颇大,故税法借鉴债法规则应保持谨慎的立场。相形之下,将税收法律关系界定为权力关系实际上意在控制征税权力,其立足于税法的公法属性,有其合理性。

二是明确税收的三大功能均是在积极干预市场,在此基础上,税法既要保障税收功能的实现是故必须具有授权功能,也须体察其公法属性从而内含控权意蕴。但此二者俱应有其限度:一方面,国家借税收干预市场时要避免泛化理解税收宏观调控，且须在税收、税法固有价值的拘束下行事，尤应优先选用更优的市场化调节手段；另一方面，过于机械的控权导向也不合于现代治理语境，可以在完善以支出为重心之替代性控权机制的基础上，适当限缩税法控权的作用范围。以上观点也可被视为经济法上"两手并用""两个失灵"等分析框架在税法领域的适用。

三是廓清税法基本原则的意涵。首先，税收法定不能被等同于依法治税或法律保留，而须明确其对"纳税人同意"的吁求，即便完成现有税种立法也仅仅是落实税收法定的里程碑而非终章。为实质性践行税收法定，要着力优化税法建制以契合推定的纳税人同意，同时审慎吸收纳税人的实质性参与。其次，不能仅从纳税人之间税负公平的角度理解量能课税，也不应认为量能课税仅适用于部分税种法建制。实际上，量能课税有纵向与横向两个维度，前者在"国家—国民"分配的意义上彰显公平，后者关涉纳税人之间税负配置的公平。量能课税与量益课税不存在并列关系，"收益"是税负"能力"的来源之一而非其全部，"收益"也不必定转化为税负"能力"，量能课税对所得税、财产税乃至流转税均可适用，理应作为税收公平的统一要求。最后，税收中性不仅是一项经济原则，也应属于税法的基本原则之一，其要求税法的制度设计应立足于降低税收超额负担，避免扭曲资源配置，消除对市场主体的厚此薄彼，以维护和实现纳税人的自由权、平等权和发展权。但从税法控权功能不应被推到极致的立场出发，也应明确税收中性是相对的，其不应排斥必要的税收宏观调控，更不能反向歧视国有企业而削弱全民所有制的地位。

四是建议税权配置须兼顾授权和控权，且应体察税权内在的异质性，在从运行阶段、税种属性、要素类型、作用环节等维度对税权作类型化梳理的基础上，分别作集中配置和适当分散的处理，从而既彰显法治思维，又契合功能适当原理。对实践中行政机关掌握税权超出文本设定的情状，亦须基于类型化思维作辩证审视进而予以辩证施治。同时，应当从公法属性、债法因素和税法特质三个角度切入，梳理纳税人权利所应包含的内容，以此指引税法建制更为全面地贯彻纳税人权利保护的思想。

五是揭示我国当前税法形式渊源的理性和无奈。一方面，税收法律虽然呈现"空筐结构"的外观，但从税法保障调控功能发挥和地方治理需求实现的角度，如此情状诚有其合理性，不宜一概否定而须在接纳的基础上考虑如何更好地将其纳入法治轨道。另一方面，财税主管部门确有掌握一定税收"剩余立法权"的必要，但在现行制度框架下，其无法以"经国务院同意/批准"的方式使其规范创制行为合法化，该行为仍然有违反法律保留、转授权禁止的嫌疑，且有自我扩权的风险。

六是强调要重视税法体系内的特异性规则。税法体系内部，微观层面的税收优惠等管制诱导性规范和宏观层面的《环境保护税法》等特定目的税种法，并不能完全遵循税法的通行逻辑，而有其独特性。但此二者毕竟被纳入税法的范畴，故税收优惠对量能课税和税收中性的偏离，须具有正当理由且能通过比例原则测试；《环境保护税法》也不得不在许多方面拥抱税法的制度逻辑而限缩自己的减排初心。由此延伸出去可知，税费界限应当得到足够尊重，不宜仅仅为了提升征管能力便推进费改税，以免因受税收、税法制度逻辑的框限反而妨碍了所期许目标的达致。

七是提出财政法和税法的整合应更多驻足于形式层面，在实质层面整合二者的努力成效甚微，这由二者在实质和形式维度的建制原则差异、偏重自然法和偏重实证法的立场分殊、法律规制的重心不同所决定。在实质层面整合财政法和税法，要求将量益课税原则贯穿财税法建制的始终，这既非可欲，也不可求。

3. 研究方法创新

本书在研究方法、进路方面或许有如下特色。

首先，强基导向。集中研力观照税法基础理论，用理论来解释和指引制度实践；在研究基础理论问题时，注重探究其中更为基础的部分；同时有意识地结合经济法基础理论的分析范式，尝试实现总论和分论在理论层面的贯通。

其次，批判视角。全书各章节均将对通说的批判性反思作为重要着力点，这并非全盘否定相关通常见解，而是旨在揭示学界可能因"熟视"而"无睹"的因素，既提供另一种视角，也推动相关学说更好实现逻辑自洽。

再次，融通思维。诚如前述，批判通说不是目的，本书更希望在明晰不同见解、不同主张各自合理性成分和不足之处的基础上，促进理论学说之间相互融通，从而也为制度实践提供更具可操作性的指引。

最后，系统观念。立足整体看系统，对各项具体议题的研究均置于整个基础理论的体系之中，关注不同议题之间的内在关联；立足协同看系统，坚持"二元论"的思维方式，避免将某一方面因素推到极致，如无论研究税法的功能还是探讨税权配置，均强调兼顾授权和控权；立足开放看系统，研究税法基础理论时不是就税法论税法，而将经济法基础理论、行政法原理乃至经济学原理均作为研究工具，提升相关研究的活力。

(二) 不足之处

本书存在如下不足之处，尚待有针对性地加以完善。

第一,对税收基础理论的观照有所不足。税法基础理论和税收基础理论存在密切关联,由于法学和经济学思维方式和研究范式的差异,二者在所关注问题有较大重合度的同时,针对若干重要问题的见解却存在较大不同,这其实为无论税法学还是税收学的研究都提供了宝贵的问题意识。比如,在税法学界青睐税负能力标准作为衡量税收公平的基本标准时,何以税收学界却如此看重获益标准,值得作更加深入、系统的考察。

第二,虽然本书有意识地融通经济法基础理论和税法基础理论,但在剖析具体的税法理论问题时,还应更充分地运用经济法学的基本分析范式。譬如关于税收和税法功能的探讨,即可借鉴经济法学的发展理论和"两个失灵"的分析框架。

第三,针对部分理论问题的分析还不够深刻,应持续加以拓掘。量能课税何以能够成为衡量税收公平的统一标准,法律到底应该如何规范形式上属于税收、实质上却是特别公课的财政收入,统一的税收概念究竟具有哪些方面的建制价值,本书对于诸如此类问题有所研讨,也提出了一些个人见解,但尚不能令笔者满意,有待于下一阶段继续深化研究。

第一章 税收法律关系性质的批判性反思

有关税法基础理论的探讨，绕不开对税收法律关系的性质界定，后续诸多问题的探讨均建基其上，因而本书首先便讨论该问题。学界对此曾有针锋相对的不同观点，一说认为税收法律关系属于权力关系，另一说认为其应被定性为债务关系，但分歧渐趋消弭，"税收是一种公法之债"的观点如今已被大多数税法学者所接受。[1] 仍然存在争议的是，债务关系是否能独自反映税收法律关系的全貌。[2] 换言之，债务关系说究竟是已然具备全面的解释力和深刻的指引力，抑或仅是一面弘扬纳税人权利的旗帜？[3] 在"公法之债"这一偏正短语中，"公法"与"债"何者更具有解释与指引层面的意义？[4] 进一步言，从指引制度构建的角度出发，债务关系说的存在究竟有多大的实际功效？通过反思上述问题，债务关系说之功能的此疆尔界自然得以划定。

本章所探讨的议题兼具理论与实践层面的意义，比如现阶段部分具有"税法通则"属性的《税收征收管理法》(本书以下简称《税收征管法》)，在设计规则时便在很大程度上受到关于税收法律关系性质界定的影响。该部法律的此轮修改工作历时已近十载，虽早在2013年和2015年便有征求意见稿问世，但修法进度仍然较慢，理论层面对于许多问题歧见频生，或是原因之一。"公法之债"拥有几成的公法底色，又该在多大程度上接纳债法规范？回应这一核心问题，进而达成理论共识，有助于为修法提供系统性的指引。有鉴于此，同时也是为了更好地说明"债务关系说"作用于制度实践时会引

---

[1] 关于该历程，可以参见本书导论的研究述评部分。
[2] 参见〔日〕北野弘久：《日本税法学原论》(第五版)，郭美松、陈刚译，中国检察出版社2008年版，第175—176页。金子宏等认为，应采"二元说"，即税收程序关系具有权力关系的性质、实体关系具有债务关系性质，这也是当前学界通说。北野弘久则认为，"二元说"在法认识论上成立，在法实践论层面则应提倡一元的"债务关系说"。
[3] 不难观察到一个现象，税法学经典文献(包括但不限于体系书)论及"税收债法"时，常有"两张皮"之嫌，也即基于"债"之属性所为法理指引和实然税法制度间的联系略显牵强。
[4] 中里实指出税法具有公法和交易法二元性质，但这里的"交易法"系就"民法之特别法而言"，并未言及"债"之属性。由此粗略观之，"公法之债"的复合结构中，"公法"性质似有更突出的实际影响。参见〔日〕中里实等：《日本税法概论》，西村朝日律师事务所西村高等法务研究所监译，法律出版社2014年版，第2页。

发的弊端,本章在理论检讨之后,还将具体举该部法律中的相关规则为例,作理论与制度的结合研究。

第一节 "债务关系说"的解释力缺失

"债务关系说"在 20 世纪末逐渐成为我国学界关于税收法律关系性质的主流学说①,在此基础上,税法学界一度致力于依托债法思维重构税法体系,其努力首先集中在实体税法层面,基本思路是将纳税人、税基、税率等税收要素②解释为税收债务的构成要件,进而将减免税等理解为税收债务的变更,乃至运用债法思维来解释退税等制度。③ 但细察之不难发现,借鉴债法的制度框架重构税法体系,有时呈现形式大于实质的特征,这不禁使人怀疑债务关系说的实际价值。

一、税收之债与债务关系说

以下两个问题虽看起来相似,但应区别开来:税收是否具有债务属性? 以及,是否应该强调税收具有债务的特质? 毕竟,"是不是"从逻辑上优先于"该不该"。

(一) 税收具有债务属性不意味着要从债务角度理解税收

所谓的"债",首先是生活中的概念,从法律角度理解,"债"也是主体之间的一类法律关系,在此关系中,任何一方主体得请求对方为特定行为。④ 由此可见,债务关系并非仅存在于私法的场合。法律部门虽被划分为公法和私法,但基本法理的贯通适用不受这一划分的影响。⑤ 因此,考虑到在税收法律关系中,国家也可以请求纳税人以货币形式履行纳税义务,将税收视为一种债务,并没有逻辑上的问题和体系上的冲突。但仅仅从"债"的角度理解税收,尚不足以解释如下问题:除民法和税法外,在其他部门法中同样存在"请求为特定行为"的情形,为何此类法律关系很少被视为,甚至没有被冠以"债务关系"之名? 比如,《刑法》上关于各种犯罪类型的规定,可被视作禁止

---

① 参见刘剑文、李刚:《税收法律关系新论》,载《法学研究》1999 年第 4 期。
② 也可以将其称为"课税要素",但考虑到该称谓的单方面征管属性太强,故本书统一使用相对中性的"税收要素"这一表述。
③ 如国内税法学里程碑式著作《税法基础理论》中,便专门将"税收债法"作为中篇,展开详细讨论。参见刘剑文、熊伟:《税法基础理论》,北京大学出版社 2004 年版,第 187 页以下。
④ 王利明主编:《民法》(第五版),中国人民大学出版社 2010 年版,第 300 页。
⑤ 比如,诚实信用就被视为"贯通于私法和公法的一般原理"。〔日〕金子宏:《日本税法》,战宪斌、郑林根等译,法律出版社 2004 年版,第 97 页。

公众为一定之行为,若行为人实施了此种行为,便要承受《刑法》的否定性评价并承担相应的不利后果,例如缴纳罚金。从"请求为特定行为"的角度把握,此间也符合"债"的定义,但为何没有"刑罚之债"的称谓? 又如,若行政相对人从事应受《行政处罚法》或者《治安管理处罚法》制裁的行为,行政机关便可对其施以包括罚款在内的行政处罚,那么为何也没有"行政债务关系"的提法?

举刑法和行政法为例,并无扩展"债"的辐射范围之意,笔者仅是要表达如下三层含义。第一,许多类型的法律关系都可能具有债的形式外观,但事物往往具有多面性和多维度,"债"的因素在其中可能地位并不显要,直接从债务关系的角度去界定相应的法律关系,甚至以此来指引制度设计,未必合适。第二,任何法律关系都是主体间关系,即便是人对物的所有,也不是人与物之间的主客关系,而是所有权人与非所有权人之间的关系。① 债务关系虽未自限于私法领域,但私法确系其发源地,这意味着如果我们全然脱离私法的语境来理解债务关系,便难免有南橘北枳之惑。经由私法的浸润,"发生在平等主体之间"已成为"债"这一概念不言自明的背景因素,或许正因如此,隶属于公法的诸部门法几乎不以债法自视。② 第三,某种学说之所以具有价值,原因无非两点,一是有利于加深对事物本质的认识,二是有助于促进人们的实践。就此而言,税收法律关系的双方主体仅在抽象层面具有平等性,但在每一次具体的征管活动中则不能也不应该平等,这说明从事物本质属性的角度看,债务关系说的价值似乎有限。既然如此,债务关系说想必是拥有某种难以替代的实践价值,否则其怎会成为主流,以致不乏税法学者视其为某种特殊债法呢? 但从历史的经纬来看,该假设并不成立。

(二) 债务关系说产生背景的偶然性和历史阶段性

税收被视为一种债,并非历史的必然,以下三个事件的发生时间与顺序可以说明此点。一者,行政法在德国的独立地位得以确定。在论及权力关系说的产生时,国内学界多简单地认为这是根基深厚的行政法影响税法的结果,经典的表述为"在第一次世界大战之前……德国传统行政法一直主张,

---

① 主体间性的概念由胡塞尔创设,哲学的本体论也相应由主体性发展到主体间性。这对于税法学研究颇具指导价值。参见叶姗:《税收利益的分配法则》,法律出版社2018年版,第243页。
② 故此,若从"债"之角度把握税收法律关系,必然无视国家与纳税人的实质差异,而认为二者居于平等地位,但这诚有脱离实际之处。Minoru Nakazato & J. Mark Ramseyer, "Tax Law, Hiroshi Kaneko, and the Transformation of Japanese Jurisprudence", 58 *Am. J. Comp. Law* 723 (2010).

税收法律关系是依靠财政权力而产生的关系"①,但该见解所指称的前提就不正确——到第一次世界大战时为止,行政法在德国远远谈不上根基深厚,就连"传统"二字其都担当不起。长期以来,德国行政法学界的重心是争取本学科的独立地位,避免沦为行政学或行政政策学的附庸。普鲁士邦于19世纪80年代制定的《普鲁士邦行政法通则》是首部具有近代意义的行政法,可谓开创制度层面的先河;奥托·迈耶的《德国行政法》首版发表于1895年,第二版发表于1914年,也即到19世纪末、20世纪初,以行政行为为核心的行政法学才逐步取得独立地位,"大约在1900年被看作是一个年轻学科"。②二者,"税收债务"一词出现在税收立法中,具体来讲,其标志性事件是1919年颁布《帝国税收通则》。③三者,学界首次提炼出税收是一种公法之债的观点,这见于阿尔伯特·亨泽尔在1924年出版的《税法》,通常也将其作为债务关系说产生的标志。

　　梳理这三个事件后不难看出,从债的角度描摹税收,制度实践还要早于理论言说,尽管这是一种薄弱而有限度的实践:德国于1919年颁布《帝国税收通则》时,债务关系说仍在襁褓之中,而《帝国税收通则》受当时方兴未艾的奥托·迈耶《德国行政法》之影响,整体上是从权力关系的角度来看待税收的,"税收债务"的表述仅是孤例,而且,其真的也只是一种"表述"。进言之,虽然德国的法学方法论自19世纪中后期开始百花齐放,"客观解释法学""心理学法学""早期利益法学"等新方法论层出不穷④,但在债务关系说发轫之际,以萨维尼为代表的学者的主观解释学说仍占据主流地位,其"赋予立法者的调整意志以决定性作用"⑤,且为回应对法学科学性的质疑,彼时的著名学者施塔姆勒强调法学是一种"目的—手段"的科学而非"原因—结果"的科学⑥,通过凸显立法目的对于法学主体性构建的意义,强化了目的解释的重要性。由此出发,既然《帝国税收通则》颁布时债务关系说尚未被提出,自然很难认为"税收债务"的立法措辞蕴含了债务关系说的意涵。也即,《帝国税收通则》选择"税收债务"的表达,并非基于债务关系说的学理;事实恰恰相反,债务关系说的产生,实际上是亨泽尔等人"对既定法律文件用语的

---

① 参见刘剑文、熊伟:《税法基础理论》,北京大学出版社2004年版,第63页。
② 〔德〕米歇尔·斯托莱斯:《干预性国家的形成与德国行政法的发展》,王银宏译,载《行政法学研究》2015年第5期。
③ 《帝国税收通则》(1919)第81条规定:"税收债务在法律规定的课税要件充分时成立。为确保税收债务而须确定税额的情形不得阻碍该税收债务的成立。"
④ 参见〔德〕卡尔·拉伦茨:《法学方法论》(第六版),黄家镇译,商务印书馆2020年版,第43—113页。
⑤ 〔德〕伯恩·魏德士:《法理学》,丁晓春、吴越译,法律出版社2013年版,第332页。
⑥ 〔德〕卡尔·拉伦茨:《法学方法论》(第六版),黄家镇译,商务印书馆2020年版,第117页。

一种附会"。①

之所以说债务关系说的产生并非必然,还因为权力关系说本就可以发挥控权的效果,未必需要债务关系说的驰援。学界多认为权力关系说旨在加强国家权力,但在彼时的背景下,其发挥的恰恰是控权功能。前文曾述及奥托·迈耶力图争取行政法的独立地位,其核心进路是将行政权力配置与运作的合法性问题归属于行政法,而行政效率问题则归属于行政学与行政政策学。《德国行政法》在理解税收法律关系时,始终坚持控权的导向:传统国家兼具双重角色,一个是私法角色(营业实体),另一个是公法角色(主权者),其以私法角色获取税收收入,税务纠纷发生时则又回归公法角色,因而其既得以在获取收入时享受高效便捷,又免于受到法院的管辖。② 迈耶以权力关系界定税收法律关系,使得国家无法根据"需要"任意选择自己的身份,客观上起到了控权的效果。确实,国家虽然在不同的法律关系中扮演不同角色,但在单一关系中只能以一个角色存在,否则,其时而以主权者的身份指点江山,时而以营业实体的身份参与市场,法律关系必定混乱不堪。③ 综上,考虑到彼时的行政法是最大的限权之法④,故而从行政法的角度理解和把握税法,既是合理的,也是有效的。

承前,既然债务关系说的提出,并不以其具有特殊的实践效果为前提,那么便应回到理论层面探寻其逐渐取代权力关系说而成为通说的原因。其理论价值在于,债务关系说有助于证成税法是一门独立的学科,当从权力关系的角度解读税法时,其仅仅是"特别行政法的一种",而在债务关系说构建的话语体系里,税法可以成为,甚至必然成为一门有别于行政法的独立学科。⑤ 之所以如此,是因为债务关系说更加倾向于从实体税法而非程序税法的角度来理解税法:若对比程序税法和一般的行政法,那么可以发现二者无论是原理还是具体规则均大同小异,但若将重点置于迥异于一般行政法的实体税法,则很难再将税法视作行政法的特别法。实际上,对于税法学科主体性的追求有其原因,20世纪20年代以降,德国税法学发展迅猛,成为世界范围内的研究高地,这自然诱使税法学人追求学科的独立地位,而独立地位的确立反过来又进一步推动税法学科的繁荣。比照观之,经济法一直以来也面临着如何与行政法相处的问题。最早出现权力关系说与债务关系说之争的德国,

---

① 王冬:《税法理念问题研究》,法律出版社2015年版,第128页。
② 参见[德]奥托·迈耶:《德国行政法》,刘飞译,商务印书馆2013年版,第53—54页。
③ [法]狄骥:《公法的变迁》,郑戈译,中国法制出版社2010年版,第123—124页。
④ 诚如威廉·韦德所言,"行政法定义的第一个含义就是它是关于控制政府权力的法"。
　[英]威廉·韦德:《行政法》,徐炳等译,中国大百科全书出版社1997年版,第5页。
⑤ [日]金子宏:《日本税法》,战宪斌、郑林根等译,法律出版社2004年版,第21页。

认为"经济行政法"是一种特别行政法,至今仍有部分学者持这种见解。① 反倒是税法,由于债务关系说的助力,其在 20 世纪 20 年代就基本取得了独立地位,"税法是一门独立学科"早已成为德国法学界的共识,一般也没有人认为税法隶属于"经济行政法"。债务关系说对促成和维持学科主体性的重大贡献,正是时至今日其仍被税法学人奉为通说的重要原因之一。

然而,这一学科层面的价值带有鲜明的时代印记。在以往,一个学科是否独立,往往关系到其能否获得足够的研究资源和研究力量,但学科或者说部门法划分本就违反形式逻辑②,且过于"精耕细作"不免限制学人从更为全面的角度认识世界。近年来,学界提倡一种以问题为中心,强调学科交叉、融通的"领域法学"研究范式。③ 在该语境下,学科之间不再壁垒分明,而是根据需要分别贡献自己的智识资源,共同服务于特定领域理论问题的廓清和现实问题的解决。税法被认为属于一类"领域法",其在概念、方法和规则等许多层面都有运用法学各二级学科乃至经济学、社会学、政治学的理论资源。④所以,税法在话语体系上受行政法影响大一些无甚问题,重要的是解决问题,而非所选用的方法和手段。

综合上述,从权力关系的角度理解税收法律关系,并非要凸显其管理—服从的特质。事实上,权力关系说正是为控制征税权力而生,债务关系说的发蒙倒是颇为偶然,立法者恰巧使用了"税收债务"的表述,颇具雄心又富有敏感性的学者则刚好捕捉到推动税法成长为独立学科的契机,于是,由债的角度重读(难谓重构)税收法律关系,从而使税法不再是行政法的"婢女",而成为自己的"主人"。但如今已很少有人会怀疑税法的相对独立性和税收实体法的重要性,且"领域"已逐渐取代学科/部门法,创造了更多的学术热点,吸引了更多的研究力量⑤,由此说来,债务关系说原本承载的任务似已告完成。如果债务关系说舍此之外别无价值,特别是不能指引或者无法较好指引

---

① 〔德〕弗里茨·里特纳、迈因哈德·德雷埃尔:《欧洲与德国经济法》,张学哲译,法律出版社2016 年版,第 36 页。其他国家也有类似概念,如苏联及前东欧国家曾有学者主张建立"经济—行政法",作为"一个特别的亚部门的法律学科"。漆多俊:《经济法基础理论》(第五版),法律出版社 2017 年版,第 99 页。
② 逻辑学上,"划分"必须满足三个规则:划分必须相称、每次划分的根据必须统一、划分的子项应相互排斥。参见吴家国等:《普通逻辑》,上海人民出版社 1993 年版,第 127—130 页。部门法的划分在这三个维度皆存在不足。参见廖益新、李刚、周刚志:《现代财税法学要论》,科学出版社 2007 年版,第 6 页。
③ 刘剑文:《论领域法学:一种立足新兴交叉领域的法学研究范式》,载《政法论丛》2016 年第 5 期。
④ 侯卓:《"领域法学"范式:理论拓补与路径探明》,载《政法论丛》2017 年第 1 期。
⑤ 这方面最具代表性的例证,莫过于近年来关于大数据、人工智能、区块链的研究蔚然成风,在法学学科内部,从事不同部门法研究的学者都有关切这些议题,并产出有质量的成果。

税法建制的话,则其现实意义无疑将大打折扣。接下来,本节便从实体税法和程序税法两个角度对此展开检视。

二、债务关系说对实体税法和程序税法的影响

前文已述及,学界对于税收法律关系究竟是一元的抑或二元的,存有一定争议。二元说在学界的认可度更高,其认为税收法律关系在实体维度是债务关系,在程序维度则是权力关系。[1] 本书则认为,实体税法看似同债务关系说更相契合,但二者的关联更多也只停留在形式上,倒是程序税法的制度安排,却很可能受到债务关系说的影响。

(一)债务关系说对实体税法建制作用有限

二元说是在"法定之债"的意义上将实体层面的税收法律关系界定为债务关系的。也即,一旦法律规定的税收要素俱已满足,国家和纳税人之间便自动产生以税款给付为标的之债权债务关系,而不受税务机关实施的行政行为影响。[2] 债务关系说的拥趸还指出,鉴于纳税义务系依法自动成立,税务机关无恣意空间,故纳税人权利可在更大程度上受到保障。

然而若深究之,则会发现这一主张建立在一个错误的前提之上,且论证逻辑亦不能成立。一方面,满足法定要件时成立某种义务,其实是法律尤其是公法上的共性特征。犯罪嫌疑人违反刑法、行政相对人违反行政法,归根结底同样是因为满足了相关法律所规定的"构成要件",而"自动发生"需要承担刑法或行政法上不利后果的义务,后续司法机关、行政机关追究其责任的行为可以被视为"使抽象债务得以具体化"。笔者揣测,纳税义务的标的在现代国家基本都是金钱,这同民法上债务的主要形式也是金钱债务在形式上具有一致性,而刑事处罚和行政处罚虽也有罚金、罚款,但更多还是其他形式,如刑法上的拘役、有期徒刑等。或因如此,才导致学界将税收而非其他情形理解为债务。可众所周知,随着经济社会的发展和人们认识的加深,债的标的早就不限于金钱,从"请求为一定行为"的角度看,税收债务相较于其他部门法上的类似情形,特殊性其实有限。

另一方面,基于债权产生原因的不同,一般将民法上的债区分为合同、侵权、不当得利和无因管理等四类。这当中,合同之债被公认为最典型的债务形式,之所以如此,便在于其充分体现意思自治,从合同的订立、履行到变更、

---

[1] 参见〔日〕金子宏:《日本税法》,战宪斌、郑林根等译,法律出版社2004年版,第21页。弓削忠史:《税法原理Ⅳ》,载《九州共立大学经济学部纪要》第111卷,2008年2月,第48页。
[2] 刘剑文、熊伟:《税法基础理论》,北京大学出版社2004年版,第74页。

甚至违约责任的承担，都有意思自治的作用空间。很显然，此间不存在类似于税收的"满足构成要件自动发生"的问题，而人们在潜意识里将税收债务拿去比拟的，却恰恰是合同债务。这一关键差异使得税收作为一种债务，有徒具其形、并无其实的嫌疑。除合同之债外，侵权之债、不当得利之债和无因管理之债，倒是皆有着法定之债的属性，但此三种情形中的当事人，仍然可基于意思自治实施一定的处分行为，比如债权人放弃行使债权便无问题，而作为税收债权人的国家则并无这方面的处分权能。进言之，此三者之所以被设定为法定之债，原则上在构成要件满足时自动发生，很重要的一个原因便在于双方当事人处在平等地位上，若无法律依据，谁也没有强制他人的手段和能力，这对于遭受侵权、被他人不当得利或是无法律原因实施管理的主体来讲，显然不公平，故而才要以"法定之债"的形式保障其权利。

实际上，"依法律规定而自动发生"并不是债的本质属性，其所强调的毋宁说是相关义务源自法律规定而非意思自治。这样一来，将税收界定为一种债务，其实并没有什么用处。各部实体税法均是从公平、效率等角度出发，设计税收要素，这同税收是不是债无甚关联。用"法定义务"的表述来替代"法定之债"，不会对人们理解税收的内涵造成任何障碍，也没有给税收立法增加一丁点难度。甚至在宏观层面，"债"的定性和当前关于实体税法的某些主流言说之间还存在一定冲突。比如，纳税人权利保护在税法场域具有"政治正确"的地位，可"债"的一大特质恰恰是不预设立场，价值无涉而中立。所以，本章第二节将会论及，从债务关系的角度出发设计规则，某些时候对纳税人未必有利。

归根结底，从债务关系的角度理解税收法律关系，仅仅侧重了事物的某一方面属性，具体来讲，其主要是在国家和纳税人关系的抽象层面上把握税收。国家作为"债权人"，有权要求纳税人向自己缴纳税款，反过来，纳税人也可以要求国家向其提供公共产品和公共服务。这其实是在契约理论的框架下审视税收问题，相比"税收债务关系说"的提法，"税收契约论"的表述要更为贴切。与之相应，权力关系说同样可被用于解读税收法律关系，只不过其更加注重事物另一方面的属性。[①] 虽然一般认为权力关系说适用于程序税法，但其对实体税法亦有重要的指引作用。如前所述，现代公法以控制公权力、保护私权利为价值取向，这不仅通过正当程序等原则的贯彻得以实现，还要求实体规则也要彰显控权理念。譬如法定原则之所以成为各公法部门

[①] 北野弘久也认同，从"法认识论"角度，"从历史的和经验的角度分析……存在论的租税法律关系，则在总体上具有权力关系结构的特点"。〔日〕北野弘久：《日本税法学原论》（第五版），郭美松、陈刚译，中国检察出版社2008年版，第175页。

共享的"帝王原则",正是因为其在控权方面颇有力度。"公法领域,'法定原则'历来被认为是非常基本的原则",这"源于保护国民权益,限制政府恣意行权的思想"。① 在实体税法上,各项税收要素之所以要尽量明确,便肇因于此。反之,如果从"债"的角度出发,考虑到其对意思自治的高度重视,则税法完全不必如此明确,模糊之处,交由税务机关和纳税人自行协商填补即可。虽然可以用税收之债是法定之债故不能随意"协商"的理由来否定前述观点,但这正可以说明重要的是"法定",而不是"债"。

  权力关系说内含的控权导向,不仅在宏观层面影响实体税法,更是深入微观。其深刻影响乃至塑造税法的功能定位,并在将控权功能内嵌于税法制度后,对具体的制度设计也提出若干要求。在这一点上,同属公法范畴的行政法虽然也强调"控权",但其更主要的是透过程序性安排来达致控权目标,而税法在实体规则的部分也须经由妥适的制度设计来践行"控权"的要求,本书在后续的第三章将会剖析各项税法基本原则,其中税收法定、量能课税、税收中性等原则均在不同程度上彰显控权的价值取向,从中还衍生出不少的具体要求。由于第三章会有详细论述,故此处不再展开,仅由上述简略的阐述便足以反映出,权力关系说的控权要义不仅是一个理论思路,更蕴含内在的逻辑体系,能够充分支撑实体税法的制度建构,发挥极其重要的指引功能。

  为说明权力关系说对实体税法的影响更深,可举一例加以说明。根据债务关系说的观点,"纳税义务的发生时间"是关键的税收要素,但实际上,与权力关系说相适应的"纳税期限"才是各税种法均有规定,而且深刻影响稽征实践的要素。② 纵观税法文本,有的仅仅规定纳税期限而不规定纳税义务的发生时间,代表性的税种法有《个人所得税法》和《土地增值税暂行条例》;有的同时规定二者,且相关条文往往位置接近,代表性的税种法有《契税法》和《车船税法》。前一种情形中,不对纳税义务的发生时间进行规定,是由于税法已明确纳税义务的成立要件,且要件是否满足容易确定,自然无须赘言。以个税为例,纳税人取得应税所得时,纳税义务自动发生③,故而《个人所得税法》只需要规定纳税期限与相关申报程序即可。④ 后一种情形中,纳税义务何时发生,在理论上有多种可能性,立法者究竟如何认识该问题,有必要在税法上予以明确。至于在其之后规定的纳税期限条款,也有两种情形:一种

---

① 张守文:《财税法疏议》,北京大学出版社2005年版,第47页。
② 纳税期限是税收要素中的程序性要素,但一般载于实体税法中。
③ 只不过有时由扣缴义务人代扣代缴,有时须自行申报纳税。在代扣代缴情形中,无税法意识的纳税人拿到税后收入时可能无法体察其依法承担并已履行纳税义务。
④ 2018年,全国人大常委会对《个人所得税法》进行了修改。修法之前,纳税期限规定在第9条;修法之后,规定在第11—14条。

情况是纳税期限根据纳税义务的发生时间确定,也即要求纳税人在纳税义务发生后一定期限内缴纳税款,《资源税法》和《烟叶税法》即如此规定;另一种情况是纳税期限直接源自税法规定而与纳税义务的发生时间无涉,极端情形下甚至赋予税务机关选择纳税期限的裁量权,在契税、车船税和土地增值税的相关规则中存在此种情形。

若从债法的角度来审视纳税义务的发生时间和纳税期限,会倾向于得出"纳税义务的发生时间很重要"而"纳税期限无关紧要"的结论。这是因为,债法只需要明确债权何时成立,而对已成立之债权须在何时行使则不甚关心——这属于意思自治的范畴。① 实际上,在税法中,纳税期限比纳税义务的发生时间却重要许多,如果没有它征纳双方都将无法确定应该何时完税,且只要纳税期限尚未届满,纵然纳税义务已经发生,纳税人也无须缴纳税款。反观纳税义务的发生时间,其主要是为确定纳税期限服务的,发挥一种工具性、辅助性的作用。故无论是基于提升税法的可操作性还是规制税收权力的考量,纳税期限相较于纳税义务的发生时间都更为重要,税法可以不规定后者,却必须规定前者。正因如此,税法学界普遍承认纳税期限为税收要素之一,而纳税义务的发生时间则未进入该序列。这也反映出,权力关系说对实体税法有着润物细无声的影响。

(二) "债"之定性影响程序税法建制

如前文所述,有悖于通常认知,权力关系说对实体税法的影响甚至强于债务关系说。同样有悖于"常识"的是,债务关系说对实体税法影响有限,却对程序税法有较大的影响。至于此种影响是否值得追求,则是下一节要讨论的议题。

之所以会出现有悖于通常认知的结果,是因为债权债务关系是主体间关系,存在债权人和债务人双方主体。而实体税法和程序税法虽同属于税法,但在实体税法的层面,国家作为一方主体隐而不显,呈现在外的只有纳税人这一方主体,基本的制度逻辑是通过对法律事实及相应的法律后果进行规定以调整税收关系,即一旦发生法律规定的事实,纳税人便要对国家承担纳税义务。然而在程序税法的层面,国家(以税务机关作为其代表)始终存在于税收征纳过程中,并与纳税人进行现实的、具体的互动,双方主体的同时在场为债法因素渗入程序税法奠定了基础。由此便能够理解,为何债务关系说不大能影响实体税法,却可以影响程序税法。具言之,实体税法旨在确定税收

---

① 除斥期间则是另一层面的问题。

债务，但受法定原则影响，意思自治原则无作用空间，债务关系说自然难以在此间发挥切实的作用；而程序税法旨在实现税收债务，就此而言，债法除意思自治的传统手段外，也设有债的保全等规则，使债权人得以运用准强制的手段寻求私力救济，如果从债务关系的角度把握税收法律关系，则作为国家之代表的税务机关，除可运用公权力征税外，还可以承接债法上的某些手段，易言之，债务关系说证成了国家使用私法手段实现税收债权的理论正当性。

但应强调的是，税收程序关系仍然首先是权力关系，只是在此基础上债务关系的因素对其制度设计会产生影响而已。程序税法主要包括税收征管法和税收救济法，无论在原理还是具体规则的层面，权力意味最浓厚的税收救济法与一般的行政救济法几无区别，仅有少数特殊规则体现税收的独特性，而且"独特"主要也是为了保障国家税款利益，呈现鲜明的权力特质，如提起税务行政诉讼的"两个前置"规定即如是。至于税收征管法，则受到债务关系说的有限影响，这集中体现于如下三方面：第一，私法上的担保和保全规则被引入税收征管法，形成税收担保和税收保全（含优先权、代位权、撤销权）规则；第二，从所谓"附带债务"的角度来理解税收利息、滞纳金和滞报金的原理和制度；第三，将私法上不当得利的制度逻辑和退税制度嫁接起来，并据此来考量税款退还的制度设计和优化。由此可见，能够影响程序税法的，要么是债法中的公私混合性规范（情形一），要么是债法原理而非具体规则（情形二和情形三），前者本就是公法和私法的交叉地带，后者则可视为不同部门法共享的法理。至于债法的核心规则（如债的履行、违约责任），实际上较难对程序税法的建制和运行产生影响。

权力关系说和债务关系说对于程序税法建制方向的理解是不同的：前者以国家和纳税人地位的不平等为前提，然而现代行政法已经完成从授权到控权的立场转变，故而正因其不平等，才需要在设计制度时有意识地控制税收权力而保护纳税人权利；后者建立在主体间地位平等的基础上，可税收之债毕竟是公法之债，要保障国家财政收入，这使其不可能完全如同私法之债那般交由当事人意思自治，在制定很多规则时还要有意凸显公权力因素。本章第二节基于具体制度的分析，能更清晰地表明两条路径的利弊得失。

三、小　　结

本节旨在通过对于几乎已成为学界定论的若干命题展开反思，指出债务关系说在解释力方面的缺失，反映其无法完满描摹和指引现实的状况。其一，从某一角度来看，税收确实是一种"债"，然而仅由此无法得出"债"是审视税收的唯一视角，更不足以证成以债法逻辑解释乃至重构税法建制的必要性；税收不仅是"债"，更是"公法"之债，"公法"特质或者说其内含的权力关系实际上更为深刻地影响了税法的制度逻辑和规则设计。其二，虽然"债"并非私法上专属的概念，但在使用此概念时，必须注意其所嵌入的私法语境，也即法律关系双方主体处在平等地位。而在税收法律关系特别是具体的征纳关系中，税务机关和纳税人事实上是不平等的，既然如此，税法要么就不接纳债法因素，要么就根据公法的逻辑对其加以调适，可如此一来，引入债法因素的意义便也大打折扣。其三，权力关系说并不必然会强化行政权力，恰恰相反，其本意正是为了控制行政权力。其四，延续前一点，债务关系说的提出，是部分学者利用《帝国税收通则》的文本资源以强化学科主体性的结果，既非"深思熟虑"后的产物，也很难讲是立法者的本意。其五，两大学说的争议焦点，并非何者更能准确描摹税收法律关系的本质，而是究竟哪种法律事实导致纳税义务的发生，由此出发，二元说的做法是"存而不论"，无法真正调和理论争议。应强调的是，即便纳税义务因法定构成要件满足而自动发生，也无法由此推导出税收就是一种债，因为于法定之债而言，"法定"是比"债"本身更为重要的因素。其六，债务关系说对实体税法的影响有限，譬如，尽管从债务关系说出发，纳税义务的发生时间也即构成要件获得满足的时点，其因为决定了纳税人要在何时承担纳税义务而非常重要，但从征管实践来看，真正有意义的是纳税期限。其七，债务关系说对于程序税法反倒更具有影响力，因为在实体税法中，国家是抽象的存在，而程序税法中的国家却是实实在在的，作为主体间规范的债法因而可以发挥作用。

前述观点指出了一个根本性的问题：即便承认"税收是一种公法之债"的论断，也应认识到重要的是"公法"而非"债"；相较于债法理念，公法逻辑和税法本身的适配度更高，又由于公法逻辑与债法理念之间存在冲突，后者在税法领域的扩张空间受到挤压。二者间的张力至少体现在以下三个方面。第一，公法与债法存在语境差异，前者适用于不平等主体间，后者则适用于平等主体间。公法意识到了行政相对人的实力、地位要弱于行政机关，并将其作为制度设计的逻辑起点，而债法则忽视不同主体在事实上的差异，假设其在法律上处于平等地位。债务关系说的蔚然成风，体现出税法学人试图借助债法的平等理念来重构、至少是重新理解税法制度，以使税务机关的优越地位失去理论上的正当性。此种解读固然彰显了一定的雄心，但在逻辑上难以立足："权力越大，责任越大"，行政法的控权理念，正是发轫于行政相对人的弱势地位，忽视税务机关与纳税人的实力差异，预设二者间为平等，是否真能更好地保护纳税人权利？第二，公法与债法的调整方式不同，前者比较青睐管制手段的运用，后者则倾向于预留更大的自治空间。公法的制度目标是在必要的程度上管制社会经济生活,这决定了公法的制度规范必须明确,否则民众无以由之。债法遵从意思自治,认为每个人是自身利益的最佳判断者,并以理性经济人假设为前提,认为"个体利益最大化自动导向整体利益最大化",这决定了债法规范仅发挥补充意思自治或固定最佳自治模式的作用。正因如此,公法规范往往事无巨细,以期明确、完备,而债法则多是框架规范和底线规范。第三,公法与债法的强制性程度有较大差异,公法的强制性远甚于债法。这是第二点的延伸。公法和债法分别奉行"法无明文不可为"和"法无禁止即可为",因而债法规范更像是一幅画布,只要画家的笔端不越过画布,就可以信马由缰,这在公法的语境下是难以想象的。正因如此,税法绝不可能毫无保留地借鉴债法。

第二节 "债务关系说"指引税法建制的个案省察

诚如本章第一节所述,债务关系说对程序税法的制度塑造作用更强于实体税法。然而问题在于,通常理解的债法调整平等主体之间的关系,而在税法尤其是程序税法的场域,税务机关和纳税人之间事实上是不平等的。这决定了程序税法接纳债法时须有限度。

一、债法规则进入程序税法后引发的体系不兼容

即使将税收法律关系定性为债务关系,也不意味着因而可以随意移植债法规则。① 一项本质上属于私法制度的规则,要想进入公法体系,必须经过谨慎审视和必要调适,以避免出现体系排异。1993年版《税收征管法》在性质上仍是一部管理法,与债法的联系较为薄弱,仅仅是借鉴其担保规则,于第26条和第28条明确了纳税担保的相关问题。该部法律在2001年修改时从债法处引入不少规则,建立了税收优先权、税收代位权和税收撤销权的制度,此举也获得学界的肯定。② 但审视其实效,这些借鉴而来的规则在一定程度上表现出"水土不服"。

《税收征管法》第50条关于税收代位权和税收撤销权的规定,直接导向原《合同法》规则的适用。可问题在于,原《合同法》第73、74条因是首次规定代位权、撤销权,在立法经验不够成熟的条件下,其本身也是不完备的,诸如行权条件中"对债权人造成损害"应如何把握之类的问题,在法律层面未作太多涉及。对此,最高人民法院出台有相关的司法解释,比如《最高人民

---

① 施正文:《税收债法论》,中国政法大学出版社2008年版,第4—5页。
② 刘剑文:《走向财税法治——信念与追求》,法律出版社2009年版,第247页。

法院关于适用〈中华人民共和国合同法〉若干问题的解释（一）》（以下简称《合同法司法解释一》）（法释〔1999〕19号）中便有16个条款是针对代位权和撤销权的。然而，《税收征管法》只是授权税务机关依照《合同法》规定执行，该授权未指向司法解释。司法解释虽是《合同法》的配套，但能否借《合同法》的媒介同时成为《税收征管法》相关规则的配套，不无疑问。公法的一大要义在于"法未授权不可为"，税务机关在法律未作明确规定的条件下径行援引针对合同法的司法解释，可能存在合法性风险。①

更麻烦的是，依据合同的相对性原理，债权人提起代位权或者撤销权诉讼后的胜诉所得，应当首先被归入债务人的责任财产，然后再由债务人向各债权人进行清偿。根据《合同法司法解释一》，债权人提起代位权诉讼并获得胜诉判决后，可要求次债务人直接向自己清偿。② 考究这一规定的缘由，是为避免债权人辛苦提起诉讼，却因其他债权人"搭便车"的行为，导致自己虽获胜诉判决，却未能足额实现债权，而是"给他人做嫁衣裳"，以致再无积极行使代位权的动力。诚如前一段所述，税务机关在行使代位权时得否依据《合同法司法解释一》，本非一目了然，设若其可以依此司法解释行事，也会引发新的疑问：税务机关相对于纳税人而言，本就处于优势地位，是否有必要再予特别保护，值得斟酌。再者，由于税收优先权的存在，税务机关一旦成功行使代位权，即便将纳税人所实现的债权金额归入责任财产，税收债权的实现也有较大把握，这进一步削弱了此项规则进入税法场域的必要性。

除规范结构外，行权方式的特殊性也制约了税收代位权和税收撤销权的运用。这两项权利的行使必须经由诉讼渠道，具体来讲是要通过民事诉讼的方式进行。日常在税务行政诉讼中以被告身份示人的税务机关，于此间却要以原告的身份登场。客观地讲，这种陌生和不适感使其行权意愿不够强烈。同时，法院面对作为民事诉讼原告的税务机关也时常会感觉怪异。③ 再加之税务机关本就可以根据《税收征管法》第38、40条等条文更为直接、高效地实现税收债权，弃之不用转而提起民事诉讼的动力确实不足。或许正是出于此种原因，实践中少见税收代位权和税收撤销权的适用。经北大法宝司法案例检索④可知，截至2024年9月23日，仅有52例税务机关提起代位权之诉的

---

① 叶金育：《税法整体化研究：一个法际整合的视角》，北京大学出版社2016年版，第115页。
② 参见该司法解释的第20条。根据其规定，债权人向次债务人提起的代位权之诉经人民法院审理后认定代位权成立的，由次债务人向债权人履行清偿义务。
③ 其实，法院对于税务机关出现在行政诉讼之外的司法程序，往往都会感觉"不习惯"。除正文所述代位、撤销权诉讼外，即便是税务机关参加到破产清算程序，在司法实践中有时都会遇到一些障碍。
④ 以"税务局"和"代位权"作为标题关键词。

案件，其中自《民法典》正式实施以来的四年时间内仅发生 8 例。当然，也有相关判例真实存在，却无法于北大法宝中检出的情形。比如在 2020 年的一起代位权之诉中，税务机关胜诉①，该判例也引发了理论和实务界的关注。这些案件大多以税务机关撤诉而告终②，笔者由此推测税务机关提起代位权之诉或许只是为了督促纳税人缴纳税款，而非真正以行使代位权为目的。税务机关提起撤销权之诉的情形则更为罕见，依相同方法得到的检索结果仅有一例。③ 由税收代位权和税收撤销权乏人问津的现状，足以见得这两项规则在实践中的尴尬境地。

税收优先权的规则适用也存在类似情形。不同于上文所述两种较为典型和成熟的债法制度，优先权的制度体系较为零散，多部法律中都有相关规定，如破产法、海商法等。因此，《税法征管法》无法通过设定准用性规则的方式进行引入，而只能用专门的条文加以规定。然而，税收优先权只是优先权体系中的一环，在不同法律都有优先权规则的背景下，相互间可能存在一定的抵牾，这时如果缺乏足够充分、细密的下位规范支撑，那么特定的优先权在与其他类型的优先权"博弈"时便容易处在不利地位，进而使行权主体的诉求难以获得满足。就此而言，优先权更多被认为是一项民商事规则，破产法、保险法等针对民商事债权所设定的优先权规则也更为完备，还有大量的司法解释作为支撑。反观税收优先权，在性质维度就十分特殊，又仅是在《税收征管法》上拥有单一条文，相较于"同侪"显得薄弱许多，这使得税务机关据此行事有时不获法院等相关机构的理解，进而导致在司法实践中加以运用的动力不足。④ 而在为数不多的运用税收优先权的案例中，多数是被动而非主动的，也即税收优先权主要被用来提出执行异议⑤，而不是税务机关主动地申请参与执行。实践中有一现象耐人寻味，也即法院在审理税收优先权相关诉请时，当事人如果主张其不应适用于民事诉讼程序，法院会倾向于支持。⑥ 这也从一个侧面反映出此项规则的尴尬之处。

有观点认为，优先权、代位权和撤销权这些典型的债法制度在进入征管

---

① 参见(2020)内 0781 民初 1433 号民事判决书。
② 参见(2016)浙 07 民终第 3884 号、(2016)云 01 民初第 1169 号、(2017)鲁 1402 民初第 1668 号民事判决书。
③ 参见(2014)温瑞民初字第 4179 号民事判决书。
④ 参见熊伟、王宗涛：《中国税收优先权制度的存废之辩》，载《法学评论》2013 年第 2 期。
⑤ 参见(2008)徐执字第 106 号、(2014)浙温执复字第 56 号民事裁定书。
⑥ 参见(2010)厦民初字第 544 号民事判决书。该案二审判决虽然推翻了一审的结论，但其理由是作为执行标的的资产已由法院拍卖，此时只能通过法院协助执行来实现税款的征收，判决未正面提及第 45 条的规定是否可以适用于民事诉讼。参见(2011)闽民终字第 815 号民事判决书。

法后未能发挥预期效果,有的是因为简单的准用性规范降低了税法的稳定性和独立性①,有的则是因为规则设置过于粗疏以致削弱了相关制度的可适用性。前述原因都客观存在,也确是诱致相关规则的适用陷入尴尬境地的重要因素,但更为关键的或许还是债法规则和税法语境间的体系不兼容。若不从这一点出发,就不能理解纳税担保这一条文更加完备的制度②,何以也要面临相似的问题——税务机关在法定条件满足时要求相对人提供纳税担保的意愿并不高,有些地方的税务机关甚至从未启用过税法赋予其的这项制度工具。③

究其根源,税法作为公法,以税务机关和纳税人之间事实上的不平等地位作为逻辑起点,而债法以私主体之间的平等地位为前提,由此产生两类制度在建构模式上的差异。如果无视这种客观差异而在税法层面直接移用债法规则,必定会在制度运行过程中产生各种负面效果。尤其是考虑到相关制度的实践不仅涉及税务机关和纳税人两方主体,很可能还需要法院等外部主体介入,税法引介债法规则时或许只是站在税务机关的单方面立场,法院却未必能认同此点。譬如,优先权作为债法制度,一系列规则构造系以主体地位的平等性为预设前提,那么,税务机关在提起优先权之诉时是以民事主体的身份吗?虽说行政机关得以民事主体的身份参与民事诉讼,但税务机关与纳税人之间的税收征纳关系很难说是平等主体之间的民事法律关系,这也是税收优先权的主张在诉讼中难以获得法院支持的根本原因。虽然公私法上皆有债法规则的容身空间,但其毕竟起源于私法并深受私法环境的熏陶,在被引入公法时,应当经过谨慎评估和必要调适,否则易扞格不入,最终沦为具文。

二、两种逻辑对征管过程中纳税人权利影响的比较

更需要引起重视的,还不是在税法层面借鉴债法规则后可能无用武之地,而是依循债法的思维方式去理解和运用税法,可能引发诸多弊端。本章第一节业已述及,债务关系论者认为将税收法律关系定性为债务关系更有利于保护纳税人权利,而笔者也指出,权力关系说的控权意蕴其实不遑多让。通过分析两项具体制度,能以小见大地反映出,从公法而不是债的角度去理解税法,许多时候对纳税人更为有利。

---

① 参见叶金育:《税法整体化研究:一个法际整合的视角》,北京大学出版社2016年版,第106页。
② 法律法规层面的制度依据便至少包括《税收征管法》第38、44、88条和《税收征收管理法实施条例》第61、62条等。
③ 参见刘剑文:《走向财税法治——信念与追求》,法律出版社2009年版,第274页。

(一) 滞纳金起算时点

在我国,税法上的滞纳金规则见于《税收征管法》第 32 条,根据该条的规定,滞纳金的起算时点是"滞纳税款之日"。无论该条还是其配套的实施细则,俱未对"规定期限"的具体含义多作阐明。理论上讲,立足于债务关系说或是权力关系说,对该问题会形成不同见解。从前者出发,税收既然是发生在国家和纳税人之间的债权债务关系,滞纳金便作为税收债务的附带债务而存在①,由于税收债务在满足法定构成要件时自动发生,那么理论上讲,从那一刻起,纳税人不缴纳税款便构成"滞纳税款"从而可能面临滞纳金的加征。从后者出发,纳税义务是在税务机关作出相关具体行政行为时才成立,故只有在该行为明确的纳税期限届满后才发生滞纳金的问题,在此语境下,滞纳金是一项行政法规则,属于行政执行罚。② 考虑到目前各税种法均规定了纳税期限,而未必规定了纳税义务的发生时间,而且本章前文也已阐明,纳税期限是比纳税义务的发生时间更加重要的存在,所以,大体上可以认为《税收征管法》第 32 条所谓"滞纳税款之日"应当是指纳税期限届满的次日。这种理解趋近于权力关系说的见解,但对纳税人更有利。

但是,将滞纳金的起算时点理解为纳税期限届满次日,也没有完全依循权力关系说的制度逻辑。《行政强制法》第 45 条的规定是这方面的范例,依该规定,在行政机关作出行政决定而相对人逾期不履行时,滞纳金才开始计算。这同《税收征管法》上责令限期缴纳的同时加征滞纳金的做法,是明显不同的,也更能够避免纳税人在浑然不知的状态下即累积较高数额滞纳金的情形发生。申言之,《行政强制法》关于滞纳金的规定,还在不得超过本金这一点上优于《税收征管法》,如果其能够在税收场域适用,时有发生的滞纳金数额超过滞纳税款的情形便会大为改善。③ 这些都隐约透露出,基于权力关系说的立场来把握滞纳金,设计相关规则并推动执行,有时会收获比在债务关系说语境下更为合意的结果。立法者也注意到了这一点,正在推进的《税收征管法》修改工作,便拟从现行滞纳金规则中析出"税收利息",随后使提纯后的滞纳金规则与《行政强制法》第 45 条全面接轨,将起算时点相应设定为税务机关所作征收税款决定的期限届满之日。④ 该思路能解决滞纳金和

---

① 参见叶姗:《论滞纳税款加收款项之附带给付属性》,载《法学》2014 年第 10 期。
② 参见《行政法与行政诉讼法》编写组:《行政法与行政诉讼法学》,高等教育出版社 2017 年版,第 214 页。
③ 针对滞纳金能否超过滞纳税款的数额,相关案例及司法立场可以参见(2015)宁行初字第 56 号、(2018)豫 05 行终第 222 号行政判决书。
④ 参见《税收征收管理法修订草案(征求意见稿)》(以下简称《征求意见稿》)第 59、67 条。

利息双重角色杂糅在一起所诱发的诸多问题,回归事物的本质,值得赞许。

往深层次去分析,两种学说在滞纳金起算时点上的立场分殊,未见得不可调和。债务关系说和权力关系说曾经在20世纪20年代激烈交锋,但仔细检视可知,双方争的虽然是纳税义务何时发生,但真正聚焦的实为税务机关所实施的具体行政行为在此过程中究竟扮演怎样的角色,是根本性地创设了纳税义务,还是仅对业已成立的纳税义务进行确认。① 该问题同此处讨论的滞纳金起算时点关联紧密——正是不履行义务的行为,启动了滞纳金的加征。本书认为,正如同债务关系说具有抽象层面的价值,而权力关系说富含具体层面的意义,二者对上述问题的回答也是分层的。满足法定要件后自动发生的纳税义务还只是抽象的,经过征纳双方有时是单方面、有时则是共同的努力,才使之得以具体化。在这层意义上,两种观点的交锋其实不在同一层面,债务关系说关注的是纳税义务的发生时间,权力关系说心中所想则是纳税期限,二者可以共存。因为滞纳金属于微观、具体、操作层面的问题,所以和纳税期限联系在一起才是合理的。

(二) 能否对纳税人无过错短缴税款加算利息

经由前文的分析可知,现行滞纳金制度并未严格依据"债"的思维方式来展开,且依公法逻辑理解并把握相关规则对纳税人较为有利。但税法上的滞纳金毕竟性质较为复杂,或许本就债务成色不纯,是以倘若仅以其作为例证,说服力尚不够充分,因此不妨将视线投向同属于税收附带债务且更为纯粹的税收利息,从实然和应然的层面考察其究竟有无和应否按照"债"的逻辑设计规则。一如前例,接下来仍然从一个微观切口进入,这便是能否对纳税人无过错短缴税款的情形加算利息。

利息是法定孳息,但对于在何种情况下应当加算利息,债法上并无统一规则,不同的法律条文对此有作分散规定②,一般法理于其间也有适用空间。在税法上,《税收征管法》第51条明确了税务机关退税时需要加算利息的情形,第52条相应规定了纳税人补税时被追征滞纳金的情形。但其实,第52条所谓的"滞纳金"和《税收征管法》第32条的滞纳金并不相同,最直观的一点区别就是,第32条的滞纳金带有督促纳税人和扣缴义务人尽快履行义务的意味,而第52条所述情形是税务机关"回头看"发现短缴税款的情形,此时

---

① 参见〔日〕北野弘久:《日本税法学原论》(第五版),郭美松、陈刚译,中国检察出版社2008年版,第173页。

② 比如《民法典》上,除借贷合同的规则外,在第389、561、589、691、921条等处也有关于利息的规定。

追征滞纳金显然不具备行为诱导的功能。从性质看,第52条的滞纳金更为接近税收利息,故本节接下来直接以税收利息指称。

如果从附带债务的角度理解税收利息,那么无论纳税人有无主观过错,只要没有法律依据而占用国家税款,即应加算利息。这其实是在税法上借鉴不当得利这一债法规则。然而,该思路显然是单向度的,仅仅注重了税收债权的实现,却未认识到公法上信赖利益保护的特别重要性和独特意涵。信赖利益保护建立在禁反言、"权利外观"等理论基础之上[1],公法场域也应适用该原则,且特别强调其之于法安定性维持和基本权利保护的积极价值。[2] 因此,信赖利益保护主要指向行政机关,同控权要义一脉相承。由此出发,若是纳税人不存在过错,而是因税务机关的缘故造成短缴税款的情事,事后要求补缴本就有违法安定性,如果还要加算利息明显是不妥当的。《税收征管法》第52条的规定与前述分析大致相吻合,其在第1款明确,因税务机关责任造成的短缴税款,仅得于三年内要求补缴,不得加算利息。

当然,如果以更高标准来衡量,则第52条在无意中留下了一个法律漏洞,也即对于税务机关和纳税人均无过错时的短缴税款能否加算利息,严格地从法律文义出发无从知晓。征管实践中,某些税务机关倾向于认为此间也应加算利息,这是典型的从"债"的角度考虑问题,违反"法无明文不可为"的公法逻辑,有失允当。《征求意见稿》的第86条对应现行法上的第52条,其删去了因税务机关责任造成短缴税款时的追征规定,但这不代表税务机关今后遇到此类情形时无法要求补缴,因为《征求意见稿》第58条有规定,纳税人未按期缴纳税款的,税务机关应责令限期缴纳,该条被置于"税款追征"一章,得被用作因税务机关责任造成短缴税款时进行追征的规范依据。《征求意见稿》第59条又规定,纳税人如不按期缴纳税款,按日加算利息,不过在紧随之第60条中即明确,非因纳税人过错导致的短缴,不加算利息。这样一来,便将前文提到的税务机关和纳税人对于短缴税款均无过错的情形,从可以加算利息的范围中剔除。应当认为,该修法思路是较为妥适的。另外,《征求意见稿》不再于补征规则的部分采用"滞纳金"这一容易引起歧义的表述,而统一改采用"税收利息"的措辞,这也契合前文的理论见解。

纳税人因为存在特殊困难而经批准延期缴纳税款,从实质内涵看,与前面讨论的纳税人无过错而导致短缴税款有相近之处。对此,亦有学者认为应当加算利息,其主要考虑的是要防杜部分纳税人有能力履行却不履行纳税义

---

[1] 参见朱广新:《信赖保护理论及其研究述评》,载《法商研究》2007年第6期。
[2] 参见黄学贤:《行政法中的信赖保护原则》,载《法学》2002年第5期。

务。① 我国台湾地区则有对于经核准延期纳税者加算利息的做法,甚至对于经核准后分期纳税者也适用加算利息规则。② 本书认为,这种处理方式过于注重债的逻辑而未顾及税法的公法属性,并不可取,具体理由可参阅前文分析。在制度层面,无论是《税收征管法》第31条还是《征求意见稿》第43条,针对该情形皆无加收利息的规定。这是正确的做法,应在修法过程中继续坚持。申言之,纳税人无过错时,即便短缴税款也不宜加算利息,这应当成为理论上的共识和制度中的通例。某些税务规范性文件有罗列不加算利息的情形③,必须指出,此类文件未创设任何税收优惠,而只是重申或曰显明一般法理。这意味着,纵是未曾被税收法律法规乃至税务规范性文件所涵盖的具体情形,只要纳税人无过错,便不得对其短缴税款加算利息。

经由上述分析可知,现行税收利息制度虽然使用了债法上"利息"的措辞,但实则并非遵循债的逻辑运行,而是有着更多独特的、基于公法因素的考量。加算利息时要遵循交易实质、要件明确性和适度区分负担等原则④,这些均能体现该点。诚如有学者认识到的,加算利息并非公法上的一般原则,须有法律明文规定方可为之。⑤ 这再次表明,就加算利息的制度设计和运行而言,最重要的是"法定",而不是任何债法原理。

在这部分的最后可延伸探讨一问题,即税务机关对某宗交易实施特别纳税调整时能否加算利息。特别纳税调整主要针对避税行为,避税不同于逃税之处在于,纳税人通过非常规的交易安排使纳税义务没有发生。⑥ 如果从"债"的角度把握税收,那么既然其尚不存在,作为附带债务的利息自然也无从谈起。然而,避税本身是有主观过错的,虽不致因此而受到行政处罚,但要求加算利息方能对该行为人或是其他纳税人潜在的类似行为产生一定的阻遏效果,否则,避税行为一旦得手即获得利益,纵然未能得手亦无损失,其客观效果显然是不好的。《企业所得税法》第48条和《个人所得税法》第8条对该问题也给出了肯定答复。这两条没有依从"债"的逻辑行事,是值得肯定的做法。前文提到《征求意见稿》第59条关于加算利息的统一规定,其适用条件被明确为未按照规定期限纳税,如果严格遵循文义解释的进路,则特别纳税调整即不得加算利息——因为此间纳税义务都不存在,遑论纳税期限。这显然不是立法者的本意,为免规则适用产生分歧,建议《税收征管法》

---

① 参见刘剑文、熊伟:《税法基础理论》,北京大学出版社2004年版,第282页。
② 参见陈清秀:《税法总论》,元照出版有限公司2012年版,第419页。
③ 参见国税函〔2007〕1240号、国税发〔2007〕25号等税务规范性文件。
④ 王桦宇:《税法总则立法框架下纳税义务体系的构建》,载《交大法学》2023年第3期。
⑤ 参见陈清秀:《税法总论》,元照出版有限公司2012年版,第418页。
⑥ 逃税则是纳税人采取手段隐匿已然发生的纳税义务,使税务机关无从察知。

修改时于该条后增设一款,言明对避税行为实施特别纳税调整的,税务机关有权加算利息。①

三、《税收征管法》修改应坚持的总体立场与基本态度

税收虽然常被表述为"公法之债",但"公法"的成分要远大于"债"的成分,立足税法的公法属性,以公法逻辑指引各项税法制度的设计与运行更能实现逻辑自洽。因此,《税收征管法》的修改不宜好高骛远,而应当回归税收法律关系作为权力关系的本质属性,将重心放在保证和规范权力运作之上。一方面,通过制度设计提升税务机关的税收征管能力。有学者早就指出,我国现行税制过于倚重价格信号,在主体方面重企业而轻自然人。② 追根溯源,引致前述现象的关键原因,是征管能力的弱化而非实体规则的不健全。特别是信息技术应用不够,信息汲取能力相对不足,使得"税网"不够严密,无法实现应征尽征。③ 此番修法适逢大量新技术层出不穷,大数据、区块链等技术手段如雨后春笋一般蓬勃发展,《税收征管法》的修改除了要健全传统的信息披露和共享等规则外,也要提前谋划,为新技术手段的运用预留空间。另一方面,也要从"权利制约权力"的角度出发,充实纳税人权利的类型,以此来规范税务机关的征管行为。本书第五章第三节还将专门讨论纳税人权利的相关问题,此处不予赘述。

与此同时,即便要在《税收征管法》中进一步纳入彰显"债"之特性的规范,也切忌操之过急,不妨基于功能适当的视角,从以下四个方面展开具体审视:首先是适当性,也即用债法手段处理相关税收征管事宜是否合适,会不会存在"东施效颦"或是"削足适履"的情形,致使债法逻辑和税收征管的固有逻辑产生冲突,此间尤其要关注内嵌于债法的"主体间平等"语境,对税法建制和运行的影响;其次是必要性,即是否只有债法手段可以实现预期的规范目标;再次是比例性,在《税收征管法》上移植某些债法规则,可能会影响稽征效率,甚至在短期内冲击财政收入,对这部分消极影响应有全面掌握,且注意通过制度设计将其控制在一定范围内,另外,当有多种手段可资采用时,应优先选用对相关法益损害最小者,这一点应在制度层面予以明确;最后是完

---

① 有学者特别强调,此间若纳税人无主观过错,经特别纳税调整补征的税款,不得加算利息。张松:《关于修订〈税收征管法〉若干问题的再认识》,载《税务研究》2013年第5期。其实,这层意思已经为《征求意见稿》第60条所涵盖。
② 参见高培勇:《论完善税收制度的新阶段》,载《经济研究》2015年第2期。
③ 譬如高收入群体的大量"灰色"甚至非法收入,虽理论上皆具有可税性,但现实中常游离于"税网"之外。侯卓:《"法外分配"的税法规制:思路与局限——以个人所得税为中心的审视》,载《江汉论坛》2018年第2期。

备性,作为任意法的债法追求意思自治,故债法规范多会给法律关系主体留下大量能动空间,"法无明文即可为",而《税收征管法》属于强行法,相关规范必须明确,否则税务机关和纳税人俱无以由之,这决定了即便引入债法规范,也应力求详尽。

举例言之,此番《税收征管法》修改时对第 50 条的税收代位权和撤销权规则便要加以调整。现行规定在导向原《合同法》第 73、74 条前用高度概括的语言描述了适用情形,且未对税务机关启用代位权和撤销权的前置要件进行规定,这既可能使税务机关在不属于纳税人怠于行使到期债权、放弃到期债权、无偿转让财产、以明显不合理低价转让财产且受让人知情的情形中①,无法适用该条,也埋下了税务机关未穷尽其他手段即行使代位权或撤销权,从而对不特定第三人乃至整个交易秩序产生威胁的风险因素。以上所述同前文提炼的完备性和比例性②两项要求俱有差距,本次修法一是要承接《民法典》对代位权、撤销权适用情形更加完备的规定,将怠于行使与债权有关的从权利、放弃债权担保、除无偿转让财产外的无偿处分财产权益、恶意延长到期债权的履行期限、以明显不合理的高价受让他人财产或为他人债务提供担保且该他人知情或应当知情纳入进来,并将扣缴义务人一同作为税收代位权、撤销权的行权对象③;二是要明文规定,税务机关只有采取强制措施或强制执行后方得行使代位权、撤销权。这便体现出前述理论探讨对制度实践的塑造和引导价值。

四、小　　结

由本节的讨论可知,对"债务关系说"的商榷并非仅具理论意义,在《税收征管法》的修订于沉寂数年后又重新提上日程的重大关口,相关探讨有着指引制度设计的实践价值。税法的公法属性和债法暗含的平等前提有所抵牾,因此将债法规则引入到税法制度中经常会出现"水土不服"的现象。同时,移用债法规则有时反而不利于对纳税人权利的保障。总体而言,《税收征管法》在修改时仍应顺应自身的公法属性,以赋权和控权并重为宗旨。对于债法规则的移植,则应保持足够的慎重与敏感,关键是务必破除债法制度一定优于既有税法规则、域外经验绝对强过本土实践的迷思。譬如,《税收征管法》上未见关于第三方给付的规则,而债法上则有代为清偿制度,2021

---

① 如纳税人恶意延长到期债权的履行期限、放弃担保等情形。
② 由于代位权和撤销权的行使涉及对第三人的消极影响,进而也对交易秩序的稳定性有一定妨害,故行使顺位应相对劣后于直接对纳税人采取的税收强制措施和税收强制执行。
③ 参见熊伟、李刚主编:《税收征收管理法修订建议稿及立法理由》,法律出版社 2022 年版,第 116 页。

年施行的《民法典》第524条即明确,第三人对履行债务有合法利益的,有权代为履行,理论和实务界一般认为,"第三人履行债务及其法律效果属于债法的一般性规则内容"①,法国、日本等国也都有相同或类似规定。那么,我国修改《税收征管法》时应否确立税收领域的代为清偿规则呢? 德国《税收通则》第48条是这方面的事例,其明确规定,清偿税款的义务可由第三方依据合同约定的方式履行。② 有学者指出,在税收领域引入代为清偿规则,既可以很好地实现税收债权,又尊重了私主体的意思自治,是很好的制度安排。③ 然而,德国的税法制度较早便纳入了债法规则,其债法的规则体系也蔚为大观,足以成为税法运行的有力后盾,更兼其各方主体的规则意识较强,这些条件都是我国目前尚不具备的。若径行纳入该项规则,可能对税务机关的行为产生一定诱导效应,也即使其为尽快获取财政收入,但凡遇到征税困难的情形,便频频寻求财力雄厚的本地企业代为清偿税款。在税收法治化程度仍有待提高的现实背景下,遵循公法特性,无疑是更为稳妥的做法。

在此基础上还须特别强调,要准确理解《民法典》第468条的意涵。该条规定,非因合同产生的债权债务关系,如果没有关于其的专门规定,除根据该债权债务关系的性质不能适用的情形外,可以适用合同编通则。实践中已形成一种认知,即考虑到税收也是一种债务,故依据该条,似乎可在税法上未作专门规定的条件下援用《民法典》合同编的一般性规定。这种理解是不正确且有害的,需要从体系的角度去把握该条文方能知晓其真正用意。我国民法典编纂不完全地采用潘德克顿式体例,该体例的特色在于高度强调"提取公因式"方法的运用,也即不断从各种具体法律关系中抽象出共同规则,形成不同层次的总则,如民法总则—债法总则—合同法总则—各有名合同总则。但诚如前述,我国在编纂民法典时对潘德克顿式体例的采用并未贯穿始终。考虑到合同法在整个债法体系中的地位最为显赫,为免债法总则和合同法总则雷同度过高,正式出台的《民法典》中未设立债法总则,而由合同编通则代其发挥部分功用。《民法典》第468条的规定便肇因于此,其所强调的乃是不当得利、无因管理等非合同之债在无专门规定且性质允许的条件下,可适用合同编通则的规定。易言之,立法者设计该条时根本未将所谓税收之债纳入考虑范围,而根据本章前文的论述,囿于税法的公法属性同债法思维的异质性,制度移植尚且需要谨慎,何况是在制度未作规定条

---

① 黄薇主编:《中华人民共和国民法典释义》(中),法律出版社2020年版,第1003页。
② 参见《外国税收征管法律译本》组译:《外国税收征管法律译本》,中国税务出版社2012年版,第1686页。
③ 参见叶金育:《税法整体化研究:一个法际整合的视角》,北京大学出版社2016年版,第117页。

件下的直接援用。

  本章的最后需要指出,前述研究虽是基于批判性立场,但这只是因为债务关系说目前居于主流地位,以及笔者内心对"片面的深刻"之期待。换言之,本书认可债务关系说在某些方面所必然具有的价值,以及对制度设计可能具有的积极意义①,所反对的毋宁说是无视税法的公法本质,不加转化和调适而径直将债法制度、债法思维植入税法体系的做法。如果一定要从"公法之债"的角度观察税收,在公众愈发重视"债"的一面时,本书希望以"泼冷水"的方式提醒理论和实务界:即便是"债",也是"公法"上的!

---

① 比如,《征求意见稿》第 46 条拟引入预约裁定的规则,这就具有很强的债法属性。

第二章 税收与税法功能的适当性检视

本书导论的研究述评中已阐明，组织收入、配置资源和保障稳定被公认为税收的三大功能，其中，配置资源和保障稳定都体现税收的调控功能。在此基础上，学界关于税法功能的认知则有三条进路：一是与税收职能等同视之，认为组织收入、配置资源、保障稳定亦是税法功能的重要内容；二是强调税法的功能在于保障前述税收职能的高效发挥，也即保障财政收入的获取、保障宏观调控的实行等；三是另辟蹊径，将税法的功能理解为控制征税权力、保障纳税人权利等。大体来讲，前两条进路都遵循从税收到税法、从经济到法律的逻辑脉络，第三条进路则是从法治的价值出发来把握税法的功能。应当说，上述对税收与税法功能的理解各有其道理，但在体系性和逻辑性方面还存在完善空间，若能有机融通起来或将更优。不难发现，税收的三大功能中，无论是组织收入、配置资源还是保障稳定，相当程度上均吁求行政机关尤其是财税主管部门积极行使权力，以税收为工具介入社会经济生活。税法要保障税收功能的实现，自应向行政机关充分授权。然而诚如本书第一章所述，从税法的公法属性出发，依循"权力关系说"的初心本意，税法又要将限制征税权力作为重要依归，要通过税法制度使借税收所为干预受到控制。如此一来，税法的功能便可谓同时涵盖授权和控权这看似存在矛盾的两方面内容。调和矛盾的关键是遵循系统观念，明确无论是干预抑或控权俱不可被推至极致。尤其是在新时代的语境下，从功能适当的角度对相关税收、税法功能作限缩导向的思考，诚为必要。由于税收和税法功能的界定，对于把握税法基本原则的意涵影响颇大，故本书将这一章的内容置于对税法基本原则的反思之前。

第一节 税收调控的局限及其税法约束
——以房地产市场的税收调控为视角

改革开放以来，我国逐渐改变过去对经济、社会进行微观管理的做法，转而建构宏观调控—市场规制的二元干预路径,这样兼顾市场调节与国家干预,较之过去的进步价值毋庸赘言。现行《宪法》第 15 条以"国家实行社会主义市场经济……完善宏观调控"的表述在根本法层面确认该做法,中共十八届三中全会《决定》有关"市场在资源配置中起决定性作用"和"更好发挥政府作用"的论述再次确证这一点。然而,宏观调控的手段包括哪些、有无优劣序位,在现代语境下,有无过去适合、现在不适合作为调控手段的政策工具? 相关问题并非不言自明。我国理论界与实务界均将税收视为重要的调控工具,以之作为缓解经济失衡和促进区域、行业发展的神兵利器。由此出发,税法自然成为宏观调控法的组成部分。反观德日等经济法较为发达的国度,其虽不似我国这般作宏观调控法和市场规制法的二元界分,却有着类似的产业政策法—竞争法之二元结构,在该语境下,仅当税收手段被用于推广产业政策时,相关税法规范才属于经济法的范畴。① 应当指出,相较于民法、刑法等传统部门法,经济法作为新兴部门法,其内涵和外延本就还不稳定,而且同各国经济、社会体制的联系甚为紧密,所以我国对经济法范围的界定异于域外部分国家,并不当然存在问题。饶是如此,德日等国和我国经济法体系的差异仍然值得关注,特别是其实际上认为税收在国家干预经济的过程中作用并不突出,故才在产业政策法项下简略提及且占比有限。这便同我国理论界和实务界对税收调控的重视形成鲜明对比。

该状况启发我们反思对税收、税法的功能—目的定位有无偏误。税收原本仅有组织财政收入的功能,但随着行政国家的兴起和"法律帝国的退却"②,配置资源、保障稳定等亦成为税收不可或缺之功能。可反映这一演进历程的是,税收经济学家在梳理税收思想史时,将不同的学者归入四个流派:第一个流派关注税负分配的正当性,第二个流派强调征税不能影响私主体的积极性,第三个流派重视税收调节分配的作用,第四个流派主张税收不能影响生产。该学者进而指出,凯恩斯开创的将税收和经济调控紧密结合的思想流派"脱离了这一主线"。③ 由此可知,税收和宏观调控的连结在经济学上也确实发蒙较晚。税法的一元目的论被突破,进而形成新的二元目的框架(财

---

① 〔德〕弗里茨·里特纳、迈因哈德·德雷埃尔:《欧洲与德国经济法》,张学哲译,法律出版社 2016 年版,第 31—37 页;〔日〕金泽良雄:《当代经济法》,刘瑞复译,辽宁人民出版社 1988 年版,第 216 页。
② Adrian Vermeule. *Law's Abnegation: From Law's Empire to the Administrative State*, Harvard University Press, 2016, p. 1.
③ 〔美〕哈罗德·M. 格罗夫斯:《税收哲人:英美税收思想史二百年》,刘守刚、刘雪梅译,上海财经大学出版社 2018 年版,第 1—2 页。

政性目的与调节性目的)。① 近年来已有学者提出应注重税法的基础性和前提性目的,也即组织财政收入,过多从宏观调控视角审视税法,易诱发税法内部的体系紊乱。② 遗憾的是,其中部分论述从一个极端走向另一个极端,典型表现是认为仅有税收优惠等少数规则才具有宏观调控的功能,这种理解也有失允当。此外,从逻辑的角度看,通过指出税收的主要功能是组织财政收入来论证宏观调控只是附带性的目的,属于循环论证。在认知层面,分析宏观调控能否成为税收的主要目的时,首先需要明确的是税收与宏观调控的适配性,毕竟事物的本质属性是第一位的,外在功能受其框限。

为践行顶层设计"落实税收法定原则"的部署,我国当前正渐次将各税种暂行条例上升为法律,但基本采行税制平移方式,上升后的各税种法仍同过去的暂行条例一般,内容较为原则、粗疏。之所以如此,关键在于理论和实务界青睐税收作为调控工具的定位,从而认为税法规定过细会损害调控的灵活性。同时,以税收手段实施调控也较为频繁,最典型者即房地产市场,一方面,房地产开发和交易等各环节涉及现行税制结构中的近半数税种,税收调控在其间着力颇深③;另一方面,土地增值税、契税、城镇土地使用税、房产税的开征或制度调整呈一定次序性,间隔多不长,颇有"你方唱罢我登场"的态势。故此,本节便以针对房地产市场的税收调控作为观察样本,分析税收调控所存在的问题,基本的论证进路是:首先,基于实证分析,得出以税收手段调控房地产市场绩效不够显著的观察结论后,从税收调控房地产市场是否属于宏观调控的角度切入,对其缘由作初步思考;其次,指出宏观调控的初心是总量调节和结构调整,税收手段虽可助力于此目标之实现,但由于税法价值理念的约束,税收调控须力求稳慎,作用空间有限;最后,通过比较分析其他调控手段,揭示出货币手段和市场化手段有时相较税收手段更优,税收调控并非不可替代,而且在某些情形下应被替代。

---

① 侯卓:《论税法分配功能的二元结构》,载《法学》2018 年第 1 期。
② 如王茂庆:《税法的经济法化及其反思》,载《政法论丛》2017 年第 5 期;陈少英:《财税法的法律属性——以财税法调控功能的演进为视角》,载《法学》2016 年第 7 期;刘剑文:《财税法功能的定位及其当代变迁》,载《中国法学》2015 年第 4 期;熊伟:《走出宏观调控法误区的财税法学》,载刘剑文主编:《财税法论丛》第 13 卷,法律出版社 2013 年版,第 76 页。
③ 如,2008—2009 年,楼市遇冷,财政部、税务总局即于 2010 年下调契税税率,为防过度投机,还规定出售自有住房并在 1 年内重新购房的纳税人不再享受个税减免;2014—2015 年楼市大跌,财政部、税务总局于 2015 年宣布个人将购买 2 年以上(含)的普通住房对外销售的,免征营业税,并于 2016 年下调契税税率。

一、税收调控的正当性证成与绩效检视

税收可以被用于实施宏观调控,这是首先需要明确的,也是后续研讨的前提和基础。在此基础上,税收调控在实践中的绩效如何,则属于另一层面的问题。

(一) 税收调控何以可能

通过税收手段实施宏观调控,主要是倚重税收的成本属性和信号功能。对市场主体来讲,税收是一种成本,其通过改变微观市场主体保有财产或进行交易的成本—收益结构,使相当一部分市场主体改变原先的计划安排,比如原打算持有某笔财产的改为将之出售,又如本欲完成一宗交易的选择放弃。当按照决策者意愿行事的市场主体为数众多时,整个市场上的资源配置便发生改变,如向特定地域、特定行业、特定主体集中。在此意义上,税收确实可作为一类经济诱因,引导市场主体为或不为特定行为,从而影响整体资源配置。同时,国家层面的税收增减还会向市场主体传递出明显的信号,也即国家在当前和今后可预期的一段时间将会鼓励促进抑或限制禁止特定行为,优先发展或是着力扶持特定行业或者地区。这会为理性、敏感的市场主体所感知并据以安排下一阶段的生产经营活动,当如此行事的市场主体达到一定数量后,国家出台税收政策时意欲达致的目标便有较大可能实现。比如,21世纪以来,我国在推进西部大开发、东北老工业基地振兴、中部崛起、粤港澳大湾区建设等区域发展重大举措时,均将税收政策作为重要的制度手段①,而这些政策确实也发挥了突出的引导资源流入的作用。② 诚如近年来不少学者所认识到的,税收并非自其产生伊始便被用于实施宏观调控,其最初不过是作为一种组织财政收入、满足公共需求的手段而存在。但当人类社会进入近现代以后,国家和市场、社会双向嵌入,税收调控同组织财政收入之间便也不再有泾渭分明的界限。通过税收组织起来的财政收入只要达到一定规模,便当然地具有了宏观调控的意味。所以,虽然税法中有部分规范如税收优惠等,确实蕴含更为突出的调控功能,但这不代表诸如纳税人、税目、

---

① 参见国发〔2000〕33号、财税〔2001〕202号、财税〔2011〕58号、中发〔2003〕11号、国办发〔2005〕36号、财税〔2004〕153号、中发〔2006〕10号、国发〔2012〕43号、财税〔2019〕31号等文件。

② 当然,相关举措也可以从税法建制原则的角度加以评价。本书将在第三章对税法原则展开探讨,并在第六章第二节依托其对区域导向型税收优惠进行检视。

税基、税率等规则便没有被用来实施调控的可能性。譬如,新制定一部税种法从而据此开征某个税种,或是修改某部税种法上的纳税人、税目、税基、税率等规则,同样都有主其事者实施宏观调控的考量。一般来讲,国家会通过相机抉择的方式实施逆周期调控,也即在经济过热时选择增税手段,提高税率、增设税目乃至严格征管都是这方面的举措。反之,在经济形势不景气时则倾向于采用减税手段如降低税率等,以涵养税源。另外,税收不仅在相机抉择的意义上可以发挥调控功能,其本身就有着自动调节的作用。即便是在比例税制的条件下,经济形势过热故税基膨胀时,全社会整体缴纳的税款也要更多,从而税后留存较少,有助于避免经济进一步趋热;经济形势不景气时,则导向相反的逻辑,国家从市场主体处"取"得更少,在一定程度上保有了市场活力。在部分税种实行累进征税的条件下,经济形势过热—税基扩张—适用税率升格—平均税率上升—税后留存较之收入增幅较小和经济形势不景气时的相反逻辑,使得税收的自动调节作用更为突出。故此,运用税收手段实施宏观调控,在理论上是成立的,在经济上是可能的,需要分析的毋宁说是在现代法治国家,税收手段之于所欲达致的政策目标来讲,是否是功能适当的,这便需要对实践中的税收调控样本展开检视。

(二) 房产税和土地增值税调控的成效概观

2011年起在上海、重庆两地推行的对个人保有住房征收房产税的改革试点被官方赋予"调控房价"的意味,社会各界也期待着其能一展身手。土地增值税更是在立税初心①、基本功能等各方面,均将调控房地产市场置于极其重要的位次。既然如此,这两大税种的调控绩效如何,不妨检视一番。

1. 房产税试点在调控房地产市场方面的绩效

沪渝两地对新购住房和少部分存量住房试点征收房产税,意在提高纳税人保有房地产的成本,通过改变成本—收益的结构,挤出市场上不必要的需求,改善供不应求的局面。

---

① 20世纪90年代初,海南出现严重的房地产泡沫,商品房平均销售价格由1988年的800元/平方米暴涨至1992年的2000—3000元/平方米,房地产投入占全省固定资产投入的25%,23%的财政收入源自房地产业。参见刘维新:《海南特区土地政策与房地产开发研讨会综述》,载《经济学动态》1993年第2期。为此,中共中央、国务院于1993年下发《关于当前经济情况和加强宏观调控的意见》,提出"抓紧制定房地产增值税和有关税收政策,坚决制止炒房地产获取暴利的行为",立法目的显系调控房地产市场。

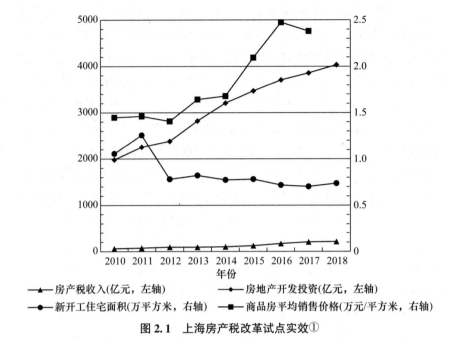

图 2.1 上海房产税改革试点实效①

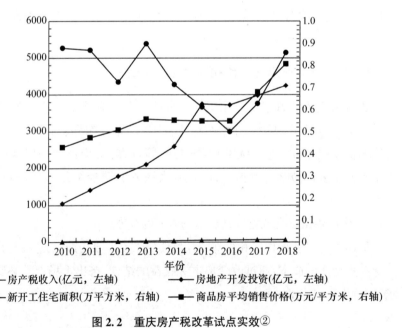

图 2.2 重庆房产税改革试点实效②

---

① 数据归纳自国家统计局、国家税务总局上海市税务局、上海市统计局。2018年商品房平均销售价格暂缺。商品房平均销售价格参照右纵坐标轴。
② 数据归纳自国家统计局、重庆统计信息网、重庆市财政局。商品房平均销售价格参照右纵坐标轴。

以上二图所考察的四项指标中,商品房平均销售价格最直观地反映房产税试点后两地房价的走势情况。房地产开发投资和新开工住宅面积体现出开发商对市场后续走势的看多或是看空。不难发现,上海和重庆两地在试点方案出台后的短期内,房价涨势都趋于缓和(重庆的涨幅相对更大一些),可是不过数载便进入快速上升的通道。如果考虑到2011年后的数年间正是世界范围内经济危机影响我国的时期,那么沪渝两地在试点初期的涨势趋缓究竟因何引致,尚未可定论。加之两地房地产开发投资和新开工住宅面积总体上均保持稳定,依稀可辨投资者对后市的信心似乎未受房产税试点太大的影响。进言之,房地产开发投资和新开工住宅面积反映房地产市场上的供给状况,在供给稳定的条件下房价仍在上涨,一般只能说明,市场需求依旧旺盛,旨在对需求端实施调控的税收工具,作用不如预期。

此外,为找出影响房价走向的"幕后真凶",本书选取了北京和武汉作为参照组,这是因为北京、武汉在社会经济发展的基本面上分别与上海、重庆相似。就北京而言,其虽然截至2023年仍未对个人自住房征房产税,但其房价涨幅亦未显著超出上海,尤其是在沪渝两地试点之初的2011—2014年,北京的房价仅仅是微幅上升。与上海相同,北京也针对房地产市场实施了限购和限贷等措施,这或许意味着,行政干预的手段才是包括但不限于试点城市在内相关城市房价涨势趋缓的真正"功臣"。就武汉而言,其2011年的商品房平均销售价格较2010年增长了25.18%,可在税收层面未出台任何措施的背景下,该增速很快便急速收窄至2011年到2014年间的年平均3.40%。① 这一定程度上表明,有无出台税收调控政策,对房价走势的影响有限。事实上,武汉从2011年开始推行严格的行政干预手段,这是重庆不具备的"自变量",由此再次得见行政干预手段对房地产市场的影响确实更大。

有学者认为房产税调控绩效不彰是由税率过低所引致。② 但提高税负也未必一定能够奏效。一者,市场运行有其内在的逻辑,比如就房价走势来讲,政策、供求、人口分别在短期、中期、长期对房价走势有较大影响,这当中人口和供求因素即主要由市场决定。在人口的部分,2011年至2017年间,上海的常住人口增加了71万,即便扣减51.39万的自然增长数仍然净流入了

---

① 数据归纳自国家统计局。
② 徐宁、吴福象:《我国房产税试点的绩效评价与政策优化研究》,载《上海经济研究》2012年第4期。

约20万人①,这还未包括在上海工作、学习但未被统计入常住人口的情形。重庆更是由于自身经济发展的良好态势和相对较低的生活成本,而在近些年来一直处在人口净流入的状态,比如在本节考察的时间范围内,其常住人口在七年间增加了156万,这当中仅有80.03万属于自然增长。② 人口增长直接带来对于住房的需求,上海、重庆的房价受税收调控的影响较小,根本上便缘于此。在供求的部分,对于武汉市,坊间向来有"大武汉"的称誉,这意味着充足的土地供应,2015年之前该市房价增幅较缓便与此有着莫大的关联;而当其主城区土地供应渐趋不足而人口流入增加时③,即便在最近数年间受到某些重大冲击仍能保持房价的相对较快增长这一现象,便不难理解。这里还可以引入成都的例子作为佐证。该市在2006年之前便曾连续多年大量供应土地,2008年"汶川大地震"后又有大量土地入市,这使得成都可以在保持经济常年高速增长的同时,将房价维持在相对稳定的水平。④ 在政策的部分,通常所言"短期看政策",反言之便是"政策效应只在短期"。市场和参与市场的经济人都仅享有不完全的理性,因而在短期内,"预期"可以很大程度上影响市场主体的决策,税收调控政策会影响市场主体对未来的预期,借此作用于相关市场。然而一旦跳出短期而进入长期视角,市场和市场主体均回归理性,调控政策的效果呈边际递减态势。长期观之,各大房地产企业近些年来购置土地的热情在消退,2017年购置土地面积仅仅占到2011年该数值的57.55%⑤,与之相应,国家层面推动若干"中心城市"建设,以及"三胎"政策的落地,都将使城市尤其是热点城市的购房需求大为增加,供求矛盾在这些城市可能进一步加剧。税收本质上是成本的增加,可以起减少供给之效,但于拉抬供给而言作用不大,无论怎样减征,总归比没有税收的时候要压制供给一些。针对需求一端,税收的作用力道更强,但在通常情况下对购房者成本的作用力度仍稍逊于贷款基准利率及其浮动区间的

---

① 数据归纳自国家统计局、2012—2018年《上海市国民经济和社会发展统计公报》。
② 同上。
③ 2017年,武汉启动"百万大学生留汉创业就业计划""百万校友资智回汉工程",拉动校友经济、放宽大学生落户条件、出台大学生最低工资标准、提供安居保障等。留汉创业、就业的大学毕业生人数由2016年的不足15万跃升至2017年的28万。廖君、冯国栋:《种政策"梧桐树",迎人才"凤筑巢"》,载《新华每日电讯》2018年1月18日,第01版。以2018年11月为例,7个中心城区的新建商品房成交面积为86.69万平方米,6个远城区的数据为380.49万平方米。数据归纳自武汉市住房保障和房屋管理局。
④ 2004—2006年,成都房地产开发企业年均土地购置面积为1208.83万平方米,2007—2017年降至316.42万平方米,但已能满足市场需求;2009—2016年,成都商品房待售面积年均增速为16%,2017年才有所回落。数据归纳自国家统计局、成都统计年鉴。
⑤ 数据归纳自国家统计局。

变化所带来的影响。正因如此,可以看到实践中的购房者尤其是投资客会更加重视信贷政策的变动,至于税收政策虽也会关注,可在程度上却远不及前者。

二者,税收不同于对私人财产的直接没收,其在力度上受到限制,这也使税收调控不能无远弗届。税收的属性有多个方面,其中之一在于,国家对于私人财富的形成和增值作出了贡献,故而以税收的形式合法地分享私人收益之一部分。由此说来,征税对象原则上只能是财富的收益而不是其本身。本书第三章第二节将会对"收益"作多维剖析,此处只需要指出,房产税的征收对象是潜在收益而非实在收益,其指向的又是资产本体,故被认为经济和法律层面的可税性均值得考究。① 纵然基于多方面的政策考量而使该税种得以正当化,过度扩张税基、增加税率的做法仍然难以逃避侵入课税禁区、伤及税本的指摘,因此这一做法并不可取。

三者,由比较视野观之,更高的税负水平亦未必带来合意的结果。日本、韩国青睐以税收调控房地产市场的做法:前者征收标准税率为1.4%的固定资产税②,这就已经超过上海和重庆对个人自住房征收房产税的税率水平,而且在房地产市场过热时,日本还会进一步增加部分地区的税负,乃至于额外征收特别土地保有税和地价税,但其房价却在20世纪中后期一路高涨,仅在1975年除外,直到90年代房地产市场崩盘③;后者则在21世纪初连番调高房产税的税率,在征税范围方面也不断扩张,但同样没能起到平抑房价的作用④。相较之下,英美等国较少应用税收手段来调控房地产市场,也并未产生房价失控的后果。⑤

2. 土地增值税调控实效

除房产税外,土地增值税在规范房地产市场交易秩序方面的作用⑥,也曾受人瞩目,可这一税种的开征,之于房地产调控的作用同样不明显。

---

① 叶姗:《房地产税法建制中的量能课税考量》,载《法学家》2019年第1期。
② 日本固定资产税属地方税,具体税率由地方自行拟定,中央仅在《地方税法》中规定标准税率与最高税率,然以东京、京都、横滨、名古屋为例,其税率均为1.4%。参见《东京都都税条例》《京都府府税条例》《横滨市市税条例》《名古屋市市税条例》。
③ 财务省财务综合政策研究所财政史室编:《昭和财政史—昭和49~63年度》(第4卷),东洋经济新报社2005年版,第215页;金子宏:《租税法》(第16版),弘文堂2011年版,第557—575页。
④ 石子印:《物业税功用及风险规避:观照美国与韩国》,载《改革》2010年第4期。
⑤ 参见邓菊秋等:《房产税功能定位的国际比较及启示》,载《地方财政研究》2016年第5期。
⑥ 《国家税务总局关于进一步加强土地增值税征收管理工作的通知》(国税发〔1996〕227号)。

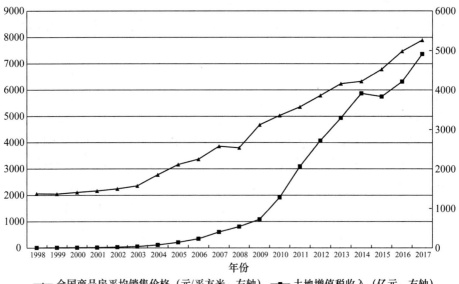

图 2.3 土地增值税调控实效①

根据图 2.3 不难发现,土地增值税所贡献的财政收入在较长一段时间内颇为有限。一直到 21 世纪初,其绝对数量都萎靡不振。但在 2001 年以后,其收入增长进入快车道,至 2014 年,通过土地增值税筹集的收入相较于 2001 年时的数据增长达 400 倍。然而,正是在同一时期,全国商品房平均销售价格节节攀升,粗略地看,二者甚至呈现同向联动的关系。分析这一现象,大致可以认为,房地产市场的火热推高了土地增值税的收入,而非土地增值税的征收制约了房地产市场的膨胀,是对 21 世纪以来二者关系更加准确的阐释。

该现象的成因有多个方面。首先,土地增值税的计算颇为复杂,涉税信息多由企业掌握,一旦清算,税务机关需承担高额的稽征成本,故多地税务机关试图另辟蹊径,以预征而非清算形式稽征税款。然而此举致使税源大量流失,土地增值税的调控功能也无从发挥。不同层级税务机关之间的"猫鼠游戏"就此展开:税务总局前后多次要求各地税务机关加大清算土地增值税的力度②,地方税务机关无奈之下选择以核定征收的方式回避对复杂涉税信息的搜集和处理;从法理来讲,核定征收有其适用条件,查账征收方式应当是税款征收的优选方式,于是税务总局又发布文件,禁止随意扩大核定征收的适

---

① 数据归纳自国家统计局、中国统计年鉴、中国税务年鉴。土地增值税收入参照右纵坐标轴。
② 如《财政部、国家税务总局关于土地增值税若干问题的通知》(财税〔2006〕21 号)、《国家税务总局关于房地产开发企业土地增值税清算管理有关问题的通知》(国税发〔2006〕187 号)、《国家税务总局关于印发〈土地增值税清算管理规程〉的通知》(国税发〔2009〕91 号)。

用范围①,某些地方的税务机关受制于文件的束缚和自身征管能力的局限,只好暂缓清算。姑且不论税务机关前述做法的合法性②,至少可以明确的是,土地增值税的调控功能一定会在此间各种"变通"的过程中,大为贬损。其次,于房地产企业而言,土地增值税并非不可承受之重。尽管2017年土地增值税收入已达4911亿元,但仅占同年房地产企业实际到位资金的3.15%,其完全有能力将之消化,遑论还可以通过房价转嫁给购房者。相比之下,国内贷款占房地产企业实际到位资金的比重则为16.18%③,这更可表明信贷政策对房地产企业现金流的影响远远超过税收。最后,不同于房产税,由于土地增值税主要是对房地产企业征收,所以调控重心在于供给侧,对需求侧的影响要通过房价转嫁等方式实现,较为间接而且存在一定的时间差。在这种状况下,设若土地增值税真切发挥了预期功用,那么房地产的生产成本和房地产企业的经营风险将会增加,致使住房供应可能减少,而短期内其对购房需求则无甚影响,故反倒会在一定程度上加剧供不应求的状况,进一步抬升房价,同调控初衷背道而驰。

(三) 调控绩效不显著的可能原因:泛化理解宏观调控

无论将视野限于短期还是拉长时间轴,房地产税的调控实效都不显著,反而可能导致税收征管失范、失序,使税务机关和纳税人支付额外成本。调控绩效不彰的重要缘由是此处的税收调控并非真正的"宏观"调控,而"原因的原因"正在于理论界和实务界对宏观调控的泛化理解。

宏观调控是我国特有的、用于解释政府与市场关系的术语,《宪法》第15条通过"完善宏观调控"的表述充分肯定了其正当性。经济学界一般将之理解为政府对货币收入、财政收支和外汇收支等总量的调节和控制,目的是在宏观经济的层面保持平衡,并促进经济的持续、稳定和协调增长。在总量调控的原初含义基础上,宏观调控的内涵也逐渐包括了结构调控④,近年来推进的供给侧结构性改革便是结构调控的典型表现。此外,为创新调控方式而提出的区间调控、定向调控和预调微调⑤,也是在从宏观的高度推进经济治

---

① 《国家税务总局关于加强土地增值税征管工作的通知》(国税发〔2010〕53号)。
② 本书第五章第二节将述及,此举虽在合理性方面有失妥当,但严格来讲,税务机关的行为并无合法性方面的风险。
③ 数据归纳自国家统计局。
④ 庞明川:《中国特色宏观调控的结构性范式及形成逻辑》,载《财经问题研究》2016年第12期。
⑤ 《李克强在国务院部门负责同志会议上强调出实招、治懒政、求实效》,载《人民日报(海外版)》2014年10月9日,第01版。

理。经济法学界对宏观调控的界定基本因循前述进路。① 因此,宏观性、全局性是宏观调控应当具备的基本特征,也是将宏观调控与市场规制等关联性概念区别开来的关键变量。

但实际情况是,理论界和实务界时常有意或无意地混同宏观调控与市场干预。宏观调控的重要特征之一是间接性,其作用的发挥要经由一系列因素发挥媒介作用,从而也具有一定的时滞性,颇难如臂使指。而更加直接的政府干预则可以在短时间内重拳出击,收获成效,故政府干预往往获得不少的支持。两相结合,"'宏观调控'依赖症"便在一定范围内存在,一旦个别地域或特定商品市场出现供需失衡,便有不少人呼吁采用名为"宏观调控"的政策手段②,但部分政府干预因缺乏格局上的宏观性和方式上的间接性而不属于真正意义上的宏观调控。③ 除宏观调控外,政府干预还包含大量针对微观市场和特定市场主体的直接干预,也即前文提到的市场规制,如对不正当竞争行为和垄断行为的处罚,便属于市场规制的范畴。经济法便由此包含宏观调控法和市场规制法两大分支,有些子部门法横跨这两大分支,如金融法中既有重点调整货币政策的中央银行法,也有着力规范商业银行、保险机构、证券机构等所实施的特定金融经营行为的金融监管法,前者位居宏观调控法项下,后者则具有市场规制法的属性。但税法与之不同,其基本不存在属于市场规制法的内容,这是因为一旦运用税收手段去实施微观干预,便使得所谓的"税收"成为一种管制工具,不再同非税收入甚至行政征收有本质差异,故而也不再是真正的税收。所以,运用税收手段干预微观市场,在理论上便很难立住脚。

市场规制的逻辑进路是,政府通过反垄断、反不正当竞争等方式干预微观市场,消除妨碍市场发挥资源配置作用的因素,进而使市场竞争重新变得充分、有序,其本质是市场导向的。与之相比,税收的征取虽也依托市场,但其相对于市场本身是外在的,如在分配过程中,不同要素参与分配是市场经济的重要特征,国家以税收为切入点参与分配,这同纯粹的按要素分配存在较大差异。在理论层面,税收宏观调控的基本原理是发挥税收作为经济诱因

---

① 薛克鹏:《经济法基本范畴研究》,北京大学出版社2013年版,第139页。
② 周为民:《宏观调控的五大误区》,载《社会观察》2011年第7期;厉以宁:《中国宏观经济形势和新一轮的经济改革》,载《上海证券报》2013年9月27日,第F02版;侯卓、谷铮彦:《房产税改革的正义原则与法治路径》,载《湖南农业大学学报(社会科学版)》2015年第3期。
③ 也有学者认为,宏观调控虽原则上具有宏观性和间接性,但也可能例外地针对影响社会经济全局的个别典型性问题,比如为防止金融系统性风险而挽救濒临危机的单个银行。漆多俊:《经济法基础理论》(第五版),法律出版社2017年版,第300页。但这只是例外,且必须是针对影响全局的"关键事项",即便从这一宽松标准看,现在很多以税收手段实施的仍是微观干预而非宏观调控。

的作用,扭转市场主体同时也是纳税人的预期,进而引导其按照政策目标从事活动。如果将税收用作微观干预的手段,则仅仅发挥"诱因"作用以实施"引导"是远远不够的,必须要足以立刻改变市场主体的行为,这对干预的强度提出了很高的要求。然而,同竞争不足、竞争过度这种表现甚为明显的市场失灵现象比较起来,意图用税收去调节的对象常常具有复杂性,多因一果、一因多果的情形屡见不鲜,这使得税收干预既可能受其他因素影响而无法实现政策目标,也可能产生决策者意想不到的消极后果。税收调控房地产市场时,对开发商—购房者、大开发商—中小开发商、投资型购房者—改善型购房者—刚需型购房者未必合意的差异化影响,便是这方面的有力例证。正是因为税收手段本身具有局限性,且其并不完全兼容于市场逻辑,税收中性才被确立为原则,也即税负分配原则上不应改变现有的市场格局,否则便是冲击市场的基础性地位。由此出发,税收调控自应恪守"宏观",以往的税收调控未能收获预期之效,恰恰是因为其仅是披上"宏观调控"外衣的微观干预。推而广之,现实中许多以税收为媒介实施的"调控"与真正意义上的宏观调控同样扞格不入,其效果亦是堪忧。相形之下,那些确实立足宏观、放眼全局的税收调控,在客观绩效和主观合意性方面,则都要更优,比如为应对新冠肺炎疫情而出台的覆盖增值税等税种的一系列普适性税收优惠,便在疫情后经济重振的进程中扮演了重要角色。

二、工具属性与价值内核的双重束缚

进言之,若宏观调控回归原初定位,税收手段是否在任何情况下都能发挥预期效用,税收宏观调控是否在任何时候都是合意的?为回答该问题,必须依托税收和税法的本质属性展开分析。还是要明确,既然宏观调控是税收的三大功能之一,作为保障税收职能发挥的税法,当然也不排斥税收调控,只是当视角从税收迁移至税法,需要考虑的问题更多,也更加复杂。

(一) 税收手段在宏观调控工具中的地位并不突出

如前所述,宏观调控以总量调节为主,近年来结构调整的重要性也愈益凸显。作为工具的税收政策在这两方面具有一定效用,但总体上看其地位不算突出。

一方面,历史地看,直到 1914 年,各国的税收收入占国民收入的比重都比较小①,很难指望税收在总量调节方面能发挥多大作用。"一战"过后,鉴

---

① 以英国为例,1913—1914 年税收收入仅占国民收入的 8%。A. J. P. Taylor, *English History 1914-1945*, Oxford University Press, 2001, p. 1.

于各国都有较强的组织财政收入的需求，征税范围逐渐扩展，税率水平也较战前有了显著提升①，税收能够相对更多地影响社会经济生活。但总体而言，之于国民经济的总量，大多数税种的分量不够，影响极其有限，即便退而观察其对国民经济某一横截面的调控作用，结论亦不乐观。② 只有"宽税基、高税率、低扣除"的主体税种才可能深刻影响到宏观层面的供需关系。③ 然而，不能课征过甚、避免"绞杀性征税"是税法的固有教谕，受此限制，无论针对的是国民经济某一方面抑或宏观经济全域，税收调控都须自我限制作用空间。税收调节总量的制度逻辑是，增加或者减少纳税人的成本，以此助推扩张或是紧缩市场需求，进而改变市场上的供求平衡点，借此对宏观经济的整体格局施加影响。而无论从短期还是长期来看，税收均非最主要的成本，原材料、人力乃至某些灰色的"非制度性成本"的权重都可能更大，故即便突破禁区、课以超额重税，也未必能实现预期的调控目标。比如，印花税的税负水平总体上是比较轻的，我国香港地区特别重视其调控功能，在 2010 年至 2013 年这短短四年间便连续推出额外印花税、买家印花税以及从价印花税，不断提升税负水平，希望能抑制房地产市场过热的情况。其基本思路是打击短线投机行为，为此，如果交易标的系持有不足三年的房产，便会受印花税调控的辐射，持有房产期间若是不足半年，各项印花税负担加总后甚至能够达到 50%。可即便如此，该地的购房需求仍未被有效抑制甚至持续释放出来，在供应量有增加的条件下，其房价水平仍然能每年平均增长 10.97%。④ 日本也曾经在 1969 年出台规定，交易持有不足五年的土地时，所得税与住民税合计的税率水平达到 52%—88%，但此举的抑价实效有限。⑤ 其原因或许在于，不少购房者在作成本—收益衡量时，不仅局限于一时一地，而且会自觉地

---

① 英国皇家所得税调查委员会在 1920 年的报告中曾言："1914 年以来税收大幅增长，超出理想预期……人们在很长时间内都必须承受税收带来的压力和负担"，可谓一语中的。1984 年，税收占其国内生产总值的比例已升至 49.9%。Royal Commission on the Income Tax, *Report of the Royal Commission on the Income Tax*, His Majesty's Stationery Office, 1920, p. 3; Martin Dauton, *Just Taxes: the Politics of Taxation in Britain 1914-1979*, Cambridge University Press, 2007, p. 1.
② 以我国为例，取消农业税对农民的消费水平影响微弱，取消利息税也未能起到提高居民消费水平的作用。吴玉霞、周国富：《经济增长由投资拉动转向消费拉动的现实选择——基于税收政策效应的实证分析》，载《统计与信息论坛》2008 年第 1 期；吕冰洋：《财政扩张与供需失衡：孰为因？孰为果？》，载《经济研究》2011 年第 3 期。
③ 如个税已是我国第三大税种，但提高费用扣除标准对消费的刺激作用仍很微弱。张振卿：《个人所得税、城镇居民收入与消费关系实证研究》，载《税务与经济》2010 年第 2 期。
④ 印花税收费,https://www.gov.hk/sc/residents/taxes/stamp/stamp_duty_rates.htm, 2023 年 2 月 10 日最后访问；数据归纳自差饷物业估价署，https://www.rvd.gov.hk/sc/property_market_statistics/index.html, 2023 年 2 月 10 日最后访问。
⑤ 佐藤和男：《土地税制の歴史的展望》，载《日本不動産学会誌》第 2 卷第 4 号，第 8 頁。

将视野置于长时段,从这一角度出发,税率波动引致的税负成本增加是暂时的,但房地产投资置业对许多人来讲却是关系一生的重大决策,即便是购房后用于投资,早些购入后早些租出去,也能更早地持续获得收入,故在这种情况下,税负增减对决策的影响以及对行为的改变程度有限。①

另一方面,税法通过差异化规制来引导产业、区域等多方面的结构转向决策者期待的方向。② 但该路径同样受到"不得课征过甚"的框限。同时,为保障市场配置资源的决定性作用,税收在影响主体决策的各项因素中不宜居于优先地位,这也使其调整力度大打折扣。顶层设计实已对该点有所认知,譬如在推进供给侧结构性改革的政策体系中,税收和税法的戏份即相当有限。党的十九大报告明确提出,去产能、去库存、去杠杆、降成本和补短板是供给侧结构性改革的主要内容,官方推出的权威解读中③,税收手段仅在降成本的部分有一定的角色担当。此外,在顶层设计文件中④,"加快金融创新"被普遍视为重要手段,税收手段则仅在个别位置被附带提及。根据前文的论述,这一格局可谓其来有自。

(二) 税法的固有价值框限税收调控的作用空间

更重要的是,现代法治国家均讲究税收法定,各项税收要素俱要载于税法之中,从而作为法律概念而存在。税收调控既然将税收作为经济诱因,就不可避免地要牵涉税收要素的变动,这便必定要在税法框架内运行。税法本身又是自带法价值的体系,其核心法价值与税收调控之间存在一定张力。通常来讲,税收法定、税收公平(量能课税)、税收中性分别是不同维度的正义价值在税收领域的具体化⑤,但此三者均在不同程度上与税收调控存在紧张关系,以下分别略作阐述。

1. 税收调控和税收法定的紧张关系

税收调控的重要目标之一是缓释经济波动,而经济波动既有内生动力,也受不确定之外部环境的影响,所以,税收调控也需要保持一定的灵活性,以便因应客观环境及时采取有针对性的措施。但在税收法定原则的约束下,税收要素的调整不能由行政机关自行为之,而要通过法定的程序进行,这就使

---

① Robert M. Solow, "Rethinking Fiscal Policy", 21(4) *Oxford Review of Economic Policy* 513 (2005).
② 侯卓:《税法的分配功能研究》,法律出版社2018年版,第87页。
③ 陈和:《深化供给侧结构性改革》,载本书编写组:《党的十九大报告辅导读本》,人民出版社2017年版,第192—193页。
④ 如《中共中央、国务院关于深入推进农业供给侧结构性改革、加快培育农业农村发展新动能的若干意见》。
⑤ 也正因如此,本书第三章将此三者作为税法基本原则,并对其内涵作反思性探讨。

调控的灵活性大打折扣。① 灵活性有缺的情况下,税收政策难以因应市场变化,原先的调控决策便易因僵化迟滞而产生负面后果。日本税法虽每年一修,但也无法满足灵活权变的调控要求:市场过热时,日本政府实施以加税为方向的税收调控,但随后市场骤冷,原先的调控政策反倒成为加剧市场紧缩的紧箍咒。② 因此,法定原则的存在已在很大程度上消解了税收调控的工具适当性。

除此之外,税收调控与税收法定在价值层面上仍有多方面的冲突。首先,至关重要的是,税收的征取会影响到纳税人的生产和生活,使纳税人对自己行为的后果能生成稳定的预期。这意味着,税法即便不是一成不变的,也应大体稳定。相形之下,税收调控受经济状况与利益集团等多因素影响,具有鲜明的政策性,变易频仍才是其形式特征。追根溯源,税收法定和税收调控的理论基点是不同的:前者旨在规范国家干预,后者则建立在国家干预必要且有效的观念基础上。有鉴于此,在税收法律的层面推进调控,可谓"以有涯随无涯",一方面可能使税法的变动过于频繁,稳定性不复存在;另一方面也容易造成税法体系中被揉入太多异质性因素,使制度逻辑趋于紊乱,乃至于因为所追求政策目标的模糊性和多元性,而创设寻租空间——"向特定主体施以税收优惠以谋取利益"。③ 作为例证,日本在1968年至2004年期间,平均每隔2.25年便要改革一次土地税法,可如此高频度的修法未见实效,反因政策/政治考量的喧宾夺主而危害社会公平,造成资源配置扭曲和资产不平等加剧。④

其次,宏观调控渴求灵活权变,更偏向于授权立法。若顺从这一逻辑,则由行政机关基于授权出台的相关制度规范,应当成为税法体系的主体部分。⑤ 但税收法定要求"税收要素明确",这使得授权不得恣意为之。各国普遍将税收要素列入法律保留范畴,部分特别强调基本权利保障的国家更将之作为绝对保留事项。落位到我国,《立法法》第11条同样将税种的设立、税率的确定等税收基本制度纳入相对保留范畴,虽然根据第12条,国务院仍可在

---

① 法所调整的社会关系与受法律调整后形成的法律关系之间通常具有历时性关系,即社会关系在先存在、法律关系嗣后形成;但由于税收法定的束缚,税收关系与税收法律关系同时发生,也即只有在法律语境下才有"税收之债"的问题。廖益新、李刚、周刚志:《现代财税法学要论》,科学出版社2007年版,第164页。

② 财务省财务综合政策研究所财政史室编:《昭和财政史—昭和49~63年度》(第4卷),東洋経済新報社2005年版,第215页。

③ Rudolph G. Penner, *Searching for a Just Tax System*, The Urban Institute, 2004, p.4.

④ 川又新一郎:《資産讓渡益課税の諸問題》,载《拓殖大学論集.政治·経済·法律研究》第59卷第2·3号。

⑤ 漆多俊:《宏观调控立法特点及其新发展》,载《政治与法律》2002年第1期。本书第四章第一节还将展开讨论税收立法"空筐结构"的合理性。

一定条件下根据授权制定涉及税收基本制度的行政法规,但第 14 条对授权多有限制,如应满足明确性和时效性的要求,同时,近年来此类授权立法的现象也鲜有发生。该框架下,税收法定意味着部分牺牲调控的灵活性。之所以如此,是因为税收调控的赋权呼求与税收法定的限权意蕴内含张力。诚然,税收动态法定①语境下,税收调控也有明确化、规范化的可能性;但在立法技术尚不成熟、行政权力颇为强势的当下,强行扭合价值理念殊异的两类施治工具,难收允执厥中之效,反而容易给逾矩的行政裁量行为披上合法面纱,使之逸出法律管控的辐射范围。

最后,"法不溯及既往"原则同样是税收调控难以承受之重。赋予税法以溯及力,可以增强调控的效果。② 有学者梳理发现,税法领域的溯及规范指向税率、征收方式、减免税优惠等实体事项和特别纳税调整、征管措施等程序事项。③ 不难发现,税率、征收方式、减免税优惠等正是税法调控功能得以发挥的重要抓手,由此可侧面得知溯及既往同税收调控诚有内在关联。然而,税收对纳税人权利有较大影响,信赖利益保护亦应适用于税法场域,因而不溯及既往才是税法适用的基本要求。《立法法》第 104 条即明确了各类制度规范皆不得溯及既往的原则,其将有利于行政相对人作为例外情形。承接该规定,《税务规范性文件制定管理办法》也在第 13 条明确,税务规范性文件的适用不得溯及既往。该条同样留了个口子,也即从有利于纳税人/扣缴义务人的角度出发,可以例外地溯及适用新规则,但旨在强化调控效果所期待的溯及却常常不利于纳税人。作为参照,对税法溯及持宽容态度的美国④同样严格限制税法溯及时效,其溯及时长仅一到两年。⑤ 不过,无论在规范性

---

① 邢会强:《论税收动态法定原则》,载《税务研究》2008 年第 8 期。动态法定从税收法定本质上的"纳税人同意"之内涵出发,更为讲求实质意义上的法定。侯卓:《税制变迁的政策主导与法律规制——税收法定二元路径的建构》,载《财经理论与实践》2017 年第 5 期。
② 故各国多不绝对禁止税法溯及,"鉴于人们还指望税法适时适切地发挥经济调整等功能,故税法不溯及既往并非绝对原则。""福冈地裁 2008 年 1 月 29 日判决",载《判例时报》2003 号,第 43 页;西班牙 1978 年宪法的原始文本曾明确限制实质性税法规范的溯及力,但最后被删去。Agustín José Menéndezp, *Justifying Taxes*: *Some Elements for a General Theory of Democratic Tax Law*, Kluwer Academic Publishers, 2001, p.283.
③ 赵菁:《税法溯及规范的范围、过渡及其立法建构》,载《税务研究》2022 年第 6 期。
④ 美国联邦最高法院认为税法并非承诺,纳税人不享有国内税法上的既得权利,即便税法溯及未事前告知,也未必会因此违反正当程序原则。United States *v.* Carlton, 512 U. S. 26 (1994)。
⑤ Erika K. Lunder et al. , "Constitutionality of Retroactive Tax Legislation", https://fas.org/sgp/crs/misc/R42791.pdf, 2021-06-09 last visited.

文件领域还是实务领域,不当溯及仍时有发生①,法价值的浸润非朝夕之功。

进一步细分,溯及适用有真正溯及和不真正溯及两种类型。真正溯及是在新的法律生效以后,回溯性地评价既定法律事实和法律关系。至于不真正溯及,其所评价的则是新法生效时仍未形成定局的法律事实和法律关系。②我国部分税法规范存在不真正溯及的情形,如诸多企业所得税相关规范性文件以纳税年度而非具体日期作为生效时间。③ 尤其是在以立法形式开征新税种的场合,新出台的税种法对于其生效后尚未终结的事实有溯及力。房地产税归于财产税类,其对存量财富进行征取,当出于调控需要而制定《房地产税法》或是变更相关规则时,纳税人持有房地产的状态仍在继续,其大抵可被视作不真正溯及。根据相关法理,不真正溯及并非当然禁止,但其毕竟造成纳税人不可预期的负担上升,故而过于频繁的制度变易仍然是不合意的。

2. 税收调控对量能课税和税收中性的冲击

量能课税和税收中性都是在实质层面对税法制度提出的要求,二者之间的联系远比表面上看起来密切④,故本节于此处一并讨论。

根据量能课税原则,应从所得、财产、消费三个维度衡量纳税人的税负能力,进而使其承担与能力相匹配的税负。相较于陈义甚高却难自圆其说的"对价"范式,税收本是纳税人为满足共同体的需求而付出的一种代价,是牺牲私人利益、短期利益而换取全社会利益、长期利益的一种媒介手段。由于税收是"牺牲"而非"对价",纳税人未必能从政府处获取等额的补偿,则唯有牺牲公平方能使各纳税人均心悦诚服进而提高遵从度。同时,落实量能课税也是实现税收中性的必要前提,衡量既定的市场分配格局在征税前后有无发生变化的,正是各市场主体税负能力的消长。正如人们看到的,当宏观调控的需求凸显时,税收作为宏观调控工具被应用的概率和频次便会上升,"量能课税"和"税收中性"就会被较少提及,个中缘由不难推测得出:于税收调控而言,税负分配的公平性仅是考量因素之一,经济利益或社会公共利益,乃

---

① 如《财政部、国家税务总局关于中国清洁发展机制基金及清洁发展机制项目实施企业有关企业所得税政策问题的通知》(财税〔2009〕30号)和《国家税务总局关于非居民企业间接转让财产企业所得税若干问题的公告》(国家税务总局公告2015年第7号)均存在不当溯及既往情况。实务中税务机关还曾以行政执法解释的效力适用于法律实施期间为由溯及适用税务规范性文件,郑州市二七区国家税务局与郑州人和新天地投资管理有限公司税收管理纠纷上诉案,(2014)豫法行终字第00042号。
② 陈清秀:《税法总论》,元照出版有限公司2012年版,第280页。
③ 如《国家税务总局关于责任保险费企业所得税税前扣除有关问题的公告》(国家税务总局公告2018年第52号)和《国家税务总局关于实施高新技术企业所得税优惠政策有关问题的公告》(国家税务总局公告2017年第24号)。
④ 本书第三章将对量能课税和税收中性的内涵作更为细致的阐述。

至利益集团的利益,往往占据更大的权重;无论是积极的税收优惠还是消极的税收重课,都意在突破量能课税,通过"有能不课税"或"无能却课税"以引导纳税人改变行为,这意味着量能课税与税收中性原则往往同时受到违反。综上,税收调控是以税收为经济诱因来改变人们的预期,进而塑造行为并引导资源配置,若说量能课税被动体现市场配置结果并因而契合税收中性的要求,税收调控则立足于改变市场配置结果,通过税负非中性分配,发挥诱导功能,实现调控目的。

但一如前述,现代法治国家公认须对税收事项实行法律保留,税收要素成为法律概念,法律如何确定税收要素?实质标准就是量能课税。过去被评价为违反量能课税最多的流转税,因其能衡量蕴含于消费行为中的税负,而被理论和实务界认为是可以客观呈现纳税人"一生收入"的较优选择。流转税亦被认为最能体现税收中性,可见量能课税与税收中性实现了完美结合。这两项原则本就重要,现在二者又产生密切联系,并且辐射的范围还在不断扩张,这样一来,税收调控的挥洒空间自然要在很大程度上受到限缩。

从一个税种的命运,或许能以小见大地揭示前述紧张关系及其所引致的后果。即便只看名字,也不难察知固定资产投资方向调节税主要承载的是宏观调控的功能。针对该税种的暂行条例出台于1991年,其在第1条便开宗明义,强调开征该税种的目的是进行宏观调控。① 从制度逻辑看,其增加了特定固定资产投资的成本,以此来降低投资热度。该税种的税制设计完全偏离税收中性,直接基于调控目标来确定征税范围和税负水平。21世纪以来,我国经济相继遇到过较长的紧缩期和过热期,落位到微观层面,固定资产特别是房地产投资层面也呈现出类似的周期变易现象。理论上说,固定资产投资方向调节税可以发挥逆周期调控的效果,本应是政府用以对冲经济周期波动的重要工具,但其于2000年暂停征收,又在2011年被正式废除。对此,比较合理的解释是,即便是借助甚为强烈的调控诉求,也无法使完全欠缺税收中性考量的税种得以正当化。

(三)正确认识宏观调控在税收功能体系中的地位

通过前文论述已经可以知晓,税收具有宏观调控的功能,但囿于税收和税法价值的框限,对其调控功效寄予厚望是不切实际的。在观念层面,应当认识到调控功能之于税收的附带性,从而稳慎启动和推进税收调控。

---

① 根据《固定资产投资方向调节税暂行条例》第1条,其立税目的是"贯彻国家产业政策,控制投资规模,引导投资方向,调整投资结构,加强重点建设,促进国民经济持续、稳定、协调发展"。

某些税种的调控功能更为突出,但整体把握,其仅为税制体系的局部、补充而非主流。已废除之固定资产投资方向调节税即属此类。就现行税制结构中各主要税种而言,土地增值税也以调控功能为主。消费税同样被认为颇具调控意涵,但其收入功能也不容小觑,甚至有观点主张将之作为地方主体税种①,近年来后移其部分税目的征税环节也被认为是为将其划归地方税作铺垫。其他税种,特别是增值税、企业所得税等主体税种,几乎无一例外地非以调控功能为主,即便蕴含调控功能且有时会被用于实施宏观调控,也是非常态的,对此可在动态和静态两个维度上加以把握。

在动态维度上,通过调整税收要素,如提高或降低税率、新增或剔除税目等,确实可以起到调控的作用。但客观来讲,实践中对税收要素的调整,很多并非为了实施宏观调控。举例来讲,截至2023年,《个人所得税法》已历经七次修改,除2018年修法外基本都是对工资薪金所得适用税率和费用扣除标准的调整。这些调整中,几乎没有宏观调控方面的考量,而主要是为了更好地贯彻量能课税原则,同时也有适当减轻纳税人负担的意味。如果一定要从宏观调控的角度切入观察,甚至可以认为部分举措存在"顺周期调节"的问题。② 当然,针对储蓄存款利息所得的规则变迁,多少承载着宏观调控方面的考量。《个人所得税法》第18条将这部分规则的制定权限授予国务院,可以理解为立法者也意识到行政机关可借此对宏观经济实施调控。2008年9月,美国第四大投资银行雷曼兄弟申请破产保护,很快引发一轮经济危机。我国在该年10月对储蓄存款利息免征个税,很容易被联想为是要缓和经济危机对我国的冲击,其政策目的可理解为"减税刺激总需求"。但若较真,此种解读也未必正确,毕竟,彼时经济危机对我国的冲击主要表现为出口订单锐减,而在支撑经济发展的三驾马车中,出口长期以来扮演重要角色,投资驱动发展的特色也一向很鲜明,消费则因高储蓄率而始终处在欲振乏力的状态,对储蓄存款利息免征个税,从引导效果看或将进一步提升储蓄率,不利于消费的扩大。再者,此一税目最先实行的是20%的税率,将其调低至5%发生于2007年8月,稍加回顾可知,该时点正好位于我国宏观经济过热的期间,换言之,经济的冷热周期和减税举措之间并无一以贯之的关联。事实上,更有可能的是,单纯为增进储户利益,抑或改善"国民分配"关系,至少是为

---

① 林颖、欧阳升:《零售消费税:我国现行地方主体税种的理性选择》,载《税务研究》2014年第12期。
② 如2011年大幅上调宽免额,减税效应明显。但当时我国在2009年以后一波刺激政策的作用下,宏观经济正呈现"过热"状况,如果遵循"逆周期调控"的逻辑,应加税而非减税。

避免重复征税①才作出了上述调整。

本节还可以另外分析一个税收要素调整的实例。通常认为,消费税税目的调整②多是为了发挥调控作用。但细加检视可知,无论是删去"护肤护发品"的税目,还是新增加电池、涂料的税目,至多只能提高部分产品的生产成本,从而影响少数特定行业的供求关系。虽然这一做法也可以从改变不同产品之间相对价格的角度影响资源配置,但其程度上也很有限。

在静态维度上,税法由程序税法和实体税法组成,前者与宏观调控无甚关联,后者也仅有部分规范承担调控功能。传统观点认为,税法仅以组织收入为唯一目的,德国联邦宪法法院曾判决通过税收手段干预经济属于违宪。受自由法治国向社会福利国、法律帝国向行政国家转型的影响,德国联邦宪法法院在20世纪70年代改变原有观点,认为税法可用于调整经济,但在传统观念根深蒂固的德国和日本,许多学者仍然在理论上主张承载调控功能的税收规范不属于税法,而应当根据意图实现的政策目标被分别划归经济法或社会法。③ 本节无意开展"税法规范纯粹化"的工作,仅借此指出,形式上浑然一体的税法内部,确实有着不同的规范类型。其中,税法规范的主体类型是财政目的规范,其旨在筹集满足国家财政需要的收入,为达致该目的,需要准确把握纳税人的税负能力以妥适界定公共财政与私人财产的边界,同时也使纳税人之间的税负配置合理适当。诚如本节前文曾言,此类规范同样可能在立、改、废的过程中发挥调控功能,但在静止状态下,其调控功能一般是自动发挥的,而且较为有限。④ 税法体系中也有主要承载调控功能的规范,如税收优惠、税收重课等税收特别措施,但总体上看其居于次要性、补充性地位,一般是根据需求原则和奖惩原则来设定。⑤ 需要申明,"减免税"这一概

---

① 储户在取得收入时已缴纳一笔税款,其将税后所得存入银行所生孳息若再予课税,有重复征税之虞。
② 财政部、国家税务总局曾多次调整税目,如2006年将高尔夫球及球具、高档手表、游艇、木制一次性筷子等纳入征税范围,停止对护肤护发品征税,2015年新增电池、涂料的税目。
③ 〔德〕弗里茨·里特纳、迈因哈德·德雷埃尔:《欧洲与德国经济法》,张学哲译,法律出版社2016年版,第37页;葛克昌:《行政程序与纳税人基本权》,北京大学出版社2005年版,第71页;〔日〕金子宏:《日本税法》,战宪斌、郑林根等译,法律出版社2004年版,第28页。
④ 如果从自动调节和相机抉择两种方式来理解宏观调控的过程,那么大体上可以认为:相机抉择主要通过税收特别措施和动态调整财政目的规范两条途径实现;自动调节则在一定程度上可以在不调整财政目的规范的条件下实现,比如在全社会收入普遍下降的背景下,因为整体上适用的个税平均税率降低,市场主体的税后所得较之税前收入下降的幅度要低一些,这便具有一定的涵养税源的功用。
⑤ 需求原则即根据经济的需求而设置,奖惩原则即通过奖励或惩罚纳税人的作为或不作为,以引导其行为。葛克昌:《税法基本问题》,元照出版有限公司2005年版,第327页。也有学者用功绩原则来替代奖惩原则,参见黄俊杰:《税捐正义》,北京大学出版社2004年版,第3—4页。

念只是从外观的角度对减轻税收负担之举措的客观描述,其本身对决策者的主观意图并不过问。大体上讲,其既可能是为了践行量能课税或者避免重复征收,也可能是为了奖励特定行为或是增进福利,还可能是要追求某些政策目标的实现。① 这当中仅有最后一种情形,方可算作宏观调控导向的税收优惠。除此之外,诸如在个税修法时增加专项附加扣除之类的举动,只是为了更准确地把握纳税人的税负能力,其既非税收优惠也无调控考量。除地位居次外,"附属性"决定了调控目的规范不得完全扼杀税法组织收入的目标,且须接受并能通过比例原则(含适当性、必要性、比例性三方面)测试,使其偏离量能课税、税收中性的安排获得正当性。

为免认识偏颇,本书再次强调,指称调控功能在税法的功能体系中居于次要地位是就税法整体而言的,但对某些特定目的税种来讲,宏观调控是其主要功能。这也促使德国在1977年修改其《租税通则》时,承认组织财政收入可以仅仅是某项税收的附带目的。② 但客观来讲,特定目的税在税制结构中占比不高,且制度逻辑也往往有别于一般税种(如一般税种奉行量能课税,环境保护税实行量益课税③)。因此,在承认少数税种和税种法相对特殊的基础上,可以得出以下结论:作为整体的税收和税法,主要功能是组织收入而非实施调控。

三、功能适当语境下的比较分析

回归如何才能更好地调控房地产市场这一问题,除税收手段之外,金融手段和市场化手段亦在工具库之列,且均被付诸实践。一般情况下,财政手段也是宏观调控的重要工具,其主要通过控制支出以形成预算赤字或剩余的方式达到调节宏观经济的目标④,但财政手段对房地产市场的直接影响较小,故本节不过多讨论。学界将税法和金融法都视为宏观调控法之一部,市场化手段直接指向经济法学的核心议题,即政府与市场的关系。相较于税收手段,金融手段和市场化手段的调控效果更佳,这将进一步削弱以税收手段实施宏观调控的必要性。

---

① 参见陈清秀:《税法各论》(上),元照出版有限公司2014年版,第194—199页。
② 〔德〕罗尔夫·施托贝尔:《经济宪法与经济行政法》,谢立斌译,商务印书馆2008年版,第78页。
③ 本书第六章将会论及,环境保护税似可被定位为冠以税收之名的环境公课,《环境保护税法》也是税种法体系中相对特殊的存在。
④ 〔美〕哈罗德·M.格罗夫斯:《税收哲人:英美税收思想史二百年》,刘守刚、刘雪梅译,上海财经大学出版社2018年版,第170页。

(一) 金融调控手段的优势与不足

金融调控手段兼具宏观性和间接性,其具体路径是通过对信贷投放的管控来调节市场。这大体上有两种思路,一是直接控制银行贷款额度,二是推行并适时调整货币政策。

控制银行贷款额度可以通过相对直接的窗口指导[1]方式进行,以此来管控贷款总量并缓释货币存量的波动。[2] 通常而言,当房地产市场呈现过热态势时,中国人民银行等金融调控机构会要求各大商业银行收紧信贷特别是个人住房信贷的额度,传导下去便会使市场上的投资性购房行为减少,通过抑制需求的方式平抑房价。反过来讲,当房地产市场遇冷时,金融调控机构则多会倾向于要求各大商业银行扩大信贷规模,从而刺激购房需求。信贷的收紧或者放宽,在微观层面有时表现为对个人住房贷款发放申请在审查严格程度上的调整,有时也表现为放款周期的长短变化,前一种方式对住房需求的影响力度要大于后一种方式。控制银行贷款额度的调控机理在于:首先,若没有信贷支持,多数购房者无力购买房产,而额度控制使得银行没有充足资金发放住房贷款,恰好抓住了购房者的"命门";其次,根据供求原理,额度控制使银行普遍上调房贷利率,直接抬高购房成本,从而打击有能力获取信贷支持的购房者的消费动力;最后,退一步讲,在收紧额度控制的语境下,即便银行不上调房贷利率,购房者也还是能够获得住房贷款,但放款周期拉长则是不可避免的,站在全社会整体的高度看,这将减少交易次数从而削弱市场的活跃度,同时,由于房地产企业或者存量房买主一般有回款压力,所以在银行放款周期拉长的条件下,其更倾向于要求购房者全款购房[3],这也会挤出相当一部分购房者。

货币政策包括存款准备金、基准利率、再贴现、再贷款、公开市场操作和常备借贷便利操作等,这些货币政策的共通之处在于,中国人民银行等金融调控机构都通过直接或间接调节商业银行的资金头寸,影响其行为,进而传导至市场环节,影响市场上的货币供应量。比如,在21世纪以来经济过热较为明显的2006年至2008年,中国人民银行便曾在不到两年的时间里连番上调法定准备金率,共计达16次之多,使市场上流动资金的规模剧减12万

---

[1] 我国语境下,银行系统内上级对下级的窗口指导,下级银行基本要服从,这为上级银行如臂使指地调节信贷额度创造了有利条件。
[2] 〔日〕福本智之等:《中国窗口指导的有效性与金融环境——日本的经验和启示》,载《金融发展评论》2011年第10期。
[3] 黄振琳:《今年签合同,明年银行才放款》,载《楚天金报》2010年12月3日,第13版;金鑫:《部分银行暂停发放房贷,放款要等下月》,载《扬州时报》2011年3月25日,第A04版。

亿—14万亿元。① 货币政策的调整整体影响市场上的资金规模,自然也会影响房地产市场。举例言之,我国在 2010 年 1 月至 2011 年 6 月间连续上调法定准备金率,累计增幅达到 6%,致使购房者难以从银行处获取贷款,这从同期个人住房贷款余额增速明显趋缓便可见一斑。② 比较而言,在各类货币政策手段中,调整基准利率尤其是贷款基准利率对房地产市场的影响最为明显。调整贷款基准利率,会影响市场主体对资金的渴求度。③ 具体就房地产调控而言,鉴于房地产是典型的大额耐用消费品,一般家庭需要贷款协力才有购买的可能,而且为减少短期的资金压力,贷款周期通常较长,贷款利息支出的绝对数额因而较高,是故基准利率看似不太大的变动,也会给购房成本带来较大的影响。实证研究表明,较之房地产税,基准利率调整带来的额外成本既直观又高昂,确有更好的调控效果。④ 与此同时,房贷利率上下浮动的比例所带来的影响也贯穿整个还款周期,当银行与购房者签订的贷款合同中约定在基准利率的基础上浮动一定比例,今后无论怎样调整基准利率,购房者实际负担的利率水平都要同比例浮动,是以该比例的确定和调整也成为重要的调控手段。将该手段和税收调控相比较,其操作起来更加便利,对购房成本的影响程度也更深。⑤

　　金融手段的调控效果之所以优于税收手段,是因为前者本就是更纯粹的宏观调控工具。经济法学的通说将金融法⑥、财政法、税法、产业政策法作为宏观调控法的四大支柱并非没有来由,货币政策、财政政策、税收政策和产业政策确为宏观调控的基本手段,而这些政策的调控着力点都可归结到"货币"的层面。货币政策当然是直接影响到市场中流通的货币数量;财政支出和税收收入的增减变化同样会产生这方面效果,其也正是由此才能够调控宏

---

① 吴丽华、孟照建:《我国连续上调法定存款准备金率的效果评价》,载《经济学动态》2008 年第 4 期。
② 中国人民银行金融稳定分析小组:《中国金融稳定报告 2018》,中国金融出版社 2018 年版,第 35 页。
③ 也有实证研究表明,只有在基准利率变动幅度较大的前提下,对于贷款资金的需求才会受到影响。参见王国刚:《中国货币政策调控工具的操作机理:2001—2010》,载《中国社会科学》2012 年第 4 期。
④ 李成、李一帆:《货币政策、行政管制与房地产价格变动——基于百城住宅数据的经验分析》,载《云南财经大学学报》2019 年第 1 期。
⑤ 如 2019 年春节后,各地房贷利率上浮比例进入下行周期,以百万贷款为例,等额本息贷款20 年,利率上浮 20% 比利率上浮 30% 要减少支出 7 万元利息,月供可降低 300 元。而囿于前文述及的一系列制约,税收手段的影响区间很难扩至如此之幅度。
⑥ 更准确地讲,是金融法中以中国人民银行法为核心的金融调控法。

观经济运行①;至于产业政策,其很难直接改变全社会整体意义上的货币数量,却可以引导这些货币进入或不进入特定区域、行业。有鉴于此,在经济学上货币主义的大本营芝加哥大学,很长一段时间都将"宏观经济学"课程直接命名为"Money"。如果从宏观调控重点是调节货币流量这一点出发,不难知晓以货币政策为主干的金融调控要比包括财政、税收在内的其他手段更为优越,该处的优越性至少来源于其对货币的调节更加直接,较少受到其他因素的影响。比如,当国家采用扩大财政支出的方式来实施宏观调控时,虽有更多财政资金进入市场,却也可能对其他社会资本产生"挤出效应"。加总来看,相关市场范围内是否确有货币增量尚在未定之数。

进而言之,或许也正因为货币政策等金融调控手段的调控成色更纯,理论和实务界都没有对其施加过于严格的诸如法定之类的控制,而仅仅是从外部功能性视角也即是否保持了货币供应稳定②来对其臧否得失。这也保证了金融调控的针对性更强,且更少受到限制,调控效果当然也要更好。

然而,也应当认识到,金融调控亦非尽善尽美,该手段存在以下四点不足。首先,其可能并非出于本意地挫伤刚需型购房者。在我国,虽然住房自有率等指标逐渐攀升,新购住房中首套房的占比则处在下降通道,但这不意味着我国的住房刚需已基本获得满足。总体上看,我国城市化进程仍处在不断深化的阶段,农业人口流入城市并在城市落户,因此创造了较大的购房需求。况且,当前公共资源(如优质教育资源)的分布并不均衡,而许多公共资源富集的地方都会出台规定,居民仅在拥有房产的条件下才能享受相关资源,这也不断催生对住房的刚性需求。相对于银行和投资型购房者、改善型购房者来讲,刚需型购房者的抗风险能力偏弱,其在容易受金融调控伤害的同时又别无替代性手段可供选择。其次,金融调控同样是"看得见的手",特定主体享有决定启动调控的权力,利益集团(如向政府贡献大量税收与土地出让金收入的房地产企业)自然可能会"游说"相关主体,虽然其尚不足以干扰中央政府的调控决策,但已有能力对地方政府施加一定影响。为缓解房地产企业的资金压力,部分地方政府降低土地出让金首付比例、延长土地出让金给付时限③,这导致调控效果被削弱。再次,宏观调控的底色是高度的宏

---

① 在此意义上,各项宏观调控工具特别是财政政策和货币政策之间,必须妥善加以协调。有学者在分析地方政府融资平台负担过重的成因时便注意到,财政政策力度偏弱,积极的财政政策不够积极,导致财政问题被不恰当地金融化。赵昌文、朱鸿鸣:《从攫取到共容:金融改革的逻辑》,中信出版集团2015年版,第140页。
② 当然,也有讨论货币政策应否将促进经济增长作为重要的功能目标。
③ 杨帆、卢周来:《中国的"特殊利益集团"如何影响地方政府决策——以房地产利益集团为例》,载《管理世界》2010年第6期。

观性,正因如此,金融调控作为典型、纯正的宏观调控手段,其影响所及主要是全局、整体,当将其用于调控特定、局部市场时可能存在效用贬损、调控失灵的问题,正是在此意义上,通常认为货币政策主要是影响经济总量,对结构的调节比较乏力。① 最后,与前一点相关,通过货币政策定向调控房地产市场时,为求精确,可能会格外讲究时机的允当和力度的适当,但无论如何,其毕竟关涉货币的投放。"货币似蜜,最后还是水"②,无论其初始投放于何处,随时间的推移最终仍将影响到全社会的货币供应。由此出发,运用金融工具调控房地产市场,其影响却未必限于房地产领域,而对于其溢出效果,决策时很难准确研判,这使得"负外部性"成为潜在的风险。

(二) 市场化手段何以成为最优方案

尊重市场规律、无明确损益导向的市场化手段是深化调控的另一进路。当前房地产市场供需失衡部分缘于土地一级市场上存在的垄断,基于有序推进城市化及土地财政客观功用的考量,我国在短期内难以彻底放开土地一级市场,但可借市场化手段逐步平衡供需。市场化手段包含三方面。

一为增加住房供应,如加强保障房(安居房、廉租房、经济适用房等)建设。此举虽难收短期之效,但从长期来看具有更好的抑价效果。③ 基于这一思路,要求动迁安置房必须在取得产权满一定年限后方能交易④,便未必是合意的,适当缩短年限对于扩大住房供给是有帮助的。

二为通过制度手段促进并维持房地产市场的竞争强度。竞争可能是自发产生的,但其得以维持则绝非自然而然的。为使竞争充分,不能够放弃以法律形式干预市场,而应该选用与市场兼容度高的法律工具。由此出发,竞争政策或者竞争法无疑是较佳的选择。毋庸讳言,在当前,房地产市场的某些方面已呈现一定的垄断特征。⑤ 首先,由于房地产企业以及其中的头部企业为数并不少,相互间的力量对比并不悬殊,所以在全国范围内,很难讲某一或某几家房地产企业已经拥有市场支配地位,但在部分城市特别是中小城市,一家或少数几家房地产企业是可能拥有支配地位的,当其在定价等问题上涉嫌排挤竞争对手或是剥削交易对手(包括上游厂家和下游购房者)时,

---

① 张守文:《税法原理》(第九版),北京大学出版社2019年版,第27页。
② 周其仁:《货币的教训》,北京大学出版社2012年版,第250页。
③ 安辉、王瑞东:《我国房地产价格影响因素的实证分析——兼论当前房地产调控政策》,载《财经科学》2013年第3期。
④ 比如,上海规定,动迁安置房在取得产权证三年内不得转让、抵押。参见《上海市动迁安置房管理办法》(沪府发〔2011〕44号)。
⑤ 江小国、王先柱:《我国房地产市场垄断程度的变动趋势分析——来自全国及35个大中城市的经验证据》,载《云南财经大学学报》2015年第5期。

即有必要实施反垄断规制。其次,虽然有些时候竞争激烈,但大型房地产企业之间在根本利益上也可谓休戚与共;又因为房地产市场上的供应方结构不算太过分散,相互之间达成限制竞争的协议或是实施协同行为的可能性不小。这可能成为抬高房价的推手之一,一旦发现,同样要及时地加以惩处。最后,在存量房市场上,已初步见到交易中介垄断的端倪,部分城市存量房成交价常年来高过新房,虽有多方面原因,但交易中介垄断行为的因素也不容小觑。对此,依法处罚是维持竞争环境的必经途径。①

三为允许集体经营用地入市,打通城乡土地市场。中共十八届三中全会开启了这方面的实践,随后,中共中央办公厅和国务院办公厅于2014年印发相关的改革试点意见②,经历2017年试点③和2017年、2019年两个版本的《土地管理法修正案(征求意见稿)》后,自2020年开始实施的《土地管理法》明确允许集体经营用地入市。此举有着多方面的积极价值,就房地产调控而言,其能从根本上扩大土地供应,从而缓解供求矛盾。究其根本,消除城乡土地市场之间的藩篱,是减少不必要的政策性干预、畅通市场配置资源机制的关键一招,因而也属于市场化手段之一种。

市场化手段之所以最优,根本上是因为其符合经济规律。经济学上有所谓"费雪定理",也被称为"关于货币数量的理论"④,该理论提出了 $MV=PQ$ 的基本公式,M、V、P、Q分别指代货币数量、货币流转速率、物价、商品与劳务数量。这一公式揭示了经济运行中的一个重要规律,即物价乘上商品与劳务数量永远等于货币数量乘上货币流转速率,依托其可以解释许多经济现象,进而明晰宏观调控的应有思路。比如,当货币超经济发行时,M上升,若是货币流转速率和市场上商品与劳务数量不变,必然导致P也即物价指数上升;如欲使P保持稳定,要么降低货币流转速率,要么增加商品与劳务数量,前一种手段常表现为压制性的调控,通过给交易增加摩擦力的方式使货币流转减速,后一种手段则体现为货币深化的过程。数据表明,我国20世纪八十、九十年代的货币发行量长期保持在较高水平,彼时未引发持续性严重通货膨胀的重要原因即在于,改革进程使越来越多原先不必用货币购买的商品与劳务,也要用货币来购买,这就吸附了相当一部分超发货币。"费雪定理"指向

---

① 地方已有的实践如天津曾对三家房地产中介机构联合上调中介费的垄断行为开出531万元的罚单。贾立梁:《天津市三家房产中介违反反垄断法,被罚531万》,载央广网,http://china.cnr.cn/ygxw/20141221/t20141221_517169213.shtml,2023年2月25日最后访问。
② 参见《关于农村土地征收、集体经营性建设用地入市、宅基地制度改革试点工作的意见》。
③ 参见《国土资源部住房城乡建设部关于印发〈利用集体建设用地建设租赁住房试点方案〉的通知》(国土资发〔2017〕100号)。
④ 周其仁:《货币的教训》,北京大学出版社2012年版,第120页。

的是宏观层面的经济全局,当经济全局之一部分有较强的自循环属性时,该定理也未尝不可参照适用于此处。房地产市场便是如此,借鉴"费雪定理"展开分析,当房地产市场价格水平高涨时,意欲稳房价,不外乎三条路径可走:第一条路径是降低 M,拓宽其他市场,使市场主体有更多的投资需求,让进入房地产市场的货币数量下降;第二条路径是降低 V,通过行政手段提高购房门槛,使房地产市场上的交易频次下降;第三条路径是提高 Q,这便是充实市场上的房地产供应。比较起来,第二条路径的实质就是行政干预,增加了交易成本,且容易误伤真正有需求的群体,除非别无其他选择否则不宜轻易采取这种方法;第一条和第三条路径则是市场化手段,能从根本上解决问题,前文建议的几类具体做法正是第三条路径的体现,除此之外,使市场主体有更多消费、投资选择也是有必要采取的措施。① 可见,房地产市场的调控,功夫有时要下在房地产市场之外的地方。

申言之,本部分阐发的两大手段有内在联系,金融手段表面上看外在于市场,但同样在一定程度上分享着市场逻辑。"货币学派"主张只根据经济运行的态势确定货币增量、建立绝对客观的货币发行机制。此种理论虽难免于"乌托邦"之名,但也揭示出非市场化的调控目标(如刺激经济增长)诱使政府超发货币,进而导致通货膨胀、物价上涨的内在规律。② 超发的货币一定会为某个市场所"吸收",从而表现出该市场过热、均衡价格过高的状况。古玩市场、字画市场、普洱茶市场、白酒市场、藏獒市场乃至股票市场,归根结底都是因为吸引了大量超发货币而在不同时段出现市场过热、价格上涨过快的景象。就此而言,房地产市场在过去若干年的热度,并无根本性的特殊之处。故此,治本之策自然在于建立市场化的货币发行机制,其属于市场化手段的一种类型。该类手段的共通之处是事先无法预知实施效果,损益导向不特定、不明确,这使得市场配置资源的格局可以得到有效维护。③ 以此衡量,税收手段不具有前述特质,特别是当其被应用于某一行业时,损益导向十分明确。金融手段更具宏观性与普适性,较之税收手段为优,但须保证决策机

---

① 中央层面已认识到这两个方面的重要性。党的二十大报告即提出要"着力扩大内需,增强消费对经济发展的基础性作用和投资对优化供给结构的关键作用"。在中央政治局于2023年7月24日召开的会议中,明确提出要让投资者共享资本市场改革红利,增强投资者对市场的信任和信心。7月28日,国务院办公厅发布国办函〔2023〕70号,转发了发改委《关于恢复和扩大消费的措施》。
② 周其仁:《改革的逻辑》,中信出版社2013年版,第196—198页。
③ 〔英〕哈耶克:《自由宪章》,杨玉生等译,中国社会科学出版社2012年版,第352—360页。

关的中立性①，否则仍有被滥用之虞，也可能为追求短期效用而忽视经济的长期健康发展。而在各类手段之中，市场化手段则堪称至善。

四、小结：房地产税法的目标定位和税收干预的限度

房价长年居高不下，既是重要的经济问题，也是民生问题，多元利益、各异诉求由此而生。如何构建长效机制，推动房地产市场平稳健康发展，成为各方关注的核心问题。值此背景下，房地产税被寄予厚望。自2011年沪渝两地开展房产税改革至今已有十年，仍未如早先人们预期的那样推广至全国范围一体实施。"改革决定"其实已明确下一阶段改革的基本思路，此即整合相关税种后开征统一的房地产税，这实际上意味着对立基于房地分离之试点方案的扬弃。有观点主张，改革试点之所以未能有效调控房地产市场，是现行税制区分房产税与土地税，使得房产税体量有限以致调控力度不大的结果。换言之，只要加大征税力度，特别是开征房地合一的房地产税后，自然能收获理想的调控效果。但如前文所述，此种观点忽视了税收和税法的内在属性与建制原则对税收调控功能的影响。征税不得过度和征税不能干扰市场正常配置资源过程的教谕，以及税收法定、量能课税和税收中性等税法原则的约束，都使得税收调控功能的发挥不得不受到限制。同时也要认识到，站在2023年的节点上，房价虽整体上仍然较高，但部分城市的房价已经开始下跌或是虽未下跌但有价无市，即便是许多热点城市的房价也有较大的下跌压力，如果将房地产税的开征同调控房地产市场特别是稳定房价过于紧密地联系在一起，会误导公众认为当前完全没有开征该税种的条件，从而削弱房地产税的可接受性。

申言之，房地产税在调节收入分配方面的功能也是有限的。一方面，房屋保有环节仅存在应有收益，归根到底这是一种推定的、潜在的收益，且不论其对税负能力的表征准确与否，单从"推定"之举便不难判断其调节分配的精度有限。比如某纳税人由于历史原因而拥有两套以上住宅，因城市发展而得以坐享升值，但其自身可能并无固定职业和稳定收入来源，出售房屋变现又殊为不易，此时其经济实力未必强于那些拥有高收入、因为无所在地户籍而被限购或是纯粹不愿购房的人群。在此语境下，要求前者基于所保有房屋的价值而承受重于后者的税负，未必有助于达致调节收入分配这一目标。此外，本节前文阐述之税收调控要受到的多方面限制，同样会束缚调节分配功

---

① 由此可理解何以多国央行都被赋予一定中立性、超脱性，譬如行长任期不受限制，从而不必随政府更替而进退，也就不易受到后者的干扰，更不必热衷于短线刺激政策而罔顾其长期效果。

能的发挥。

事实上,就孕育中的房地产税法而言,其最主要的制度目标应当是为地方政府提供稳定的财政收入。自 1994 年开启分税制财政体制改革以来,地方政府能从地方税种中汲取的收入有限,贡献最多的是营业税。伴随 2016 年"营改增"全部完成,长期作为地方主体税种的营业税不复存在,如何重塑地方主体税种,顿时成为一道难题。① 在当前,土地出让金虽为非税收入,对许多地方政府来讲却是财政可持续的关键支柱。然而,土地出让金是一次性征收的,土地资源的有限性决定了其终有枯竭的一天。而且地方政府依靠土地出让金作为地方主要财力来源,将导致城市建设"摊大饼""卖规划"等负面效应。针对纳税人所保有的房地产,根据评估价值征税,一来能使地方财政收入更具可持续性,二来也能激励地方政府不断改进公共服务供给,从而推动辖区内房地产价值提升,以获得更加丰沛的税收收入。② 至于经济调控和分配调节方面的目标,仅仅是在前者基础上的附随目标③,而房地产调控的治本之策,则应当是多类市场化手段的协同发力。

明晰该点,不仅具有个案层面的意义,对于更为周延地理解税收与税法的功能,也有助益。诚然,包括宏观调控在内的各项税收功能都以积极干预作为内核,但鉴于对市场配置资源决定性作用的尊重,干预时常须秉持谦抑立场从而自我限缩作用空间。也即,从事物本质属性的角度,税收和宏观调控的联结是妥适的,只是从功能适当的角度出发,税收调控手段的使用理当慎重。其实,即便被认为是税收最原初、最基础的组织收入功能,同样因其之于市场的外部属性和对市场的干预色彩,而要受到限制。可见,整个税收干预都需要被控制在一定范围内。大体上讲,这里的"一定范围内"至少应表现在三个方面。其一,干预应抽象而非具体。现代社会经历了由封闭社会向开放社会的转型,开放社会失去了封闭社会所具有的"具体的或实在的人的集团或这些实在的集团系统"的性质,演变成"抽象社会"的形态④,其所呼求的是不了解具体效果的政府干预措施。如此处置的好处有二:一是由于无法

---

① 虽政府间财政关系的建制原则由"财权与事权匹配"转为"财力与事权相适应",也即更重视以转移支付方式供给地方财力,但固有财力占比过低仍不合意。"营改增"后将增值税央地分享比例由 75∶25 调为 50∶50,但这仅为重塑地方主体税种前的过渡之策。
② 在此意义上,房地产税在经济属性方面颇类似于大号的"物业费",此间国家所扮演的角色可以类比"物业公司"。
③ 叶姗:《税收利益的分配法则》,法律出版社 2018 年版,第 76 页。若纯就调控功能言之,实证研究也指出交易环节征税的效果比保有环节征税的效果好。邓秋菊、赵婷:《香港房地产税收对房价影响的实证分析》,载《财经科学》2014 年第 1 期。
④ 〔英〕卡尔·波普尔:《开放社会及其敌人》(第一卷),陆衡等译,中国社会科学出版社 1999 年版,第 337 页。

事先知晓谁在何种情形下使用该规则,以及使用该规则后的确定结果,从而不必在特定目的、特定主体间进行选择,由此也规避了权力寻租的弊端,"在一个每一件事都能精确预见到的社会中,政府很难做一件事而仍然保持不偏不倚"①;二是因其与具体环境脱钩而能给市场主体带来超越特定时空范围的稳定预期。其二,干预应以消极保护为主、积极介入为辅。"各种措施应该是设计来同具体的恶做斗争,而不是建立理想的善。"②囿于决策者理性的有限性,以及手段与目的之间并非一一对应而常受到一系列变量干扰的现实,主动使用税收调控手段"塑造"一定政策后果的努力,容易误入歧途;反之,当社会和经济运行已然呈现某种负面情形,才是税收调控、特别是其中反周期调控发挥作用的最佳时机。其三,干预应着眼中长期而非短期,这同税收调控主要在中长期发挥效用的客观实际相契合。③ 当然,在本节的最后也需要指出,前述主张也不意味着就认为税法应当将全部重心都置于对权力的控制之下,这同样也是功能不适当的,下一节即对此展开探讨。

第二节 税法控权功能的反思及其替代

税法是调整以税务机关为代表的国家和作为相对人的纳税人之间关系的法律规范,其属于典型的公法。本书第一章便曾述及,近现代公法愈益将控权作为基本的价值取向,税法自然也不例外,加之税务机关相较于纳税人处在绝对优势地位,更使得控权成为税法功能的重要组成部分。受此影响,诸如税收法定、税收公平等原则也常被从控权的角度加以理解,进而据以评判各类涉税议题。但问题在于,一方面,从现实情况看,譬如为因应新冠肺炎疫情及促推疫后经济重振而推出一系列税收优惠措施、为应对中美"贸易战"而采取相应关税举措等,若是严格地以税收法定的标准来衡量,俱存在一定的合法性疑问,此间财税主管部门的决策权限似未受到应有的控制,可无论从经济抑或社会效果的角度看,几乎无人会质疑其正当性;另一方面,从域外实践看,不难发现一个耐人寻味的现象,英、美等国在传统上十分重视对征税权力的控遏,甚至就连英国资产阶级革命、北美独立战争的爆发在一定程度上都缘于公众对不受控制之征税权力的反感,革命/独立之后颁布的宪法或宪法性文件中也立即纳入限制征税权力的规则,然而这一控权取向在现

---

① 〔英〕哈耶克:《通往奴役之路》,王明毅等译,中国社会科学出版社1997年版,第98页。
② 〔英〕卡尔·波普尔:《开放社会及其敌人》(第二卷),郑一明等译,中国社会科学出版社1999年版,第212页。
③ 参见张守文:《税法原理》(第九版),北京大学出版社2019年版,第27页。

代实践中似有所动摇,运用税收手段频繁干预国内经济和国际贸易的背后,是税法控权功能的淡化。大体上讲,在各类税法原则和制度中,税收法定集中彰显控权意蕴,故此,考察其内含之控权意蕴的历史变迁,最能揭示税法控权功能的嬗变。职是之故,本节将税收法定作为观察税法控权功能的切入点,拟遵循如下进路开展研究:首先,在历史的语境中考察税法控权功能的发蒙原因和初心;其次,进而循时空环境变易—税收角色嬗变—税法功能迁移的脉络,揭示税法控权功能在当下呈现弱化态势的缘由;最后,在此基础上,考量税收法定等突出承载控权功能的制度体系该当如何调试自身以契合变化了的语境,其有所收缩的控权"战线"又有无以及须有何机制予以填补。

一、税法控权意涵的时代背景——从"为民征税"到"由民征税"

为满足一国的财政需求,税收在人类历史上发蒙较早,就税收成为财政收入主体部分的角度而言,"税收国家"可追溯至中世纪欧洲的封建社会时期。与税收国家的发展相伴生的,是对税收合法性议题的理论思索和实践回应。其有征税正当性和税负公平性两大分支,税收法定作为税收契约论的要义被认为重在给征税行为提供正当性供给,从一开始便被打上"控权"的烙印。

(一)立足于"共同利益"的"为民征税"观

在最初的起点,征税行为的正当性来源于实质上的必要性和形式上的纳税人同意[1],二者相辅相成。实质上的必要性建立在欧洲封建社会时期"国王靠自己的收入过活"这一理念的基础上,也即在常态下国王没有理由不以领地收入等固有收入而是改用税收来供养国家。由此出发,仅在具备特别理由且是为王国共同利益的条件下,征税行为才具有实质上的必要性。在欧洲早期,"共同利益"的需求来源于军役制度的发展,国王既象征着公共权威,也是其私有领地的封建主,作为国家的公共权威,国王基于封建君臣关系而享有下级武士精英所提供的军役服务,这种临时征召所产生的军事服务后来逐渐衍生为纳税义务。军事服务的前提一般为"军事必需",也即仅在国家受到威胁的情况下才能发起旨在提供军事服务的税收。[2] 随着时间的推移,除"军事必需"外的其他事项也成为"共同利益"的范畴。依据1215年《大宪

---

[1] 刘守刚编著:《西方财政思想史十六讲——基于财政政治学的理论探源》,复旦大学出版社2019年版,第74页。

[2] G. L. Harriss, *King, Parliament, and Public Finance in Medieval England to 1369*, Oxford University Press, 1975, p. 33.

章》第 12 条的规定,国王被俘后需赎身、国王长子被封为骑士和长女出嫁这三种情形当然满足征税的必要性,其他情形是否也如此则须由国王与封臣们商定。而在封建社会,封臣们正是纳税人,故此,纳税人同意作为确证征税必要性的必经途径,成为征税行为形式正当性的来源,对征税权力形成控制。

中世纪早期,欧洲封建社会尚未生发出"代表权"的概念,国王所属封臣数量有限,因而纳税人同意都还是"一对一"式的,由国王与所属封臣分别协商,封臣可以拒绝国王的征税要求。然而,随着王权的加强,封臣讨价还价的能力日渐式微,纳税人直接同意沦为形式化。与此同时,当征税对象并非国王的封臣时,直接的纳税人同意无法获取,基于"封臣的封臣,不是我的封臣"之法则,也不能仅因封臣的同意便推定封臣的封臣也同意纳税。这意味着,纳税人同意的适用范围也是相当受限的。国王所属封臣和其他封建领主们提升自己涉税话语权的斗争,共同指向由新成立的议会来决定税收事项——议会能将封建领主们分散的力量集合起来,更有效地制衡国王的征税权力,国王所属封臣之外的其他封建领主也借此获得表达同意与否的机会。至此,国王取得纳税人同意后始能征税相应变成国王须经议会同意后方可征税。如此一来,控制征税权力的主体虽有变化,但控权意涵得以传承。

进言之,税收法定虽在发蒙之初即着意经由纳税人同意来约束国王的征税权力,但因此时表达同意之"纳税人"的范围高度受限,使得参与决策者更似统治阶层的"同盟"。纵是在税收法定进入议会主义的阶段,议会的成员仍然只包含教士与传统贵族,也即经济上的有产者和政治上的精英阶层,平民多被排除在外。例如,14 世纪之前,英国议会并未形成上下两院的形式,国王的征税行为主要交由贵族和高级教士组成的议会进行讨论,直到英法百年战争开始后,由骑士和市民代表组成的下议院才开始取得课税权。[1] 在法国大革命前,法国的税收主要依托于底层的平民,贵族并不纳税,但是否开征税收以及具体数额的确定却由贵族及教士组成的显贵会议进行讨论。彼时的主流观点认为,税收事项应该交由少数的精英决定,只有他们拥有智慧能够发现什么东西对人民有利,普通人并不具备足够的能力和素养。[2] 这种事实上由少部分人群决定人民需要什么、什么对人民有利、为此需要开征何种税收以及征取多少数额的模式,生动地展开了一幅"为民征税"的画卷。

---

[1] Bryce Lyon, *A Constitutional and Legal History of Medieval England*, W. W. Norton & Company, 1980, p. 418.
[2] 刘守刚:《西方财政思想史十六讲——基于财政政治学的理论探源》,复旦大学出版社 2019 年版,第 73 页。

在"为民征税"的基调下,有产者或精英阶层可以较为便利地出于自身的利益需求和政治目标,借助王国"共同利益"的名号有选择地约束国王的征税行为。一方面,当征税行为触及自身利益时,有产者或精英阶层有充足动力和能力对其实施杯葛,这可在一定程度上避免国王为自己私利随意征税或是设定过于严苛的税负;另一方面,广大的底层民众是纳税人,其诉求却并未被议会决议反映的"纳税人同意"所涵盖,有产者和精英阶层未必能充分代表其利益,当征税行为不直接指向自己时,有产者和精英阶层有较大的概率选择认可。

(二) 建基于社会契约论的"由民征税"理念

中世纪以后,"为民征税"的弊端日益凸显。首先,议会中的贵族阶层对于国家征税活动的讨论多以自身利益为出发点,最终结局是将税收负担倾斜配置于平民阶层,而贵族阶层自身则一般不纳税或缴纳较少的税收;其次,国家的政治合法性及征税权的合法性只由少数人决定,而不是由国家的所有公民共同决定,普通民众难以形成对政府的信任和忠诚;最后,随着商品经济的发展,逐渐兴起的资产阶级对于加诸自身的过高税负表示不满,作为国家税负的主要承担者,新兴资产阶级的政治身份却远低于传统贵族,对征税权力的运作难以施加必要控制。① 受此影响,公众的纳税遵从度显著下降,暴力型的抗税斗争也层出不穷。例如,1379 年英国议会为应对百年战争所开征的人头税主要针对底层平民,后者爆发起义以至兵临伦敦城下,迫使国王取消该税种。② 可见,"为民征税"的模式已不敷需要,新的模式正在酝酿生成中。

启蒙时期,以卢梭为代表的思想家对原先由政治精英决定征税事项的观点予以驳斥,并基于其社会契约论对国家征税行为的"必要性"与"同意"原则作了更加精密化的表达。在卢梭等人看来,公共利益是人民的利益,根据民众的同意来征取税收以增进民众的福祉是税收的正当性基础,普通民众完全具备判断一项税收的开征是否对自己有利的能力。这里的"民众"是包括有产者和无产者在内的所有人民,作为人民主权的一种表达方式,由所有人民共同决定征税行为、行使征税的权力更为妥帖和正当。

政治实践中,随着商品经济的发展,西欧新兴资产阶级成为社会财富的

---

① Bryce Lyon, *A Constitutional and Legal History of Medieval England*, W. W. Norton & Company, 1980, p. 507.
② Charles Adams, *For Good and Evil: the Impact of Taxes on the Course of Civilization*, Madison Books, 1999, p. 239.

主要拥有者,也是国家税收的主要承担者,但是其政治地位仍然远不如传统贵族。借助现代民主观念的发展,新兴资产阶级开始抗争并企图改变国家的政治格局。平民阶层在议会中获得相应的权力,便是此一历史进程的标志性成就。例如,14 世纪以后,英国的社会财富主要集中在从事经营活动的骑士和市民手中,作为税收的主要承担者,市民和骑士联合起来推动议会改革,形成下议院,并在英法百年战争中迫使国王赋予下议院课税权和财政监督权。① 法国在 18 世纪以后,平民阶层不满于贵族不纳税的格局,认为传统贵族是社会的"蛀虫"并展开抗争,路易十六被迫召开由教士、贵族及平民参与的三级会议。② 由此,"由民征税"的格局在民主制的探索与实践中得以形成。

在"由民征税"的实践中,议会作为所有公民意志的代表机关,以法案的形式对国家征税权进行约束。在此过程中,无论是国王还是后来的行政机关,征税动议和税收法案的通过一般都需要经过议会,而作为纳税人的公民则通过选举产生议会来对课税行为实施约束,理论上,课征何种税收及如何课征都由公民自身意志所决定,这也成为议会对国家课税行为进行控制的权力来源。

在税收与民主制的探索进程中,征税的正当性较之过往更强烈地依赖"税收事项由议会以法律形式决定"的形式本身,哪怕这种形式和实质(由民征税)之间,其实不过是具有由社会契约论所提供的、归根结底是推定而远非必然的联系。首先,议会的规模、选举方式及议员的权力等都会影响议会对民意的反应③,因而议会并不能绝对代表民意;其次,议会并非税收专业部门,议员大部分也不是税收专业人士,很多税收事项仍然依托于较为专业的行政机关进行厘定,议会很多时候只能实施一种形式上的把控;最后,议会对征税行为的把控和考量更多从宏观大局出发,很难顾及具体公民的利益,这与"由民征税"的本质内涵也有一定距离。事实上,与其说经由议会决定征税事项真能准确表达纳税人的意志,倒不如说其更多表现出一种"控权"的价值取向。由此便不难理解,何以后世理论界和实务部门均更多从"法律保留"的角度把握税收法定,而法律保留的实质精神正是立法机关对行政机关

---

① Bryce Lyon, *A Constitutional and Legal History of Medieval England*, W. W. Norton & Company, 1980, pp. 602-603.
② Jean Brissaud, *A History of French Public Law*, trans. by James W. Garner, Little, Brown, and Company, 1915, pp. 360-361.
③ 参见翟志勇主编:《代议制的基本原理》,中央编译出版社 2014 年版,第 35 页。

的权力制衡。① 当然,能否将税收法定等同于税收基本制度的法律保留,则属于另一层面的问题,本书将在后续的第三章第一节集中研讨该问题。

二、治理诉求的植入及其对控权型税法的冲击

历史地看,控权在很长一段时间被认为是税法价值取向的不二选择。究其根源,这是同古典时代"最小国家——最轻税负"的逻辑一脉相承的,因为国家被认为是"必要的恶",税收又是维持国家所必需,是故应当将国家限定在最小规模,税收相应也被认为越轻越好,这自然就吁求一种控权取向的税法体系。一般认为,行政机关和立法机关/权力机关扮演的角色不同,无论在财政收入还是财政支出的层面,行政机关都被认为是扮演"油门"的角色,立法机关则更多被期待扮演"刹车"的角色。故此,通过践行税收法定,能够抑制行政机关在财政领域的扩张倾向,税收法定便也由此成为较优的控权机制。但时移则事易,事易则备变。过于机械地强调控权,在新的历史形势下可能使税收本应具有的多维功能很难发挥好。

(一)严格控权在治理语境下的功能不适当

国家/政府和社会/市场的关系不仅在学理层面是一个重大议题,在实践层面也牵连甚广。传统的二元论者将国家/政府视为外在于社会/市场的"他者",由此出发,当公权力介入社会/市场时常表现出鲜明的干预和管理色彩。但在治理范式的拥趸看来,国家/政府和社会/市场相互内嵌于对方而不可分离,公权力对社会经济生活的介入不应被完全反对,只是需要尽量选用较为柔和的市场化手段,从而达致"市场在资源配置中起决定性作用"和"更好发挥政府作用"的有机统一。在国家/政府和社会/市场泾渭分明的时代,税收是为维持国家存在而征取,由私主体一方观之只是一种牺牲,但在国家/政府和社会/市场存在双向运动的当下,税收已被赋予更为丰富、多层次的功能要求,其成为国家治理的一环,除组织财政收入的基础功能外,税收也常被作为"经济诱因"来引导主体为或不为特定行为,进而达致相应的经济、社会政策目标。

其实,从税法作为公法这一定位出发,把握整个公法之立场在历史上的演进过程,能更好地理解前述观点。在早期,公法是约束民众的工具,其规定

---

① 与"法律保留"相对应的是"宪法保留",二者的区别是对于基本权利是采用法律抑或是宪法加以侵害保留。税收法定所对应的财产权是公民的基本权利,以"宪法保留"来观照税收议题体现对纳税人基本权利的保障,而以"法律保留"来观照税收议题则旨在强化立法机关对于行政机关的控权与制衡。参见聂鑫:《宪法基本权利的法律限制问题——以中国近代制宪史为中心》,载《中外法学》2007 年第 1 期。

了一系列指向公民的义务性规范,此时的公法体现出浓郁的"管理法"色彩。伴随着民众权利意识的觉醒,人们意识到公权力可能被滥用或是误用①,以致对私权利产生较大威胁,故而整个公法逐渐转向将控权作为价值起点,公法制度也成为约束政府的工具,其更多地纳入限制政府权力的规范,此时公法表现出"控权法"的特征。在"控权法"语境下,公法制度有四大基本支柱:将保障私权利奉为制度目标;绝对排斥自由裁量权以限制公权力;要求所有的行政行为都要有法律明文授权,否则即无效;建立有效的司法审查制度。②在现代治理语境下,针对公法的功能定位,纯粹的"控权论"越来越多地受到反思,"平衡论"被提炼作为公法新的逻辑起点。③包括税法在内的公法于控权维度有所收缩,但并非回到"管理法"时代,而是保持一定的治理弹性。"治理"与"统治"作为"govern"的同根词汇,有不同的意涵,"统治"意在掌握国家权力,而"治理"侧重于政府运用各种制度和手段参与社会治理。西方国家在早期尤其强调法律对于政府权力的管控,但 20 世纪 70 年代以后,为应对福利国家的危机,西方政府开始放松对政府权力的管控,推行一系列公共行政改革。例如,为了应对财政危机,加强了政府在公共领域的治理能力,使其承担更多的救助义务与公共责任。在经济领域,政府充当"掌舵者"的角色,运用税收等工具在宏观层面给予经济一定的指导,这便是宏观调控。④

  一般来讲,宏观调控有自动调节和逆周期调节两种方式,税收调控也不例外。相较之下,逆周期调节要比自动调节更为普遍和常见,自动调节仅在累进税率等场合发挥作用,增减税率、扩张或收缩征税范围等逆周期调节手段则得到更广泛的运用。逆周期调节特别讲究时效性,调控的"窗口期"常稍纵即逝,在其过后再采取调控手段不仅于事无补,反而可能有害无益。这就决定了政策要比法律更加适宜作为调控措施的规范载体。故此,过于强调"税收法定"会影响税收调控的及时性与灵活性,甚至使税收调控从功能适当的角度看根本不合意。比如在 2020 年我国面对突如其来的新冠肺炎疫情挑战,需要采取包括税收在内的各类调控手段来刺激经济、保障民生。受疫情影响,全国人大推迟了两个多月才召开会议,若是彼时推出的一系列税收优惠措施⑤都必须经全国人大通过,虽得以充分彰显税法的控权价值,却也

---

① 〔英〕丹宁勋爵:《法律的训诫》,杨百揆、刘庸安、丁健译,法律出版社 2011 年版,第 76 页。
② 参见沈岿:《平衡论:一种行政法认知模式》,北京大学出版社 1999 年版,第 68—78 页。
③ "平衡论"的提出及其基本意涵,参见罗豪才、甘雯:《行政法的"平衡"及"平衡论"范畴》,载《中国法学》1996 年第 4 期;罗豪才、沈岿:《平衡论:对现代行政法的一种本质思考——再谈现代行政法的理论基础》,载《中外法学》1996 年第 4 期。
④ Jan Kooiman, *Governing as Governance*, Sage Pubilcation, 2003. p. 82.
⑤ 相关措施包括但不限于鼓励公益捐赠的个税优惠、支持复工复产的税收减免、支持防护救治的临时工作补助免税等。

会极大地削弱各项措施的实际功用。

进言之,现代社会是一个高度专业化的社会,日常治理较之过往要更多依赖具备专业性的机构。历史地看,在国家所要处理的事务较为单纯(如国防、治安、司法)时,理想政府的职能范围十分有限。伴随经济社会的发展,当国家需要处理的事务逐渐趋于复杂化时,更多的职权被配置给行政机关,发生在美国"进步时代"的预算编制权由议会转移至政府的事实,即生动地彰显了这一点。随着经济社会持续高速发展,新兴经济社会问题层出不穷,设立具有高度专业性、相对独立性的机构来实施规制,成为许多国家的共同选择,而与此同时,立法机关针对具体事务的决定权限也被大为限缩。税收议题便具有很强的专业性,且不论非专业人士难以清晰知晓如何调整税收制度以高效调控经济社会,即便是从自身利益出发,怎样的税收制度对自身财产权的限制最轻,不曾接受过专业训练的一般公众也未必能作出准确判断。此间,纵然怀有良善的意图使普通公众的诉求得以表达并影响乃至塑造立法,结果也未必合意。

此外,对于税法控权功能的过分强调还可能陷入形式主义的陷阱。比如就"税收法定"而言,其旨在控制行政机关的权力。但现实中的税法建制绝无可能面面俱到,即使能够事无巨细地将税收事项纳入税法调整范围,实际征收税款时也往往有多种方法可供选择,如查账征收、核定征收等,核定征收中的"核定"方法也不一而足,不同方法的适用对最终数额认定的影响颇大。这意味着,税务机关在征收过程中享有一定自由裁量权,是很难杜绝的现象。事实上,赋予税务机关一定的灵活裁量空间同样是现代国家治理的吁求。其一,与传统部门法相比,税法具有较为突出的专业特质,在现代社会,针对专业性领域的规制常由专门机构进行,由相对独立的行政机关针对专业领域进行规制既能应对专业领域的复杂环境,也能提高办事效率和保证灵活性,而此时立法机关所起的主要是监督和限定作用①;其二,一般而言,税收具有组织财政收入与宏观调控的二元功用,组织财政收入吁求税法规范在公共权力和私人权利之间明确划界,而宏观调控则无法完全依托税法规范进行,须由行政机关根据具体情况因时因地制宜②;其三,承前所述,税收兼具组织收入和宏观调控的功能,此二者在地方层面都吁求一定的自由裁量空间,各地经

---

① 例如,在美国,联邦通信委员会(FCC)、州际商务委员会(ICC)、环境保护署(EPA)等独立规制机构针对电信服务、州级商务、环境保护事务等专业性较强的行政事务实施行政规制。在我国,也是由国家市场监督管理总局、国家电力监管委员会、国家烟草专卖局等相对独立的行政机关,对食品检验、电力监管、烟草买卖等专业性较强的领域实施行政规制。参见江必新:《论行政规制基本理论问题》,载《法学》2012年第12期。

② 侯卓:《个人所得税法的空筐结构与规范续造》,载《法学家》2020年第3期。

济发展和产业结构等均不一致,因而税法并不能以统一规则施加于地方,而须赋予地方税务机关一定的自主权限,促成自主权能充分的地方和监管协调有力的中央的合作模式。① 在这样的情境下,突破税法控权的形式化陷阱,根据实际情况合理地推行税收治理,既能实现控权的目标,也能促成实质正义的达致。

正是出于以上考量,域外主要国家在实际操作过程中也逐渐有选择地放松针对税法控权功能的强调,而赋予行政机关在制定和调整税收政策时更大的灵活空间。在美国,对公权力的不信任贯穿其建国历程,征税的权力是公权力的重要组成,故而也成为受到严格控制的对象,美国宪法也对其设下重重防线。② 但进入 20 世纪后,行政机关掌握一定税收自主权对国际贸易与国内经济调节的重要意义渐为人所认可,故 1934 年《互惠贸易协定法案》赋予总统为代表的行政机关主要的贸易政策制定权(限期 3 年,后多次延期),以灵活及时地应对国际贸易的变化与需求,这也包括以税收为工具的贸易政策。③ 此外,根据美国《国内收入法典》第 7803 节,国会将税收执法权委托给美国国家税务局(IRS),同时还赋予国家税务局解释或者特定情况下调整适用《国内收入法典》的权力。在此基础上,国家税务局每年发布大量税收法规、税收程序、通知、公告,既包括对《国内收入法典》的解读,也会颁行一些涉及程序性事项、税收优惠事项及纳税人裁决等的税收政策。④ 英国作为"税收法定"的发源国,在早期特别重视对于国王纳税权力的控制,在议会与国王的斗争中逐渐确立议会主导纳税的格局,基本所有的纳税事项均需要议会同意。但到了 19 世纪,随着工业革命的完成和商业制度的发展,税收事项日益复杂化和专业化,议会审议财税法案的时间有限,能力也不足,议会审议法案沦为形式化。20 世纪初期,英国开始改革与简化议会审议法案流程,最终结果是当下议院赋税委员会同意即可先行征税,赋税委员会具有专业特质,一般法案提交上去,次日即有回复,但此时先行征税的法案尚且不是法律,仍然需要经过议会通过后才转化为法律。⑤在现代,英国的税务与海关总署(HMRC)也会承担制定部分税收政策的职责,从而保障英国税制的灵活性。

---

① 侯卓、黄家强:《财政自主与环境善治:环境税法实施中的法域协调》,载《中国人口·资源与环境》2019 年第 2 期。
② 比如纳税议案必须由众议院提起,且经过参众两院通过后再由总统签署;美国税必须全国统一,且只能用于共同防御及共同福利等。
③ Sidney Ratner, *The Tariff in American History*, D. Van Nostrand Company, 1972, p.262.
④ 朱大旗、张牧君:《美国纳税人权利保护制度及启示》,载《税务研究》2016 年第 3 期。
⑤ 陈国文、孙伯龙:《税收法定原则:英国 19 世纪的演进及启示》,载《兰州大学学报(社会科学版)》2015 年第 6 期。

(二) 基于治理面向的控权功能收缩

从前文对税法控权功能演进的梳理可知,其作用范围和强度并非一成不变。当现代社会更为重视税法的治理价值时,控权功能的自我限缩不可避免。比如本章第一节曾提及德国联邦宪法法院对于税收调控从不认可到认可的立场转变,而这意味着行政机关在税收议题上应当享有更大的话语权。在此背景下,有必要对税法控权功能的作用重心和边界加以调整。调整主要须考量两个层面的问题:一是涉税议题中有哪些需要坚持控权导向,又有哪些可适当放松控制;二是在适当放松控制的场域,应如何保有起码的监督和限定。联系起来看,便是如何跳脱"一收就死,一放就乱"的怪圈。

从体系的角度看,税法的规范可区分为财政目的规范和管制诱导性规范,前者将组织财政收入作为规范目标,以在不同纳税人之间配置税收负担作为基本的规范结构,后者则旨在将税收作为"经济诱因",引导纳税人为或不为特定行为,从而达致社会经济调节的目标,由于其追求异于获取财政收入的政策性目标,故也被称为社会目的规范。[1] 通常认为,纳税人、征税范围、税基、税目、税率等一般意义上的税收要素乃是财政目的规范,税收优惠和税收重课作为税收特别措施,属于管制诱导性规范的范畴。[2] 就此二元结构而言,由于财政目的规范关涉国家公共财政和纳税人私人财产的"两权"界分,故从保障财产权的角度出发,须使其决定权限由更具权威性的主体所掌握,决定过程更加周密,规范的内容也务求相对稳定,这都意味着,对此类规范施以更加严格的控制是合意的,从税收法定的角度看便是要对其提出严格的法定要求。相形之下,税收优惠、税收重课等管制诱导性规范既然重在"调节",自然要讲究因时因地制宜,故而保持一定的灵活性便很有必要。有鉴于此,在理想的状态下,将纳税人、征税范围等一般性税收要素或曰重要涉税议题设定为税法控权的重心,而赋予税收优惠的设定和调整以更大的灵活空间,也即可更多由政策来决定,是兼顾需要与可能的方案。需要指出的是,虽然从外观上看,诸多税收优惠措施莫不是对一般性税收要素的调整,如对税率的降低、对征税范围的限缩等,但并不能将其也归于财政目的规范的范畴。对于该现象可如此理解:财政目的规范从某种意义上讲是有"自然法"的,譬如相关制度设计大体要遵循量能课税原则,税收优惠乃是在基于量能

---

[1] 详细讨论可以参见葛克昌:《行政程序与纳税人基本权》,北京大学出版社 2005 年版,第 71 页;陈清秀:《税法总论》,元照出版有限公司 2012 年版,第 20—22 页。如本书导论在研究述评部分曾言及,另有"简化的规范"一项,因与本章主旨关联不大,此处存而不论。

[2] 侯卓:《论税法分配功能的二元结构》,载《法学》2018 年第 1 期。

课税等建制原则设计好财政目的规范的基础上,对相关规范再作调节,是政策导向的,也是第二性的。

对于授权行政机关或地方层级出台的税收优惠等政策,可实施较为弹性化的管控。具体而言,对于授权事项的范围及操作方式可以作一定程度的限定,对于授权也可要求一定的期限,同时设定"评价—退出"机制,对于该税收政策的评价应该包括形式与实质双重评价,形式上的评价主要面向政策制定程序及内容是否违背上位法,而实质上的评价立足于税收政策是否符合量能课税等实质正义原则。对于不符合标准的税收政策,应该及时清理或整改。

进言之,由于我国现有 18 个税种相互间差异颇大,故而在进行管控之际也不可整齐划一,而要根据各税种的属性作差异化安排。遵循与前文相近的逻辑,可以对那些更主要承担组织财政收入目的的税种施以更加严格的管控,而对主要发挥社会经济调节功能的税种,则相对放松管控程度,相应在横向上赋予行政机关、在纵向上赋予地方人大或政府更大的规则制定权限。据此,诸如增值税、企业所得税、个人所得税等收入丰沛的税种,即应更严格地践行税收法定的路线,其中技术性比较强的事项可以先授权行政机关制定相关规则,待条件成熟再按程序上升为法律。相应地,对于所涉事项区域间差异较大的如环境保护税、土地增值税等,可考虑赋予地方层级更大的决策空间,但基本事项仍要在税法中予以明确,且对于授权地方调整的事项可以设置一个范围或附加条件进行限定。对于更多承载调控功能的如契税、消费税等,可使行政机关有制度内规则设计和调整权限,但全国人大常委会应适时开展对行政机关所颁行税收政策的监督。似待开征之房地产税这般,所涉事项的地区差异颇大,也承载较多调控功能,那么纵向和横向的授权都必不可少,法定要求的程度相应便要低一些,但也须配备一定的范围限定和监督措施。

三、以支出为重心的替代性财政控权机制

承前,近代意义的税法自其发蒙之初便奉控权为圭臬,但在现代社会,税收和税法所承载的治理功能使其不得不适当限缩自己的控权初心,以免控权的同时诱致治理失能。事实上,对于财政权力的控制并未因此减弱,更具灵活性的财政支出面向,理当成为被施以管控的核心场域。

(一) 将支出作为财政控权重心的合理性

在现代国家,控制行政权力的关键和要害在于支出维度,管住财政支出,

实际上便间接却有力地管住了财政收入。这是因为,在支出需求一定的背景下,通过税收形式筹集的收入不足,各级政府也有充分的动力和较强的能力以发行公债等其他形式补足。许多税收法定践行较好的国家却要面临很大的公债压力,即生动说明了该点。① 进言之,公债最终还是会主要以税收的形式得以偿还,而且该处的税收一般由后代承担,届时,在无法回避债务压力的情形下,增税以还债在所难免,无论是否以法定形式增加税负,立法机关以及纳税人对税收事项的控制权都在事实上被架空。反过来,若是将控权重心置于支出维度,则除间接限定了收入规模之外,也能对政府的施政方向施加力度更大的影响和管控,控权效益更加明显。况且,在公民基本权利的内涵不断拓展和权利实现需要财政支持的条件下,限定财政支出,据此再考察能筹集的财政收入数额,进而透过规范的公债发行程序补足财政缺口,方为正途。

进言之,这实际上涉及"量入为出"与"以支定收"两种不同的政府理财观念。自西周以来,历代政府均将"量入为出"奉为指导财政活动的金科玉律②,但这一财政观念亟待荡涤更新。政府的正当性在于为民提供公共服务,因而根植于市场经济体制环境的"以支定收"理念更符合时代需求,更能彰显政府职能。概括地讲,政府应当本着"拾遗补缺"的精神,遵循"市场经济—社会公共需要—政府职能—财政支出—财政收入"的逻辑链条,依序明确"市场自身能提供什么""政府需要干什么事""政府需要多少钱"和"政府可以取得多少钱"等问题。③ 由此可见,厘定政府的事权和支出责任是基础性的,将其作为控权重心因而是合理的。

不仅合理,将支出作为财政控权的重心也符合功能适当的要求。立法机关/权力机关对财政支出的管控不是单纯"一砍了之",而常常表现为对支出方向和力度作独立、审慎的思考,进而在与行政机关互动、沟通的基础上给出判断或作出决定。这一过程既可以说是对行政机关权力的控制,更可以说是旨在优化财政支出。在党的十八届三中全会"改革决定"将财政定位为"国家治理的基础和重要支柱"的背景下,其可谓是将控权和治理两大功能集于一身,这便要比税收法定的单向控权意旨更加丰富多元,也更合乎新时代的治理语境。

实际上,将支出作为财政控权的重心还能同"限缩版"控权型税法相得

---

① 比如,发行国债数额排名前7的国家分别是美国、日本、中国、英国、意大利、法国、德国,这些国家中除我国税收法定尚处起步阶段外,余者均为税收法定践行较好的国家。
② 胡寄窗、谈敏:《中国财政思想史》,中国财政经济出版社1989年版,第14页。
③ 参见高培勇:《"量入为出"与"以支定收"——关于当前财政收入增长态势的讨论》,载《财贸经济》2001年第3期。

益彰。诚如前文所述,针对税收优惠等税收特别措施,不宜设定过于严苛的法定标准,以高效发挥其相机调控的功能。但这不意味着放弃对此类事项的管控,而是可在体察税收优惠作为"税式支出"这一本质属性的基础上,将其编列入预算案中,接受立法机关/权力机关的审查和监督。由此可见,支出控权确可在一定程度上作为税法控权的替代机制,补足其适当限缩后留出的控权空间。

(二) 管控财政支出的二维机制:预算管理和支出基准

概括地讲,以支出为重心的财政控权机制,包含预算管理和支出基准两大维度。

1. 预算管理

预算是对特定时间内(通常以年度为单位)一国财政收支的预估,经过批准的预算具有强制力和执行力。预算法定也即要求行政机关编制的预算案须经立法机关/权力机关批准后才获得法律效力,此时预算在性质上属于一类特殊的"准法律"[1],这也是所谓预算"法"定的逻辑渊源。

历史地看,预算制度在人类文明进程中发蒙较早,以我国为例,早在周代便已产生预算的萌芽,通常认为,《礼记·天官·冢宰》中所说的"九赋""九式"即分别对应财政收入和财政支出。二者一道共同体现国家的财政收支关系,初见预算雏形。但在较长的一段时间内,预算及其各类前身更多被定位为国家管理财政的工具,并无借预算控制财政收支的意涵。有学者对此评论道,"由于控制国王和政府财政收入的急迫性大于控制其财政支出的急迫性,因此,税收法定原则的发展速度要快于预算法定原则。"[2]虽然在 14 世纪后期,作为英国议会发言人的基尔德斯伯格爵士便要求君主对财政资金的用途作出清楚阐述,但直至 1688 年"光荣革命"后,英国议会才逐步加大对财政支出的控制力度。1690 年,英国成立了第一个现代意义的公共账户委员会(Public Accounts Committee)来审查政府的开支。[3] 1780 年至 1787 年,英国

---

[1] 关于预算的法律性质,学界存在三种学说,分别为行政说、法规范(特殊国法形式)说及法律说。行政说认为预算过程是行政机关主导的行政行为,故为行政行为的一种;法规范说认为预算作为行政行为的准则,对政府行为具有一定规范作用,但其同传统的法律在形式和效力方面存在差异,因而是与法律或命令并立、有一定特殊性的法规范;法律说认为预算相较于其他法律规范并无实质上的特殊性。相形之下,法规范(特殊国法形式)说目前是学界主流见解。参见蔡茂寅:《预算法之原理》,元照出版有限公司 2008 年版,第 45—51 页。

[2] 翟继光:《财政法学原理:关于政府与纳税人基本关系的研究》,经济管理出版社 2011 年版,第 45 页。

[3] 蒋孟引主编:《英国史》,中国社会科学出版社 1988 年版,第 401 页。

分别通过《丹宁议案》(Dunning's Motion)、《民用基本法》(The Civil Establishment Act)、《统一基金法》(The Consolidated Fund Act)将所有的公共账户、民用开户等均纳入公共账户委员会管理。不难发现,近现代意义上预算制度的建立和发展,是同逐步扩大对财政收支(尤其是支出)的管控范围联系在一起的。

从理论上讲,预算固然同时编列财政收入和财政支出,但预算控权的重心在财政支出。① 这是因为:第一,较之财政收入,财政支出更加直观地反映政府施政方针,立法机关/权力机关通过审查预算实现对政府施政的监督,符合现代法治国家的原理;第二,在预算年度经过之前,财政收入的数额无法得以确定,尤其是在税收法定的语境下,组织财政收入的主观能动性有限,最终能收上来多少税系由经济环境等客观因素决定,在预算中编列收入的真正目的乃是为安排财政支出提供参考。② 这实际上也同前文述及的"以支定收"财政理念和将支出作为财政控权重心的思路是一脉相承的。

预算控权主要表现为立法机关/权力机关经由对预算过程的掌控和主导,实现对政府财政活动的管控。首先,政府提交给立法机关/权力机关的预算案应当根据实际情况编制,按照科目类别较为具体地反映政府的收支计划,包括收入来源、范围及支出方向和规模,这实际上使政府的财政收支清晰明白地呈现给立法机关/权力机关及其组成人员,进而使普通公众也能较为便捷地知晓政府的施政计划和方针,而众所周知,"阳光是最好的防腐剂",此举有助于防遏财政行为中的不规范现象。其次,政府有编制预算案的权力,但预算案要经过立法机关/权力机关的审查批准才产生法律效力,成为能够作为财政支出依据的预算。预算审查时,预算安排是否合法、是否贯彻国民经济和社会发展的方针政策、是否切实可行、是否适当等乃是审查重点,针对这些方面的审查在很大程度上能及时发现政府编制预算时的随意或不严谨。最后,政府的财政开支必须严格依据立法机关/权力机关审查批准的预算案,根据修改后的《预算法》,增减预算总支出、调入预算稳定调节基金、调减预算安排的重点支出数额、增加举借债务数额等情形均须经过预算调整的程序,由各级人大常委会(乡镇一级由同级人大)批准。如此一来,基本断绝了政府在预算外违规变通的可能性。持平而论,我国近年来的预算制度改革已在政府内部控权和人大、审计、公众等外部控权两个维度都取得了很大的

---

① 熊伟、王宗涛:《收入还是支出:预算法的规制重心解析》,载《安徽大学法律评论》2010年第2辑。
② 一般来讲,任何个人和组织在制定支出计划时都先要测算收入,在预算中编列收入即起到类似作用。

进步,在此基础上,下阶段还可以从加强人大预算决定权对政府预算执行权的制约、合理界定行政机关与社会公众间的预算权、强化司法机关对预算部门的监督等方面进一步强化控权力度。①

2. 支出基准

预算过程对财政支出的管控是全面的,其虽然也格外垂青重点事项,比如《预算法》第 48 条便将"重点支出和重大投资项目的预算安排是否适当"作为审查批准预算案的重点之一,但客观地讲,受限于现行预算管理本身仍然存在的诸多不足②,对重点领域或是公众特别关注的支出事项,仅仅依靠预算管理尚不足以充分达致控权目标。就此而言,支出基准制度恰能补足这方面的缺失。

所谓支出基准制度,即立法机关/权力机关对各类典型财政支出事先设定基准,从而确保其关于财政支出的根本意志与核心诉求得到行政机关遵行。在我国,支出基准体现为四种类型:法定支出、支出定额、支出限额和禁止支出。法定支出和禁止支出相对应,分别规定政府必须支出的事项和不得支出的事项。支出定额和支出限额相对应,前者针对具体支出事项确定一个固定额度(包括单项定额或综合定额),后者则划定支出额度的上限或下限。行政机关若不依支出基准行事,无论是应当支出而未作支出,还是禁止支出却有作支出,都可依法追究其责任,由此也达到控制行政机关财政行为的目标。

客观来讲,支出基准的实践在我国早已有之③,但由于对其重视不够,尤其是缺乏从规范性、合理性的角度作系统检视,导致其控权功能的发挥在一定程度上受到妨害,或是有失宽纵,或是过于严苛,均难言妥适。在形式层面,关于支出基准的规定多散见于中央部委和地方政府的规范性文件,立法层级较低,导致行政机关即便有所违反也难严格依法追责。在实质层面,支出基准设定不合理的情形并不鲜见。不合理的主要表现有三。其一,未能充分关切并回应区域间发展的不均衡,致使支出基准设定不合理。比如,现行公用经费定额标准按照"基数+增量"模式设定,发达地区相对于中西部地区经费超额很多,执行结果便是发达地区超额配备资产和欠发达地区设备老旧

---

① 参见蒋悟真:《论中国预算法的现代化》,载《环球法律评论》2018 年第 8 期。
② 分项表决规则的缺位便是一例。由于各级人大在审查批准预算案时只能整体通过或不通过,致使许多人大代表即便认为预算案中某些支出安排不尽合理,为不致影响全局,仍会投下赞成票。
③ 新中国成立后,财政部等三部门在 1952 年便发布《财政部、劳动部和中华全国总工会为改定拨交工会经费时计算供给制职工工资总额标准及明确职工文化教育费使用范围的联合通知》,该通知设定了企业、机关、学校等行政单位的职工工资、文化教育经费等方面的支出标准。

的问题同时存在。又如,《中央和国家机关会议费管理办法》规定会议费按照会议类别设置上限,一类会议每人每天 600 元,二类会议为 500 元,三类、四类会议为 450 元,其同样未考虑区域差异的问题。其二,设定的支出基准调整不及时,不能与高速发展的经济和持续攀升的成本相匹配。这方面最典型的表现是,某些用财政经费开支的人员薪酬,增长幅度远落后于物价上涨的幅度,究其根本是相关支出基准调整滞后。此外,支出基准调整不及时还有一种表现,也即某些支出项目(如交通费、住宿费、接待费等)的核算内容和范围已经变动,原先的定额标准却未作相应调整,从而导致不合时宜的现象发生。其三,部分支出基准流于形式,难以体现控权实效。比如,部分高校针对人员、日常办公、教学运行、业务发展等所设定的支出定额标准多为综合定额而非单项定额,各类支出事项性质迥异却同吃一口"大锅饭",为规避监管留下较大空间。有鉴于此,我国应在提升支出基准规范位阶的基础上,着力优化其制度安排,从而使其管控财政行为的功能得以恰如其分地发挥出来。

四、小　结

税法控权从某种意义上讲是对行政部门在涉税事项上的自由裁量权的限制,其立论基础乃是对行政部门自由决定涉税事项的不信任。历史上,从其在西方世界的发蒙和演进史来看,税法控权功能的勃兴确实对应着彼时行政部门的"不可靠"(比如英国王权对自身利益看得重于王国利益)。然而,一国行政部门所需自由裁量权是因时因地而异的,"自主性的最佳水平从而依赖于组织能力"。当行政部门的治理能力较差时,因为不能信赖其在主观上或客观上能运用良好判断力,故应使之受到更高程度的规制,前近代和近代史上西方各国对税收法定的高度强调便肇因于此。反之,当行政部门的人员构成、制度环境等要素皆表征其已经具备较大的"能力"时,便应让其拥有高度自主性,"还要减少规则的约束,以鼓励它的独立判断力和创新行为"[1],这也可用来解释何以英美等国在当下并未严格奉行税法控权的路线。由此观之,我国在 20 世纪八九十年代引入税收法定并在 21 世纪初高度强调其控权价值,诚为必要,其契合行政机关尤其是财税主管部门税收治理能力相对不足的时代语境。[2]

---

[1]　[美]弗朗西斯·福山:《政治秩序与政治衰败:从工业革命到民主全球化》,毛俊杰译,广西师范大学出版社 2015 年版,第 470 页。
[2]　一个具体表现是,彼时论及对税务工作的要求,基本只是强调依法治税,强调既不能随意减免,也不可征"过头税",这实际上只是在最基本、最起码的层级理解税收的作用并对税务工作提出要求。

然则延至今日,语境已迥异,财税主管部门对税收议题愈发熟稔的同时,也持续追逐着税收公平、纳税人权利保护等价值目标的达致。顶层设计者将财税视为国家治理的基础和重要支柱,意欲使其在包括但不限于经济、社会在内的各个领域发挥作用,也客观上承认了相关部门治理能力显著提升的事实——否则提出如此之高的要求便是无的放矢。在新的历史条件下,适当淡化税法控权功能,赋予财税主管部门更大的能动空间,诚可谓兼顾需要与可能。具体而言,可以对内嵌于税法的控权机制作一定程度的限缩,对于以组织财政收入为目标的税收规范和税种更加强调控权,而对于更多承载管制诱导功能的税收规范和税种则可以将较多的规则制定权限授予行政机关,辅之以一定的管控举措。至于税法控权功能弱化后"让"出的阵地,则应由支出基准和预算管理等以支出为重心的财政控权机制来替代,这也彰显"以支定收"的现代财政理念,契合国家治理的客观需求。需要说明的是,本节主要是从立法机关/权力机关—行政机关的角度切入,剖析税收领域应适当放松控权力度的原因。实际上,纵向的中央—地方维度同样存在控权—授权的矛盾问题,而且在我国现阶段也有适当放松控权的必要。囿于研讨主旨,本节对此存而不论,后面的第五章将在本节论述的基础上,更加完整地探讨税权配置理想格局的问题。

第三章 税法基本原则的内涵廓清与内容拓补

税收与税法的功能要通过税法制度方能得以实现,而相较于具体税法规则的零碎和技术化,税法基本原则贯穿税法建制和运行的始终,对具体制度也能起到指引作用,故而税法基本原则的择定和其内容的明确,也要服务于税收与税法功能的高效达致。税法基本原则属于税法基础理论中颇为重要的组成部分,学界在多年热议的基础上,逐渐就该议题达成共识。一般认为,税法有税收法定、税收公平和税收效率三大基本原则,分别对应税法的形式正义、实质正义和效率正义。对于各项原则的内涵,学界认知亦可谓是大同小异。概言之,税收法定包含税收要素法定、税收要素明确和依法稽征三项要求,税收公平有量能课税和量益课税两种形态,税收效率则可区分为税收经济效率和税收行政效率两个维度。但若细究之,则对前述三项原则都仍有深化研究的空间。首先,税收法定的制度实践在近年来有流于形式的嫌疑,典型表现是将落实税收法定简单等同于把税种暂行条例上升为税种法,内容则多是照搬暂行条例中的规定,如此实践折射出理论认知方面的偏误,故有必要对税收法定原则的内涵予以廓清,以期更好地指引税收立法实践。其次,从量能课税和量益课税两个角度理解并且践行税收公平原则,看似全面却也使该项原则的解释力和回应性乏善可陈,外延越宽内涵越是混沌不明,便也很难期待真正以税收公平来评判一项实定法规则或是指引制度设计——基于量能课税批判某项规则时,通常可从量益课税的角度获得合理性。长此以往,税收公平原则不免沦为正确却无用的存在。故此,细致审视量能课税和量益课税的关系,在此基础上提炼明确且有共通性的税收公平标准,诚为必要。①

---

① 近来已有学者有意识地提炼统一的税收公平标准,但其主要是在比较量能课税和量益课税后,指称应以后者统摄前者进而作为税收公平的统一要求。参见刘水林:《论税负公平原则的普适性表述》,载《法商研究》2021年第2期。笔者认为,量能课税和量益课税的差异还是比较大的,能否认为后者完全包含前者尚待考究。从国外的税收学和税法学研究看,呈现一饶有趣味的格局:欧陆国家倾向于从量能课税的角度理解税收公平,英美国家则更青睐将量益课税作为税收公平的基本要求。由于我国税法学研究受德日影响较深,故过去对量能课税的关注更多。究竟是改造量能课税作为统一的税收公平标准,还是如前述学者所建议的,将量益课税确立为税收公平的基本原则,又或者在量能课税和量益课税的基础上提炼更为合适的原则,很值得研究,而笔者目前尚未思考成熟,故该部分内容留待下阶段展开研究。

最后,税收效率原则中税收经济效率的一项具体要求是尽量做到税收中性,但税收中性是否仅仅具有经济效率方面的价值,将其纳入税收效率原则项下是否合适,值得推敲。

第一节　重识税收法定的实质意涵

税法学界较早便将税收法定的内容凝练为税收要素法定、税收要素明确和依法稽征三项要求①,其覆盖依法征税和法律保留两个环节:前者关涉国家财政权与国民财产权的分离,是法律思维在税法领域的具体表现;后者关涉国家权力的横向配置,彰显权力制衡的法治思维。② 然而,二者都是对税收法定的功能性解读,并非从事物本质属性出发所作阐释。易言之,即便不提炼"税收法定"这一范畴,从依法行政原则也可导出前述三项要求。税收法定若有独特价值,必是源于其内在属性,这就要从历史和法理的角度进行发掘。

实践中,《中共中央关于全面深化改革若干重大问题的决定》提出"落实税收法定原则",《贯彻落实税收法定原则的实施意见》要求在 2020 年完成法定任务,2015 年修正后的《立法法》在第 8 条明确税收基本制度只能制定法律。顶层设计指引下,税收立法进程不断提速,各税种的暂行条例渐次上升为法律。但这也引出一个问题,落实一税一法是否就意味着税收法定大功告成? 进言之,前述文件或法规范皆是在法律保留层面理解税收法定,但后者的意涵是否仅限于此? 以前述问题为锚,本节的研究思路是:首先,鉴于税收法定对我国而言是舶来品,故有必要先梳理其缘起与演进,提炼其意涵的变与不变;其次,揭示我国落实税收法定进程中存在的路径依赖,结合前一部分内容和基本法理臧否既存"共识"的得失;最后,从税收法定的核心意涵出发,探索匡正缺失的路径,回答后 2020 时代税收法定该往何处去的问题。

一、以"纳税人同意"为线索的税收法定之内涵流变

历史上,税收法定成为实定法原则之前,首先作为一项法价值,推动包括但不限于税法在内的整体法秩序臻于完善。其内涵或有扬弃,但核心意旨历久弥新。本书在第二章第二节曾对税法控权功能的历史演进有所梳理,由于

---

① 参见张守文:《论税收法定主义》,载《法学研究》1996 年第 6 期;刘剑文:《西方税法基本原则及其对我国的借鉴作用》,载《法学评论》1996 年第 3 期。
② 张文显:《新时代社会主要矛盾变化与中国法治现代化》,载《法治现代化研究》2018 年第 4 期。

近现代税法同税收法定思潮之间存在不可割裂的关联,故而其中若干内容实已涉及税收法定的历史形态。为尽量避免重复,此处侧重从纳税人同意的角度切入,提炼税收法定之内涵在不同时期的流变。

(一) 税收法定的最初形态是契约式直接同意

税收法定主义起源于中世纪英国。诺曼征服后,英国形成以采邑为基础的封建社会。英王收不抵支时需要封臣及民众在封建惯例之外额外缴纳税金;但其也不过是最大的封建主,实力未强大到可无视后者意愿的程度,故征税常伴随谈判与让步。① 此外,彼时贵族数量较少,谈判多采取一对一的方式,与会多数所作决议对少数及未与会者不生效力。②

英法战争、"十字军东征"及其他战争使英王的财政压力巨大,仅靠自身领地收入不敷需要,故多次向封臣征税。约翰王的横征暴敛引发了封臣的强烈不满,后者于 1215 年起兵迫使其签订《大宪章》,该文件第 12 条规定经国内普遍认可方得征收封建习惯之外的免役金与协助金,第 14 条明确了征收前述例外税捐的评议程序,这被视为税收法定主义的滥觞,其以最直观的方式体现了早期税收法定主义的实质——税收契约主义。

税收契约主义的核心是"国王靠自己的收入生活"及"征税必须获得纳税人同意"。二者一体两面,正因国王的常规开支由"自己的收入"支应,唯有支出关系到王国利益时方能征取额外税捐,故国王只能以"公益"为由寻求"公意"。尽管 1215 年版《大宪章》第 12 条翌年便被删除,但其影响却持续下来。首先,其明确区分传统税捐与额外税捐,这相当重要,原先自愿性质的协助金正因定性不明而在国王的压迫下逐步沦为强制性封建税捐。其次,第 12 条蕴含的纳税人同意理念未因其被删除而消亡,如亨利三世 1220 年在征收犁头税时声称这是"为了我们的紧要需求以及迫切的还债压力,也为了保护我们在普瓦图的土地"③,便是在诉诸"公益"以求取"公意"。最后,征税时需要取得同意的不再仅限于封建贵族,而是向谁征税便要取得谁的同意,底层民众也不例外,如 1232 年亨利三世的征税授权令状就明确规定授权

---

① 如向城镇佃农征收贡税时,王室税务官需要与其协商。Stephen Dowell, *A History of Taxation and Taxes in England from the Earliest Times to the Present Day*(Vol. 3), Longmans, Green, and Co., 1884, p.74; G. L. Harriss, *King, Parliament, and Public Finance in Medieval England to 1369*, Oxford University Press, 1975, p.12.

② 诺曼王朝时期,仅有约 180 名男爵和大约同等数量的主教和修道院长,高等级的男爵与教会人士合计不过 32 人。John McDonald and G. D. Snooks, *Domesday Economy: A New Approach to Anglo-Norman History*, Clarendon Press, 1986, p.27.

③ G. L. Harriss, *King, Parliament, and Public Finance in Medieval England to 1369*, Oxford University Press, 1975, p.33.

者包括"大主教、主教、修道院长、小修道院长、教士、伯爵、男爵、骑士、自由民和农奴"①,自由民和农奴有无真正行使同意的权力诚然可疑,但这至少宣示,纳税人同意业已成为征税的法理基础。

可见,传统的封建社会结构与英王较之其他封建主相对优势的地位孕育了早期税收法定以直接同意为核心的精神内核。也是由于前述社会结构与权力格局,国王在同封建主谈判以征取额外税捐时常诉诸"公益"与"公意",这些较为抽象的范畴为税收法定的异化埋下了伏笔。随着议会制度的生成,到了亨利三世时代,一对一谈判方式及"多数人作出的决议不拘束少数人"的原则渐趋改变,契约式的直接同意逐渐向议会代表式的间接同意转型。

(二) 税收法定的内涵异化为代议式间接同意

受益格鲁—撒克逊传统影响,诺曼征服后的英国保留大议事会,尽管其已由决策机关蜕变为咨询机关。税收问题是大议事会讨论的重要内容,但决议起初不具有普遍效力,1220年大议事会批准亨利三世征犁头税遭到约克郡人的抗议,理由是其不曾与会,王室税务官在另一些郡也因相同原因未能成功征税。② 这既体现纳税人同意的理念深入人心,也说明伴随新税种出现和纳税人数量增加,契约式直接同意所指向的协商方式成本过高,可操作性逐渐削弱。国王希望征税决议能获得普遍认可,封臣和平民也希望自己可参与决策过程。经过一个多世纪的斗争与妥协,共识逐渐达成:大议事会/议会的征税决议获得普遍约束力,平民则在议会中拥有固定的一席之地。③ 也即,直接同意的操作性难题与多方利益的博弈,共促税收法定由契约式直接同意向代议式间接同意转进,并视后者为前者的翻版。纳税人失去了直接同政府角力的机会,但日渐强大的议会削弱了国王的议价优势。

税收法定的历史转向始终同议员定位的变迁相联系。今人所谓"代表"概念在14世纪尚未出现,参加议会并非特权而是苦差,与会者职在决事。随时间推移,议员才逐渐被视为地方利益代表者,至此,议会同意俨然成为纳税人同意最便捷的表达方式,霍布斯即主张代表人民的主权者永远不可能违背人民的意愿。但究其本质,由议会代为同意的制度安排缘于操作性考量,无形中却也将税收法定的重心导向国家机关间的权力制衡,有文献甚至直接以

---

① M. T. Clanchy, *England and Its Rulers 1066-1307*, Wiley Blackwell, 2014, p. 262.
② Sydney Knox Mitchell, *Studies in Taxation under John and Henry Ⅲ*, Yale University Press, 1914, pp. 131-132.
③ 关于大议事会征税决议的普遍效力,任超:《英国财税法史研究》,法律出版社2017年版,第72页;1325年后,平民成为固定与会者。See H. G. Richardson & G. O. Sayles, *The English Parliament in the Middle Ages*, The Hambledon Press, 1981, at XVI76.

"议会同意权"指称税收法定①;至于议会是否真切代表纳税人意志,反倒无关紧要。直到北美殖民地吹响"无代表不纳税"的号角,对税收法定原则的核心意涵作了更为深入的探究。

(三) 实际代表观重申代议式间接同意也须反映纳税人意志

十八世纪下半叶,英国违背北美殖民地人民的意愿颁布并强硬推行《印花税法》《茶税法》,成为独立战争的诱因之一。争议焦点在于,议会中若无北美殖民地选出的代表,其征税决议能否拘束北美殖民地人民。依柏克、格林维尔、约翰逊等人的"实质代表"论,议会表征客观的国民利益,优秀的"自然贵族"议员会以全国利益为重,哪怕他们由其他地区的人民选举产生。②故此,议会代表大英帝国,当然有权拘束帝国的所有臣民。但北美殖民地的人民并不认为议会代自己表达了同意,"议会能否不经我们同意,就合法地从我们口袋里掏钱呢?如果答案是肯定的,那我们引以为傲的自由便不过是空洞的喊叫罢了。"③殖民地人民围绕税收议题的斗争,重新强化税收法定曾经浓郁却一度褪色的"同意"意涵,要求在税收议会主义的框架下亦应彰显该理念:议会只有实际代表纳税人并反映其诉求,决议才能体现纳税人同意,进而才有拘束力。

议员与选民的关系也发生了变化。在麦迪逊等美洲自由主义者看来,利益分为直接利益与长远利益,前者是人格化概念,整个国家并不像柏克等人认为的那样拥有同一种直接利益;此外,广土众民的合众国利益团体众多,议员完全遵照选民的意愿,多元诉求便在议会形成相持局面,这有助于促导民众理智思考,进而实现长远利益。④ 这两方面因素都决定了,议会的功能是议事而非治理、启发民智而非擅作主张。诚如威尔逊在制宪会议上所言,"立法权应直接出自人民之手,以便了解众人所思、描摹众人所想。"⑤议员忠实遵照选民意愿行事即可。1776 年《宾夕法尼亚宪法》甚至规定所有法案都需经人民审议方可通过,足见人民对议员的不信任。但伴随古典民主范式日益受到冲击,人们对选民与议员关系的认知又有革新,进而再次影响税收法

---

① Chantal Stebbings, *The Victorian Taxpayer and the Law*: *A Study in Constituional Conflict*, Cambridge University Press, 2009, p. 13.
② 〔美〕皮特金:《代表的概念》,唐海华译,吉林出版集团有限责任公司 2014 年版,第 206—213 页。
③ John Dickison, *Letters from a Farmer in Pennsylvania to the Inhabitants of the British Colonies*, David Hall and William Sellers, 1768, p. 13.
④ 〔美〕皮特金:《代表的概念》,唐海华译,吉林出版集团有限责任公司 2014 年版,第 235—240 页。
⑤ Max Farrand (ed.), *The Records of the Federal Convention of 1787* (*Vol. 1*), Yale University Press, 1937, p. 141.

定的辐射范围。

（四）对间接同意能否真正彰显纳税人意志的疑虑催生直接同意部分复归

因应群众社会的兴起，西方社会在20世纪掀起一股批评"群氓"的思潮，打破启蒙时代以来的理性神话。民众并非总是理性，议员遵照民众意愿未必总能达致良善效果，议会不再仅被视为表达意见的场所，治理功能部分复归。但与此同时，完全忽视民众意愿的法律常窒碍难行。丹麦政府1967年强推仅有8.9%的民众支持的税制改革，引发大规模抗税①；瑞士的经验则表明，对纳税人意志的直接回应能有效减少规避税法的行为②。夹缝之中，折中代表论应运而生：议员要有自主权，但也不能长期违背选民意愿。唯折中从来不易，与其寄望议员的允执厥中，不如承认代议制的局限，以例外的形式另行补足直接同意这缺失的一环。

这使得纳税人直接同意在税收领域迎来部分复归的契机。谓其"部分"，有两重意涵：一是就场域言之，并非所有税收议题，而是仅其中较重要的部分须以更直接的方式取得纳税人同意；二是就进路言之，与中世纪英国经"一对一"的谈判取得纳税人同意的做法大相径庭，现代国家探求纳税人意志采用"一对多"的方式，表达同意的是作为整体的纳税人而非个别主体，故所谓"直接"仅指非经议员中介而直接诉诸纳税人意志。20世纪以来，多国的公投实践中，税收议题占比较高且呈上升态势③，说明直接同意的价值确被重新发现。因国情迥异，各国对公投的偏好不尽相同：英国的代议制历史悠久且政局平稳，政府仅将公投视作不得已而为之的例外④；美国的建国经历使民众对议员缺乏信任，故直接同意获得极大的推崇和发展⑤。但整体

---

① Shintaro Kurachi, "Universalism and Tax Consent in Denmark", in Gisela Huerlimann, W. Elliot Brownlee and Eisaku Ide (eds.), *Worlds of Taxation: The Political Economy of Taxing, Spending, and Redistribution Since 1945*, Palgrave Macmillan, 2018, pp. 102-107.
② Lars P. Feld and Gebhard Kirchgässner, "On the Economic Efficiency of Direct Democracy", in Zoltán Tibor Pállinger et al. (eds.), *Direct Democracy in Modern Europe: Developments and Prospects*, VS Verlag für Sozialwissenschaften, 2007, p. 111.
③ 以美国为例，1910—1919年财税议题占比12.4%，居第三位，2000—2009年则占比16.8%，居第一位，其他议题占比都低于10%。Todd Donovan, "Referendums and Initiatives in North America", in Matt Qvortrup (ed.), *Referendums Around the World: The Continued Growth of Direct Democracy*, Palgrave Macmillan, 2014, p. 140.
④ Navraj Singh Ghaleigh, "Sledgehammers and Nuts? Regulating Referendums in the UK", in Karin Gilland Lutz and Simon Hug (eds.), *Financing Referendum Campaigns*, Palgrave Macmillan, 2010, p. 181.
⑤ John Haskell, *Direct Democracy or Representative Government? Dispelling the Populist Myth*, Westview Press, 2001, pp. 50-58.

上,出于社会组织成本和制度运转的考虑,多国政府更倾向于以其他方式在重大税收立法或改革之际引导纳税人表达意见,后文将详述的由税调会征集并反映纳税人意志的方案便是如此。

综上,税收法定的内涵演进同关于民主、代表等范畴的认知发展密切勾连,但核心主张始终是征税要取得纳税人同意。① 无论是早期契约式直接同意,抑或是因协商成本过高而转向的代议式间接同意,概莫能外;也正因为后者未必真能反映纳税人意志,才出现对间接同意必须真正反映纳税人意志的要求,以及直接同意在部分场域、以不同形式呈现的复归态势。紧扣这一根本,有助于发现我国关于税收法定的理论认知和制度实践中的疏失之处,并有针对性地加以匡正。

二、从依法治税到法律保留的进步与局限

税收法定对我国来讲属于"舶来品",学界和实务部门对其内涵的理解有一演进过程,从单纯强调征管层面的依法办事到同样关注立法层面的规则完备,进步意义明显。但此二者皆不过是依法行政在税收领域的具体要求,止步于此便不能彰显税法的特质和税收法定的独特价值。

(一) 由"一元论"到"二元论"的内涵演进

我国在20世纪80年代初提出"以法治税"的口号,1988年后,更妥适的"依法治税"渐成主流。无论是以法治税还是依法治税,核心都是规范税务行政。彼时我国缺乏完备的税法体系,税务机关承担着繁重的征税工作,缺乏规制的自由裁量权行使极易损害纳税人权益,在此背景下,依法治税话语应运而生,成为税收法定的雏形。在当时,决策部门通常仅从征管维度理解税收法定,典型表现是1993年《税收征管法》于第3条规定,税收的开征、停征……依照税收法律、行政法规的规定执行。事实上,这属于法律保留的内容,放在征管法中并不合适,将其纳入进去所体现的,正是那一时期将税收法定同依法治税画等号的思维惯性。

严格来讲,依法治税与税收法定的逻辑起点不同,二者仅为交集关系:19世纪末的德国产生了依法行政原则②,依法治税即由狭义的依法行政导出;税收法定更强调纳税人同意,规制行政权只是达致目标的手段。据此不难理

---

① 美浓部达吉曾指出该点。片上孝洋:《租税法律主義の再考》,载《社学研論集》第16卷。
② 广义的依法行政有法律创制、法律优位和法律保留三项要求。参见〔德〕奥托·迈耶:《德国行政法》,刘飞译,商务印书馆2013年版,第68—77页。狭义的依法行政指依法律规定行政。姜明安主编:《行政法与行政诉讼法》(第六版),北京大学出版社、高等教育出版社2015年版,第66—69页。

解,为何历史上的税收法定思潮与依法治税几乎无涉。同时,依法治税的射程仅覆盖执行端而未触及立法端,纵由权力制衡视角观之,也有局限性。

后来提出的"税收法定"包含要素法定、要素明确和依法稽征三项要求,前两点和第三点分别对应法律保留与依法治税。较之过去,法律保留的要求是新纳入的,无论当时还是现在看来,强调税收基本制度的法律保留都很有必要。首先,税收是对纳税人财产的合法剥夺,逃避税则损害财政利益,法律明定两权界限,有助于各安其分。其次,鉴于我国行政权较强势的现实,两权分离得以实现必然要求立法权羁縻行政权,税收基本制度实行法律保留,以契合该项要求。当然,这一侧重从权力制衡角度理解税收法定的进路,也易诱发将税收法定片面等同于法律保留的倾向。最后,为保护纳税人财产权并制衡行政权力,位阶更高的法律当为更优选择,故学界倾向于将税收法定之"法"理解为全国人大制定法①,这有助于扭转我国税收立法级次偏低的状况。

综上,"税收法定"取代早先的"依法治税"话语,是在吸纳后者基础上的超越。其对税收领域的立法和执法环节分别提出要求,相对全面地提升了税收治理的法治化水平。然而,从更为本质的视角观察,这一进步尚不足够。

(二) 不宜仅从依法行政的角度理解税收法定

历经多年治理,依法治税初见成效,与此同时,税收领域立法粗疏的状况则愈发显眼。有鉴于此,近年来各界更多是在法律保留层面谈论税收法定。党的十八届三中全会"改革决定"将"落实税收法定"置于"推动人民代表大会制度与时俱进"模块,系从强化人大职权、限制行政权力的角度切入。《贯彻落实税收法定原则的实施意见》《"十三五"时期税务系统全面推进依法治税工作规划》《2017年财政部立法工作安排》《全国人民代表大会常务委员会工作报告》(2019)等文件,也都将税收法定理解为"将全部税收条例上升为法律"。受顶层设计指引,无论是2009年收回国务院的税收条例制定权,还是2015年修改《立法法》明确税收要素必须由法律来确定,都依循"规制行政权—法律保留—税收法定"的逻辑进路。学界也存在这种认知,所以才将《立法法》第11条明确税收基本制度实行法律保留视为践行税收法定的重要标志。

规制行政权自然重要,为达致该目标,法律保留也很必要。但前文的历史梳理已然揭示,"纳税人同意"是税收法定的核心意涵。忽略该点,理解的偏狭会催生片面关注形式法定、罔顾实质正当的实践。这在当前的突出表现

---

① 参见覃有土等:《论税收法定主义》,载《现代法学》2000年第3期;白彦峰:《税收法定主义原则与政府税收立法权的界定》,载《河北法学》2004年第10期。

便是将税收法定限缩理解为"一税一法",进而在税收立法时间紧、任务重的背景下,简单地将既有暂行条例上升为法律,税收要素在升格前后变化不大。以近年来制定法律的税种为例,车船税、环境保护税的税收优惠较过去稍有扩围,《车船税法》还细化了税目的分类并略调税额,《环境保护税法》则增设税额上限,征税范围和税基等俱无变化。耕地占用税、车辆购置税的优惠情形也稍有增加,此外,有轨电车、家用运输车从车辆购置税的征税范围中被剔除。船舶吨税和烟叶税的税收要素则未见调整。可见,各税种在立法过程中,总体上遵循制度平移的路径。

其实,法律保留的本意是为限制基本权利预留一条合法通道,即"依据法律可限制宪法上的权利与自由"①,换言之,其扮演的是"原则的例外"的角色。正是在此意义上,宪法学将法律保留区分为绝对保留和相对保留,针对犯罪与刑罚、限制人身自由的强制措施等实施绝对保留,无论如何没有例外可言。② 归根到底,法律保留是依法行政的一项要求,仅仅在一般行政法原则辐射到税法领域之后,才同税收法定产生了关联。③ 征税可视为对私人财产权的限制,所以通过法律设定税负的方式使其正当化。又因为税收限制的是财产权而非人身权,前者在基本权利的谱系中没有后者重要,所以针对税收议题所要求的法律保留是相对保留而非绝对保留。进言之,正当化之所以可能,缘于通常假定立法机关代表纳税人意志,故而制定的法律可被认为已取得纳税人同意。在此意义上,税收基本制度的法律保留也是达致"纳税人同意"这一目标的工具。可一旦工具取代目的,形式凌驾实质,异化便产生了。

诚如前述,依法治税和法律保留不过是依法行政原则在税收领域的具体化。依法行政着眼于权力体系内部的配置与制衡④,不当然含有以权利制约权力的意蕴。若说依法治税与法律保留必定有利于纳税人,隐含"立法权较之行政权更能体现纳税人意志"的假定,但该前提并不牢靠。一方面,现代国家中,立法机关成员兼有双重身份,一是选区的代表,二是立法者、决策者之一,这两个身份有时存在冲突,立足整体利益所为决策未必有利于选区居

---

① 渡邊亙:《ふたつの法律の留保について》,载《憲法論叢》第 15 号,第 34 页。
② 参见聂鑫:《宪法基本权利的法律限制问题——以中国近代制宪史为中心》,载《中外法学》2007 年第 1 期。
③ 中里实:《議会の財政権―予算の議決と租税法律の立法》,载《フィナンシャル・レビュー》第 129 号,第 23 页。
④ 就此而言,欧洲人权法院的表述即很明确,其认为税收合法性原则意在限制行政权力。"Directorate-General for Research and Documentation, Scope of the Principle of the Legality of Taxation", https://curia.europa.eu/jcms/upload/docs/application/pdf/2020-11/ndr-2018-005_neutralisee_synthese_en.pdf, 2021-06-09 last visited.

民,这反映出议事和代表两项职能的张力。另一方面,单就代表职能的发挥而论,"立法者恣意"风险的现实存在,也使纳税人意志有被忽视之虞。

进言之,过于机械地理解税收基本制度的法律保留,还会产生若干负面效应,不利于"纳税人同意"的真正践行。其一,法律保留中的"法律"常被认为是全国人大及其常委会制定的法律,不含地方性法规,其导向税收立法权纵向集中的格局。我国税制结构由中央税、地方税、央地共享税组成,其中地方税收入归地方,根据税制设计者最初的考虑,有些税种仅在部分地方开征,在此条件下仍然要求规则制定权主要由中央层级掌握,实际上使纳税人表达诉求及其诉求得到回应的难度双双上升。其二,因为税收承载了一定的调节和调控功能,而调节和调控均讲求时效性,所以相应规则的变易性较为突出,为避免税收法律的变动太过频繁,其可能会对某些问题仅作出原则性规定,由行政法规、部门规章乃至数量更多的税务规范性文件在此框架内具体出台规则,如果仅仅强调形式上的一税一法,却忽略下位规范的重要性进而未过多观照其质量,不啻于求其名而失却其实质。

总体上讲,囿于依法行政的权力制衡意涵,依法治税和法律保留都旨在实现"法律限制",尚需真正以纳税人意志为旨归,补入"限制法律"的一环。这正是直接同意在世界范围内于议会主权时代部分复归的根本因由,也是我国 2020 年于法律保留维度初步落实税收法定之后下一步应着意突破的关卡。

三、推定纳税人同意的可能边界以框限税法建制

已如前述,直接同意较之间接同意,"直接"体现为不经议会中介、径直以纳税人意志拘束税收规则创制,这有助于防遏仅强调依法治税、法律保留易诱发的"重权力制衡、轻权利制约权力"倾向。呈现纳税人意志有推定与参与两条路径:前者以"思维实验"方法探求理性纳税人共享的基本诉求,框限制度边界;后者适度拓宽税收立法的参与空间,营造可论辩的平台,增强税法的可接受性。本部分集中阐述前者,后者于第四部分进行探讨。同古典范式中"一对一"磋商式直接同意相比,上述进路虽也彰显契约精神,但已经过改造,着眼于作为整体之纳税人对税法的接受或曰内心认可。

(一) 两项建制原则的提炼

纳税人整体上符合理性经济人的人性假设,这为推定"纳税人同意的可能边界"创造了条件。概言之,应在探求纳税人会/不会同意的基础上,为税收立法划定底线。在直接参与动力不足、效率偏低和机制欠缺的条件下,其

虽是推定,却能反映公众关于税法建制的根本诉求,就提高税法反映纳税人意志的程度而言,积极意义和可操作性都较突出。

征税想获得理性纳税人谅解不外乎两条途径:一是让渡给国家的财富与从国家获益大体对应(量益负担);二是让渡财富的数额与纳税人经济实力正相关(量能负担)。乍看之下,一方面,量益负担易被接受,但假定纳税人与国家在围绕税收议题谈签契约时处于"无知之幕"下,鉴于所有人都可能在撤去幕布后的现实生活中贫无立锥之地,此时须从国家获取较多公共产品和公共服务(如最低生活保障),却无力负担过重税款,所以理性纳税人不倾向于同意该项征税原则。另一方面,任何收益的形成不仅靠个人奋斗,也有共同体助力①,如营造并维护秩序良好的市场、公平正义的法律环境,但初次分配时收益尽归私主体,故再分配时共同体得借税收加以分享,此即"财产权附有社会义务"的基本脉络。② 由该基点出发,共同体的贡献内嵌于纳税人的经济实力,实力愈强,说明共同体助力愈大,理当纳税愈多。能力越大、责任越大,也更能得到理性纳税人认可。但学界将量能课税确立为税法的结构性原则后,更多是在横向层面,也即从纳税人之间税负公平的角度指引税制设计,却忽视首先应关注国家与纳税人的"两权"界限是否允当,也即征税有无超出纳税人的税负能力,而这恰是纳税人会否同意的关键所在。财产权"附有"社会义务,既为征税提供正当性,也划定其边界——税收必须限于"附有"层次,才可望获得纳税人同意。检视课税是否超出"附有"的程度要依托两项实质性标准:一为"树果原则",国家以税收形式分享的只能是收益,不得及于财富本体(税本系纳税人在先拥有、共同体仅对税源有贡献)③;二为半数法则,"附有"社会义务从反面表达即"私产当以私用为主",施予财产的各类税负加总,不得超过收入减除成本、费用后余额的半数④。

(二)"树果原则"对税法建制的指引

"树果原则"在宏观与微观层面都有指导意义。宏观上,其对税制结构有所偏好。三大税类中,所得税对财富增量课征,最契合该原则。财产税对财富存量、"应有"而非"实有"收益进行征取,应设置高门槛、低税率,否则可

---

① Léon Duguit, "Objective Law", 20 *Columbia Law Review* 829-830 (1920).
② 参见张翔:《财产权的社会义务》,载《中国社会科学》2012年第9期。
③ "树果原则"源自财政学理论,将税本(税收来源的根本)和税源(税本产生之收益)分别比作树木的根干与果实,税收应征自于税源而非税本。国家税务总局税收科学研究所编著:《西方税收理论》,中国财政经济出版社1997年版,第161—162页。德国联邦宪法法院1953年的判决也认为,课税若进入资本本体即属违宪,系于税维度肯定该原则的适用。黄士洲:《认购权证课税争议的"宪法"分析——大华证券与元大京华权证课税两案论起》,载《月旦法学杂志》2006年第8期。
④ 葛克昌:《行政程序与纳税人基本权》,北京大学出版社2005年版,第99页。

能伤及税本,甚至拥有贵重财产反倒不利。① 流转税对消费行为征收,消费习惯相对稳定而不太受短期收入波动的影响,故透过消费行为可推估税负能力;但若不对生活必需品给予普遍性优惠,则中低收入者须用不具税负能力的财富支应转嫁给其的税负,大量设置优惠又偏离增值税的中性原则、中断抵扣链条,也会让不少纳税人利益受损、无法接受。故此,所得税为主体、财产税和流转税税负较轻的税制结构更易为纳税人所接受。根据财政部发布的《2019 年财政收支情况》,增值税收入占整个税收收入的比重高达 39.5%,同为流转税的消费税也有 8.0% 的占比;所得税地位不显,企业所得税收入占比 23.6% 尚可,但个税收入仅占 6.6%,显著偏低。2018 年个税修法时,未进一步提高征求意见稿中综合所得每年 6 万元的一般扣除标准,也是考虑到个税覆盖面不宜过窄;2019 年降低增值税税率,既有为实体经济减负的动因,也有优化税制结构的考量,这一方向应当得到坚持。

微观上,"树果原则"强调征税不得进入课税禁区,否则很难期许纳税人同意。这要求针对主体、客体、税基等制定一系列课税除外规则,设计不当便有侵害税本之虞。据此观察,我国现行税制有不小的完善空间。以税基为例,周延的税前扣除规则是避免进入课税禁区的必由之路,但《企业所得税法》笼统规定税前可扣除合理支出,禁止扣除罚款、赞助等支出,限额扣除福利费、职工教育经费、工会经费、业务招待费、广告费和业务宣传费等项目。计算口径的差异使会计利润和应纳税所得额不尽一致,因限制扣除的情形远多于加计扣除/减计收入,由会计利润推导应纳税所得额时常要作调增处理,"亏损还要纳税"并不鲜见。同理,2018 年个税修法时虽已上调一般扣除额并增设专项附加扣除,后续仍应建立一般扣除额基于物价指数的动态调整机制,以免因通货膨胀使税基大于真实的净额所得即"可支配的所得",针对租金、子女教育、赡养老人等附加费用,也可考虑在满足特定条件(如超出定额标准达一定幅度)时允许据实扣除。必须明确,费用扣除不是税收优惠,其关系到征税有无进入课税禁区从而能否获得纳税人同意,政策衡量的成分少,"应扣尽扣"的要求高。

(三) 半数法则对税负设定的约束

半数法则的核心诉求是审慎对待重复征税。国际税法原则上反对重复征税②,国内税法却非一概禁止,其有时寄寓制度设计者的调控考量,增值

---

① 起草中的《房地产税法》若税率设定过高,将使一线城市某些除房产外别无所有也无稳定工资收入的群体陷入困境。有些人自住房年久失修,因非受控因素升值,便要承受较重税负。

② Reuven S. Avi-Yonah, *International Tax as International Law: An Analysis of the International Tax Regime*, Cambridge University Press, 2007, p. 11.

税—消费税、企业所得税—环境保护税的重叠辐射即如此。但半数法则仍须适用,若课征过度甚至寓禁于征,则属滥用税收的法律形式,难以获得纳税人同意。这要求税收立法有整体观,我国近年来若干税改体现了该点。譬如营业税的全额征收方式引致阶梯式重复征税,环节越多税负越重,还会破坏增值税抵扣链条而产生税种间重复征收,"营改增"有助于解决前述问题。但现行税制待改进之处仍然不少,如据学者测算,一包烟在生产、批发、零售三环节承担流转税税负逾40%,中间环节更多则负担更重,这还未考虑烟叶税和企业所得税。① 控烟固然必要,但在有多种方案(如加大宣传、强化公共场所禁烟力度)可选时,税负重征同比例原则"别无损害更小手段"的要求相悖,无法借推定的纳税人同意获致正当性。又如确定企业所得税的税基时允许扣除已缴纳的消费税、城市维护建设税等,但在企业所得税—个人所得税并立的框架下,未采用归集抵免制、双率制、免税制或扣除制等方法消除对股息红利的经济性双重征税②,虽相关收益的所得税负加权未达50%③,仍有检讨、改进的必要。

基于半数法则,累进税率的合意性也值得考究。若一笔收入落到高累进区间,结合其他税负后便易突破半数限制。累进税制削峰填谷,有助于调节分配,但因累进诱发的逃税行为制约"削峰"效果,对短期内大量积聚财富者课重税还会固化原有分配格局。进言之,累进税率也难以推定获得纳税人同意:首先,"无知之幕"下,每个人都可能成为重课对象;其次,假使特定纳税人知晓自己不会成为富人,仍有短期内大量积聚财富的可能;再次,纵然其认为财富短期剧增的概率也很低,由于累进筹得的资金数额未必很高④,无法因之显著降低中低收入者的税负,赞同累进税率也非理性选择(损人不利己);最后,累进税率的理论基础是边际效用递减原理,较之低收入者,高收入

---

① 刘剑文主编:《财税法学》(第二版),高等教育出版社2012年版,第268页。
② 股息红利的个税,财税[2005]102号文规定,个人投资者从上市公司取得股息红利,减按50%计入税基。财税[2012]85号文废止该规定,基于持股期限作差异化优惠安排。但这些文件立足于促进资本市场发展,鼓励长期投资,消除双重征税非主要意旨。
③ 以一人有限公司为例,若非小微企业,则公司适用25%的税率,投资人适用20%的税率,相关利润的整体所得税负为25%+(1-25%)×20%=40%。
④ 美国1956年通过累进仅获得个税总额17%、联邦税收总额8.5%的收入。Taxation Committee of the National Association of Manufacturers, *Facing the Issue of Income Tax Discrimination*, National Association of Manufacturers, 1956, p. 14. 英国经累进获取的收入仅占财政收入的2.5%。D. G. Hutton, "The Dynamics of Progress", in G. Watson (ed.), *The Unservile State*, Routledge, 1957, pp. 184-185. 转引自〔英〕哈耶克:《自由宪章》,杨玉生等译,中国社会科学出版社2012年版,第479—480页。日本情况较好,平成29年,其工资薪金所得税最高3个税阶(共7个税阶)的收入占总收入的57.2%。日本国税厅:《民間給与実態統計調査(平成29年分)》,https://www. nta. go. jp/publication/statistics/kokuzeicho/minkan2017/pdf/001. pdf,2023年1月14日最后访问。

者每一元钱的效用更小,同样缴纳一元钱税款,其"牺牲"较小,所以为公平起见,高收入者须承担的税负要比低收入者超比例增加,但这仅指引模糊方向——在比例税率基础上加征,未提供任何操作性方案,现实中的累进范围与程度易受力量较强的群体影响,故"引入累进税后很长时间以来,受益者并不是最贫困阶级",而是"选民中人数最多的一部分"。① 实践中相当比例的逃避税行为针对累进税率的适用②,累进税制辐射区域纳税遵从度低,或有相关规则可接受性偏弱的缘故。

既然是契约式直接同意,则必定要从作为"根本性契约"的宪法切入"推定",方能保障纳税人虽不在场、却未缺席。财产权是宪法保障的基本权利,财产权附有社会义务是课税的正当性理据,"附有"揭示私人财产与公共财政在分配时的主辅地位,"两权"界限如何划分关系到能否获致纳税人同意。"树果原则"与半数法则即在此意义上展开,整个税法建制都应遵循这两项要求。上文检视的税制结构、课税禁区、重复征税与累进税率四项议题,均为影响征税是否限于"附有"范围、"两权"界限允当与否的关键,其较具体制度更加根本并能为之提供指引,当前实践在这些方面做得还较为不足,故有专门研讨的必要。

四、营造可论辩的参与渠道以提升税法的可接受性

现代国家治理的理想景况被认为是精英积极参与、大众理性淡漠,淡漠理性且必要,缘于工业社会的复杂性、广泛参与对社会稳定的危害及普通公众参与热情的匮乏。然而,税收议题相对特殊:它是一个关联性场域,同公众切身利益息息相关,参与动力较足;它是一个技术性场域,不同观点竞胜的根本前提是对征税必要性及国家税权的认可,充分甚至激烈的争论也不致削弱共同体的稳定性;它是一个多元性场域,纳税人基于各异之财产、所得、消费状况而有不同诉求,有序参与导向折中而非极端,缺乏充分参与则易让部分群体利益受损。③ 实践中,我国决策部门也倾向于在税收立法过程中鼓励纳税人积极参与,2005 年个税修法时全国人大常委会首次举行了立法听证会,

---

① 〔英〕哈耶克:《自由宪章》,杨玉生等译,中国社会科学出版社 2012 年版,第 479 页。
② 以个税为例,参见智放(上海)营销管理有限公司与李佳劳动合同纠纷上诉案,(2017)沪 01 民终 15019 号;上海养源健康科技有限公司与陈劲波劳动合同纠纷上诉案,(2015)沪二中民三(民)终字第 619 号;上海东方汇直复营销有限公司与吉鸿琪劳动合同纠纷上诉案,(2014)沪二中民三(民)终字第 1451 号。
③ 作为例证,20 世纪初的美国,仅少数富人需缴个税,后商界领袖介入,促使国会 1909 年通过公司所得税法以取代个税。垄断企业控制价格将税负转嫁给消费者,商界领袖从其参与中获利、普通公众则受损。〔美〕奥康纳:《国家的财政危机》,沈国华译,上海财经大学出版社 2017 年版,第 195 页。

显示其认可将税收议题作为可论辩性场域。但纳税人表达的观点多零散而朴素,且易一哄而上或人云亦云,有必要透过机制设计营造集中论题基础上的理性商谈,否则纳税人意志很难实质性影响税收立法。

(一) 现况及优化方向:以个税修法中的纳税人参与为样本

本书前面章节已述及,税法包含财政目的规范和管制诱导性规范,后者主要指税收优惠和税收重课。其中,税收优惠是对已具可税性、原则上应征税的收入例外给予豁免,未触及纳税人核心利益;且其本质上属于税式支出而无必须经相对人同意之理,若真要求纳税人参与规则设计,不难想见参与者的诉求一定是设立并维持优惠项目,这终将引致一种布满"漏洞"的税制结构。所以,纳税人参与原则上仅指向财政目的规范和税收重课规则的制定。进言之,也非全部的此二类规则在制定时都需要纳税人参与。阿克曼建构了经典的"二元民主/政治/立法轨道",日常决策适用常规的立法轨道,而在"宪法时刻",由"人民作出的审慎判断"形成"高级立法"。① 若将该范式应用于税收立法,便要区分一般税政议题和重大税制事项。一方面,较之公共议题,纳税人通常倾向于将更多精力投入私人领域;另一方面,面对重大税制变迁,如个税修法、房地产税立法,日常淡漠的纳税人应该会、也常会表现出参与热情,故此时更高程度的参与兼顾需要与可能。

2018年个税修法关涉普通纳税人的切身利益,依前述构想属于须经充分参与的重大税法建制,不妨对其进程作"解剖麻雀"式分析。针对是年6月公布的《个人所得税法修正案草案(征求意见稿)》,各方建议②集中在提高费用扣除标准并避免一刀切、下调最高边际税率、扩充专项附加扣除范围并提高具体规则制定主体的层级、将稿酬等税目纳入综合所得时应先做扣除、删除"其他所得"这一兜底税目、改以家庭为纳税单位。正式立法将专项

---

① 〔美〕阿克曼:《我们人民:转型》,田雷译,中国政法大学出版社2014年版,第4页。
② 整理媒体报道、常委会审议文件而得。何鼎鼎:《在利益平衡中推进个税改革》,载《人民日报》2018年8月1日,第05版;禾青、六水:《个税改革,要详加体察"纳税人的心"》,载《中国纪检监察报》2018年8月3日,第02版;王比学:《个税改革迈出关键一步——个人所得税法修改五问》,载《人民日报》2018年8月28日,第06版;李晓军:《简单"一刀切"无法体现税收公平——专家称以家庭为单位纳税更加科学合理》,载《法制日报》2018年7月10日,第09版;朱宁宁:《赡养老人支出拟纳入专项附加扣除项目》,载《法制日报》2018年8月28日,第04版;《全国人民代表大会宪法和法律委员会关于〈中华人民共和国个人所得税法修正案(草案)〉审议结果的报告》,http://www.npc.gov.cn/npc/lfzt/rlyw/2018-08/31/content_2060810.htm;《新税法呼之欲出,百姓收入影响几何?》,http://www.npc.gov.cn/npc/lfzt/rlyw/2018-08/28/content_2059961.htm;《修改个税法决定草案:拟增加稿酬所得等项目的费用扣除》,http://www.npc.gov.cn/npc/lfzt/rlyw/2018-08/28/content_2059956.htm,以上均为2023年1月23日最后访问。

附加扣除具体规则的生成方式改为国务院确定、报全国人大常委会备案,增设赡养老人支出的扣除,同时规定稿酬等税目减除20%后计入收入额,删除"其他所得"税目,其余三项主张则未见采纳。

从结果看,纳税人意见获部分采纳,值得肯定,但参与过程仍待完善。本次修法采用将草案下发有关部门及高校和研究机构、中国人大网全文公布、调研等方式征求意见,征求意见的主体是全国人大常委会法制工作委员会。细察之,该过程存在三方面问题。其一,参与途径的论辩性不强。三种方式皆为单向意见输入,未搭建不同主张的对话平台。其二,意见缺乏归纳提炼。2011年个税修法时,全国人大常委会法工委曾列明争点、赞成与反对的比例和人群、代表性意见等,本次却未开展此项工作。其三,对未采纳的建议缺乏足够说明。如审议报告虽回应公众最关心的费用扣除标准问题,称5000元兼顾基本生活消费支出变化与调节分配的需要,但未阐明具体依据及相关数据,也未解释为何不采用因地制宜的差异化扣除模式。

为彰显"纳税人同意",参与的实效远比形式重要,应以此为逻辑基点优化纳税人参与过程。首先,无论中外,法案的生成其实比审议更具决定性意义。德国要求起草法案的部委直接向各州、专业组织及利益团体征求意见。① 我国也可在重大税收法案的起草环节便践行利益代表模式,使不同群体的代表都能参与进来,而不是在草案已成形甚至提交权力机关审议之后才启动相关工作。其次,税收非纯技术议题,关涉价值取舍和利益博弈,故参与既不应以专家为限,也不能拘泥于利益直接相关人——政府对财力的需求大体稳定,此处减税常意味着要在彼处加税。再次,法案审议阶段的纳税人参与,不应仅满足于单向的意见征集,还要针对争议较大的议题,创造条件使各方观点相互论辩。2005年个税修法听证会便在这方面作出了较好的示范,总的思路是,纳税人参与在法案起草和审议环节的功能定位不同,前者重在广纳民智,后者则是为凝聚共识,目标不同,手段便应有差异。最后,有权机关应整理、提炼所征得意见并及时反馈,反馈对象既有提出意见的纳税人,也包括一般公众,尤应就代表性观点详述采纳与否的理由。

践行上述思路要打通两大关节:一是搭建相对超脱而富有效能的常设参与平台,这是在法案起草环节便能征集意见、多元观点得以论辩、各方主张可得到及时整理并反馈的组织保障;二是廓清认知误区,明确应取得纳税人同意的是各类税收规则而不仅是狭义的税法规范,税收领域的行政立法和地方性法规,在制定时原则上也要吸收纳税人参与从而提高规则的可接受性。下

---

① 〔德〕彦·戈登:《德国立法程序——联邦司法和消费者保护部的视角》,曾韬译,载谢立斌主编:《中德立法比较研究》,中国政法大学出版社2017年版,第5—6页。

文分别阐述这两点。

(二) 平台搭建:基于中国版税制调查会的思路

普通纳税人观点的分散性及朴素性,使其较难直接拘束税收立法。同时,税收议题也非全如个税修法一般能引发各类群体的普遍关注,诸如船舶吨税、烟叶税等"小"税种的立法进程貌似波澜不兴,实则相关行业或特定纳税人却有深度介入。甚至针对增值税改革及立法等重大议题,纳税人参与的积极性也非均衡,利益团体更易影响税法建制①,部分群体乃至普通公众的意志却被忽视。此外,肩负财政职能的政府部门实际上也属于利益主体之一,其对税收立法的影响力显然非普通纳税人所能比,当其诉求同普通纳税人相左时,后者的意志易被忽视。凡此种种都反映出建构相对超脱又富有效能之参与平台的重要性。

第一,设置相对独立的税制调查会。从域外实践看,"为满足内阁总理大臣咨询需求,调查审议有关租税制度的基本事项"②,日本内阁府内置税制调查会(下称"税调会")。财务省和内务省并不欠缺专业知识,但"没有税调会起草的报告书,政府落实税法草案时将因未获公众支持而困难重重"。③政府税调会公示首相询问、议事录、参考资料等信息,长期征集民众意见,审议各部门的税法修正请求并撰写报告,启动立法程序。④ 自民、公明两党也有税调会,鸠山改革前,无法定权责的党税调会常为税法修正的实质决定者⑤,代表性与中立性不足。鸠山改革统合两类税调会功能,完善政府税调会法案审议过程的信息公开,使其切实发挥作用。⑥ 美国的税收法案由众议院提出,下设立法顾问办公室,依请求起草法案,严守保密性与中立性,与利

---

① 美国即存在利益团体过度影响立法的状况。Steven J. Balla, *Public Commenting on Federal Agency Regulations: Research on Current Practices and Recommendations to the Administrative Conference of the United States*, Administrative Conference of the United States, 2011, pp. 25-36.

② 《内閣府本府組織令》第 33 条。

③ Hiromitsu Ishi, *The Japanese Tax System*, Oxford University Press, 2001, pp. 14-15. 如,福田首相出席税调会议事会时曾言:"为使每位国民理解改革之必要性,希望各位能以国民的立场加以审议。"税制調査会:《税制調査会総会(第 5 回)議事録》,http://warp.da.ndl.go.jp/info;ndljp/pid/11117501/www.cao.go.jp/zeicho/gijiroku/c5kaia.html,2023 年 1 月 20 日最后访问。

④ 青木丈:《租税立法手続に関する一考察——税制改正の透明化への提言》,载《CUC Policy Studies Review》第 13 卷。

⑤ 《平成 22 年度税制改正大綱》。如 1973 年自民党税调会发布"新土地税制大纲",政府税调会亦作出宗旨、内容皆同的"关于今后土地税制方式的答复"。〔日〕北野弘久:《日本税法学原论》(第五版),郭美松、陈刚译,中国检察出版社 2008 年版,第 137 页。

⑥ 《平成 22 年度税制改正大綱》;税制調査会,https://www.cao.go.jp/zei-cho/index.html,2023 年 1 月 15 日最后访问。

益诉求无涉。① 另由筹款委员会负责法案听证,吸纳行政官员、普通公众、特殊利益群体等多方意见。可见,美日两国均有专门机构负责税收立法时的民意吸纳,日本将其内嵌于行政系统,美国则设在立法机关,但二者实质相同,即均附着于提出法案的机关。这契合本节关于纳税人参与应前移至税法起草环节的主张,也为我国的制度实践指引方向。

具体到我国,类似机构若在全国人大设置,不外乎设在财政经济委员会或常委会预算工作委员会。前者由全国人大代表组成,后者却非如此,故前者的代表性更充分。考虑到全国人大各专门委员会只下设"工作办事机构",将中国版税调会定位于此有矮化嫌疑,故直接充实财政经济委员会的职责,使其同时扮演税调会的角色,要比创建新的内设机构更加合适。可问题是,财政经济委员会的职责本就不少,而且目前其介入税收立法的程度也不深,由其承担税调会职责的实效未必突出。与之相应,直接在国务院设置税调会,合乎我国税收法案多由行政机关提出、全国人大审议时变动不大的现况,中立性缺失则能通过人员构成、议事规则等方面的制度设计加以匡正,看似代表性稍欠,实则更具针对性和可操作性。

第二,成员兼具代表性与专业性。日本税调会主要由理论专家、实务人士及利益团体代表组成。其中,具学识经验者占比最高,2018 年 4 月迄今的 39 名委员及特别委员中,有 20 名教授。② 但偏重专业性的背面是代表性不足,公益社团法人代表及工会代表仅 3 人,勤劳国民代表比例还不如 20 世纪 80 年代。鸠山改革曾另辟蹊径,以身兼议员的行政官员充任税调会委员,弥补代表性缺失。③ 我国若由全国人大财政经济委员会承担相应职责,鉴于成员全为全国人大代表,且进入该委员会说明对财经议题至少有关注,从而代表性与专业性兼备。但若如前文所建议的于国务院下设税调会,成员来源便很重要,因为普通纳税人对与自身利益关联不大的议题较为缺乏表达意见的动力,此时税调会成员作为有特殊身份的纳税人,其意见将扮演"样本"角色。职是之故,一要凸显专家作用,经济学界、法学界都应有代表,前者习惯于从经济效率和财政收入的角度考虑问题,后者更关注纳税人权利,专家能相对超然又专业地整合、凝练零散而朴素的纳税人观点,给税法建制提供明

---

① The Office of the Legislative Counsel, http://legcounsel.house.gov/HOLC/About_Our_Office/Confidentiality_and_Impartiality.html, 2023 年 1 月 15 日最后访问;州议会亦设同类机构,如俄勒冈州。See Gregory Chaimov, "How an Idea Really Becomes Law: What Only Jacques Cousteau Can Know", 36 *Willamette Law Review* 189-192 (2000).
② 税制調査会:《委員・特別委員名簿》, https://www.cao.go.jp/zei-cho/konkyo/doc/meibo.pdf, 2023 年 1 月 15 日最后访问。
③ 《税制調査会の設置について》。

确的方向指引;二要充实业界代表,在来源方面要兼顾不同性质、行业和规模的企业;三要重视公益组织和社会团体的作用,如行业协会,较之原子化个体,其更具参与动力和能力,部分成员可由其推荐产生;四要借鉴鸠山改革的经验,遴选行政官员进入时,优先考虑具有专业知识和人大代表身份者。

第三,审议税收基本事项。日本政府税调会重在把握简化税制、推动自主申报等宏观议题①,几乎不审议技术细节(如税率和扣除额)。美国众议院筹款委员会则审议草案的全部内容,不拘泥于一般框架及政策实施层面。②二者审议范围的差异由所属机构的性质决定。本节建议税调会设于国务院,则审议范围当以税收基本事项(如个税的纳税单位应为家庭还是个人、征税模式是分类抑或综合)为宜,如此既不过多涉足微观、具体议题,从而同全国人大的审议职能有所区隔,也不限于审查宏观、重大、结构性议题,因为已如前述,有些普通纳税人不甚关注的税种立法,实则与其利益攸关而不自知,特定利益团体的代表却有"接近立法"的充足动力,此时税调会便应对该税种的主干问题展开审议,确保不同群体纳税人的利益都有所观照。

第四,多数决形成审议意见并约束法案起草。日本税调会以讨论形式审议税改请求,无须多数决,所撰报告含数种观点以反映纳税人的多元诉求。报告无强制效力,但历来是财务省起草税改大纲的根据,有塑造政府观点的实效。③ 美国众议院筹款委员会听证后逐条审查草案,获多数同意方可进入全院审议。④ 我国若在国务院下设税调会,鉴于税法草案常由其组成部门起草,不妨以多数决形成具"准强制力"的审议意见,其效力为:约束法案起草,国务院向全国人大及其常委会作立法说明时须阐明草案如何贯彻审议意见;不约束全国人大审议,这由其权力机关属性所决定。税调会的审议范围限定在税收基本事项,使该设想具有可行性。

我国税收立法中纳税人的有效参与并不充分,这有文化传统、成本—收

---

① 税制調査会:《税制調査会(第19回総会)終了後の記者会見議事録》,https://www.cao.go.jp/zei-cho/content/30zen19kaiken.pdf,2023年1月15日最后访问;《税制調査会(第18回総会)終了後の記者会見議事録》,https://www.cao.go.jp/zei-cho/content/30zen18kaiken.pdf,2023年1月15日最后访问;《税制調査会(第13回総会)終了後の記者会見議事録》,https://www.cao.go.jp/zei-cho/content/20171114_29zen13kaiken.pdf,2023年1月15日最后访问。
② Eric Solomon, "The Process for Making Tax Policy in the United States: A System Full of Friction", 67 *Tax Lawyer* 553 (2014);"The Committee Markup Process in the House of Representatives",https://crsreports.congress.gov/product/pdf/RL/RL30244,2023年1月15日最后访问。
③ Hiromitsu Ishi, *The Japanese Tax System*, Oxford University Press, 2001, pp. 14-15.
④ Eric Solomon, "The Process for Making Tax Policy in the United States: A System Full of Friction", 67 *Tax Lawyer* 552-553 (2014).

益计算、对群己界限的认知等多维动因。在该背景下,打造中国版税调会,相当于在国家与纳税人之间植入"中间层",既能因应普通公众在一般税政议题上的淡漠,使税调会成员于此间承担更重的参与任务,也可在设计重大税制时,充分吸纳普通纳税人的意见并引导其提高对话质量。较之美国,日本同我国在文化、国民性等"语境"上更为接近,这也是构想我国方案时更为青睐日本做法的缘由。

(三) 罅隙补足:行政立法和地方性法规制定中的纳税人参与

本节第二部分曾述及,在法律保留的层面理解税收法定,只能由狭义法律设定税负,但实践中,下位规范也常影响纳税人权利,不可视而不见。从纳税人同意所蕴含的契约精神出发,只要设定税负,便应依循前文提炼的"树果原则"与半数法则、在推定意义上获得纳税人同意,同时也须适当吸收纳税人参与、提升规则的可接受性。推定式同意的部分与制定狭义税法时的要求别无二致,此处仅就参与式同意在制定下位规范时的特殊性略作阐述。这里的下位规范主要涉及税收行政立法与地方性法规两个方面。

就前者而言,税收基本制度的法律保留决定了行政立法应以阐释为主。但现实中,税法"空筐结构"之下,国务院针对税收事项的无论是授权立法还是职权立法(如制定税种法实施条例),多具创制特质,甚至财税主管部门制发的规范性文件也不乏对税收基本制度的设定或改动。根据《行政法规制定程序条例》第13条、《规章制定程序条例》第15条、《税务规范性文件制定管理办法》第17条的规定,各类行政立法在起草阶段均有"听取意见"的要求,这是适度容纳参与的表现。但结合制度设计和运行实况,其存在三方面的改进空间。其一,前述条例和办法对"听取意见"的方式多采用列举式规定,但未交代各类方式的适用情形。听取意见包括书面征求意见、网上公开征求意见、座谈会、论证会、听证会等形式,前二者便于操作,适用范围可更广泛些,后三者则可适用于议题影响大、覆盖面广、凝聚共识较难的情形。其二,条例和办法未规定征得意见的拘束力和处理后的反馈机制,易削弱纳税人参与的实效。如《个人所得税法实施条例》公开征求意见时,第16条也即视同转让规则引发众议,对此有废除、修改、保持等不同主张。正式出台的实施条例径行删去却未阐明原因。相形之下,日本《行政程序法》规定,除特定情形外,行政机关制定行政命令时应实行意见公募程序,公布命令时须列明意见、对意见的考虑结果及其理由。[①] 该做法值得我国借鉴。其三,尤应指

---

① 日本《行政手续法》第38—43条。

出的是,《税务规范性文件制定管理办法》限缩了制定时需要听取意见的文件范围,仅在起草对纳税人权利和义务产生"重大影响"的税务规范性文件时才需要听取公众意见,一般性文件的起草只用"听取基层税务机关意见"即可。实践中,较多实质性限制纳税人权利或增加其负担的文件,未见公开征求意见便已出台。这不符合"纳税人同意"的意旨,应当改为只要文件内容对纳税人产生消极影响,便应经过公开征求意见的环节,影响重大时,则对征求意见的方式有更高要求,如必须召开座谈会、论证会或听证会。

就后者而言,我国常将税权纵向集中视为税收法定的固有意涵,即便是地方税,地方掌握的税权也多局限于获取收益,规则创制空间极小,多是在税法预设幅度内具体确定本地适用税率(如契税、城镇土地使用税)。其实,税权集中并非税收法定的当然要求,地方人大也是权力机关,仅权力辐射范围限于本区域而已,赋予其更多税收立法权亦为税收"法"定的应有之义。[①] 也即从间接同意的角度,地方人大是适格"代表"机关。再者,地方层次和地方社团是参与的较优场域,地方人大贴近辖区纳税人,了解其偏好,制定地方性法规的过程也便于纳税人参与,所以从直接同意的角度,赋予地方更大税权具有可行性。日本将住民税、国民健康保险税等收入较稳定又需要因地制宜的税种作为地方税,交地方议会制定条例。《地方税法》作为标准法、框架法,从税种、税率两方面限定条例的规则创制空间。税种层面,地方议会与自治大臣协商后始能开征《地方税法》未列明的税种;税率层面,地方税适用的税率不得超出一定上限。我国不妨由全国人大制定《地方税法》或涵盖更广的《财政法》,以法律授权方式许可地方人大在前述法律框架内出台地方性法规,针对在本辖区开征的地方税具体设计规则。在此前提下,地方人大可通过多种方式鼓励纳税人参与立法过程。

从"纳税人同意"这一视角理解税收法定,依法治税、法律保留侧重于间接反映纳税人意志。推定与参与则是直接彰显纳税人同意的两条脉络:前者立意控权,拟制纳税人同意的可能边界以约束立法内容;后者旨在商谈,创造条件便利、保障、引导、促进纳税人有序表达诉求,塑造理性且高质量的对话,并因参与渠道的畅通和对话效果的明显而强化税法的可接受性。直接同意不代表每一纳税人的现实同意,其呼求的毋宁是纳税人意志对税法建制的真切影响及其基础上税法可接受性的提升。税法建制时对直接同意的探求,应以强化实体原则拘束为重心,将立法过程的参与作为必要补充。

[①] 比如日本便以判例明确税收法定之"法"包含地方税条例。参见"秋田地方裁判所昭和54年4月27日判决"。

五、小　结

"重识"税收法定主义,是为"重拾"其内含之契约精神。从中世纪英国封建领主间经谈判敲定税负,到议会主义下纳税人由议员代为表达同意,到北美殖民地人民对"被代表"的质疑及对实际代表的诉求,再到间接同意为主、直接同意为辅的模式渐成主流,税收法定的观念形态和实践表达不一而足,但强调"纳税人同意"的核心意旨源远流长、历久弥新。我国税法学理和制度实践却对此有所轻忽。税收法定被引入我国后,学者们先是侧重强调依法治税,后补入法律保留的要求;制度实践回应了理论诉求,1993年《税收征管法》第2条和2000年《立法法》第8条即为明证。彼时税收法治化水平低,征管不规范和立法粗疏并存。就此而言,从依法治税、法律保留的角度体认税收法定,毋宁说是一条技术路线,其时兼具迫切性与可操作性。然而无论依法治税抑或法律保留,归根结底不过是依法行政原则在税收领域的延伸,若将税收法定与此二者画等号,不啻忽视其同样蕴含,甚至更加重要的契约精神,而且自我限缩为一项实定法原则。税收法定固为税法的基本原则,但非仅此而已,其内含的契约精神及对纳税人同意的张扬,有超越"原则"的"理念"意蕴。将"树果原则"、半数法则作为税法建制的自然法约束,强调税收立法的纳税人参与,旨在"限制法律"。其不仅是税收法定原则的要求,更是契约精神的彰显。

在2020年便要实现一税一法的背景下,重识税收法定的"纳税人同意"之意涵,具有过去未曾显现的迫切性,有助于完整理解税收法定并全面引领制度实践。概言之,仅仅完成税种立法远远不够,还须于实体制度和立法过程两个维度张扬契约精神,使"税法控制"与"控制税法"相得益彰,重拾"无同意,不纳税"的初心。依法治税、法律保留、契约式直接同意,三者有机结合方为税收法定的完整要求。从发展阶段看,契约式直接同意具高级性,在依法治税和法律保留基本得到落实后,自然会更加关注立法质量,特别是所立税法能否彰显纳税人真实意志;从事物的本质属性看,契约式直接同意具基础性,唯有税收立法的内容和过程贯彻契约精神,纳税人的利益方能得到保障,依法治税和法律保留的作用结果才是合意的。后2020时代,在因应新挑战进一步完善依法治税和法律保留的同时,更须强调税收立法的契约理念。在接纳肇始于西方文化传统的契约式直接同意时须立足本土语境,就推定与参与二元进路而言,我国现阶段不妨以前者为重,从作为根本性契约的宪法出发,以"财产权附有社会义务"的重叠共识框定税制设计的边界,提升税收立法的参与度则可有序推进、行稳致远。

第二节　重申量能课税的制度价值

诚如本章第一节所展现的,税收法定不仅仅对税收征纳提出了程序方面的要求,其内含的"纳税人同意"之核心意涵对于税法建制也有着实体方面的指引价值。但总体上讲,通常认知还是更倾向于从程序维度把握该项原则,而非另外寻觅税法建制的实体性原则,接下来两节所讨论的便是这方面内容。本书在导论的研究述评部分已有阐述,我国税法学界对量能课税的立场经历了一个从认为其仅仅是一项财税理想,到认为其应当是税法上的结构性原则,再到对其适用范围和建制价值有所质疑的过程。特别是近年来,经济学界持续引介了不少域外财政思想史方面的著作,人们从中不难发现,国外理论界特别是经济学界颇为青睐量益课税,甚至认为量益课税是比量能课税更优的衡量税收公平程度的标准。受此影响,国内学界也出现了对量能课税作为税收公平基本要求的质疑声音。对此,本节拟从澄清对量能课税的常见质疑入手,继而揭示量能课税的完整意涵,以重申其指引制度实践的价值。

一、关于量能课税的常见质疑及其澄清

学界对于量能课税的质疑大体上有三个方面:一是认为所得税法尤其是个人所得税法最应该贯彻量能课税,财产税法也是量能课税比较理想的用武之地①,但对流转税法而言,其不受量能课税的辖制;二是指出量能课税至多仅可对税收立法发挥一定的指引作用,在税收执法的层面必须依据税收法定原则行事,没有量能课税的作用空间;三是强调如果只考虑收入维度,量能课税尚可被称作理想的建制原则,可其存在割裂财政收支的问题,如果从收支一体化的角度考虑,则基于利益原则配置税负更契合税收公平的要求。② 第一和第二方面的质疑产生较早,学界不乏对质疑的回应,但仍有部分学者坚持己见,第三方面的质疑最早可见于域外经济学界,近年来有我国法学界的学者将之引入,因其较为新颖,在学界迅速占据一定市场,针对性的回应尚比较少见。

---

① 进言之,财产税同量能课税的契合度没有所得税高,这是因为其把握的是潜在的、应有的收益,而所得税所把握的是现实的收益。但即便如此,量能课税仍应约束房地产税法等财产税法的制度设计。叶姗:《房地产税法建制中的量能课税考量》,载《法学家》2019 年第 1 期。

② 〔美〕理查德·A. 马斯格雷夫、艾伦·T. 皮考克主编:《财政理论史上的经典文献》,刘守刚、王晓丹译,上海财经大学出版社 2015 年版,第 7 页。

（一）量能课税不能指引流转税法建制？

通常认为,所得税系对财富的增量征取,财产税系对财富的存量征取,而财富的增量和存量分别从各自角度体现税负能力。但流转税是加诸货物和劳务流转行为之上的税收,由于其属于典型的间接税,税收负担容易转嫁,法律意义上的纳税人和经济意义上的负税人常不一致,故而不太能够达致量能课税的目标。与之相关的还有一种常见观点,也即正是因为流转税无法体现量能课税,所以其经济后果是"累退"的——对转嫁后真正负担税款的消费者而言,衣食住行之类的支出是刚性的,是无论贫富都要大概率承受的,故而高收入者和低收入者的消费支出差距一般要低于收入方面的差距,这就使得收入较高者所承担流转税负占其收入的比重要低于收入较低者。由此说来,一方面,流转税的易转嫁性使其难以受到量能课税的规训;另一方面,流转税的经济后果也常常是同量能课税背道而驰的。

那么,有无可能通过完善增值税法等流转税法的制度设计,以更好满足量能课税的要求？有学者已在这方面开展研究并证实了其可能性,可以说明,量能课税之于流转税法而言也不乏指导意义。① 然而,前述研究尚无法说明,流转税法和量能课税的关联是先天的还是后天的,也即,量能课税是否本来与流转税法无涉,仅仅在人为将其引入流转税法体系后,二者才产生关联？这部分后续的内容将重点对此加以阐明。再者,考虑到消费者及其所消费的商品、服务都是分层的,若是对不同的商品、服务交易行为施以差异化税收负担,似乎也可建构出基于量能课税原则的流转税制。② 此种认知的实质是将税负能力强者多纳税、税负能力弱者少纳税作为量能课税的全部意涵,而不问税制在整体上是累进、累退还是比例征收。③ 税负能力强者要比税负能力弱者多纳税,当然是量能课税的要求,但 A 收入十倍百倍多于 B,承担税负仅多出一元或二元,依前述见解便也是在量能课税,这显然有悖于社会大众关于税收公平的认知。所以,流转税是否属于累退性税类,仍然须予澄清,毕竟,只有先阐明流转税是否累退,才能准确把握流转税类与量能课税的内在关联。本书这部分接下来即重点针对既有研究尚未充分挖掘的这两个地方,展开探究。

---

① 许多奇:《论税法量能平等负担原则》,载《中国法学》2013 年第 5 期。
② 王茂庆:《量能课税原则与当代中国税法的变革》,载《广西社会科学》2010 年第 5 期;曹明星:《量能课税原则新论》,载《税务研究》2012 年第 7 期。
③ 参见杨佩龙:《消费税法设计中的量能课税考量——以〈消费税法〉制定为契机》,载《税务与经济》2020 年第 3 期;程国琴:《从量能课税视角看消费税的立法完善》,载《税务研究》2020 年第 6 期。

流转税存在"累退"效应从而不合乎量能课税的观点流传甚广,但其不合理之处也十分明显,故此处先针对其阐发两点。其一,量能课税指向的是税负能力强者多缴税,但如何才称得上是理想状态实无一定之规,换言之,若税负能力强者比税负能力弱者缴纳更多税款,便可说大致是在量能课税,并不一定要求等比例甚至累进征税。其二,也是更重要的,认为流转税累退者的计算方式是将承担的流转税款作为分子,个人总收入作为分母,这属于"张冠李戴",真要衡量税负累进抑或累退,也应当是用流转税款对应流转额,个人负担的总税款才对应总收入,若是以各税种负担对应总收入且据此要求"累进",无异于限定每一税种都必须实行累进税率,这在理论和实践层面都不可行。

进言之,流转税虽然易发生转嫁,但只要认识到需要被衡量税负能力者从来不是非法律意义上的纳税人不可,便能知晓量能课税仍然可以同其产生关联。一定意义上讲,流转税等间接税不过是将纳税人作为管道,最终指向的实为负税人。故此,流转税与量能课税的关联点便在负税人,流转税法遵循量能课税的关键也在于准确地把握负税人的税负能力。这句话有前后两层意思,对前者的理解要更为基础,也能自动地牵引出后一层意涵。

流转税的征收能够体现对负税人的量能课税,其原理可依循如下路径加以把握。流转税本质上是对负税人的消费行为征收,而消费行为在很大程度上受到个人财力状况的影响和塑造,所以对消费行为征税依然也建立在把握税负能力的基础上。进言之,以消费行为这一指标来把握税负能力虽看似间接,却具有三方面的相对优势。第一,衡量税负能力时不必拘泥于具体、有形的指标,如个人所得税、车船税、房产税的各项税目,反倒可能更加周延。个人所得税的征收依托九大税目,在 2018 年修改《个人所得税法》时删去"其他所得"这一带有兜底性质的税目,固然能更好地彰显税收法定的价值,但也使现实生活中某些性质特殊故而不易被归入现有九大税目的收入①,逸出个税征管的射程之外。财产税类也遵循相似的逻辑,只要某一税种采取正面列举的方式界定税目,便一定会遇到在应然层面属于该税种征税范围、在实然层面却无法被纳入税目的情形。上述情形中,纳税人取得相应收入或是占有某宗财产,都对应一定的税负能力,却囿于实定税法的限制而无制度意义上的可税性。更遑论当纳税人所获收入或所占有财产存在一定非法性时,虽

---

① 在删去"其他所得"税目后,不宜将"偶然所得"视为新的兜底性税目,而必须意识到其适用范围受有严格限制。

依一般法理仍应课税无疑①,但在实操层面显然很难做到。② 流转税则不存在此类情形,其重在把握蕴含于消费行为之中的税负能力,而不考虑该税负能力的源泉何在,纵使是基于灰色收入乃至黑色收入所形成的税负能力,只要被用于消费即得以被课征税款,就此而言,其对税负能力的把握相形之下要更加准确、全面一些。

第二,消费行为具有较高程度的稳定性,不太受短期收入和财富变化的扰动,以此衡量税负能力在长期视野下更加准确。人在作出消费行为时不仅会考虑到当期的收入和财富状况,还会考虑到过去的收入和财富状况,所以才会出现"过惯苦日子的人在富裕后仍会比较节约"的情形。更重要的是,对理性经济人而言,消费行为也在很大程度上受到其对未来收入和财富状况预期的影响,故而通常情况下,相同年龄、相同收入的大学毕业生和进城务工人群,在消费行为上会出现较为明显的分化——前者的消费行为一般会更加激进,"超前消费"等情形并不鲜见,后者则更可能因考虑到未来收入下滑的概率较大,而在消费方面相对保守。在前述情形中,若是没有对消费行为征税这一选项,仅仅依靠所得税、财产税相关税种,还不能十分准确地衡量相关纳税人在历时性维度上的税负能力。个人所得税的纳税周期是年或次,工资薪金、劳务报酬等勤劳所得基本都是以年度为纳税单位,在不同年度之间没有损益互抵的机制设计,这导致收入周期波动较大的纳税人,可能在某些年份收入远低于一般性扣除额,在另一些年份则收入颇丰故须承担较重的所得税负。从长时期看,这并非真正的量能课税。财产税也存在相似的问题,其主要对财富存量征取,不排除出现的状况是纳税人在一生中某些时段拥有大量财富而在另一些时候则较为贫穷,但因财产税倾向于着眼当下,便难以充分考量财富持有跨时变动较大对税负能力的影响。③ 相较之下,对消费行为征税则因其能够反映"一生收入"④,而可一定程度上补足有关缺失。

---

① 对收入的合法性进行审查并非税务机关的职责,税务机关对各类收益征税时,原则上应该强调收益来源和依据的无因性。张守文:《财税法疏议》,北京大学出版社2005年版,第158—159页。
② 因此,诚如本书第一章在注释中曾稍有述及的,研讨相关灰色收入/财产、黑色收入/财产的可税性时,须注意从法理、法律和现实三个层面展开分析。参见侯卓:《"法外分配"的税法规制:思路与局限——以个人所得税为中心的审视》,载《江汉论坛》2018年第2期。
③ 对"先贫穷而后富贵"的人来讲,如果只是对富贵后的收入和财富征税,便不能很好体现先前贫穷时期税负能力严重不足的一面。同理,对相同年龄、相同收入的大学毕业生和进城务工人员征相同数额的所得税,也不能很好体现量能课税的原理,比如日后前者收入大幅增加时税负水平固然相应上升,可后者因年龄增长或是体力每况愈下而收入减少时,却没有可能退还其早期缴纳的相对较多的税款。
④ 从"一生收入"的角度理解流转税对量能课税的贯彻,参见郭庆旺、吕冰洋、岳希明:《税收对国民收入分配调控作用研究》,经济科学出版社2014年版,第216页。

第三，对消费行为征税，虽然不是刻意如此，但确实能更好地回应纳税人/负税人可能影响税负能力的相对特殊的状况。大体上，所得税和财产税的征收基本只能"见事"——把握取得所得和保有财产的事实，很难"见人"——体察纳税人自身的特殊性。客观地讲，不过多考虑主体性质而一视同仁地课征税款，既是税收效率原则的要求，更是税收公平的题中应有之义。然而，主体存在某些方面的特殊因素也可能影响其税负能力，此时意欲贯彻量能课税便必须将相关因素考虑在内。可受制于立法能力和技术的局限，或是税收效率原则的影响，所得税法和财产税法上即便对这些因素有所把握，其力度也常常是不够的。比如2018年的个税修法增设六类专项附加扣除，便是在制度层面观照纳税人影响税负能力的相关因素，但其显然也是不够的，已被纳入的赡养老人、子女教育、住房贷款利息等支出项目的专项附加扣除规则，被认为在标准设定方面存在不足①，长期照护支出等显著削弱照护人税负能力的因素未在税法层面有所回应。② 更重要的是，以个人而非家庭作为纳税单位，亦可能使得对于税负能力的衡量有失允当，比如同是夫妻二人组成的小家庭，就税负能力而言，二人均有工作和仅仅其中一人有工作便有很大差异，现行《个人所得税法》对此缺乏考量。与之相比，主体自身在作出消费行为时就会考虑上述影响税负能力的因素，故而透过消费行为把握税负能力是顺水推舟的。

由上述可知，流转税仍然可以体现量能课税，而且其虽然不会直接、主动去探求，却客观上在某些方面较之其他税类能更好地把握税负能力，只不过其指向的对象是负税人而非法律意义上的纳税人。由此出发要破除一种迷思，即因为流转税的税负易转嫁故无法彰显量能课税，进而在制度设计时对一些特殊货物和劳务给予优惠待遇便无所助益，反会破坏税收中性。对此观点需要强调，既然流转税的征取把握的本来就是负税人的税负能力，自应在设计税制时体现这方面因素，譬如对于生活必需品推行低税率乃至免征增值税即很有必要③，在此前提下再来考虑何种方案更有利于达致税收中性的目标，才是研议该问题时应有的逻辑进路。

---

① 参见徐妍：《个人所得税赡养老人专项附加扣除制度法律问题研究》，载《学习与探索》2020年第1期；赵艾凤、姚震：《进一步完善我国个人所得税扣除制度的构想》，载《税务研究》2020年第9期；李春根、赵望皓：《探索以家庭为课税单位的个人所得税制度》，载《中国税务》2020年第6期。

② 参见侯卓、吴东蔚：《长期照顾护理的税法扶持机制研究——以个人所得税专项附加扣除为视角》，载《国际税收》2023年第5期。

③ 流转税法上的生存必要商品不可税规则，便是量能课税原则的具体表现。〔德〕迪特尔·比尔克：《德国税法教科书》（第13版），徐妍译，北京大学出版社2018年版，第56页。

（二）量能课税不能作用于税收执法？

在释疑前一问题后应可认识到,量能课税对税收立法的影响既广且深,那么其对税收执法又能否发挥指引作用？传统见解认为,税收执法过程遵循法定原则即可,无须受量能课税原则的辖制。对此,也有学者指出,税收法定原则对税收执法的影响主要是形式正义的体现,税收执法同样需要基于量能课税来规范自身,以彰显实质正义的要求。① 此论诚有其理,形式正义—实质正义或曰形式理性—实质理性都是税收执法实践需要着意遵循的。更进一步反思,税收法定和量能课税在税收执法中的指引作用真是在同一层面上的吗？形式和实质的二分处理可以说贯穿税法的各个题域,法律文本、应税事实、经济活动都可基于形式—实质的二分框架展开观察。② 然而,从逻辑上看,本书认为税收执法中的形式和实质问题不在同一层面,只有先基于量能课税观察经济活动,准确识别并界定应税事实,继而才会发生依法征收的问题,换句话讲,量能课税在税收执法中的影响甚至是更为基础性的。

税收执法过程要受到法定原则拘束,这没有疑义。本章第一节便曾言及,税收法定进入我国后最早便以依法治税的面貌示人,直至今日,提升征管过程中的规范化水平仍然是践行税收法定的重要任务之一。然而,如果说体察税收法定的"纳税人同意"之属性,可以为税收立法提供某些具有实体意义的建制原则,那么在执法过程中若是遇到税法规范未作明确规定的情形,单纯的税收法定原则并不能给执法提供任何具有可操作性的方案。相反,量能课税却于此间有一定发挥作用的空间,这主要通过实质课税方法和可税性原理的运用而得以具体实现。

实质课税是税法适用层面的一项原则,是量能课税在法律适用中的具体化,既可被用于解释税法规范,也可据以解释应税事实及课税构成要件。③ 税法设定税负的关键在于把握税负能力,税法的解释以及识别应税事实在基础上与税法规范相连结乃是在执行税法,故"课税事实之认定及税法之适用,亦无不同",也须遵循量能课税的进路。④ 民法等私法对法律事实的把握

---

① 许多奇:《论税法量能平等负担原则》,载《中国法学》2013年第5期;曹明星:《量能课税原则新论》,载《税务研究》2012年第7期。
② 汤洁茵:《形式与实质之争:税法视域的检讨》,载《中国法学》2018年第2期。
③ 郭昌盛:《实质课税原则的理论阐释》,载《重庆大学学报(社会科学版)》2023年第1期。也有学者认为,实质课税和量能课税是分工协作的关系,同时,实质课税的唯一功能即为事实解释。参见闫海:《绳结与利剑:实质课税原则的事实解释功能论》,载《法学家》2013年第3期。
④ 陈敏:《税法总论》,新学林出版有限公司2019年版,第182页。

关注意思表示,税法对法律事实的把握则更重视以税负能力表现的经济实质。① 由此出发,在指称违法及不当行为只要有收益也须征税、法律行为被认定无效但经济效果发生并持续存在则应税、虚伪行为②应就其被隐藏的真实行为征税时,既是在运用实质课税方法,也是依税负能力课征税款的体现。此外,在判定所得的归属时,其实也是在看何方主体真正获得或提升了税负能力。③ 必须明确,实质课税所把握的"实质"是也只能是税负能力,正是在此意义上,可以说实质课税的整个目的便是为体现量能课税的意旨。④ 始终注意立足于此,方可避免实质课税方法的运用陷于恣意,也才能为其在形式税法未作规定之处课以税负提供正当性。

可税性原理内涵丰富,但其核心思想可概括为征税只能对收益进行,这是因为征税的实质是参与财富的分配和再分配,是故仅在有收益时方可能分配收益,也仅在有收益时才可能有税负能力。⑤ 可见,可税性原理也是量能课税的具体化,其旨在将税负能力转化为现实可感知的表征物,从而为税收执法提供指引。上一段中应用实质课税方法得出的相关结论,很多也可经由可税性原理的运用达致殊途同归的效果。近年来有学者在可税性基础上提出"应税性"的概念,可税性和应税性分别侧重关注定性和定量层面的税收构成要件⑥,实际上是对可税性原理的细化而并未脱离其基本分析框架。

理论上讲,量能课税所衡量的税负能力是内在于应税事实的,税收立法和执法共同的任务即在于把握应税事实中的税负能力从而课征税款。从这个角度看,税收立法是在对典型的应税事实加以概括,使归属于同一类型者具有大致相当的税负能力,从而承受相同或者相近的税收负担。但这项工作毕竟有其局限性,既无法涵盖全部情形,面对非典型情形时,以典型方式去涵摄也会产生不适配性。因此,税收执法环节在贯彻量能课税时也需要担当起专属于其的使命和任务,此即在法律范围内更加准确、细致地把握税负能力以征税。所以,量能课税在税收执法环节的价值不仅限于前述实质课税方法和可税性原理的运用,在观察、识别和界定应税事实的全过程俱应受其指引。以下不妨列举三例以作说明。

---

① 闫海:《绳结与利剑:实质课税原则的事实解释功能论》,载《法学家》2013 年第 3 期。
② 指当事人的内心真实意思与表现于外者不一致的情形。
③ 参见〔日〕北野弘久:《日本税法学原论》(第五版),郭美松、陈刚译,中国检察出版社 2008 年版,第 92—93 页。
④ 黄茂荣:《法学方法与现代税法》,北京大学出版社 2011 年版,第 191 页。
⑤ 张守文:《财税法疏议》,北京大学出版社 2005 年版,第 141 页。
⑥ 叶金育:《税收构成要件理论的反思与再造》,载《法学研究》2018 年第 6 期。

比如，当税务机关认为纳税人呈报的计税依据明显偏低且无正当理由时会对其进行调整，调整的方法则包括《税收征收管理法实施细则》第47条所列诸项，但第三项如按照耗用原材料及燃料、动力加以测算等操作不易，实践中许多税务机关也不会真的如此行事，而是直接依该条第四项也即"按照其他合理方法核定"，这便尤应注意核定方法选取要得当，核定结果要尽量契合应税事实所蕴含的税负能力。① 进言之，判断是否存在"计税依据明显偏低且无正当理由"的情形，根本上也是把握税负能力的过程，若不适当地否定纳税人所提理由，便会导致超出税负能力课征税款的后果。又如，"以票控税"是加强税收征管、提升征管规范化水平的重要举措，但过于机械地遵循这一要求可能诱致背离量能课税的结果。实践中存在一类情形，成本已真实发生但因多方原因致使无相应发票，某些税务机关在计征土地增值税等税种时不认可相关成本得为扣除。若是嵌入一定语境之中，则不难发现税务机关如此认定有其难处——对税务机关来讲，造成税款流失的法律责任明显重于多征税款②，是故在两难之下其往往倾向于不允许扣除。但若是承认并且重视量能课税在征管层面的指引作用，在观察应税事实时强调对其税负能力的把握，则无疑会在遇到此类情形时有不一样的考虑。还如损害赔偿应否征税的问题，便应基于量能课税的原理进行审思。举例言之，设若某人以较低价格购入房屋，在持有期间坐享升值，却因他人故意侵权行为致房屋灭失，此间该特定他人当然负有赔偿义务，如果赔偿金超出原购房成本，则"溢价"部分应否被课征所得税？从通常认知出发，似应认为其获得赔偿金非出于自愿，而且许多情况下受害人还可能要以该赔偿金重新购置房产以作替代，故对其征税于理不合。但其实理性分析，该情形中相关主体所获既已超出成本，便在所得的意义上产生了税负能力，那么只要该收益能被归入《个人所得税法》的某一税目项下，便可以被课征税款。③ 至于特定纳税人可能仅拥有一套房产，故而不得不以赔偿金购置其他房产，那属于另一层面的问题，可

---

① 税务机关在运用该条前三项载明的方法实施核定时，也要尽量准确地把握应税事实蕴含的税负能力。比如，参照当地同类或类似行业经营规模和收入水平相近者税负水平进行核定时，对参照项的选取便很重要，否则，推定把握之税负能力便会谬以千里。
② 姑且不论行政责任的承担，单就刑事责任而言，《刑法》第404条设有徇私舞弊不征、少征税款罪，此外还有渎职罪等罪名。由此可见，税务机关工作人员少征税款是存在入罪风险的。
③ 陈清秀教授便持此种见解，但其在论述时无意中将应扣除的项目限定在取得房屋的对价，有外延过窄的嫌疑。参照"财产转让所得"税目的征税规则，应当是所获赔偿金扣除取得和维持房屋的成本后得到的余额，才具有税负能力，始能被课征税款。陈清秀：《税法各论》（上），元照出版有限公司2014年版，第64—65页。

以考虑对仅拥有一套房产的纳税人免征个人所得税①,还可以对其购置其他房产设定或援用契税免征规则,这并不应该导致取得相应赔偿金的全部情形均当然地不可税。可见,严格依循量能课税开展思考,能够使税务机关乃至纳税人将关注点聚焦到真正有法律意义的议题上,不至于因为朴素却有失严谨的感情因素而使税收执法脱离应有的轨道。

综合上述可知,量能课税并非仅能作用于税收立法的层面,其同样能够指引税收执法。实践中诸多疑难问题的解决思路,本质上正是在探求税负能力。但这也衍生出一个问题,即量能课税作用于税收执法时能否突破税收法律的规定。有学者认为,税务机关在税收征管过程中的责任之一便是解释法律,此间必须依据量能课税原则来评判法律规定的正当性,若相关规定不合于量能课税原则,税务机关可以而且应该纠正立法错误,这有助于确保税法基本原则在立法中得到严守。② 但本书认为,量能课税在执法环节的适用仍应谨守分际,法律的文义范围便是其作用边界,否则,税法规定即可能在实践中沦为具文,国家税款流失和纳税人权利被侵害的风险都将上升。正因如此,前文探讨损害赔偿金应否被课征税款时,笔者在肯定其间具有税负能力的基础上仍然强调,只有符合税法上具体的构成要件时始能真正对其征税。

(三)量能课税割裂了财政收支?

本书第七章将会论及,财政收支本就难以在实质意义上实现一体化,此处暂且存而不论,单就量能课税是否真的完全割裂了财政收支,作一检视。有观点主张,贡献与收益相适应乃是公平的题中之义,就此而言,税收公平的实现不能就税收言税收,必须将税收和财政支出联系起来进行观察。③ 量益课税强调,国家能够征取的税收同其向纳税人提供的公共服务须臾相关,这便是打通考量财政收支的最佳方案。与之相比,量能课税则被认为割裂了财政收入和财政支出,故而不能说是优选方案。本书认为,此说未能注意到量能课税虽未明言却已将财政支出的影响考虑在内,失之片面。

诚如波兰尼所言,国家与社会/市场之间存在"双重动向",在很大程度

---

① 事实上,我国针对相近情形是制定有税务规范性文件的。根据《财政部、国家税务总局、建设部关于个人出售住房所得征收个人所得税有关问题的通知》(财税字〔1999〕278 号),个人转让自用满五年的家庭唯一生活用房,就其转让所得免征个人所得税。该文件不能直接适用于正文所述情形,但具有一定参考价值,如果实践中要对损害赔偿金征税,借鉴上述规定明确相关情形的免征待遇,是较为可行且很有必要的做法。

② CA Crespo, "The 'Ability to Pay' as a Fundamental Right: Rethinking the Foundations of Tax Law", 3 (1) *Mexican Law Review* 55-56 (2010).

③ 刘水林:《论税负公平原则的普适性表述》,载《法商研究》2021 年第 2 期。

上相互嵌入对方。① 税源虽然直接形成于市场,可在此过程中也无法脱离财政活动的贡献。保持其他约束条件不变,财政投入的力度和效能越大,税源越丰沛,意味着个体和整体层面的税负能力均有提升,政府通过量能课税的方式所能汲取的税款便越多。从中可知,量能课税着意关注的税负能力与财政支出关系颇为紧密,财政支出是形成和提升税负能力的重要源泉之一,衡量税负能力以设定税负进而实施征管,反过来又能对政府行为产生正向诱导,激励其提供数量更多、质量更高同时更符合公众需要的公共产品,这最终会反馈为税收收入的增加。在这层意义上,量能课税非但没有割裂财政收支,而且还润物细无声地将顺了财政收入和财政支出的内在关联。

结合各税种展开观察,能更加通透地明晰该点。就流转税而言,作为其主体的增值税系对货物和劳务流转过程中的增值额征取税款,其建立在市场内部分工不断细化的基础上。市场分工是流转或曰交易的前提和基础。横向来看,只有存在市场分工,不同主体之间才有互通有无的必要。纵向来看,如果不存在市场分工,货物和劳务的流转环节将至为简单,要么仅存在单一的生产暨销售环节,要么也只有生产和销售这两个环节。如此一来,增值税收入规模将极为有限。市场存在分工且分工不断趋于精细化,既有经济规律如机会成本—比较优势原理的作用,在市场主体非完全理性的背景下,也离不开政府有意识地引导和支持,"通往自由市场的大道是依靠大量且持久的统一筹划的干涉主义,来加以打通并保持畅通的"②。同时,当高度分工的市场形成后,交易的频率大幅上升,而交易是有成本的,国家通过包括法律在内的各种外部监管手段降低交易成本,使市场交易得以有效(通过交易所获收益超出交易成本)进而促其高效化。所以,增值税等流转税的税源丰沛与否很大程度上与国家的财政投入具有关联,税负能力越强,说明国家为培育和维持市场而付出了更大努力,投入了更高财力,国家于此间获得的回报便是流转税收入的增加。不难发现,量能课税原则的践行在根本上有助于彰显财政收支的深层次联动关系。

就所得税而言,企业所得税的税源形成逻辑类似于前述增值税,此处不赘述。个人所得税的税源是各类所得,对其应然范围税法学界有展开研究,

---

① 波兰尼认为经济无法从社会中脱嵌,其注意到市场社会内含的两种对立力量——自由放任以进一步扩张市场的力量和反向而生的保护主义以防止经济脱嵌的力量。〔美〕约瑟夫·斯蒂格利茨:《序言》,载〔英〕卡尔·波兰尼:《巨变:当代政治与经济的起源》,黄树民译,社会科学文献出版社2017年版,第26页。

② 〔英〕卡尔·波兰尼:《巨变:当代政治与经济的起源》,黄树民译,社会科学文献出版社2017年版,第209页。

并形成泉源说、纯资产增加说和市场交易所得说三种观点。① 泉源说认为仅有在一段时间内作为产生财货之持续性泉源的收益方为所得,但其将财产转让所得、偶然所得等全部摈除在外,范围过窄,基本已为今世诸国立法例所摈弃。纯资产增加说则主张只需观察 N 和 N+1 两个时点上的净财产,增加部分即为所得,然其又有范围过广的嫌疑,尤其是其将尚未实现的价值增加也纳入税基,未尽妥当。② 市场交易所得说将税基界定为参与市场交易所发生的资产增加,相较之下,更显允执厥中,成为各立法例主要遵循的见解。依该说,对此类所得征税的正当性理由是个人收益是在国家提供的法律秩序下,经国家营造并维持的营利环境和组织促进的市场运作产生的,国家在此间有着大量投入,纳税人既然在此间有着税负能力的成长,便也要据而负担公共支出。③ 此时,基于税负能力征税也是对国家投入的一种回应。

就财产税而言,其包罗甚广,涵盖了财产保有和交易环节的诸多税种,但大体上看,其所把握的税负能力基本都同国家的财政支出存在密切联系。比如研议中的在房屋保有环节开征的房地产税,拟将税基确定为房屋评估值,其意图便在于借此沟通财政收支——政府的公共支出增进房屋价值,相应便能获得更充裕的税收收入。④ 故此,只需要把握税负能力以课征税款,财政收入和财政支出之间自然产生有机联系。又如土地增值税,其是在交易环节对房地产增值额计征税款,其立税初心亦是"涨价归公",也即一宗房地产得以升值,除了仰赖个体努力外,公共投入也功不可没,故国家得以通过征税的方式分享土地收益。在这一过程中,要想精确判断哪些财政支出项目引致多大幅度的房地产增值,实属窒碍难行,倒不如转而径行把握彰显税负能力的土地增值额,这便"润物细无声"地将财政支出的贡献已然考虑在内。

其实,从反映财政收支关联的角度看,量益课税貌似更为直接,但其在操作层面并没有太多的可行性。根据经济法的一般原理,市场失灵之处方为国家干预之所,公共产品供给不足便是市场失灵的一种典型表现形式,此时国家通过财政支出的方式予以提供。市场主体在此过程中获得利益是毫无疑问的,可公共产品的属性之一即在于微观主体从中获益很难各自被量化,这意味着,衡量从国家处所获利益的多寡是很难行得通的,根据获益大小课征

---

① 参见陈清秀:《税法各论》(上),元照出版有限公司 2014 年版,第 51—57 页。
② 为更合理地确定应税所得,域外立法例有"盯市法"的制度规则。根据相关规则,纳税人当于纳税年度届满时重新估值持有的资产,须就价值增加部分缴纳个人所得税。此方法的征收对象实为潜在收益而非实有收益,因而受到各界批评,其适用范围也被严格限定在金融工具的应用等场域。施正文:《"应税所得"的法律建构与所得税法现代化》,载《中国法学》2021 年第 6 期。
③ 陈清秀:《税法各论》(上),元照出版有限公司 2014 年版,第 55 页。
④ 本书第二章第一节在最后一部分对此有更为详细的探讨。

税款便也难以真正推行。与之相应,量能课税看似不直接触碰"从国家处获益"这一问题,但由于税负能力的增加在相当程度上是由国家贡献所引致,故而通过把握税负能力,便也间接且未必片面地反映出受益情况。同时,量益课税在逻辑上要想成立,须区分每一项收益以对应每一笔税款,且不论这在技术和效率层面存在障碍,即便可行也极易疏而有漏。反观量能课税的制度逻辑,其不必陷入具体考量各项财政支出贡献度的工作之中,可也正因此使其对财政支出整体贡献的把握更加全面、完整,在征收增值税、个人所得税、房地产税、土地增值税等各税种时,直接根据客观呈现的税负能力计征税款,对财政支出贡献的体现要更加淋漓尽致。故此,本书认为,量能课税并未割裂财政收支,而且其对财政收支关联的体现虽然间接,在客观效果上却未必弱于量益课税。

二、量能课税的完整含义

质疑量能课税,很多时候也是因为对其内涵的把握不甚全面。前文对相关质疑的回应有助于更加准确地理解量能课税,在此基础上,还需要从正面揭示、提炼其完整的含义。

(一) 衡量税负能力的两个维度

公平有两个层次的含义:一是贡献和收益相当;二是人们相互间的关系,即所谓相同情况相同对待、不同情况不同对待。量益课税的支持者据此认为,从前述第一层次的公平要求出发,便需要将个人应否付出同其有无收获对应起来,这当然导向对量益课税的呼求。[1] 然而,正是从这一关于公平的两层次分析框架出发,量益课税解释力孱弱的一面显露无遗,那便是对第二层也即人们相互间公平的贡献颇为有限。可能的解释进路是,从正面看,纳税人受有益处便应被课税,从反面看,对纳税人有利于公共利益的行为施以税收优惠。[2] 理论上讲,这一思路的实质是将第二层公平的实现建立在第一层公平的基础上,认为只要达致第一层公平,略作调适便可自然实现第二层公平。然而一方面,前文已多次述及,衡量收益本身在技术上有障碍,另一方面,不同纳税人从同一财政支出中的收益可能不同,不同纳税人从不同财政支出中的收益更是在质和量的层面都必定不同。两个层次的公平分别指向国家与纳税人的关系,以及纳税人与纳税人的关系,二者可相应简称为纵向关系和横向关系。由前述可知,对于税收公平的达致,仅仅有纵向视角远远

---

[1] 参见刘水林:《论税负公平原则的普适性表述》,载《法商研究》2021年第2期。
[2] 同上。

不够,横向视角也必须得到重视,其应当具有独立于纵向视角的建制价值。

正是在此意义上,量能课税兼有纵横二元视角①,从而可以更加全面地彰显并实现税收公平的价值目标。理论和实务界过去对量能课税的理解更多是在横向也即纳税人相互关系的意义上展开,相对忽略了其同样对纵向层面的国家与纳税人关系有所指引。② 在纵向层面,量能课税要求国家须在准确把握税负能力的基础上方可征税,不得对不具有税负能力的部分所得、财产和消费征税。在横向层面,量能课税意味着必须关注不同纳税人之间承担税负的公平性:一方面,相同的税负能力原则上应当导向相同的税负,而不论税负能力的产生源泉或者载体有何不同;另一方面,也要关注不同所得、财产和消费在税负能力方面的异质性,这既涉及量的差异,更关涉质的区别。可见,量能课税同时对两个层面公平的实现均有助益,而为真正使其理想成为现实,整个税法制度都必须自觉受其指引,在核心规则方面更是要有针对性地贯彻其具体要求。

(二) 量能课税对税法制度设计的基本约束

量能课税在纵横两个维度的意涵都对税法建制提出要求,以下分别加以阐述。

1. 纵向维度

在纵向维度,量能课税强调仅能对具备税负能力者征税,这在一般意义上要求征税只能对收益而非财富的本体进行,否则便会侵蚀税基,也即进入了"课税禁区"。而且就对收益课税而言,在量的层面也应注意不得过半,本章第一节对此"半数法则"已有所阐述。在质的层面,亦须注意从税法角度把握不同类型收益时要关注其特质,有针对性地作出制度安排。

基于上述思路,各税种法建制俱应有所遵循。比如,在个人所得税法的场域,纵向维度的量能课税要求做到净额所得征税,也即仅有"纯所得"始能被课征税款,为实现这一目标,便要设计健全、完备的费用扣除规则。大体上讲,《个人所得税法》上的费用扣除应有两个层次:第一层是扣除与取得收入相关的费用;第二层则是扣除纳税人维持生计所必需的费用。③ 这两类费用

---

① 这两个方向的量能原则也分别被称为垂直量能原则和水平量能原则。葛克昌:《税捐行政法——纳税人基本权视野下之税捐稽征法》,厦门大学出版社2016年版,第15页。
② 参见侯卓:《二元目标下的个人所得税法制度演进》,载《华中科技大学学报(社会科学版)》2020年第3期。
③ 税法学理上因而将净额所得相应区分为客观的净额所得和主观的净额所得。参见陈清秀:《税法各论》(上),元照出版有限公司2014年版,第104页。

都不具备税负能力,若是扣除未尽便会使税款的征收背离量能课税原则。①把握住该点,可理解近年来我国个人所得税相关制度革新的核心考量。比如,在 2018 年修改《个人所得税法》新设六类专项附加扣除的基础上,我国于 2022 年又增加了三岁以下婴幼儿照护费用专项附加扣除,这就是考虑到原先的专项附加扣除体系中子女教育支出的专项附加扣除仅仅指向三岁以上子女,而零至三岁这个阶段子女的养育也要耗费父母的大量精力和财力,使得这些为人父母的纳税人有相当一部分收入得用于维持广义上的"生计",只有将之扣除方能得到真正意义上的"纯所得"。同时,依旧是从该点出发,也可对当前制度仍然存在的不足有所察觉。举例言之,《个人所得税法》规定,偶然所得不作任何扣除直接适用 20% 的税率,揣测立法者的考量,应当是认为相关收入既系偶然得之,自无成本投入可言,不作扣除便是理所应当。然而,由于偶然所得本身内涵模糊以致外延较广,实践中纳税人取得有些偶然所得时是有成本投入的,此间不允许作任何税前扣除有违量能课税在纵向层面的要求。以运动员个人身份参加竞技比赛所获奖金收入通常按偶然所得计征个人所得税,单就收入言收入或许无甚成本支出,但若是考虑到运动员前期的成本投入则前述做法的不合理性即显而易见。

如果运用体系的方法加以检视,还能发现当前制度规定中较为隐蔽的同量能课税相抵触的情形。根据《个人所得税法》的规定,工资薪金在并入综合所得后又享受税前一般性扣除、专项扣除和专项附加扣除,如此复合多层次的扣除似乎表明征税确实注意到把握净额所得而避免进入课税禁区。然而细究之,无论是一般性扣除还是专项扣除、专项附加扣除,观照的均为生计费用而非取得工资薪金的成本。对此不妨从如下两个角度切入观察:一者,若是不考虑 2018 年个税修法前后征税模式的变化,粗略地将综合所得的该扣除额同原先工资薪金所得的扣除额关联起来,可知该数额经历了一个因应物价指数上升而增加的过程②,其意涵便是使所扣除金额足以覆盖纳税人的生计费用支出;二者,横向对比综合所得项下其他三个税目的费用扣除规则,无论劳务报酬、稿酬还是特许权使用费所得,都是扣除一定数额后计入综合

---

① 历史上,亚当·斯密等经济学家曾认为不应对工资征税,其理由即在于工资是维持生活的最低费用。后来随着经济社会的发展,工资等劳动报酬已不再被认为是维持生计的最低费用,对其征税才有了更充分的正当性。此间即有量能课税的考量。参见张馨:《公共财政论纲》,商务印书馆 2022 年版,第 228 页。

② 新中国最早是在 1980 年颁布《个人所得税法》,确立了 800 元/月的扣除额度,但由于当时人们的收入普遍较低,该法事实上是对外籍个人适用的。其后,国务院在 1986 年出台《个人收入调节税暂行条例》,设定 400 元/月的扣除额度,此时国内居民主要适用该标准。1993 年修改后的《个人所得税法》为实现个人所得税制的内外统一,我国居民也适用 800 元/月的扣除额,后在 2005 年、2007 年、2011 年先后将其上调为 1600 元/月、2000 元/月和 3500 元/月。至 2018 年,修改后的《个人所得税法》将工资薪金并入综合所得,相应将扣除额上调为 60000 元/年。

所得,再统一扣除每年六万元的数额,前一层扣除的实质即是成本费用扣除,只是因为难以精确测度每一笔收入对应的成本,故才设定一概算额度,由此观之,唯有工资薪金收入未作相应扣除,显见其缺失。事实上,理论和实务界也常常将该扣除额称作"宽免额",由该称谓即不难感知其带有"维持生计所必需的一部分收入免于征税"的意涵。也许是针对工资薪金及以其为主体的综合所得已有多种类型的扣除,使制度设计者潜意识里忽略了成本费用尚未扣除。① 对此,下一次个税修法时有必要补足该缺憾,以更好彰显量能课税。

又如,在财产税法的场域,以拟于房屋保有环节征收的房地产税为例,其意欲把握的税负能力蕴含于潜在而非现实的收益。对此,一种可能的理解是,应支出而未支出的金额可被视作获取的收益,具言之,因保有房屋而不必开支的租房费用即为此间税负能力的来源。由此出发,在设计房地产税制时便可以也应当在一定程度上参考影响房屋出租价格的因素,譬如房屋面积较之评估价值,对于出租价格的影响更大,相应地,更为重视面积因素便应成为房地产税建制的基本立场。这正是一种从量能课税出发指引税法制度设计的思路。进言之,整个房地产税法建制都要将纵向层面的量能课税作为指导原则。早在房地产税改革之初,理论界便将"定税正当"作为改革具有正当性的重要前提,其核心意涵即以税负适度为核心设计税基、税率等税收要素②,该处的税负适度正是量能课税在纵向维度的要求。

择其要者,制定《房地产税法》时特别需要注意两个地方。一是须妥善设计人均免征面积,以免进入课税禁区,上海和重庆始自 2011 年的房产税改革试点虽在思路上已同目下正推进的房地产税改革存在差异,但其部分制度设计仍不乏可资借鉴之处。《上海市开展对部分个人住房征收房产税试点的暂行办法》第 6 条规定,上海居民家庭可享受人均 60 平方米的免税住房面积,该处的 60 平方米为房屋建筑面积。重庆的免征面积设定则以家庭为单位,但分摊至个人后与上海差异不大。③ 二是设置的税率应尽量低一些,毕

---

① 取得工资薪金同样要发生诸多直接成本,如交通费用、工作装费用等。此外,职业教育等费用支出也同工资薪金的获得密切相关。域外立法例即对此多所观照。参见〔美〕休·奥尔特、〔加〕布赖恩·阿诺德等:《比较所得税法——结构性分析》(第三版),丁一、崔威译,北京大学出版社 2013 年版,第 239—285 页。
② 刘剑文:《房产税改革正当性的五维建构》,载《法学研究》2014 年第 2 期。
③ 根据《重庆市人民政府关于修订〈重庆市关于开展对部分个人住房征收房产税改革试点的暂行办法〉和〈重庆市个人住房房产税征收管理实施细则〉的决定》的规定,一个家庭仅能对一套应税住房享受免税面积。纳税人在前述办法施行前拥有的独栋商品住宅,免税面积为 180 平方米,新购的独栋商品住宅、高档住房,免税面积为 100 平方米。在重庆市同时无户籍、无企业、无工作的个人的应税住房则不扣除免税面积。

竟,房地产税所把握的税负能力是一种潜在收益,不可与现实收益等量齐观。各国或地区征收房地产税时税率一般介于1%—2%之间,我国可考虑设定0.5%—1.5%的幅度税率,也可略低于此。此外,制度层面应当区分对待不同类型的住房,各类型住房具体适用税率则可由省级人大在税法统一规定的幅度范围内确定。① 之所以要区分对待不同类型的住房,是因为自用住房、第二套及以上住房、营业用房等不同类型住房所对应的税负能力不同,如果统一设定税负将使某些类型的住房承受超越自身税负能力的负担,有悖于量能课税在纵向层面的要求。具体来讲,自用住房主要满足基本生存需求,其所对应的潜在收益只有房屋租金,故不能课以过高税率以免影响纳税人的正常生活。与此不同,第二套及以上住房通常用于投资,除却住房人自己省去的房屋租金,其对应的潜在收益还包括住房人从承租人处收取的租金以及其他投资收益,税率相对更高一些也是合适的。同理,营业用房的租金收入通常高于住房,并且房产的潜在收益还包括对营业收入的贡献,税负能力也要更强。由前述也可得知,纵向维度量能课税落实到位后,实际上也已观照到横向维度的量能课税。

2. 横向维度

在横向维度,量能课税的基本要求是相同税负能力相同对待、不同税负能力不同对待,这在宏观层面对税法建制的指引是要有系统观念,注意跨税目乃至跨税种地考察负担设定的公平性。其一,要避免税负能力相同的收益,在税收负担上却有较大差异。以《个人所得税法》为例,其采取的是"小综合"的征收模式,之所以将工资薪金、劳务报酬等四个税目合并成综合所得,便是为了改变过去不同渠道收入性质相近、税负差异却较大的状况。在2018年以前,此四项税目的计税规则不尽相同,特别是工资薪金所得和其他三项所得的计税规则差异甚大,这使得纳税人以工资形式或以劳务报酬形式取得相同数额的收入,但税后到手收入有很大的不同,有悖于量能课税的要求。2018年《个人所得税法》有所修改,此四项税目被并入综合所得后的计税规则趋于统一,更为契合量能课税的要求,但严格地基于量能课税来审视,制度层面待改进之处亦不在少数。在综合所得内部,工资薪金收入不作任何扣除而直接归入综合所得,劳务报酬、稿酬、特许权使用费收入则在作20%或更高比例的扣除②后才归入综合所得,这意味着,以工资薪金收入为主的纳税人要承受的税收负担比收入总额相近、却主要来源于劳务报酬、稿酬、特许权使用费的纳税人更重。当然已如前述,这种状况肇因于纵向维度量能课税

---

① 参见叶姗:《房地产税法建制中的量能课税考量》,载《法学家》2019年第1期。
② 稿酬收入除一般性扣除收入总额的20%外,还减按70%计入综合所得。

贯彻不力，横向维度的税负失衡只是由此衍生出的结果。在综合所得与其他税目之间，当前被排除在综合所得以外的税目，有些也属于勤劳所得，另设一套税制可能有违相同税负能力相同对待的精神。这突出表现在经营所得和综合所得的差异化征税，由于综合所得最高档边际税率为45%，经营所得则最高累进到35%，不乏高收入自然人通过转换收入形式规避个人所得税的情形发生。① 此外，偶然所得等税目看似迥异于工资薪金、劳务报酬等综合所得，但实际上由于偶然所得本身内涵模糊以致外延较广，其中部分收入类型与综合所得中的劳务报酬并无太大区别，前文提到的竞技比赛奖金收入便是如此，此间性质相近而税负水平差异较大，是否合理值得斟酌。

其二，要体察不同类别收益在质的税负能力方面的差异，进而在设定税负时作不同处理。同额收益却具有不同的质的税负能力，至少有如下三种情形：一是实在收益和潜在收益，前者如取得所得，后者如保有财产，基于变现能力等方面的差异，前者的税负能力要优于后者；二是勤劳性收益和资产性收益，由于以勤劳性收益为主的纳税人在经济实力上通常弱于以资产性收益为主的纳税人，且对中低收入者来讲，勤劳性收益通常是支应其生活的主要来源，故将主观净额所得的因素纳入考量后，应当认为其税负能力弱于资产性收益的税负能力；三是周期性收益和非周期性收益②，周期性收益定期可获得，非周期性收益则具有一次性、偶发性，同理，周期性收益的税负能力要超过非周期性收益的税负能力。在应然层面，不同的质的税负能力应该导向差异化的税收负担。针对第一种情形，应使保有环节财产税的负担相对轻一些，不可仅因其纸面上的高财产价值便课以重税；针对第二种情形，主要是应让勤劳所得的税负水平低于资本利得，而这方面正是我国当下税制设计做得不够好的地方③；针对第三种情形，要对一次性补偿收入、奖金等征收轻税，目前《个人所得税法》及相关税务规范性文件在这方面做得不错，其并未简单地将一次性补偿收入直接纳入税基正常征税，而是或者部分免征，或者采用分摊法确定税率后再行征收④，同时也基于某些政策考虑对多项奖金给予

---

① 从量能课税在横向维度的要求出发，经营所得内部不同种类经营者的纳税义务也应大致相当，这同样可导向对现行规则的反思与优化。参见叶姗：《经营所得个人所得税纳税义务之构造》，载《环球法律评论》2021年第4期。

② 北野弘久将其称为回归性所得与非回归性所得。〔日〕北野弘久：《日本税法学原论》（第五版），郭美松、陈刚译，中国检察出版社2008年版，第117页。

③ 包含工资薪金、劳务报酬等四项勤劳所得的综合所得，适用最高达45%的七级超额累进税率，反观利息、股息、红利所得等则适用20%的单一比例税率。当所得额较高时，前者的平均税率要高过后者。

④ 参见《财政部、国家税务总局关于个人所得税法修改后有关优惠政策衔接问题的通知》（财税〔2018〕164号）

免税待遇,但若以更高标准衡量则仍有改进空间,如办理内部退养手续后取得的一次性收入,目前依然延续国税发〔1999〕58号文的做法,在根据分摊法确定适用税率后还是将一次性收入并入取得当期征税,这样一来便只扣除了一次费用,相较于分期取得收入、分期计征个税,其税负反要更重一些①,从而同非周期性收入税负能力相对较弱的理论言说之间存在一定背离。

此外,还有一类收益在税负能力方面也较为特殊,此即学理上所谓"变动所得"。现行法在综合所得的部分以年度课税为原则,这就使那些纳税人长期积累而于某一年度实现的变动所得,需要承受较高的税收负担。② 此类变动所得在税负能力方面不同于其他一般性的综合所得,适用完全相同的计税规则不合于量能课税在"不同税负能力不同对待"方面的要求,可考虑借鉴域外经验,针对特定类型的所得引入平均化公式,以所得的平均数乘以对应的累进税率再乘以平均期限,从而得到总的应纳税额。③

实际上,除了需要体察不同类型收益的税负能力的差异外,还应当意识到,不同主体取得性质和金额均相同的收入,在税负能力方面也可能不尽相同。量能课税对《个人所得税法》制度完善的指引既指向收益,也应当指向主体。举例言之,有两个家庭,其中家庭A夫妻双方都在工作,家庭B则仅一方在工作,此时两个家庭中的丈夫都取得一笔款项,即便金额相同,对这两个家庭而言,其所带来的税负能力增加也是有差异的。④ 因此,即便坚持当前以个人作为纳税单位的做法,也可考虑在纳税人配偶没有收入或收入未达到费用扣除标准的情形中,允许该纳税人于税前享受专门的扣除项目——配偶扣除⑤,以更好地体现量能课税。

综上可见,量能课税为税法建制提供了全方位指引,在完整理解量能课税意涵的基础上,税法制度的很多方面都可据此加以优化。

三、能力原则与利益原则的关系厘清

诚如本节开篇所言,能力原则和利益原则被视为从公平的角度指引税法制度设计的两大标准。质疑量能课税的学者,多会青睐量益课税。故此,在

---

① 在法定退休年龄届至之前,职工办理内部退养手续后再从原单位取得的收入不属于退休金,不能免征个税。但现实中,这部分收入很可能数额不高,这意味着如果将一次性收入分摊到后续年度分别计征,则可以进行费用扣除的空间是比较大的。
② 闫海等:《个人所得税的良法善治论》,人民出版社2023年版,第69页。
③ 同上书,第85页。
④ 当然,如果考虑到一方不工作,也会节省下诸如阿姨雇佣费用之类的成本,则亦可认为此间也有增进税负能力的情形,这属于另一层面的问题,正文存而不论。
⑤ 侯卓:《组织收入与调节分配二元目标下的〈个人所得税法〉修改研究》,武汉大学出版社2023年版,第183页。

澄清关于量能课税的常见质疑并揭示其制度价值后,有必要对能力原则和利益原则的关系作一探讨,以进一步证立量能课税作为税法结构性原则的地位。

(一) 两大原则的优劣概览

自能力原则和利益原则产生伊始,税收和税法学界关于二者各自优劣的分析便持续存在。在早期,学界更加青睐利益原则,以至于对能力原则的推崇基本上和对利益原则的批评呈现一体两面的关系。有鉴于此,这部分先行阐述学界对于利益原则优点的归纳,然后再梳理利益原则的弊端和能力原则相形之下的优势。

1. 选择利益原则的理由

基于利益原则配置税负,被认为具有如下六个方面的优点。

第一,利益原则根本性地确保了税收的正当性。首先,量益课税依赖于分散和本地化的判断,不需要特别精细地考量课税行为的全方位后果。基于个人从政府获得的直接利益课征税款,而无须过多考虑更广阔视角下社会目标的达成,这对于每一微观个体来讲都是正当的。其次,量益课税将财政收入和财政支出关联起来,更全面地反映税收问题的本质。最后,量益课税具有一定的模糊性,并因而在自我调节方面有突出优势,从而避免严重不公平的发生:一方面,一旦收益与税收不一致,人们就会立即知晓,从而要求调整税负;另一方面,产生收益的方式会不断发展和调整,税负也相应会有所调适。正因为利益原则在正当性方面所具有的优势,经济学界一直有将其纳入最优税收理论的尝试,即便遇到经验和理论层面的挑战,仍以之作为探讨和评价税收政策时的基本指引。[1]

第二,从哲学角度和实用角度看,利益原则均具有合意性。在前者,可以将提供公共物品的总耗资视为成本,所有纳税人缴纳税款的总和则为收益,利益原则不必然要求成本和收益刚好相等,莫林等学者便主张运用超边际效益的方法来设定税负,此时所有人缴纳税款的总和超过提供公共物品的成本,而超额部分的分担则有着强烈的平等主义色彩。在后者,政治修辞和民意调查均表明,基于利益的推理是普遍存在的针对理想税收的思考方式,而良善的关于税收问题的理论思考和制度设计都应该回应公众的关切。税收理论应该为基于利益的思考腾出空间,同时,基于利益的推理又可以作为不

---

[1] Matthew Weinzierl, "The Golden Rule of Taxation", https://www.ntanet.org/wp-content/uploads/2019/03/Session1197_Paper1886_Presentation_1.pdf, 2021-05-15 last visited.

同标准的政策评估和设计的组成部分,在这个意义上,利益原则具有实用性。①

第三,利益原则部分淡化了税收的强制性色彩,有利于提高纳税人的遵从度。虽然量益课税的倡导者也承认,由于"利益"难以观测,所以基于利益原则建构的税法在一定程度上也带有强制性,但其根本上是让个人基于自身关于公共支出的支付意愿来承担税款,理性纳税人于此间可以充分考虑边际替代率等问题。②

第四,利益原则将纳税人作为公共服务的消费者而非单纯政治意义上的选民来看待,契合"公共选择"的分析范式。概括地讲,量益课税在满足三项条件时具有可取性:一是公共支出项目的利益和受益人能够相对确定;二是不需要考虑改良财富和调节分配的政策目标;三是对受益人征收相关税款不会降低其对相关公共产品或公共服务的使用意愿。在此基础上,就衡量何种意义上的收益而言,有两条可能的进路:其一,根据个人从公共服务中获得的边际或增量利益来分配税负,此间每一个人都会为每一单位的公共服务支付一个恰好等于其所获边际收益的税收"价格";其二,基于公共服务所产生的总收益来设定税负,此时每一个人所支付的税款和所获得的收益未必一致,如果支付税款少于收益,即表示该纳税人作为公共服务的消费者获得了"消费者福利"。③ 不难发现,若是遵循第一条进路,则具有将公共服务的选择与社区成员个人偏好联系起来的突出优点④;至于第二条进路的存在,则为量益课税保留了适当的弹性空间,特别是使得税收调节和调控功能的发挥,成为可能。

第五,基于利益原则设定税负要比能力原则更加公平。本质上,能力原则带有"剥削"意味,政府将生产者也即财富创造者收入的一部分重新分配给财富消费者也即享受各类公共服务的主体,就此而言,其创造了一个寄生的系统。反观利益原则,其试图将成本与利益相匹配,享受公共服务者须为此支付费用,而不享受公共服务者则不会被迫支付费用。这正是公平最原初

---

① R. Scherf & M. Weinzierl, "Understanding Different Approaches to Benefit-Based Taxation", 0 (0) *Fiscal Studies* 4-8 (2019).

② Matthew Weinzierl, "Popular Acceptance of Inequality Due to Brute Luck and Support for Classical Benefit-Based Taxation", https://www.hbs.edu/ris/Publication%20Files/16-104_934b5ca0-c09b-4a2b-b1ab-be0ad89799dc.pdf, 2021-05-15 last visited.

③ Ezatollah Abbasian & Gareth D. Myles, "Benefit Taxation and Public Good Provision", http://citeseerx.ist.psu.edu/viewdoc/download;jsessionid=49C535B6A38A434BCDD93249D26BB20F?doi=10.1.1.558.1257&rep=rep1&type=pdf, 2021-05-15 last visited.

④ Richard A. Musgrave, *The Theory of Public Finance: A Study in Public Economy*, McGraw-Hill Book Company, 1959, p.62.

的含义。①

第六,量益课税可以使纳税人对政府的规模和支出的范围作出更为明确的决定。② 人们在自由市场购买普通商品和服务的时候,普遍认为"得到已支付价款的东西"是公平的,受益原则将该观念类推运用到为政府提供之商品和服务的筹资过程。当人们可以比较容易地确定每个人使用了多少政府提供的商品和服务时,据此课征税款便是公平的,而且在经济上也有效率——因为其促使人们只在相关商品和服务所带来的价值超过成本时才会选择消费。③

2. 能力原则的更优之处

利益原则虽然在理论上被总结出多方面优点,但能力原则也不遑多让,更重要的是,能力原则的若干长处,恰恰映衬出利益原则的不足。

其一,能力原则要比利益原则更具有现实可操作性。如前文所述,量益课税的主张者认为,税收公平意味着要根据每个人从公共服务中所获得的利益来分配税收负担,但该思路的践行将遇到两大难以逾越的障碍:一是不可能制定关于重要但普遍的利益(如国防、司法、保护财产权的法律制度和环境保护)的精确分配方案;二是现代国家的大部分支出被用来向接受者提供再分配性质的财政援助,可也正因为此类人群常常处在贫困状态,要求其为此支付税收"价格"显无可能。故此,除了单个主体享有特定公共服务且可以追溯的情形(如从桥梁和公路通行、市政用水、享受邮政服务)外,根据收益设定税负不过是一种"存在于历史深处的好奇心"。④ 与之相比,量能课税并不试图阐释纳税人所获利益的情况,而是通过所得、财产乃至消费等客观呈现于外的指标来衡量纳税人的税负能力进而课征税款,在可操作性方面优越许多。

其二,能力原则在合理性方面更具优势。首先,公平正义的内涵纷繁复杂,但自罗尔斯以降,"最大化最小利益者"被公认为是公平正义的题中应有之义,能力原则而非利益原则有助于达致该目标。该原则将税收视为一项一般性义务,不应与国家的任何公共支出相挂钩,这就可以使弱势群体在从公共支出中获益的同时不必承担纳税义务。其次,能力原则提供了关于理想税

---

① Robert W. McGee, *The Philosophy of Taxation and Public Finance*, Springer, 2004, pp. 111-119.
② Joseph J. Cordes, *The Encyclopedia of Taxation and Tax Policy*, The Urban Insitute Press, 2005, p. 24.
③ Joel Slemrod & Jon Bakija, *Taxing Ourselves*, The MIT Press, 2008, pp. 61-63.
④ J. Clifton Fleming, Jr., Robert J. Peroni & Stephen E. Shay, "Fairness in International Taxation: The Ability-to-Pay Case for Taxing Worldwide Income", 5 *Florida Tax Review* 299, 333-334 (2001).

收负担的衡量标尺,付诸实施后,因为总体财力相对确定,便间接地防止了过多的、不合理的财政支出。再次,能力原则要求国家征税时不得侵蚀税基,对无可税性的财富征税,这有助于涵养税源。最后,在"不患寡而患不均"的思维驱动下,公众更容易接受基于能力原则配置的税负。①

其三,能力原则的内涵和对制度实践的指引价值都要比利益原则更加丰富。量益课税只是向公民为他们使用的政府服务收费的一种手段,而量能课税则可视为包含量益课税的更为立体化的系统。其最突出的表现在于,容纳了财富再分配的因素。据此,任何特定公民的税收负担都可以被看作是从公共服务中所获利益之成本和财富成本再分配的加总。②

其四,相较于利益原则更多侧重于微观视角,能力原则对社会公共利益的考虑更为充分。经由根据支付能力来决定税收负担(更具体地说,通过向所有人收取一笔将带来平等牺牲的费用),将同时带来两方面的积极后果——纳税人相互间的负担公平和社会整体负担的最小化及其基础上的效率最大化。③

其五,能力原则的贯彻落实有助于限制征税权力,保护和实现纳税人的基本权利。量能课税原则可以作为税收的前提、限制和参数,是否依据税负能力设定税负,成为评判征税合法性的重要标准。如此一来,便在很大程度上避免了制度设计者的恣意,其不能对没有形成税负能力的行为或财富征税,即便其具有若干经济内容;反过来,一旦某项行为或财富已然具有税负能力,制度设计者也必须出台或者调整相关规则,以免"立法层面的避税"现象发生。④ 征税权力受到必要的限制,自然能使纳税人财产权等基本权利受侵害的风险大为下降。有学者甚至认为,仅仅需要依据能力原则缴纳税款也可以作为公民的一项基本权利,而且即便该权利在历史上未被纳入基本权利清单,但其也是固有权利而非新型权利、外来权利或者第四代、第五代基本

---

① Robert Zieliński, *Ability-to-pay Principle and the Structure of Personal Income Tax in Poland* (Selected Issues), Diaĺog Campus, 2019, pp. 640-641.
② Michael Pressman, "The Ability to Pay in Tax Law: Clarifying the Concept's Egalitarian and Utilitarian Justifications and the Interactions between the Two", 21(3) *N. Y. U. Journal of Legislation & Public Policy* 149 (2018).
③ Ibid. ,p 151.
④ 这是北野弘久特别关注的问题,其认为避税现象存在于立法、征管和经济过程等不同层面。相较于征管层面的避税,通过影响立法者而在制度设计层面规避应承担之纳税义务的行为,在危害性方面更甚于前者。其典型表现是向立法者进行游说以将对自己有利的税收优惠纳入法律之中。参见〔日〕北野弘久:《日本税法学原论》(第五版),郭美松、陈刚译,中国检察出版社 2008 年版,第 130—131 页。

权利。①

其六,能力原则具有语境上的适应性和伦理上的正当性。其建基于国家作为一种社会有机体的哲学思想,即国家和个人之间相互依赖,后伴随现代福利国家兴起,能力原则也可完美契合其对于税负分配的需求。量能课税是税收公平这一伦理价值的最佳表达,其既符合对平等牺牲原则的可能解释从而有着明确的公平导向,也能在不同主体之间平衡收入和净财富,彰显分配正义的理念。②

(二) 对两大原则的理论溯源

由前述可知,利益原则和能力原则各有拥趸,也分别具有某些方面的优点。行文中也已初步揭示,能力原则要比利益原则更具可操作性,在合理性方面也要更为充分。为更加清晰地阐明该点,此处拟对二者作一理论溯源。

历史地看,能力原则和利益原则的产生相距并不遥远。税负配置的正义问题虽可以追溯到亚里士多德的分配正义观念,但当时中央权力很弱,税收本身就是临时性的、不太被讨论的对象。在 18 世纪前后经常性的税收制度得以确立之后,大量征税的必要性与国民间的负担分配正义问题才引发大量关注。③ 在同时期启蒙思想的指导下,为了反思"专制主义国家税收在国民间该如何分配"这一问题④,首先出现了基于社会契约论的利益课税理论,其认为纳税人从国家获取一定利益,同时以税款的形式支付报酬,故纳税也可被视为所受利益的"对价"。几乎在同一时间,也产生了根据税负能力配置纳税义务的能力课税理论。⑤ 虽然两者之间在意涵和指向上存在根本性的冲突,但均旨在提供一种非专断和非人性化的税负设定标准,故而在当时的历史条件下,二者均是对抗封建税法制度的理论武器。直到法国大革命的精神导致封建税法制度崩溃,两者才重新开始交锋。

若能将两项标准嵌入特定时空语境下,可对二者差异的产生根源有更为深刻的理解。概言之,主张依能力原则或利益原则设定税负,归根结底体现出所基于的国家观念不同,能力原则与有机体主义国家观相适应,利益原则和个人主义国家观更相契合。在 18、19 世纪之交的法国大革命以及其后拿

---

① C. A. Crespo, "The 'Ability to Pay' as a Fundamental Right: Rethinking the Foundations of Tax Law", 3 (1) *Mexican Law Review* 54-58 (2010).
② A. Gunnarsson, "Ability to Pay in New Zealand's Tax System", 27 *Victoria University of Wellington Law Review* 699-700 (1997).
③ Dieter Pohmer/Gisela Jurke, Zu Geschichte und Bedeutung des Leistungsfähigkeitsprinzip, Finanzarchiv, N. F., Bd. 42(1984), 452 f.
④ 恒藤武二:《法思想史》,筑摩书房 1977 年版,第 88 页。
⑤ 在日本,此二者分别被称为应益课税原则和应能课税原则。

破仑战争的影响下,欧洲各国的国家观念逐渐从个人主义国家观向有机体主义国家观转变。在个人主义国家观的指引下,个人居于本位,国家不过是众多个人的简单集合,故其也被称为机械国家观。而在有机体主义国家观的指引下,国家本身不仅仅具有手段价值,其在一定程度上也获得独立存在的价值。两种国家观念指向不同的课税原则,这具体表现为:在个人主义国家观下,国家、政府是为了更好地实现个人利益而创立的机构,因此纳税义务的产生源于个人获利多少,故而衍生量益课税原则,指称"税收是对于国家给予国民之利益的反给付"①;而在有机体主义国家观下,国家本身也作为有机体而存在,所以为了维持其存续和发展,应然的逻辑是先定支出,由此确定所需筹集的财政收入,再在各纳税人之间基于公平的方式分配负担。在这一进程中,不应该也不可能过多地从收支关联的角度考虑税负分配的问题,于是基于能力大小设定税负,便成为不二选择。此外,有机体主义国家观还会趋于将税收理解为财产权所附有的社会义务,因为在现代社会,个人生存和发展不再单纯基于私人所有权,而同时也依托于"社会关联性"。② 遵循这一理论范式,因为"社会关联性"本身的不易把握,所以同样无法从受益多寡的角度来判断应承担税负的大小,而只能基于"能力越大责任越大"的考虑将能力原则奉为圭臬——既然税负能力强,为共同体多作贡献也是理所应当。

  人类历史上,奉行有机体主义国家观,尤其是那些将其推到极致的国家,会更为青睐能力原则。比如在德国及其前身普鲁士王国,思想层面强调个体服从整体,社会凌驾于个人之上,社会目标由国家确定,并由其引导社会去实现,所以其税法建制在19世纪开始即严格遵循能力原则,在所得税等税种的重大改革中均对此有所申明。③ 反之,如果在观念层面更为倾向于个人主义的立场,自然会对量益课税的方案高看一线,这也能解释何以英美国家的财政学理论一直将量益课税置于显要地位。

  事实上,需要认识到个人同时具有私人需求和公共需求,但个体理性具有有限性故时常会倾向于牺牲整体利益、长远利益而实现局部利益、短期利益,哪怕最终看来这一选择对其不利。某种意义上,经济法的价值之一便是调和整体利益和局部利益、长远利益和短期利益,税法自然也不例外。由此出发,即便不上升到有机体主义国家观的高度,也应该认为,作为共同体代表

---

① 金子宏:《租税法における所得概念の構成(一)》,载《法学協会雑誌》第83卷第9、10号,第1242页。
② 张翔:《财产权的社会义务》,载《中国社会科学》2012年第9期。
③ 吉村典久:《応能負担原則の歴史的展開》,载《法學研究:法律・政治・社会》第63卷第5号,第353—371页。

的国家在支出方面有一定独立性①,"以支定收"而非反之,要更具有合理性。② 这便也证成了量能课税较之量益课税更为丰沛的正当性供给。

(三) 两大原则的逻辑关系

能力原则的核心是税负能力,利益原则的枢纽则是从国家处获得利益,从这两个核心范畴关系的角度出发进行观察,有助于对能力原则和利益原则的逻辑关系形成准确而全面的认知。

一方面,税负能力和从国家处所获利益并非泾渭分明,二者也存在一定的内在联系。本质上,获得"利益"也是具有税负"能力"的一种表现形式,量能课税所衡量的税负能力很大程度上就是透过收益表现出来的。但深究之,量能课税所指向的收益包括但不限于从国家处所获利益,这里的"不限于"并非在量的层面而言,而是指收益之获取究竟源于何处很难准确界分,国家、市场、他人、纳税人本人都可能对收益的形成有所贡献,而且诚如前文已述及,国家之于市场的培育和维持也有不可小视的作用。所以客观来讲,纳税人从国家处获得利益的多寡难以衡量,而要把握与之存在关联的税负能力则要容易许多。

另一方面,大体上可以认为,税负能力和从国家处获得利益并非在同一层面上,从国家处获得利益是在前的,税负能力的形成和增进是其结果。但从国家处获得利益并不一定使税负能力提升到具有可税性的程度,比如针对弱势群体所为财政补贴,显然会使其利益得到增进,但只要弱势群体的经济状况未改善到一定程度,比如就所得税法而言便是尚不存在应纳税所得额,则不能称其已具有税负能力。更为根本的是,现代国家深度嵌入经济和社会,粗略地看,纳税人可以说是无时无刻不在从国家处获得利益。极而言之,纳税人邀约生意伙伴漫步于湖畔绿道,因心情大好从而谈成一桩交易,绿道由国家斥资兴建,此间纳税人亦可谓从国家处获益,但仅因此便课税是难以想象和无法操作的。故此,收益和课税之间无法建立必然的逻辑联系而必假他途,税负能力便是嫁接二者的枢纽。税法应当把握的是处在终端、具有较高程度确定性的税负能力,而非处在前端、具有一定不确定性的获益。

基于上述对两项原则逻辑关系的分析,也不难得出判断,能力原则是比利益原则更优之税收公平的具体标准,其相当程度上容纳了利益原则的要

---

① 严格地讲,此处的"独立性"也可理解为是普通纳税人可能不会认为相关支出和自身利益有关,而事实上,二者间很可能是利益攸关的。
② 有学者建议,整个财税体制改革特别是建立事权与支出责任相适应的制度,关键之一便在于确立"以支定收"的理财观。徐阳光:《论建立事权与支出责任相适应的法律制度——理论基础与立法路径》,载《清华法学》2014 年第 5 期。

求,同时又有利益原则所不具备的内容。归根到底,能力原则和利益原则之间并不存在无法调和的紧张关系,只不过前者要更加精细一些,后者则因其内涵模糊不清以致外延过于宽泛,很难同税负设定产生直接关联。就此而言,能力原则恰可成为嫁接国家和纳税人之间"予"(纳税人从国家处获益)和"取"(国家从纳税人处获得税款)这两个面向的关键所在。

四、小　　结

税收公平是公认的税法基本原则之一,但对于如何设计税法规则方能彰显税收公平,学界一直聚讼不已,大体上有量能课税和量益课税两种思路。相较之下,量益课税更受经济学界青睐,而量能课税则得到许多法学学者的垂青。有学者即认为,量能课税虽是税收公平原则的下位原则,但量能课税独具税法特色,也属于税法基本原则的范畴。[①] 但近年来,法学界对于量能课税作用的质疑也持续出现,这集中在对其能否指引流转税法建制、能否作用于税收执法环节的怀疑和割裂财政收支的批评方面。事实上,如果准确理解量能课税的意涵,则可知相关质疑和批评并不能成立。量能课税有纵向和横向两个维度:前者调整国家和纳税人之间的关系,强调的是取之有度,也即有税负能力方可被课征税款;后者则调整纳税人之间的关系,指向的是相同情况相同对待、不同情况不同对待,要求税法建制坚持系统观念,打通考虑不同税目乃至不同税种的规则设计。从根本上看,量能课税与有机体主义国家观和整体主义思想更相适应,而且在逻辑上可以容纳量益课税较为合理的部分内容,在可操作性方面也要更加突出。因此,应当肯定量能课税的制度价值,以此指引我国税法制度持续优化,朝理想状态不断迈进。

第三节　重新发现税收中性原则及其治理价值

由本章前两节可知,税收法定原则已为学界所熟知,不过对其内涵的把握有时未能得其精义;量能课税原则也是长期以来备受关注,唯近年来有若干质疑声音动摇其地位。相形之下,本节所关注的税收中性原则虽已进入法学研究者的视野,但对其重视程度较之前二者却是相形见绌,理论研讨不尽充分,以致在基本共识尚未达致的情况下便未再进行更加深入的探究。事实上,无论是从税法基础理论研究的需要还是当前国家治理的客观需求出发,详细检视税收中性原则,特别是从法学的角度提炼其核心意涵并发掘其治理

---

① 郭昌盛:《实质课税原则的理论阐释》,载《重庆大学学报(社会科学版)》2023年第1期。

价值,均甚为必要。

在经济法体系内部,税法和竞争法各执一端,常被认为分别是宏观调控法和市场规制法的核心与主干。近年来,此二者的重要性均得到决策层的体认,对于前者,本书导论部分即已有阐发,而对于后者,则表现为公平竞争审查和平台反垄断等先后成为顶层设计作出的重要部署。追根溯源,税法与竞争法之间存在着密切的互动关系,许多税制改革旨在服务于公平竞争,而公平竞争的一项当然要求正是税制方面的中立无偏,税收优待则常常成为引致并维持垄断地位的重要肇因。顶层设计已经注意到该点,并在一系列文件中着力作出回应,其基本思路是部署税制改革时强调竞争导向,优化竞争环境时关注其中的税收因素。前一方面的事例如十八届三中全会的"改革决定"在明示要规范管理税收优惠尤其是区域性税收优惠时,将"促进公平竞争"作为原则之一,为具体落实全会精神而出台的《关于清理规范税收等优惠政策的通知》(国发〔2014〕62号)亦将清理规范税收优惠的目标界定为打造竞争有序的市场,反对各种不正当竞争的现象。后一方面的事例如被认为开启公平竞争审查制度先声的《关于在市场体系建设中建立公平竞争审查制度的意见》(国发〔2016〕34号),明确不得使特定经营者违法享受优惠待遇,财政支出原则上也不能和企业所贡献的财政收入挂钩。

事实上,税收中性原则便是嫁接税法和竞争法的桥梁,通常人们仅仅认识到税收中性在"不给纳税人带来税收以外的其他损失"这一层面上的含义,未注意到其也有不干扰或尽量少干扰市场配置资源过程的意涵。如果说前一层含义更多是从经济角度对税收中性所作提炼,那么后一层含义则有着超越经济效率的价值属性。财税是连接政治、经济、社会三大系统的媒介①,即便通常习惯于从经济角度考察的问题,转换至一种综合性的视角也是大有裨益的。

一、税收中性原则的概念厘定与内涵变迁

学界特别是经济学界在相对较早的时候便已经对税收中性原则有所阐发,法学界对其的关注则要迟上许多,但这丝毫不能贬损从法学视角界定税收中性原则的重要性。与此同时,由于"世异则事异",税收中性原则的内涵也与时俱进地发生着变化,对于这一点,无论是理论界还是实务部门都应该有充分的认知。

---

① 参见神野直彦:《体制改革的政治经济学》,王美平译,社会科学文献出版社2013年版,第8—13页。

（一）历史溯源

税收中性首先是从经济学角度提炼的税收原则①，自亚当·斯密以降，不少经济学家在探讨理想税收的标准时，会提及税收中性或者相近表述。斯密本人在税收和竞争这两方面都作出了理论贡献。在前者，其认为，一项好的税收要满足平等、确定、便利和经济等四项原则，也即纳税人可以按照最有利于自身的时间和方式，基于各自的税负能力缴纳确定金额的税款，且其贡献的税款应尽量多地被归入国库，避免征纳过程中的浪费。在后者，斯密倾心于古典自由竞争市场理论，其提出著名的"无形之手"理论，认为自由竞争是达致资源配置最优化的不二法门。从根本上看，斯密关于理想税收的界定建立在其竞争理论的基础上，正因为斯密重视市场自发调节和经济自由竞争，才会将平等、确定等四项标准作为税收原则——不难发现，此四者均旨在减少对市场运行和市场主体决策的干扰，虽不曾明言，却表现出对中性税收的青睐。大卫·李嘉图继承和发展了斯密的理论主张，其同样将税收视为外在于市场机制的存在，因而将最轻的税收作为最佳的税收，以尽量减少干预市场。② 延至19世纪末，阿弗里德·马歇尔开始明确提出税收中性原则，且从超额负担的角度界定该原则，强调税收的征纳不应该给纳税人带来税收之外的负担③，这一理解和把握税收中性的角度深刻地影响到后继学者。弗兰克·拉姆齐在20世纪20年代④，科利特和黑格在20世纪50年代⑤，哈伯格在20世纪60年代⑥先后拓掘了超额负担理论的研究深度。进入21世纪后，哈维·罗森和特德·盖耶等学者从"不改变相对价格"的角度来理解税收中性⑦，较之既往研究，其结论既可以说充实了税收中性的要求，也可以被视为是对超额负担的具体化。受域外研究影响，我国学界亦多在最小化超额负担

---

① Lena Hiort af Orna's Leijon, "Tax Policy, Economic Efficiency and the Principle of Neutrality from a Legal and Economic Perspective", http://www.jur.uu.se/digitalAssets/585/c_585476-l_3-k_wps2015-2.pdf, pp.21-24, 2019-11-29 last visited.

② 参见〔英〕大卫·李嘉图：《政治经济学及赋税原理》，郭大力、王亚南译，凤凰出版传媒集团、译林出版社2011年版，第78—81页。

③ See Alfred Marshall, *Principles of Economics*, Palgrave Macmillan, 2013, p.389.

④ See F. P. Ramsey, "A Contribution to the Theory of Taxation", 37(145) *The Economic Journal* 47-61 (1927).

⑤ See W. J. Corlett & D. C. Hague, "Complementarity and the Excess Burden of Taxation", 21(1) *Review of Economic Studies* 21-30 (1953).

⑥ See Arnold Harberger, "Taxation, Resource Allocation, and Welfare", in National Bureau of Economic Research and the Brookings Institution(eds.), *The Role of Direct and Indirect Taxes in the Federal Reserve System*, Princeton University Press, 1964, pp.25-80.

⑦ Harvey S. Rosen & Ted Gayer, *Public Finance* (9th ed.), McGraw-Hill Higher Education, 2010, p.19.

的意义上界定税收中性原则,但对税收中性其他方面内涵的把握有所不足。进言之,将税收中性原则的核心要求表述为最小化超额负担,其实是建立在市场原教旨主义这一经济哲学范式的基础上,该范式强调应该让市场主体基于自身利益行事,税收因素在其间不得反客为主,成为影响主体作出决策的核心因素。对此,本书作两点评论。其一,最小化超额负担侧重于从国家—社会/市场的角度考虑问题,但该视角不应成为全部,否则便是将国家视为完全外在于社会/市场的存在,而这显然不符合客观实际,如果认识到国家及其运用的税收手段其实是嵌入社会/市场的,那么税收中性至少还应有另一层含义,此即税收的征纳不应干扰各市场主体间的竞争。其二,市场原教旨主义的基本立场决定了最小化超额负担在西方经济学语境中当然正确的地位,如果对于市场、对于自由竞争的理解与之不同,那么税收中性的应有内涵也将发生变化。西方经济学上的税收中性建立在完全自由竞争之上,夜警国家的税收调控功能受到极大限制。我国应基于对市场、竞争的理解,妥适界定理论坐标,从而辩证地吸纳税收中性原则。后文对此还将有所阐发。

长期以来,法学界对税收中性原则的认识深受经济学研究成果的影响,较少从法律的角度来观照税收中性。相对较早的研究中,理查德·艾普斯坦注意到税收中性对于主体权利的影响,其认为税收中性要求尊重市场主体的经济自由权和财产权,这便将权利话语纳入税收中性研究的视域范围。在实定法方面,各国税法多未直接阐明"税收中性",这极大地抑制了法学家们的研究热情,不过,德国学者沃尔夫冈·舍恩通过剖析《欧盟运行条约》,将税收中性解释成一项法律原则。概言之,该条约于第 26 条强调市场应当不存在内部边界,相关要素在其间的自由流动应该得到保障,条约的第 120 条进而要求成员国的行动须依循保护和促进自由竞争的原则。舍恩对此发表评论,若要人员、货物等各项要素的自由流动成为可能,主体的决策便不能因含税法在内的各成员国立法而被扭曲。[1] 故此,欧盟法上内含关于税收中性的要求,其也不再仅仅是一项经济原则,而已具有了法律原则的身份。

法学视角不同于经济学范式之处在于,其会更多地考虑主体的权利问题。税收法律关系中有国家和纳税人两方主体,税收中性影响所及主要是后者。出于保护纳税人权利的考量,堪称中性的税收必须满足两个条件:一是非税收扭曲,即课征税款不能根本性地影响纳税人对自身生产和生活的安排,这是对纳税人经济自由权的尊重和保护;二是非税收歧视,即不同纳税人在税收待遇方面应当受到公平对待,以体现对平等权的维护。为实现上述目

---

[1] Wolfgang Schön, "Tax Competition in Europe-the Legal Perspective", 9(2) *EC Tax Review* 97 (2000).

标,税法建制和运行至少要注意两方面的问题。一者,对于具有相同经济实质,仅在组织形态、经营内容、融资渠道、营业场所等方面存在差异者,原则上不宜使税收负担有太过明显的区别,否则便可能扭曲纳税人的生产决策。二者,要避免使税法异化为"让一个纳税人优先于另一个纳税人的歧视性制度"①,这就需要在设定税负时相对包容地看待国籍、区域、所有制形式等不会影响税负能力的因素,若无足够有力的理由,不宜仅因这些方面的差异便设定差异化税负水平。由此可见,从权利的视角观察税收中性,注重发掘其作为一项法律原则的适格性和重要性,并非理论层面的自说自话,而是有着指引制度实践的现实意义。通过前面的论述也能看到,满足非税收扭曲和非税收歧视要求的制度设计必然也符合量能课税原则,因为只有基于税负能力配置税收负担,才能不扰乱市场配置资源的相对格局,也不改变纳税前后不同市场主体的力量对比。量能课税和税收中性这两项原则间,确实存在密切联系,本书第二章已阐明该点,此处不再赘述。

(二) 内涵拓补

在固有内涵的基础上,由于市场经济的不断完善和各国间经贸联系的日趋紧密,税收中性原则的内涵也得以丰富。这表现在三个方面:一是税收中性成为竞争中性的重要内容;二是税收中性朝向支出中性拓展;三是国内税收中性转向兼顾国际税收中性。

1. 税收中性与竞争中性相绞合

2018年以来,时任央行行长易纲、国有资产监督管理委员会新闻发言人彭华岗、国家市场监督管理总局局长张茅等密集表态,昭示竞争中性改革将成为我国未来市场经济体制改革的重头戏之一。竞争中性的核心意涵是强调不能仅仅根据所有制性质便给予特定市场主体以优待,从而使其得以享受竞争优势地位,该处的"优待"自然及于税收方面。竞争中性的表述看似中立而不偏不倚,实则有其指向,也即主要是为了改变国有企业和其他公共部门在竞争市场上"天然"居于优势地位的状况,故而无怪乎推崇市场原教旨主义的西方国家会更为热衷竞争中性的话语。从经合组织《竞争中立:维持国有企业和私有企业的公平竞争环境》②、美国大力推动后又一度退出的《跨

---

① Barry Bracewell-Milnes, "A Liberal Tax Policy: Tax Neutrality and Freedom of Choice", 2 *British Tax Review* 110-112(1976).

② OECD, "Competitive Neutrality: Maintaining a Level Playing Field between Public and Private Business", https://www.oecd-ilibrary.org/industry-and-services/competitive-neutrality-9789264178953-en, 2024-05-20 last visited.

太平洋伙伴关系协定》(本书以下简称"TPP 协定")①和澳大利亚《竞争原则协议》②等文本看,均将税收中性作为竞争中性的要求之一,核心内容则是要求市场主体不能因所有制性质的差异而在税收负担方面存有差异。

如果说上述文本表现出竞争中性对税收中性的吸纳,经合组织《国际增值税/消费税规则指引》则反映了税收中性对竞争中性的回应。考虑到增值税本就是与税收中性最相契合的税种,是故该指引颇为重视税制的中性化原是稀松平常,可较有特色的地方在于,其对税收中性的界定超越了传统的超额负担最小化等层次,而强调税收的征纳要在不同商业模式之间居于中立地位,避免使市场主体的决策依税收因素作出,为此,"类似场景中类似的商业活动,应承受类似的税负水平。"③

基于上述,由于近年来税收中性在全球范围内都成为一个"热词",而其又必然包含关于税收事项的中性要求,是以人们对税收中性原则突破了传统认知,逐渐重视其在竞争维度的含义。于是,税收中性和竞争中性的紧密关联也得到认可。

2. "税收"概念向支出维度延伸和支出中性的意涵革新

北野弘久将税收界定为国民对符合宪法理念所使用的税收,遵从合宪的法律所承担的纳税义务。④ 其主要价值在于突破狭义的收入维度,打通财政收支一体考察税收和税法议题。若依该说,则税收中性也应包括收入中性和支出中性等两个维度。经济学上并非没有支出中性的概念,但其通常是同预算平衡相联系的概念,强调财政支出在扩张和紧缩两端之间允执厥中。在打通考量财政收支的背景下,如果财政支出特别向少数主体倾斜,则实质效果是全体纳税人为部分群体"买单",这同在狭义税收的层面给予该部分群体以不适当的优待并无差异。而且,该做法显然也有违竞争中性的要求。经合组织即在其发布的报告中提出,财政补贴仅在弥补市场失灵的时候才是正当的。⑤ 欧

---

① "TPP Final Table of Contents", https://ustr.gov/trade-agreements/free-trade-agreements/trans-pacific-partnership/tpp-full-text, 2021-05-22 last visited.
② A. Capobianco and H. Christiansen, "Competitive Neutrality and State-Owned Enterprises: Challenges and Policy Options", https://doi.org/10.1787/5kg9xfgjdhg6-en, 2021-05-22 last visited.
③ OECD, "International VAT/GST Guidelines", http://www.oecd.org/ctp/international-vat-gst-guidelines-9789264271401-en.htm, 2021-05-25 last visited.
④ 〔日〕北野弘久:《日本税法学原论》(第五版),郭美松、陈刚译,中国检察出版社 2008 年版,第 19 页。
⑤ OECD, "Competition Policy in Subsidies and State Aid", https://www.oecd-ilibrary.org/search?value1=competition+aid&option1=quicksearch&facetOptions=51&facetNames=pub_igoId_facet&operator51=AND&option51=pub_igoId_facet&value51=%27igo%2Foecd%27, 2021-05-28 last visited.

盟也将满足向特定企业转移财政资金、借此使该企业获得经济利益、措施本身具有选择性且对公平竞争产生负面影响等四项条件的支出政策界定为"国家援助"(State Aid)①,自 2012 年开始对其开展治理,治理时侧重考查相关支出政策的必要性及适当性,是否产生了预期的激励效应,能否通过比例原则测试,以及决策和实施援助过程的透明度。②

3. 视域的扩张和国际税收中性的提出

虽然在特定时段内可能存在"逆流",但经济全球化不断深入仍然是总体趋势。从经济学上的分工合作、机会成本等理论出发,经济全球化对于包括发达国家和发展中国家在内的各类型国家均是利大于弊,这一结论应当是可以成立的。正因如此,通过采取税收等各种手段来阻挠全球化进程,阻碍国际经贸往来,应该是当前要力图避免的。故此,在把握税收中性原则时,不宜局限在一国语境内,同时也要明确提出国际税收中性的概念。

不同于通常针对一国封闭经济体系的国内税收中性原则,国际税收中性原则针对开放经济体系,跨越国界的资本、劳动力流动使税收负担不易确定,故国际税收中性析出了资本输入中性、资本输出中性和国家中性等各类理论派别。③ 国际税法中旨在消除重复征税的抵免法、免税法等不同制度安排便是上述理论派别指引下税收中性原则的具体呈现。各理论派别均旨在消除税收对要素跨国流动的干扰,使跨国企业能够从容地根据商业计划行事。比如,资本输入中性要求对境外所得免征,这就使得境内外投资者的税收负担相同,不至于因税收的缘故而在竞争时有先天差异。又如,资本输出中性多和抵免法联系在一起,本国的居民纳税人若是跨国经营,可用已在他国缴纳的税款抵免其在本国的应纳税额,如此一来,相关主体投资时便可在全球范围内进行布局,是否跨国经营在税负方面一般不会有明显差异。需要指出的是,国际税收中性其实并不复杂,它所看重的不过是国际经贸往来中的非税收扭曲和非税收歧视,为此,其在有些时候可能导向反倾销税和反补贴税等手段的采用,在另一些时候,或许恰是这些手段的不当使用,成为引致税收扭曲和税收歧视的缘由。所以,辩证施治在国际税收中性的实践中甚为必要。

综合上述分析可知,税收中性不仅仅具有效率方面的价值,而且在保护

---

① 参见刘伟:《财政补贴的竞争法审查及其改进——兼论〈公平竞争审查制度实施细则(暂行)〉》,载《财经理论与实践》2018 年第 5 期。

② Erika Szyszczak, "Commission Communication on Guidelines on State Aid for Environmental Protection and Energy 2014-2020", https://ssrn.com/abstract = 2464290, 2021-05-05 last visited.

③ Michael S. Knoll, "Reconsidering International Tax Neutrality", 64 *Tax Law Review* 99 (2010); David Hasen, "Tax Neutrality and Tax Amenities", 12(2) *Florida Tax Review* 61 (2012).

和促进纳税人经济自由权、平等权的意义上,也有着不可替代的作用。其内含的非税收扭曲和非税收歧视这两项要求,分别致力于在纵向维度避免国家借税收手段对市场配置资源的过程实施不必要的干预,以及在横向维度消除单纯因主体身份而给予不正当的差别对待。在此基础上,因应经济社会发展的客观需要和学者们主观认知的深化,税收中性原则的内涵也有充实和发展,与竞争中性嫁接,向支出中性和国际税收中性延展,都是这方面的具体表现。

二、新时代税收中性原则的实践价值

在中国特色社会主义新时代,市场在配置资源中的决定性地位得到公认。市场有其内在的资源配置机制,价格信号和竞争过程便是其中的两大枢纽——事实上,竞争不足或是过度,最终也多会扭曲价格信号。为保障竞争过程的顺畅,竞争政策的重要地位不断凸显。《中共中央、国务院关于推进价格机制改革的若干意见》明确指出,要"逐步确立竞争政策的基础性地位",将竞争政策的重要性提到新的历史高度。在高度重视市场调节这一"无形之手"、追求竞争驱动发展的新时代,财税法势必无法"置身事外"或"独善其身",大量税收政策将面临竞争评估和竞争检验,不得不应对来自竞争法的外部规制问题。内置于财税法体系,又与竞争中性关联甚密的税收中性原则,能够沟通税收政策和竞争政策,富含多方面的实践价值。对此,可从税收政策之公平竞争审查、政府税收竞争之规制、公平竞争营商环境之塑造三方面加以审视。

(一)税收中性与税务规范性文件的公平竞争审查

诚如本章第一节所述,在2015年修改《立法法》并格外凸显税收基本制度的法律保留要求后,税收法定这一税法领域的"帝王原则"在我国法治系统中的地位得以强化。其不仅在形式层面强调税收基本制度必须由权力机关保留、税收授权立法必须在法治框架下运行而拒绝空白抑或无限制授权,形成"无纳税人同意不得征税"的征税权限制[①];还在实质层面强调所立之法应当是良法,符合科学立法原则。只有从形式和实质两方面把握,才能让税收法定"形神兼备"。针对授权立法,不宜陷入卡尔·施密特所批判的规范论思维,将之视为绝对的"恶",主张税收事项只能通过国家制定法来规定。实际上,在现代行政国和规制国,行政授权立法不可或缺,"需要关注的不是

---

① 参见汤洁茵:《税法续造与税收法定主义的实现机制》,载《法学研究》2016年第5期。

授权立法应否存在于税法领域,而是应当如何对税收立法领域的授权立法进行正当性审查"①。由此出发,人们既不能一概否定行政机关制发的规范性文件在税收领域地位显要的现状,也须认识到,在部门利益本位和地方保护主义这两股势力的驱动下,税收授权立法和税务规范性文件侵犯市场竞争秩序的现象并不鲜见。前文提及的国发〔2016〕34号文在我国确立公平竞争审查制度,根据该文件,各级政府制发的规范性文件均须接受公平竞争审查。据此,税收授权立法除须满足通常意义的立法标准(必要性、可操作性、法制统一性、实施成本和效益、结构合理性和逻辑明确性、法益保障及救济等)之外,还需要能通过"竞争维度"的检验。《税务规范性文件制定管理办法》即在第20条就税收领域规范性文件应当接受公平竞争审查的问题作了原则性规定,其要求起草部门提供审查所需要的材料。

现行的公平竞争审查制度侧重于政策制定主体内部的自查自纠。在审查标准方面,共计四大项、十八小项,涵盖市场准入和退出、商品和要素自由、影响生产经营成本和影响生产经营行为等方面。在对税务规范性文件实施公平竞争审查时会遇到两方面的问题。

其一,税务机关对"公平竞争"的概念较为陌生,并不具备实施公平竞争审查的专业素养和知识储备。② 我国《反垄断法》上规定了三类经济性垄断行为和一类行政性垄断行为,公平竞争审查所针对的主要是以抽象行政行为的方式体现出来的行政性垄断,但行政性垄断有一种表现形式正是强制经营者从事经济性垄断行为③,如滥用市场支配地位、垄断协议、违法的经营者集中等。在这种情况下,要准确地分析垄断行为是否成立,既要对相关法律规范十分熟稔,也对分析技术提出了较高的要求。更麻烦的是,反垄断分析很多时候不仅是规范性的,其还需要考量方方面面的因素,是故很多垄断行为并非当然要被禁止,而须基于"合理原则"作具体的权衡和分析,而这显然超出税务机关的能力范围。

其二,税收议题有一定特殊性,在对税务规范性文件实施公平竞争审查时简单套用前述四大项、十八小项的标准可能未尽周延。这些标准中,税收事项基本上与市场准入和退出、影响生产经营行为无涉,至多只是同商品和要素自由流动,以及影响生产经营成本存在关联。乍看这两个大项的标准,容易觉得其和税收事项确实有关,理论上讲,某些地方政府违规出台的税收

---

① 徐阳光:《民主与专业的平衡:税收法定原则的中国进路》,载《中国人民大学学报》2016年第3期。
② 参见李俊峰:《公平竞争自我审查的困局及其破解》,载《华东政法大学学报》2017年第1期。
③ 参见《反垄断法》第36条。

优惠便干扰了商品和要素的自由流动,而税收本身也正是与生产经营相伴生的一种成本。但问题在于,这两大项下的具体标准却无法适用于大多数情况下税收领域的公平竞争审查。就商品和要素自由流动标准而言,其所涵盖的五项具体情形针对的都是对外地经营者的歧视,属于消极的限制禁止,而受税收法定原则的拘束,各地方政府显无可能对外地经营者实行税收重课,前文提到的干扰商品和要素自由流动的方式是积极的"鼓励促进",不受现行第二大类审查标准的辖制。就影响生产经营成本标准而言,其下辖的四项具体标准与税收领域的关联度也较为有限,仅"不得违法给予特定经营者优惠政策"一项或能适用于审查某些对象特定的税收优惠政策,"安排财政支出一般不得与企业缴纳的税收或非税收入挂钩"一项可能同违法的税收返还联系起来。申言之,与财税政策的公平竞争审查对专业性标准的需求类似,在对金融政策、产业规划政策进行公平竞争审查时,整齐划一的标准亦不敷需要。也正因如此,有论者指出,四大项、十八小项的审查标准相对比较原则,可以将其作为基本标准,在此基础上还可由国务院各部门在职能范围内针对不同领域的政策制定更具针对性的细化标准。①

进一步言,职能错配以至于难以各尽其长,可谓是现行公平竞争审查制度诸多问题的症结所在。让税务机关基于普适性的标准来审查税务规范性文件,可能使审查停留在形式层面,而不能真正考察其对市场竞争的影响,同时由于税务机关对相关标准的理解未必准确,审查过度的情形也不能被排除。诚如前一段最后所言,若能由财税主管部门增设更具针对性的审查标准,或许正是破解难题的一种方案。"探寻税收立法的质量非常重要,换而言之,需要明白让税法成为良法的条件。很显然,这需要依靠一个合理的标准基础。"②而就有针对性的、合理的审查标准而言,税收中性便可谓是妥适的选项。由该标准出发,能够对税收政策提出多方面的具体要求。考虑到公平竞争审查的对象主要是政策文件,而政策文件所涉及的事项一般较为琐细,故而从税收中性衍生出的审查标准也应力求贴近经济社会实践。税收政策应该保障市场主体能自由安排支出用途、支付方式,以及在消费和储蓄、工作和闲暇之间根据自己的偏好进行选择,同时,企业形式(如合伙企业、有限责任公司抑或股份有限公司)和商业融资方式(直接融资或者间接融资以及

---

① 参见郑和园:《公平竞争审查制度中自我审查的理论逻辑及实践路径》,载《价格理论与实践》2017年第12期。
② Daniel Deak, "Neutrality and Legal Certainty in Tax Law and the Effective Protection of Taxpayers' rights", 49(2) *Acta Juridica Hungarica* 177 (2008).

各自项下的具体类别)原则上不应受到税法的区别对待。① 在从税收中性的角度提炼公平竞争审查标准时,便可将是否无正当理由针对特定的资金用途、支付方式、企业形式、融资方式等课征重税或给予优惠,是否通过税收的征取产生强制储蓄或强制消费、强制工作或强制闲暇的效果,作为具体的标准,针对税务规范性文件的公平竞争审查也将借此获得可操作性。总之,税收中性原则可充当内置于税法的检验器和调节器,让税收授权立法、税务规范性文件尊重市场、维护竞争,实现财税法和竞争法、财富分配秩序和自由竞争秩序的协调。

通过补入体现税收事项特殊性的审查标准,能够使税务机关主导进行的自查自纠在针对性方面大为提升,可是仅由税务机关自身实施审查,在中立性方面仍有欠缺,亟待修正。特别是在财政压力较大的经济新常态下,地方政府存在扩大本地财政收入的巨大冲动,此时便可能对虽有失中性但能扩张财源的政策措施放行。缺少权力制衡,既当裁判员又当运动员的自查程序无疑潜藏巨大风险。从近年来的域外实践看,由外部机关实施审查逐渐成为主流做法,并且该处的实施主体多不是一般意义上的行政机关,而是享有准司法权的独立机关。比如,美国是由联邦贸易委员会和司法部针对法律法规实施公平竞争审查,韩国由公平贸易委员会承担该项工作,澳大利亚还专门组建了国家竞争理事会来实施审查。考虑到我国尚无此类专业、中立且有准司法权的机构,而金融、财税等许多领域的公平竞争审查又有自身特色,故而综合考虑,可以双轨并行,以文件制发机关的内部审查为主,专司竞争执法的机关在必要时介入开展外部审查。具体就针对税务规范性文件的公平竞争审查而言,不妨先由税务机关基于普适性标准和税收中性等专门性标准作内部审查,对于是否有害公平竞争拿捏不准的则交由竞争执法机关作进一步审查;同时,为强化外部监督,竞争执法机关也可依一定标准抽查选案后主动进行评估。

(二) 税收中性与恶性税收竞争的治理

税收竞争有良性和恶性的界分②,如未特别说明,本节所称的税收竞争是指后者。其既可能存在于国与国之间,也可能发生于一国内部不同地方政府之间。恶性的地方税收竞争虽然在短期内可能有利于特定地方政府,但从

---

① Barry Bracewell-Milnes,"A Liberal Tax Policy: Tax Neutrality and Freedom of Choice", 2 *British Tax Review* 112(1976).
② 良性税收竞争如法定授权范围内的轻税竞争、纳税服务质量竞争等,能增进社会净福利。恶性税收竞争则是为追求经济利益,利用法律漏洞甚至违反税法的行为,也可将其称为劣质化税收竞争。

全局看,其扰乱了市场配置资源的过程,使税收因素反客为主成为影响资源配置格局的关键,而税负水平无法由市场主体自主决定,也非其单凭努力便能够改变的,这就使公平竞争无从谈起。税收中性的一项要求正是地方政府不能违规出台税收优惠,以免扭曲资源配置并妨害公平竞争,其如能被一体遵行,确可缓释地方政府间的恶性税收竞争。

需要指出的是,地方政府间的税收竞争未必都是以税收优惠的形式展开。当税收法律赋予地方层级一定的税收规则制定权,特别是地方层级得于税法统一规定的幅度范围内自行确定本地区适用税率或者税额时,确定较低水平的税率也可能成为一种税收竞争手段。比如,《环境保护税法》第6条将大气污染物、水污染物具体税额的确定和调整权力授予省级人大和省级政府①,从该法实施五年来的情况看,包括沿海发达地区在内的许多省份仍然在按照下限标准执行,如二氧化硫和氮氧化物是主要的大气污染物,浙江、安徽等地当前仍然按照《环境保护税法》确定的下限也即1.2元、1.4元的标准征收环境保护税。如果观察2018—2022年各省级单位环境保护税收入及占比,不难发现相关省区的收入情况及其在全国范围内的排序似乎与其经济活跃程度不相匹配,如浙江2022年环境保护税收入为2.65亿元,安徽为2.73亿元,都居于中后段,比之湖北、湖南、福建、江西等省乃至直辖市中的北京、重庆、天津都要靠后。在税法规定的幅度内自行确定税额标准没有合法性风险,但地方政府是否将其作为一种吸引投资的税收竞争手段,该手段又是否合意,则值得具体问题具体分析。为有针对性地实施矫治,可考虑赋予财政部、国家税务总局一定指导权限,使其得于必要时向省级人大、政府提出从高适用税额标准的建议。当然,该处的"指导权"在力度上如何设定,程序上如何推进,地方人大或政府有无不接受指导的权力,此时又当如何处置,尚须慎思细研。

从域外经验看,不少国家或地区有基于税收中性治理地方税收竞争的实践。以美国为例,其州一级的政府在联邦体制下享有较大的权力,在"剩余权力归州政府"的语境下,其在税收事项上的自主权颇高,许多州政府也乐于运用所掌握的税收权力,开展州际税收竞争。然而,税收竞争总体上仍处在可控的状态,以非税收歧视为基础的司法审查对此功不可没。相较于立法或是行政手段,司法审查对于治理恶性地方税收竞争有其优势。② 若是某项税收政策明显地向本州市场主体倾斜,加重存在竞争关系的州份市场主体的

---

① 省级政府提出具体适用税额,报省级人大常委会决定。
② 徐孟洲、叶姗:《论地方政府间税收不当竞争的法律规制》,载《政治与法律》2006年第6期;靳文辉:《论地方政府间的税收不当竞争及其治理》,载《法律科学》2015年第1期。

负担,从而使本州和外州的市场主体承受税负的差异较大,便会被认定为税收歧视而受到禁止。① 通过这种做法,能够尽量促使资源在各州之间自由流动而免受不当干预,州际贸易也得以畅通无阻。不同于本质上是管理权的行政权,定分止争、明辨是非曲直的司法权职在判断,这便需要确定判断标准。诚如美国将非税收歧视原则作为地方税收竞争司法规制的准绳,我国也不妨依此行事。由法院对地方政府的行为进行审查,在观念层面似乎有些奇怪,但其实现行制度已经为此预留空间。《行政诉讼法》在其第 12 条关于受案范围的规定中,将"认为行政机关滥用行政权力排除或者限制竞争"纳入其中作为一项,该法第 53 条又明确了一并审查规范性文件的规定。依据这两个条文,在市场主体提起行政诉讼并申请一并审查规范性文件时,法院是有审查空间的。

如果对税收概念作广义理解,也即将其外延扩展至支出环节②,地方政府间在支出维度的税收竞争也应得到治理。支出维度的税收竞争虽然可激励地方政府增加财政投入,提供更高质量的公共产品和公共服务,但如果不予以适当控制以使其保持在一定限度之内,仍可能产生负面影响,如诱发地方政府机会主义、短期主义的行为模式。而且,地方政府所增加的投入如果直接进入竞争性领域,虽可见效于一时,但其附随之"挤出效应"可能会压缩市场主体的发展空间,从而不利于经济社会的持续健康发展。

除地方政府间的税收竞争外,税收中性原则的贯彻也能缓释国家间的恶性税收竞争。蒂伯特"用足投票"的模型认为,税收竞争会引导居民流向"成本—收益"最高,也即税负水平最低而公共产品供给最为丰富的国家,这总体上是有利的。③ 但与此同时,有限理性的纳税人可能会首先关注税收负担,而对公共产品的数量尤其是质量缺乏明显、直观的感知,这样一来,税收竞争的结果可能是人才等各方面资源向低税负国家集中,而这些国家却未必拥有足够的经验和技术来运用好这些资源。④ 这就产生扭曲资源配置的后果,经合组织发布的相关报告便阐明该点。⑤ 长此以往,各国政府都可能倾

---

① See Oregon Waste Systems, Inc. v. Department of Envtl. Quality of Ore., 511 U.S. 93, 99 (1994).
② 本书在第七章将会剖析,如同此处正文这般在形式维度强调财政收支一体化是可行的,但实质性整合财政收支的做法则是不合意的。
③ See Charles M. Tiebout, "A Pure Theory of Local Expenditures", 64(5) *Journal of Political Economy* 416-424 (1956).
④ Chris Edwards & Veronique de Rugy:《国际税收竞争是 21 世纪对政府的制约》,葛夕良、冯磊摘译,载《经济资料译丛》2006 年第 3 期。
⑤ OECD, "Harmful Tax Competition: An Emerging Global Issue", https://www.oecd-ilibrary.org/taxation/harmful-tax-competition_9789264162945-en, 2021-05-15 last visited.

向于放弃税收利益以吸引资源流入,因为收入萎缩而带来的公共产品供给减少,将使本地纳税人的利益受损。① 世界范围内,其实早已有反对国家间恶性税收竞争的文本,如经合组织《税基侵蚀和利润转移行动计划》便是标志。② 但问题在于,从各国利益出发的实践总会有更为复杂的考虑,比如特朗普执政时期便以减税手段为核心吸引工作岗位回流,此举在世界范围内也引发一股减税浪潮,辅之以对国外商品的加税,相关举措的非中性意蕴甚为明显。

(三) 税收中性与营商环境的优化

优化营商环境是激发各类市场主体的创新创业活力,使整个市场经济持续保有生机的关键。"在市场经济条件下,没有适当的营商环境,经济不可能真正繁荣……"。③ 财税法在推动营商环境优化的进程中地位显要,在世界银行所建构的评价体系中,税制环境乃是营商环境的重要组成部分。世界银行《全球营商环境报告》从 2006 年开始将"纳税指标集"(paying taxes)作为评价指标,下辖纳税数额、纳税时间、总税率和报税后指标四项。④ 该指标集旨在衡量因为税收征纳而干扰市场运行和主体决策的程度,得分较高大体上能反映出税收中性的贯彻情况较好。根据历年来的世行报告,税制环境是我国营商环境的短板,纳税指标集的排名远远落后于整体营商环境的排名,以 2018、2019 这两个年度为例,纳税指标集和整体营商环境的排名分别是 130 与 78、114 与 46 位。⑤ 从中可见,通过践行税收中性原则,改善税制环境,刻不容缓。

从税制环境的角度优化营商环境,首先要立足于降成本,这既包括减税降费等直接减轻税收负担的举措,也要求降低纳税人的遵从成本,简化征管体制、便利纳税人申报和缴纳税款,都是这方面的体现,此乃税收中性在"尽量不干扰市场主体正常生产经营"意义上的题中之义。在此基础上,设定税

---

① See G. Zodrow & P. Mieszkowski, "Pigeou, Tiebout, Property Taxation and the Underprovision of Local Public Goods", 19(3) *Journal of Urban Economics* 356-370 (1986).
② OECD, "Action Plan on Base Erosion and Profit Shifting", https://www.oecd-ilibrary.org/taxation/action-plan-on-base-erosion-and-profit-shifting_9789264202719-en, 2021-05-15 last visited.
③ 参见杨志勇、文丰安:《优化营商环境的价值、难点与策略》,载《改革》2018 年第 10 期。
④ 报税后指标(Postfiling index)具体又包括办理增值税退税的时间、获得退税款的时间、办理公司所得税纳税调整的时间以及完成纳税调整的时间等。The World Bank, "Doing Business-Paying Taxes", http://www.doingbusiness.org/en/data/exploretopics/paying-taxes/what-measured, 2021-05-05 last visited.
⑤ The World Bank, "Ease of Doing Business in China", http://www.doingbusiness.org/en/data/exploreeconomies/china, 2021-05-06 last visited.

收负担时公平对待不同类型的市场主体,亦属于优化税制环境的要求。我国曾经对不同所有制性质的企业实施差异化税制安排,税务规范性文件中不乏仅仅基于此便设定的优惠措施。比如,财税〔2008〕175号、财税〔2012〕4号等文件均针对国有独资企业与他人组建新公司,该新公司承受国有土地或房屋权属的情形设定了契税优惠,便是如此。客观地讲,近些年来此类情形已趋于少见,如从财税〔2015〕37号文开始,前述契税优惠不再有所有制性质方面的限定。但是,反面事例也未绝迹,譬如财税〔2014〕84号、财税〔2019〕16号等文件均就经营性文化事业单位转制给予税收优惠,乍看该文件的内容似乎不存在非中性风险,可如果意识到相关转制企业基本上是国有企业,而且相关行为其实无甚税负能力方面的特殊之处,便可知此举实在在竞争性场域隐蔽授予优惠的嫌疑。有鉴于此,根据税收中性原则,清理和规范存在企业所有权性质偏见、企业身份歧视的税收政策,殊为必要。

在当前格外值得一提的是,针对从事竞争性、营利性或是商业性活动的政府部门,虽无法对其课征税款,但理论上也应让其提供相当于税款金额的补偿金,唯其如此,才合乎中性要求。否则,政府会倾向于尽量由自己及其内设部门来提供相关服务,因为在获得收益的同时还能享受免税待遇,这会对市场主体产生挤出效应,也有可能妨害政府公共管理的效率化改革。故此,经合组织才特别指出,政府部门和市场主体应当承受相似的税收负担,如果相关主体的商业活动不宜被课征税款,便应当通过补偿金或者调整政府服务价格的形式使其在实质意义上承受其他主体以缴纳税款的方式所承担的成本。①

税收中性与优化营商环境还有一层关联,此即不能因为良善的税法规则无法落地或在实践中异化,而让市场主体承受不利的税法后果,进而在作出决策时不必要地将税收因素置于太过重要的地位。举例言之,增值税法区分一般纳税人和小规模纳税人,计征税额时前者用当期销项税额抵扣当期进项税额,后者则直接用当期销售额乘以征收率。这是适应不同市场主体不同状况的制度设计,本无问题,然而在过去较长一段时间,小规模纳税人不得开具增值税专用发票,这使得部分市场主体不愿与其从事交易——对这些市场主体而言无法取得增值税专用发票,意味着已实际负担的进项税额不得抵扣。诚如前文所述,当相关主体因税收方面的考量而影响自身决策时,即存在背离税收中性的风险,此种情状对交易双方来讲都是较为不利的:对小规模纳

---

① OECD, "Competitive Neutrality: Maintaining a Level Playing Field between Public and Private Business", http://www.oecd.org/competition/competitiveneutralitymaintainingalevelplayingfieldbetweenpublicandprivatebusiness.htm, 2021-05-20 last visited.

税人而言,易在竞争中处于弱势地位;对交易对方而言,交易选项被限缩。鉴于此,从优化营商环境、践行税收中性的角度出发,我国近年来先是允许小规模纳税人申请税务局代开,后又准予其自行开具增值税专用发票①,这无疑具有进步价值。

增值税是最能够也最应该体现税收中性的税种,所以对其制度设计和运行的中性化审视也要更加严格。基于更高标准来衡量,本意良善的制度设计在运行中有违税收中性进而对营商环境产生负面影响的情形亦有存在。长期以来,我国实行"以票控税",这当然有助于打击逃税行为、避免税款流失,但问题在于,"以票控税"若是被推到极致,可能给市场主体的决策行为带来不应有的干扰。概略来讲,"以票控税"主要指向增值税专用发票,而之所以此类发票特别重要,乃是因为市场主体(小规模纳税人除外)计算应缴纳的增值税时,须依托自己取得的增值税专用发票来抵扣进项税额,若无相应的增值税专用发票,则自己在购进环节实际上已承担的进项税额便不得扣除,这无疑是一种极其不利的后果。如果是因可归责于该市场主体的缘由而未获取相关发票,使其承受不利后果尚有一定合理性,但若是因不可归责于自身的缘由而无法取得或已然灭失相关发票,却同样要承受不利后果,则不合于税收中性的要求,也与优化营商环境的要求背道而驰。故此,在制度层面将增值税专用发票作为唯一的抵扣凭证,或许并非理想选择。现行《增值税暂行条例》第8条在罗列准予抵扣的进项税额时,即直接将"从销售方取得的增值税专用发票上注明的增值税额"作为一般情形提出②,这很容易导致的结果是,税务机关在执法时不见增值税专用发票即不准予抵扣。③ 当前,我国正在制定《增值税法》,可借此机会改进前述规则。2023年9月1日,十四届全国人大常委会第五次会议对《增值税法(草案二次审议稿)》进行了审议,并对外征求意见,其中第15条④在界定进项税额时即不再特别强调增值税专用发票上注明的增值税额。该做法若能为正式出台的《增值税法》所延续,将有助于缓和"以票控税"过于机械所带来的诸多问题,塑造更为优良的

---

① 参见国家税务总局公告2019年第33号。
② 除该一般情形外,海关进口增值税专用缴款书、农产品收购发票或销售发票、代扣代缴税款的完税凭证上注明或可计算得出的增值税额也可抵扣。不难发现,这些情形的原理和制度逻辑与一般情形别无二致,都是"以票控税"思路的体现。
③ 国家税务总局早在2011年便曾发布第50号公告,明确发生真实交易但由于客观原因造成增值税抵扣凭证未能按照规定期限办理认证、确认或者稽核比对的,经主管税务机关核实、逐级上报,由省税务局认证并稽核比对后,对比对相符的增值税抵扣凭证,允许纳税人继续抵扣其进项税额。即便如此,实践中适用该公告的情形相对较少,税务机关仍然倾向于严格要求纳税人提供发票。究其根源,《增值税暂行条例》所作规定的影响不容小视。
④ 该条将销项税额界定为:纳税人发生应税交易,按照销售额乘以本法规定的税率计算的增值税税额。

营商环境,也更加契合税收中性的要求。

(四) 作为税法基本原则的税收中性能改变什么

除前文述及的世界银行营商环境评价体系外,美国税收基金(Tax Foundation)也基于税收竞争性和税收中性两大因素评价 35 国税制,并发布国际税收竞争力指数[1],可见税收中性已受到国际社会的密切关注和广泛重视,并日益将其作为指引税法建制的一项原则。与之相应,我国理论界对税收中性的认识还较为片面,也未将其作为税法基本原则看待,又因为学说层面对其是否具有普遍适用性都歧见尚存,以至于税制实践也未有意识地按照税收中性的标准调校自己的行为。

税法基本原则指贯穿税收立法、执法、司法、守法的具有统领性、普适性和指导性的法律准则。诚如本章第一节所述,国内学界对税法基本原则的认知并不一致,但近年来已逐步达成共识。税收法定与税收公平作为税法基本原则的地位几无争议,相形之下,税收效率虽然也常常被视作税法的一项基本原则,但其内涵却有包罗过广的嫌疑。如本章开头所言,税收效率有经济效率和行政效率两个维度,此二者便已有较大差别,在税收经济效率项下,又有税收中性和税收调控绩效这内含张力的两方面要求。将如此之多的内容统一纳入税收效率原则,其实有损该原则的指引价值。具体就税收中性而言,其旨在降低税收政策干扰个人决策所产生的无谓损失(deadweight loss),无论在微观还是宏观的意义上都有助于提高效率,是以用税收效率加以涵摄有其合理性。[2] 但是,税收中性不仅仅能够提高经济效率,其还有保障纳税人经济自由权和平等权、限定征税行为、维护和促进公平竞争等一系列法价值。故此,鉴于市场配置资源的决定性作用以及竞争政策的基础性地位,鉴于税收中性已成为世界范围内税制改革的标杆,鉴于税收中性对于税收授权立法、税收竞争规制、税制营商环境优化的实现均具有巨大的实践价值,本书认为,税收中性理当被确定为我国税法上的一项基本原则,从而更好地提升税制的中性化程度。诚如前述,从财政收入中性到财政支出中性,从国内税法中性到国际税法中性,从税收实体法中性到税收程序法中性,税收中性贯穿整个财税法体系,完全具备基本原则的特质秉性。

进言之,在被确立为一项税法基本原则后,税收中性之于税法建制和运

---

[1] Tax Foundation, "2018 International Tax Competitiveness Index", https://taxfoundation.org/publications/international-tax-competitiveness-index/, 2021-05-20 last visited.
[2] Lena Hiort af Ornäs Leijon, "Tax Policy, Economic Efficiency and the Principle of Neutrality from a Legal and Economic Perspective", *Uppsala Faculty of Law Working Paper* (2015).

行的许多方面都具有一定的指引价值。大体上,可以从如下四个角度来加以把握。

首先,税收中性要求各税种尽量采用价外税的形式。这是因为,价外税能够避免重复征税,从而不会因为交易环节增加以致总体税负水平不成比例地上升,这就使市场主体在安排经营计划时较为从容,得根据自身意愿和需求行事,不必基于税负考量而被迫压缩交易环节。从全社会整体的角度看,分工愈是精细,合作愈是顺畅,愈是能够实现效率最大化,而如果因为税收方面的缘由而妨碍了分工与合作,则显然有违中性要求。在我国,营业税是价内税而增值税是至为典型的价外税,"营改增"的完成使得增值税这一中性化税种的地位越发稳固。"增值税的计征原理可以使政府对市场竞争保持中立,为市场主体展开公平竞争提供最佳的税收环境。"[1]当然,基于税收中性的标准来衡量,现行增值税规则也存在改进的空间,比如我国虽然已于2017年将原先的四档税率压缩为三档,但税率结构仍稍显复杂。税率档次越多,则不同商品和劳务的税负水平存在差异的可能性越大,当相关商品或劳务之间存在替代关系时,市场主体便可能基于税负水平的考量而调校自己的购买行为,此间便存在税收扭曲的风险。世界范围内,增值税的税率档次一般较为简单,仅有10%的国家在税率档次上超过三档。[2] 我国也应考虑进一步压缩增值税的税率档次,理想状态是仅有单一税率级次,即便要体现区别对待的精神,比如对生活必需品实施轻征,也至多增设一档特别税率。

其次,所得税的中性化程度不如流转税,其许多制度安排可能对市场主体的生产经营产生影响,从税收中性原则出发,当存在正当性基础时允许制度设计适度偏离中性标准,但对于缺乏正当性基础的偏离仍然应予矫正。比如,根据《企业所得税法》的规定,向投资者支付的利息得于税前扣除,股息则不能在税前扣除,这可能使企业更为青睐间接融资,对融资方式的选择产生一定影响。但该做法旨在避免"税前分利",在保障财政收入的意义上具有正当性。又如,个人独资企业和一人有限责任公司在外观上颇相近似,但在税收负担方面则有很大差异:个人独资企业本身无须缴纳企业所得税,由其投资人按照"经营所得"的税目缴纳个人所得税即可;一人有限责任公司则不然,公司本身需要缴纳企业所得税,公司股东还须就其所获得的股息红利等缴纳个人所得税。这种区别对待的理据不够充分,引致的后果也较为消极——出于防遏法律人格混同的需要,《公司法》等法律本就对一人有限责任公司设计了若干特殊规定,比如不能证明股东与公司财产相互独立时承受

---

[1] 叶姗:《增值税法的设计:基于税收负担的公平分配》,载《环球法律评论》2017年第5期。
[2] 同上。

不利后果等,这使得投资者相对较难从"有限责任"中获益,选择该种组织形式的动力原就不高,再加上税收负担重于非法人企业,该种组织形式被选用的频次较低便不难想见。基于税收中性原则,应当考虑透过《企业所得税法》的制度完善,消除前述税收扭曲的现象。

再次,税收中性更为青睐从价税。相比于从量税,从价税直接捕捉并有效回应价格信号,体现对市场配置资源的尊重,此间税收的征纳不会扭曲资源配置,也不会人为改变不同主体在市场竞争中的力量对比。特别是当市场处在不完全竞争条件时,马斯格雷夫等经济学家认为从价税的帕累托效率更优。在我国,资源税曾长期采取从量计征的做法,这有多方面弊端,税收扭曲和税收歧视便是其重要表现。从量计征导致税额标准几近固化,无法与资源价格的波动挂钩,当资源价格高涨时,企业所缴纳税款的占比下降,税负相较于收益可能微乎其微,从而诱导大量市场主体进入相关领域。反之,当资源价格下跌时,企业仍须缴纳固定数额的税款,对其来讲可能是很重的一笔负担,部分企业或因无法承受而被迫退出市场。同时,只重数量、不问价格的做法也易在不同纳税人之间引发不公平。就此而言,近十余年来的资源税改革将重心之一置于改变征收方式,也即由从量计征逐渐过渡到从价计征,此举缓释了从量计征条件下的税收扭曲和税收歧视,且有助于增强税收弹性,顺应市场价格机制,进而提高资源利用和配置效率。

最后,较之"高标准立法、普遍性违法、选择性执法"的征管环境,法治化的征管环境方为税收中性的当然要求。在"宽松软"的征管环境下,部分地方政府可能采取多种手段违法少征税款,或者对税收违法行为睁一只眼闭一只眼,这就导致市场主体事实上是被区别对待的,由此又扰乱了资源配置的正常过程,从而在税收扭曲和税收歧视的意义上同税收中性原则相背离。相形之下,哪怕税率本身设定得低一些,提高征管的严格程度也能保证充沛的财政收入,而且此举能使市场主体形成稳定的税负预期,集中精力在生产经营活动本身,不同企业相互间的公平竞争也更容易实现。所以,不怪乎有实证研究反映出,税收征管的强度和企业资本配置的效率呈现正相关关系。[①]

三、税收中性原则的风险因素及其缓释

大体上看,贯彻税收中性原则可谓是税法为发挥其控权功能而不得不做的选择。正因为国家常常通过税收干预经济社会,故为免干预过甚才会提出中性要求。但本书第二章第二节便曾述及,税法控权也不能被推到极致,这

---

① 参见孙刚:《税收征管与上市企业资本性投资效率研究——来自地方政府违规税收优惠或返还的初步证据》,载《中央财经大学学报》2017年第11期。

之于客观的国家治理需要来讲是功能不适当的。有鉴于此,尽管我国亟须强调并践行税收中性原则,持续优化税制,可也须注意其具有雅努斯双面,利钝并存。税收中性的具体要求因时空条件不同而有差异,是以植入立足本土语境、剔除风险因素的税收中性原则,方为正道。

(一) 税收中性应当是相对而非绝对的

税收中性原则作为将竞争理论引入税法的"端口",能够协调财税秩序和竞争秩序,避免竞争政策对财税法体系的冲击。但如果税收中性嵌入不适合的竞争理论,不仅可能让其竞争协调的功能预期落空,还将引致更为严重的后果,是故找准妥当的竞争理论尤为关键。前文已述及,斯密的税收中性理论便与其对自由市场、完全竞争的推崇相呼应。斯密认定竞争是一种自我维持、自我实现的自然秩序,市场"无形之手"作用的发挥能够自动实现微观层面的人尽其才和宏观层面的整体利益最大化。由该观点塑造出的税收理论,自然不能超脱"最轻税收"的窠臼。然而,这一理论范式未曾注意到市场失灵的客观存在,故而在资本主义从自由资本主义过渡到垄断资本主义之后,完全竞争理论逐渐被扬弃,而代之以不完全竞争理论、动态竞争理论以及有效竞争理论等相对较新的竞争理论。这些理论在内容上不尽相同,但都不再将竞争视为纯粹有利无害的存在,转而从不同角度倡导"最优的竞争强度"。

各类竞争理论中,弗赖堡学派的秩序自由主义注重从法律秩序的角度观照竞争秩序,其对欧洲竞争法的制度实践影响深远。这一理论范式意识到市场无法自我维持,其内含自我毁灭的力量,由此导致政府干预成为必要,在有些时候,政府的干预正是以垄断行为的方式表现出来;与此同时,政府干预也足以毁灭市场,特别是在其不受控制的条件下更是如此。因此,必须以宪法的最高权威将体现整个经济体内部合意的竞争秩序固定下来,从而使市场经济秩序成为一种宪法秩序。[①] 基于前述主张,秩序自由主义不反对政府介入,但要求政府介入对竞争的损害程度要降至最低。我国竞争法在制定时以欧盟竞争法为蓝本,竞争法理论也深受秩序自由主义的影响,十八届三中全会以来我国对政府和市场关系的认识更是与之契合。受该主张的指引,我国在确立税收中性作为一项法律原则时,应当认识到此处的中性是相对的,不当然否定非中性的情形,而须具体检视其有无正当理由。这便和绝对的税收中性判然有别。

---

① 张占江:《政府行为竞争中立制度的构造——以反垄断法框架为基础》,载《法学》2018 年第 6 期。

事实上,绝对的税收中性或许本就不可能达到。其要求税收因素不能对市场主体的决策产生任何影响,然而正如穆瑞·罗斯巴德所评论的,从来也不存在这样一种"中性税",让市场自由而不受任何打扰。① 只要有税收,就不可能实现完全中性。② 相对中性则要灵活许多,其在市场失灵的场合允许税收政策发挥作用,此间不可避免地会对市场主体的决策产生影响。"税法可以并且应当避免对某些选择的偏见以及由此诱致的对市场的扭曲。但特定情形下以税收为媒介的国家干预也是正当的,如指向负外部性的庇古税。"③

强调税收中性是相对中性,要求税制设计要处理好中性和公平的关系。本书在前面章节已然指出,税收中性和量能课税有内在联系,而量能课税正是税收公平的基本要求。所以,税收中性和税收公平在根本上并不对立。然而,在某些税种法的层面,特别是涉及部分具体规则时,二者的指向也可能有所不同。比如,个人所得税应否对综合所得采取累进征税的做法,从中性和公平的角度出发,结论或许并不一致。此时只有具体问题具体分析,而无法奢求放之四海而皆准的统一结论,这也是"相对"一语的应有含义。

(二) 税收中性不完全反对税收调控

税收中性在方法论的层面倾向于"顺其自然",这便同讲究"积极有为"的税收调控不可避免地存在紧张关系。故此,引入税收中性还须妥善处理其与税收调控的关系,这对于比较倚重税收调控的我国而言格外重要。上文关于税收中性之完全性与相对性的探讨其实已经指涉该论题,采纳相对中性观就意味着税收中性与税收调控并不互斥。实际上,当世各国普遍注重税收的调控功能,这是因为税收能够影响宏观经济,影响劳动供应、储蓄、教育选择、投资等。但在税收中性原则的指引下,税收调控应在三个维度受到拘束,以实现财税法治框架下税收调控与税收中性的相得益彰。

一者,税收调控的作用场域应当受到一定限制,强调要立足宏观、着眼总量、指向高层次,这便同税收中性形成鲜明的分工。税收中性更多要求国家不宜以税收的方式过于频繁地介入经济生活,干扰微观层面市场主体的决策和相互间的竞争关系。如果真能将税收调控限定在宏观层级,则其与税收中

---

① Murray Rothbard, *Man, Economy, and State with Power and Market*, The Ludwig von Mises Institute, 2009, p.1216.
② D. Weisbach, "The Use of Neutralities in International Tax Policy", *Coase-Sandor Inst. L. & Econ. Working Paper* (2014).
③ Lena Hiort af Ornäs Leijon, "Tax Policy, Economic Efficiency and the Principle of Neutrality from a Legal and Economic Perspective", *Uppsala Faculty of Law Working Paper* (2015).

性之间是有共存基础的。促进经济增长、增加就业、稳定物价和保持国际收支平衡被公认为宏观调控的四大目标,这四方面都具有高度的宏观性。而正如本书第二章第一节曾经论及的,一旦税收调控介入微观竞争领域,常成效不彰或适得其反。近年来中央高层创新宏观调控方式,强调灵活运用区间调控、定向调控、相机调控。需要指出,其中的区间调控与定向调控看似指称对局部领域实施调控,但前者实际是指明确经济运行的合理区间、把握调控的上限和下限,本质上仍为宏观性、结构性的调控,后者更是主张更多运用市场力量,进行"喷灌""滴灌",避免"大水漫灌",二者同"微观调控"不可混同。

二者,税收调控应当满足谦抑性原则,在适用位阶上受到限制。税收中性原则要求尽可能减少对市场不必要的干预,其内含对税收调控谦抑性的要求,这导向税收调控作为劣后手段的定位,对此不妨从两个层次加以把握。一方面,在各类可能的手段之中,应当将市场化手段置于优先序位,旨在实施外部干预的调控性手段相应居次。哈耶克对比不同的规制手段后认为,竞争是最佳方案,仅在"不可能创造出使竞争有效的必要条件的地方",才需要"采用其他指导经济活动的方法"。① 弗赖堡学派将经济手段区分为过程政策和秩序政策;前者直接针对经济运行过程本身,基本着力点是影响相关市场上的价格—数量关系,财政政策、税收政策和货币政策都可被归入这一范畴;后者旨在为经济运行提供良好的环境,其最主要的思路是提供市场经济必需的制度框架或曰"构成原则",这包括但不限于保护私人产权、缔约自由、币值稳定、市场开放、竞争充分的一系列规则。两相比较,后者具有多方面的优势。② 另一方面,在不得不采取调控手段的时候,通常情况下应当优先考虑货币手段,而将税收手段作为备选项。这是因为货币手段的中性化程度相对较高,运用货币手段实施调控的主体本身不能直接从中获得利益或是发生损失。而税收调控的情形则与之不同,作为税收调控事实上决策者之一的财税主管部门,同时也和税收收入的获取利益攸关,故而其天然地更加青睐增税而非减税措施,当经济形势要求增税时其可能没有心理压力地出台相关举措,而当经济形势要求减税时则可能不容易顺当地如此行事,致使相机抉择的"相机"性难以充分彰显。在我国,中国人民银行曾经在承担货币政策职能的同时,也肩负较重的金融监管职责。后来,决策层考虑到这两项职责在履行时会产生一定冲突,也即中国人民银行可能在根据经济形势需要采取宽松的货币政策时相应放松了监管,在相反情形下又使监管过于严格,因

---

① 〔英〕哈耶克:《通往奴役之路》,王明毅等译,中国社会科学出版社1997年版,第62页。
② 参见〔德〕何梦笔主编:《秩序自由主义》,董靖等译,中国社会科学出版社2002年版,第4—9页。

而将主要的监管职责剥离出去,交由专门的监管机构履行。这一旨在避免同一机构不同身份之间角色冲突的做法值得关注,同时也启发人们思考,财税主管部门兼具的双重职能会给其履职本身带来怎样的影响,而这又应如何影响相应的制度设计和实践。归根到底,这方面的思考可以说是中性导向的。

三者,税收调控在力度上应受到限制,要能够通过比例原则测试。上文中的限度一针对税收调控的作用空间(要求限于宏观领域),限度二针对税收调控的性质和次序(应满足谦抑性和后置性),限度三则要求任何一项具体的调控举措都应能通过比例原则审查,方可获得正当性,"国家干预应当与再分配政策或经济稳定政策的目标成比例。"① 作为公法上的核心原则,比例原则在很多领域的法律体系中得到广泛运用。具体就财税法而言,该原则内置的"度衡功能"可以有效限制国家税权,实现最大限度保护公民私权和维护市场竞争利益的目的。② 受其指引,税收调控应有助于正当合理之公共利益目标的达致,且须在多种手段中对市场竞争造成的损害最小,别无更优方法可寻,唯有如此,税收调控促进的法益与其对竞争中立造成的损害才能合乎比例。比如,我国许多地方政府为吸引外资曾出台一系列税收优惠,其对于引导境外资本流入施惠地区,进而带来相应的高素质、高技能人才颇有助益。然而,该举措的负面效应也很明显:其一,此举的实质是创设片面的超国民待遇,将内资企业和外资企业置于不平等的地位;其二,由于出台相关优惠政策的多为地方政府,这也使不同地区之间在发展经济的竞争中处在不公平的境地。而该举措并非无可替代,通过产业政策、信贷政策和优化营商环境的"组合拳",其实能更好地吸引高质量外资进入急需发展的领域。

不难发现,引入税收中性作为一项税法原则后,既不排斥税收调控,同时也对其提出一系列要求,这同本书第二章关于税收调控应受到一定限制的观点相呼应,也为如何规训税收调控提供了若干方向指引。

(三) 税收中性不意味着要反向歧视国有企业

税收中性不仅是一国边界内的税法基本原则,近年来,伴随着经合组织推出竞争中性范本,TPP(《跨太平洋伙伴关系协定》)和 TTIP(《跨大西洋贸易与投资伙伴协定》)等贸易协定也大力推广竞争中性并且拓展其适用范围,税收中性的重要性也得到了超越国界的肯认。本节前文已述及,国际税收中性主要旨在消除重复征税,在此基础上,税收中性也要求各国应杜绝给

---

① Daniel Deak, "Neutrality and Legal Certainty in Tax Law and the Effective Protection of Taxpayers' Rights", 49(2) *Acta Juridica Hungarica* 200 (2008).
② 参见熊伟:《法治视野下清理规范税收优惠政策研究》,载《中国法学》2014 年第 6 期。

予本国内的国有企业或者进入竞争领域的公共部门税收扶持待遇,让不同产权性质的市场主体能够平等竞争。值得注意的是,美国等发达国家倾向于认为,践行税收中性原则意味着不应给予国有企业任何税收方面的扶持,这一主张在理论层面也许能够成立,但其思维方式是单线条的——仅仅关注到形式层面的公平,却未意识到国有企业在实质层面的特殊性。

从国有企业的产生根源看,其乃是弥补市场缺陷的一种手段。鉴于市场调节机制存在唯利性,部分公共产品和公共服务对全社会干系重大,私人市场主体却无动力提供,此间国家不得不运用其可支配资产直接参与投资经营,这便形成国有企业。[①] 现实中,国有企业也有进入竞争性领域的情形,这时的经营行为及其收益相较于私人企业无甚特殊性,在税法的层面不应享受特别优待。但国有企业在提供公共产品和公共服务时,便不能只看到其获得收益的一面,还须认识到其收益的公益性并因而可能不具有可税性。[②] 否则,即可能使国有企业处在竞争不利的地位——从市场逻辑出发本就不愿意进入相关领域,基于所承担的社会责任进入该领域从事经营后的收益还要被课征较重的税负,形式上公平对待的背后是实质上的不公平,这便构成了反向歧视。必须认识到,税收中性强调的是企业不能仅因所有制性质的差异便在税法上处于不同的地位,无论是获得税收优待还是承受税收重课,均非税收中性原则所乐见的。做到这一点,才称得上真正意义上的"中性",这也正是我国宪法"坚持公有制为主体、多种所有制经济共同发展"的题中应有之义。

四、小　结

客观地讲,虽然税收中性最早是以税收原则的身份示人,但该地位在很长一段时间内并非公认,究其根源,这是由于从经济的角度出发,税收中性被认为和税收调控相对立,分别指向截然不同的两种税收治理思路。有人为税收中性鼓与呼,自然就有人认为不应过于强调税收中性,以免限缩税收调控的空间。事实上,过去人们相对忽视的税收中性在法律层面的含义,反倒是较无争议的。非税收扭曲和非税收歧视等两项子原则给税法建制和运行提出了一系列要求,依循其所勾勒的路径,有望使我国税法持续趋于优化。

其实,可以从税收中性的角度来审视我国自改革开放以来的多项财税改

---

① 参见漆多俊:《经济法基础理论》(第五版),法律出版社2017年版,第24—25页。
② 本书在第三章第二节述及可税性原理时指出其核心在于有收益才可税,在此基础上,该原理的第二层要求是若收益具有公益性,则例外地不可税。参见张守文:《财税法疏议》,北京大学出版社2005年版,第142—143页。

革。首先,大量的税种法如企业所得税法、个人所得税法、车船税法等都经历了规则由"内外有别"甚至"内内也有别"到"内外统一"的演进过程,前文已述及,这无疑有助于缓释税收扭曲和税收歧视。其次,生产型增值税逐渐过渡到消费型增值税,税基虽有所缩窄,但消除了重复征税,从而不再会扭曲市场机制。再次,营业税改征增值税,同样能缓释重复征税的现象,并且避免了由于税收因素而在不同市场主体间诱致的不公平。在过去增值税、营业税并行的时代,虽说增值税的计征是以销项税额扣减进项税额,但部分市场主体的生产经营成本主要是就无形资产、不动产或者劳务所作支出,其对应的是营业税而非增值税,故无法作为进项税额扣减,这便造成其税收负担不合理地较其他市场主体偏重,进而在竞争中先天居于劣势。"营改增"使这一状况不复存在,显然是契合税收中性之要求的。最后,对税收优惠特别是地方政府违规出台之税收优惠的清理,也能够矫正不同市场主体乃至不同地区之间税收负担的非中性格局。总体上讲,包括但不限于前述举措在内的税制改革,对提升我国税法的中性化水平贡献甚大。当前和今后一个时期,税收立法和税制改革的频率仍处在高位,在体察税收中性原则重要地位的基础上坚持该项原则,有利于夯实市场配置资源的决定性作用,通过营造公平竞争环境激发市场主体的创新动力,为税法建制和运行始终处于正确轨道,也为经济持续健康发展,奠定坚实的基础。

第四章 税法形式渊源的辩证审思

本章所探讨的议题可以说是在第三章第一节相关内容的基础上衍生出来的。正是因为习惯于将税收法定等同于法律保留,同时又认为其当然吁求税权纵向集中,才使得学界对实践中狭义税法内容单薄、税务规范性文件①地位显要的状况颇多微词。税法学界似乎更为青睐一种效力位阶高且内容充实的税法形式渊源。本书既已在前面章节对税收法定和税权配置的相关理论认知作了反思性检讨,在此基础上,便可对税法形式渊源的理想状况展开探究。大体上讲,本章的两节分别考察狭义税法和税务规范性文件在税法规则体系中的定位,且均遵循从实然到应然的研究进路。

第一节 税法空筐结构的成因、合理性及其规范续造
——以《个人所得税法》为视角

对传统部门法来讲,蔚为大观的法典常常是既可欲也可能的,譬如 2021 年正式实施的《民法典》,以及虽无法典之名却有其实的《刑法》,俱是如此。相较之下,税收法律具有框架式立法的特征,形象地看,其外观状似"空筐"。这也备受学者们诟病,认为其同税收法定的要求相去甚远——一般认为,税收法定在立法层面的两项要求是税收要素法定和税收要素明确,空筐结构显然同后者存在较为明显的背离。同时,税收法律的空筐结构也给财税主管部门留下过大的裁量空间,从而不利于达致税法控制财税权力的目标。然而,诚如本书在第二、三、四章所述,不宜将税权集中理解为税收法定的当然要求,也不能将税法纯粹视为"控权法",而应从功能适当原理出发兼顾税权配置的授权和控权这两大面向。由此出发,对于税法空筐结构的形式外观或将形成不一样的认知。事实上,如若跳脱传统的认知框架,结合本书前面章节的相关理论反思,不难发现税法空筐结构的形成有其独特的合理性。相应地,法律管控的重心也应该是"疏"而非"堵"。

---

① 2019 年以前,根据国家税务总局制定的《税收规范性文件制定管理办法》的规定,相关文件一般被称为"税收规范性文件"。2019 年修改该办法时将其名称改为《税务规范性文件制定管理办法》,此后相关文件则被称为"税务规范性文件"。为统一表述,除修改前该管理办法的名称外,本书其余各处均以"税务规范性文件"指称。

一、个案解剖:"单层多元"的个人所得税规范体系

就感知税收法律的空筐结构而言,一个不错的切入点是个人所得税法的规范体系。其原因在于:其一,在 2013 年开启大规模税收立法前,我国仅有少数几部全国人大常委会制定的税收法律,《个人所得税法》便位列其中,《个人所得税法实施条例》(以下简称《实施条例》)和其他规范性文件在相对原则、抽象的上位法的指引下充实和完善相关规则,已积累较为丰富的经验;其二,与过去基本只是调整工资薪金所得费用扣除标准的做法大相径庭的是,我国在 2018 年对《个人所得税法》作了体系性革新,将征收模式由分类模式调整为综合与分类相结合的模式,在既有一般性扣除、专项扣除之外新增了专项附加扣除,在《个人所得税法》本身规定得较为概括的背景下,如此大幅度的调整显然不可能单靠该法即得以完成,那么,下位制度规范在制度变革之际扮演怎样的角色,也耐人寻味。因此,通过将《个人所得税法》作为样本来"解剖麻雀",有助于对税收法律"空筐结构"的成因及其合理性有所认知,同时也能明晰下位制度规范在税收规则创制过程中的作用。

(一) 针对税收要素的静态检视

《个人所得税法》在 2018 年以前有 15 个条文,修改后增加到 22 条,横向对比美国税法可知其条文数量仍然过少[①],很多时候都要结合下位制度规范才能够明确具体的纳税义务。《实施条例》(修改前共计 48 条,现有 36 条)需要对法律规定进行充实和细化,财税主管部门制发的税务规范性文件亦承担部分工作。

表 4.1 税收要素在不同层级制度规范中的分布

	《个人所得税法》	《实施条例》(旧)	《实施条例》(新)	税务规范性文件
纳税人	第 1 条 居民个人和非居民个人的基本界分	第 2 条 居民个人在住所方面应当满足的条件 第 3 条 关于临时离境的特别规定	第 2 条 居民个人在住所方面应当满足的条件	
	第 9 条 扣缴义务人的确定和纳税人向其提供纳税人识别号的义务			国家税务总局公告 2018 年第 59 号规定了各类型的有效身份证件;应当提供纳税人识别号的情形

---

① 美国的所得税未作区分,但其《国内收入法典》就对个人课税规定完备,如仅就扣除而言,便有免税额扣除、分项扣除、个人扣除的额外项目、不允许扣除的项目四部分,共一百余节。参见《外国税收征管法律译本》组译:《外国税收征管法律译本》,中国税务出版社 2012 年版,第 194—284、290—318 页。

(续表)

	《个人所得税法》	《实施条例》(旧)	《实施条例》(新)	税务规范性文件
税目	第2条 关于九项税目的枚举	第8条 对各项税目所含范围的界定	第6条 对各项税目所含范围的界定,内容较之先前不同	
税基	第6条 一般性扣除、专项扣除和专项附加扣除	第10条 特殊类型所得的税基确定	第8条 同《实施条例》(旧)	
		第17条 成本、费用、损失的细化规定	第13条 大致同《实施条例》(旧),内容有变化	国发〔2018〕41号、国家税务总局公告2018年第60号规定了专项附加扣除的具体内容和实施程序
税率	第3条 综合所得、经营所得和其他各项税目所适用的税率表			财税〔2019〕8号关于创投企业个人合伙人适用税率的特别规定
				财税〔2018〕98号2018年规定了第四季度费用扣除和税率适用新法
税收优惠	第4条 法定免征的九类情形和授权国务院出台其他免征情形	第12—15条 限定法定免征的范围	第9—12条 基本同前	财税〔2001〕157号、财税〔2005〕35号、财税〔2007〕13号、国税发〔2007〕118号、财税〔2013〕103号、国家税务总局公告2011年第6号与公告2012年第45号、财税〔2018〕137号、财税〔2018〕154号、财税〔2018〕164号等
	第5条 法定减征的两类情形,幅度和期限授权省级政府决定;另授权国务院补充	第16条 减征幅度和期限授权省级政府决定	相关规定已载于《个人所得税法》,《实施条例》中不再规定	

上表以实体税收要素为准,梳理个税规则体系自《个人所得税法》起、渐次展开的过程。大体上,可从三个方面来观察上表。第一,《个人所得税法》对各项税收要素均有涉及,根据相关规定大致可以确定关于个人所得税的纳税义务。第二,承接前一点,《个人所得税法》关于许多税收要素的规定显得概括而又原则,指引征纳实践时会遇到操作性难题,如第2条界定税目、第6条提及其他扣除和专项附加扣除,但都不足以直接进入实操层面,须实施条例及规范性文件充实。第三,从税收作为法定之债的角度理解纳税义务,其

在满足构成要件(税收要素)后即自动成立,但只有通过纳税申报或是税收核定等程序后,具体的应纳税额才得以呈现出来,而且,税收优惠和税收重课等税收特别措施虽然对纳税义务的成立不具有决定性影响,但其会实质性影响应纳税额的最终确定。《个人所得税法》第4条和第5条授予国务院在法律明确枚举的情形之外确定其他减免税情形的权力,国务院在自己制定的实施条例中则未将之付诸实践,只是对法律明确枚举的事项加以细化。相形之下,反倒是税务规范性文件创设了更多的优惠类型。

无论是法律、行政法规还是税务规范性文件,其制定主体都是中央层级的国家机关——全国人大及其常委会、国务院、财政部和国家税务总局。如果转换观察视角,则不同层级国家机关之间的互动关系也值得关注。调制行为和对策行为是经济法上的一对行为范畴,其中对策行为包括横向和纵向两个维度。① 借鉴该分析框架,可以认为并非仅有市场主体才能实施对策行为,上级国家机关所作调制行为在下级国家机关看来具有决策行为的属性,此时下级机关所实施的也可被看作是对策行为。在上位制度规范的框架内出台适用于本地区的下位规范,便是一类典型的对策行为。② 在个税场域,地方层级所掌握的税权颇为有限,《个人所得税法》未向省级人大授权,省级政府的能动空间也不大。对此,本书后续的第五章还会作更加细致的梳理。实践中,地方层级实施的对策行为主要限于出台文件对个人出租房屋实行综合征税,对部分事项如房屋交易等实行核定征收等。③ 值得注意的是,《个人所得税法》虽将个税减征幅度和期限的决定权赋予省级政府,但后者较少运用。

由上述可知,我国关于个人所得税税收要素的规定多见于中央层级的制度规范,地方层级制度规范的话语权甚为有限。

(二) 税务规范性文件在税制变迁中角色的动态考察

诚如前述,《个人所得税法》对相关事项的规定比较原则,下位制度规范承载了充实、细化的任务。正因为如此,动态地看,2018年修法后,有许多看似与修改的内容不直接相关的下位规定,也不得不作出相应调整。

《个人所得税法》修改后,作为配套的实施条例首先要更易相关规则。前文中的表1已反映出,新《实施条例》在临时离境、税目等规则上不同于旧

---

① 张守文:《经济法总论》,中国人民大学出版社2009年版,第146页。
② 刘剑文、侯卓等:《财税法总论》,北京大学出版社2016年版,第259页。
③ 参见湘财税[2015]12号、国家税务总局福州市税务局公告2019年第3号、国家税务总局吉林省税务局公告2019年第1号等。

《实施条例》,除此以外,修改旧《实施条例》时删去专门针对外籍个人的附加减除费用也备受关注,此举是因为 2018 年个税修法时已经全面上调一般性扣除额,另外还新设了专项附加扣除,此时删去外籍个人仅因身份而获得优惠待遇这一不公平的规则比较容易被接受。

个税修法后,税务规范性文件的内容变动也会实质性影响征纳双方的权利义务。各界均颇为关注年终奖等"一次性收入"的课税规则,其主要载于规范性文件中。修法前,工资薪金所得以月为单位纳税,劳务报酬所得以次为单位纳税,在该语境下,如果将"一次性收入"直接归入取得收入的当月或当次课征税款,很容易使应纳税额超出应有税负能力而呈现畸高态势——诚如本书第三章第二节所言,非周期性收入蕴含的税负能力要弱于周期性收入,直接对前者套用后者的计税规则在合理性方面有一定问题。所以,财税主管部门在过去发布了一系列文件,旨在适当降低此类收入的税负,以与其税负能力相契合。而在《个人所得税法》修改后,由于工资薪金、劳务报酬等项目都被归入综合所得,改以年度为单位纳税,"瞬间冲高收入"的情形不会再发生,于是相关文件还能否继续适用,就需要予以明确。若是直接、立刻废止,将使许多纳税人基于旧法已形成的合理预期落空,无法合理安排自己的生产经营活动,甚至因而使得其税负水平不合理上升。继续使相关规则存续,亦同量能课税的原则不相适应,实际上是变相创设了税收优惠。综合考虑这两方面因素,财税〔2018〕164 号文对各类"一次性收入"在修法后如何计征个税的问题作了明确,而且大体上兼顾了不同层面的考量,具体参见表 4.2。

表 4.2 "一次性收入"的计税规则调整

(原)文件	具体收入类型	计税规则的调整
国税发〔2005〕9 号	全年一次性奖金	2021 年 12 月 31 日前,可选择按原办法执行(用收入除以 12 从而确定适用税率,继而用全部收入乘以该税率并减去速算扣除数)或纳入综合所得;后根据总局安排,在其后也延续适用
国税发〔2007〕118 号	央企负责人年度绩效薪金延期兑现收入和任期奖励	2021 年 12 月 31 日前的计税规则同上;其后的计税规则另行制定
财税〔2005〕35 号、财税〔2009〕5 号、财税〔2015〕116 号、财税〔2016〕101 号	上市公司股权激励收入	2021 年 12 月 31 日前,不纳入综合所得,但要对其适用综合所得的九档超额累进税率;其后的计税规则另行制定

(续表)

（原）文件	具体收入类型	计税规则的调整
国税发〔1998〕13号、国家税务总局公告2012年第45号	保险营销员、证券经纪人的佣金收入	作为劳务报酬，纳入综合所得征税
财税〔2013〕103号	个人领取企业年金、职业年金	达到退休年龄领取，全额单独计税；因出境定居或继承领取，适用综合所得税率表计征
国税发〔1999〕178号	解除劳动合同的经济补偿金	在当地上年度职工平均工资3倍数额以内的部分，免税；超过部分，单独适用综合所得税率表
国家税务总局公告2011年第6号	办理提前退休手续而取得一次性补贴收入	用收入总额除以退休手续办理日至法定退休年龄之间的年数，根据商数明确所适用税率和对应的速算扣除数，单独适用综合所得税率表
国税发〔1999〕58号	办理内退手续而取得一次性补贴收入	规则不变
财税〔2007〕13号	单位低价向职工售房	用差价收入除以12，根据月度税率表明确所适用税率和对应的速算扣除数，单独计税

（三）规范续造方式的类型提炼

综合前述不难发现，无论是静态还是动态地看，较低位阶的制度规范在个人所得税法制度体系中都扮演了重要角色。其至少通过四种方式对上位法进行规范续造。

第一种方式是经由出台解释性、执行性规则，来细化《个人所得税法》中相对原则的规定。从法理上讲，法律解释并非规范续造，但在现实中，无论主观解释还是客观解释都"与法律续造难以区分"。① 因此，这里也将之作为规范续造的一种方式。应当说，该方式是对《个人所得税法》实施规范续造的主要形式。比如，《个人所得税法》第2条只是罗列了各项税目，但仅看该条还不足以明晰现实生活中纷繁复杂的收入类型分别可被哪些税目所涵摄，《实施条例》的第6条即对此有所阐发。又如，《个人所得税法》第10条确立了全员全额扣缴申报的规则，但对于操作流程则未多作规定，《实施条例》的第26条和国税发〔2005〕205号文依次对如何操作的问题进行了明确。法律

---

① 〔德〕伯恩·魏德士：《法理学》，丁晓春、吴越译，法律出版社2013年版，第332页。主观解释赋予立法者的意志以决定性作用，客观解释强调"法律在立法者颁布之后就脱离出来并从此独立"，但这也非"客观"，因为条文本无自身意志，所谓客观解释仍是揉入适用者判断的结果。

解释有时难免会出现扩张或限缩上位法的情形,其不同于法律漏洞填补的地方在于未超过文义范围。由此观之,《实施条例》第 2 条将"住所"解释为因户籍、家庭、经济利益关系而习惯性居住,虽然对《个人所得税法》的规定有所限缩,但因其仍在后者文义范围内,故还是属于出台解释性、执行性规则的范畴。

第二种方式是基于法律授权而出台相关规则,该处的授权主体可能是《个人所得税法》,也可能是全国人大及其常委会的决定。前者如《个人所得税法》第 4、5 条授权国务院出台个税减免优惠,后者主要指税收领域影响甚广的"84 授权""85 授权",但由于《个人所得税法》很早便已出台,故而该授权其实不适用于《个人所得税法》的场域。该处有一问题须予廓清。2019 年修改前的《税收规范性文件制定管理办法》于第 5 条规定,税务规范性文件不得触及各类税收事项,但"经国务院批准的设定减税、免税等事项除外"。于是,财税主管部门在出台许多载有减免税事项的规范性文件时,都会将"经国务院批准"作为"帽子"。对此需要明确,《立法法》第 15 条禁止转授权,故而财税主管部门径以部门规章为依据拓展自身的税收立法权,有合法性风险;而且细致梳理可知,相当一部分规范性文件的内容并不局限在减税、免税事项,或是虽然从形式上看聚焦减税、免税,但其实并非税收优惠意义上的减税、免税,而是对一般性税收要素的整体调整①,在这些情形中,即便认可《税收规范性文件制定管理办法》所为授权的效力,相关规范续造工作也超出了"授权"的范围。② 此处且简要提及,下一节还将予以详述。

第三种方式是填补税法漏洞。前文已述及,法律漏洞填补意味着超出法律可能的文义范围③,如果说法律解释旨在"找法",法律漏洞填补则有鲜明的"造法"痕迹,这也使其合法性长期受到质疑。从法律解释和法律漏洞填补的区别出发,针对个人所得税的议题,某些下位制度规范存在借法律解释之名、行法律漏洞填补之实的情形。这类情形如《实施条例》第 3 条对《个人所得税法》中"境内"、第 14 条对《个人所得税法》中"一次"的解释,前者将某些并非在我国境内支付的收入也作为境内来源所得,后者将某一月份内取得的收入均视为一次取得,都超出了可能的文义范围,已经是在开展法律漏洞填补的工作。与刑法等部门法不同,税法并不绝对禁止法律漏洞填补,因为

---

① 如消费税的税目、税率调整长期"法外运行",参见财税〔2006〕33 号、财税〔2014〕93 号、财税〔2014〕94 号、财税〔2014〕106 号、财税〔2015〕11 号、财税〔2015〕16 号等文件。
② 针对相关议题的详细讨论,参见侯卓:《"经国务院批准"的税法意涵》,载《法学评论》2020 年第 5 期。
③ 孙健波:《税法解释研究:以利益平衡为中心》,法律出版社 2007 年版,第 181 页。

这在很多时候是为达致税收公平而不得不为的。① 然而,从权力制衡和税收法定的角度出发,税法漏洞填补的工作更多应在执行维度开展,在规则制定环节的漏洞填补则要更加慎重,一方面应力求避免以该方式随意扩张税权,另一方面也须对此类规范续造的过程施以管控。

第四种方式是在法律有意或无意预留空白的地方出台规则。比如,财税〔2019〕8号文给予创投企业个人合伙人在适用税法规则方面的选择权,便属于在规则空白处直接增补的规定。《个人所得税法实施条例(修订草案征求意见稿)》曾试图确立个税层面的视同转让规则②,后因多方考虑未最终纳入,其若在彼时得以被纳入正式文本,则依循的也是此种规范续造方式。需要注意的是,立法者若是对某一较具特殊性的事项未作专门规定或是明确授权,有可能蕴含了其认为该事项无须在税法上进行特别处理的意思,此时,下位规范再行规范续造,在正当性方面是存疑的。譬如关于资本利得的课税规则载于《个人所得税法》第6条1款6项,该条款中没有透露出区别对待不同种类资本利得的倾向,《实施条例》却在第7条将股票转让所得单独拎出来,自行授权国务院另行规定征税办法,由此引致财税主管部门颁布了大量关于转让限售股计征个税的规范性文件,在态度和立场上并不一致。③ 为感知立法者的立场,不妨将《个人所得税法》第18条拿来对比,该条授权国务院针对储蓄存款利息制定计征个税的规则。横向对比,既然《个人所得税法》未对股票转让所得特别对待,应可推测立法者是认为其作为资本利得之一类并无特殊之处,那么下位制度规范便不应另作安排。除此之外,《实施条例》第5条之"90天"规则④,也可归入此种情形,这里不再赘述。

二、成因探寻:塑造空筐结构的三重动力

承前,《个人所得税法》之所以一定程度上呈现空筐外观,并非没有来由。意欲准确理解其成因,须从其规范的内容、功能和运行环境等维度切入分析。

---

① 柯格钟:《税捐规避及其相关联概念之辨正》,载《月旦财经法杂志》2009年总第19卷第2期。
② 该征求意见稿的第16条规定:"个人发生非货币性资产交换,以及将财产用于捐赠、偿债、赞助、投资等用途的,应当视同转让财产并缴纳个人所得税,但国务院财政、税务主管部门另有规定的除外。"
③ 参见财税字〔1994〕40号、财税字〔1996〕12号、财税字〔1998〕61号、财税〔2009〕167号等文件。
④ 根据该条,在中国境内无住所的个人,一个纳税年度内在境内居住累计不超过90天,来源于境内的所得,由境外雇主支付且不由该雇主在中国境内的机构、场所负担的部分免税。

(一) 税收事项技术性对税收法定的排斥

本书已在第三章第一节对税收法定原则的内涵予以廓清。虽然学界对其具体要求的认知尚不一致,但对于税收要素须尽量明确地规定在税收法律中这一点,基本不存在争议。仅有一种观点主张,鉴于税收事项的技术性较强,使得狭义税法不宜规定得过于细致,而应当留给行政机关较大的规则制定或调整权限。该认知并不确切,应当说,不同部门法的技术性有不同的面向,民法、刑法这些传统部门法在立法和裁判过程中主要对法律技术有较高要求,正因如此,所谓"像法律人一样思考"更多是向传统部门法的研习者和从业者所提出的要求。与之相比,经济法、社会法、环境法等新兴部门法既然是为了解决各类复杂的经济、社会、环境问题而勃兴,其不可避免地要借鉴乃至吸纳相关学科的专业知识,因之在整体上呈现"双重技术性"。[①] 作为经济法的重要组成部分,税法同样在知识谱系和技术特质方面具有双重性。但若稍作细究便不难发现,在税收司法和税收立法这两个不同的侧面,税收事项技术性的影响程度不尽一致,其对前者的影响要远远大过对后者的影响。

一方面,税收事项的技术性对税收司法的专门化程度提出较高要求,事实上,我国现阶段的税法审判模式已日益显露出其不敷需要之处。一者,法院在裁判时最为习惯于从狭义法律中寻找依据,在狭义法律未作规定或意涵不明时则倾向于寻求司法解释的帮助。但在税收领域,立法本身较为原则、概括,涉税司法解释也基本上付之阙如,征纳实践中更常发挥作用的是浩如烟海的税务规范性文件,而法院恰恰对此并不熟悉。就对规范性文件的掌握来讲,税务机关无论较之纳税人还是较之法院,都处于显而易见的优势地位。二者,司法活动的性质决定了其应当具有独立性、封闭性[②],但实践中,当前的税法裁判多在行政审判庭展开,其法官的知识积累更多偏重行政法方向,对税收议题很是陌生,所以常常出现的状况是,一个税法案件进入法院,会让法院和办案法官都感觉"头大"。由此出发,法官审理案件时,要么容易停留在"舒适区域"也即主要依据一般行政法进行裁判,而忽略了税法的特殊性,比如司法实践中有法官仅从《行政强制法》第 45 条出发理解税收滞纳金,而未能观照《税收征管法》第 32 条专门规定的情形,便是典型表现;要么就会通过多种方式向税务机关"求教"相关专业知识,以搞懂案件中的税收问题,这

---

① 侯卓:《领域法思维与国家治理的路径拓补》,载《法学论坛》2018 年第 4 期。
② 司法专业化与社会化之争曾一度热烈,但总体上讲,司法裁判的专业性还是更受认可。司法克制主义就主张,法官裁判应严格遵照法律,不应多考量裁判的社会及政治后果。Aileen Kavanagh, "Judicial Restraint in the Pursuit of Justice", 60(1) *The University of Toronto Law Journal* 23-32(2010).

又有悖于司法过程本应具备的中立性、封闭性要求。

另一方面,税收事项的技术性不足以使税收立法区隔于其他立法过程。其一,立法机关/权力机关制定或改变相关税收规则时,技术因素在其诸多考量因素中的排序和权重并不突出。比如,2018年修法以前,《个人所得税法》对工资薪金所得实行累进征收;修法后,《个人所得税法》对综合所得实行累进征收,累进税制本身寄寓立法者的价值取向,也即借此强化调节收入分配的力度,从而更好实现税收公平,这主要是一个价值取舍的问题。但具体要设置几档税率级次,每档级距该有多宽,看似是技术性议题,税收经济学也确实从税收效应和福利损失等正反两方面建构了分析框架①,可是从立法过程来看,没有证据表明立法者确实有运用或者至少充分借鉴前述颇为专业的分析框架。而且恕我直言,有些时候立法者对税率表的调整真的就是凭借"朴素的正义直觉"。不过这也并无不妥,就算是纯粹的技术问题,技术本身也未必能提供确切、合意的答案,"支持累进的所有理由均可用来为任何程度的累进辩护",究竟该怎样确定累进程度,各档税率的级距要设定为多宽,很难单纯依托"技术"寻求答案。②

其二,有鉴于特定时空条件下一国的财政需求相对稳定,不同纳税人之间某种意义上存在"零和博弈"的关系,对A减税可能引致对B增税或是对C减支。故而税收规则的立改废常常伴随多元主体的利益博弈和取舍,最终制定出来的规则要想获致合法性,不同纳税人尤其是利益受损者的内心接受至关重要。就此而言,立法过程因其民主性供给更为充分,使得立法结果的可接受性/合法性更强,进而相较于制定规范性文件等其他方式,是制定税收规则更加合适的场域。

其三,相较于封闭的司法过程,立法过程具有开放性,这使得其有足够丰富的手段来补足立法者本身对专业性、技术性议题不甚熟稔的缺陷。在当前的税收立法过程中,已经形成多种途径来善用外部力量,突破技术关卡,如委托高校和科研机构起草专家建议稿,制定草案后组织专家进行论证,针对草案中的重要问题向特定专家书面征集意见,在立法前、立法过程中和立法后组织评估等,都已有行之有效的做法。

其四,陷入税收事项具有高度技术性的迷思,其观念根源在于坚信任何问题都有唯一正确的答案,认定税收规则有唯一理想的方案。由此出发,立法者所要做的便只能是尽力探寻、找到并且在法律中显明该"正确"的答案。

---

① 参见〔法〕伯纳德·萨拉尼:《税收经济学》,陈新平等译,中国人民大学出版社2005年版,第45—66页。
② 〔英〕哈耶克:《自由宪章》,杨玉生等译,中国社会科学出版社2012年版,第482—483页。

事实上,很多问题的答案都不是唯一,特别是就税收立法而言,其很多时候就是一个调谐多元利益的过程,站在不同的立场,对任何方案都可能有正反两级的评价。更重要的是,即便真有值得追寻的理想目标,囿于决策者理性的有限性,也因为现实生活中相关因素的复杂性,未必能始终奉行基于目标选取的手段,甚至可能导向体系性谬误。①

综合前文可知,税收事项确实具有较强的技术性,但其并不当然吁求税收立法呈现空筐外观。事实上,包括《个人所得税法》在内的各税种法,之所以总体上都保留了一定的开放性,更主要是由下述两方面因素所引致。

(二)财政目的与调控功能的抵牾

税收自其产生之日起,组织财政收入便是最基础的功能,在人类社会进入近现代以后,为应对分配不公、经济不振等各类市场失灵现象,宏观调控也成为其重要功能②,广义的调控包含调节分配和调控经济等不同向度的内容。严格来讲,调控功能的植入,使得现代意义上的税法在制度逻辑等许多方面都显著异于历史上的税法。比如,仅仅旨在组织财政收入的税法,是外在于社会经济活动的,这才有所谓"最轻的税收就是最好的税收"之说法;可一旦将调控功能纳入进来,今世任何国家皆不可能再固守最轻税负的教条,税法制度设计似乎也有了更大的能动空间。有鉴于此,在部门法的维度,国内法学界通常将财税法理解为经济法的亚部门法,在此基础上,有学者进而从财税法直接、全面、充满刚性和力度地调节经济出发,视其为经济法的"龙头法"。③ 当然也有观点认为,调控功能固然十分重要,但也非财税法功能体系的全部,后者是一个横跨政治、经济、社会等不同维度的复杂体系,无论调节分配还是调控经济都只是其局部,而就重要性而言,组织财政收入的位阶也更突出。④

对此,首先需要指出,诚如本书第二章开头所言,组织财政收入和实施宏

---

① 波普尔将这种做法冠名为"乌托邦方法",从措辞即可看出其立场,所谓"乌托邦",简言之即美好,却难达致。〔英〕卡尔·波普尔:《开放社会及其敌人》(第一卷),陆衡等译,中国社会科学出版社1999年版,第302页。与之相对,波普尔推崇零星工程方法:找寻社会上最重大最紧迫的恶性并与之斗争,而非追求终极的善并为之奋斗。这一方法论对于认识税收立法的任务甚有裨益。

② 陈少英:《财税法的法律属性——以财税法调控功能的演进为视角》,载《法学》2016年第7期。

③ 史际春、宋槿篱:《论财政法是经济法的"龙头法"》,载《中国法学》2010年第3期。但这是从管控危机、熨平经济周期这一功能性视角观察所得出的结论。若就事物本质属性言之,经济法并非要颠覆市场配置资源的决定性地位,而立足于消释引致市场失灵的肇因,故将竞争法作为主干更为妥适。

④ 参见刘剑文:《财税法功能的定位及其当代变迁》,载《中国法学》2015年第4期。

观调控主要是税收的功能,只是有些学者习惯于同样将其作为税法的功能来看待。在明晰该点后应当认识到,上述两类主张并不矛盾,而是有着相互贯通的内在逻辑。组织财政收入和调节分配、调控经济并非水火不容,二者间存在着一般和特殊、基础和高级的关系。相对而言,组织财政收入是一般性、基础性的税收功能,调节分配、调控经济则是特殊性、高级性的税收功能,调节分配、调控经济建立在一定收入规模的基础之上。① 进言之,两类功能的发挥在时间和空间上并非相互疏离,一般是同时进行的,金子宏指出,经济政策高度依赖财政政策的同时,财政政策也被打上经济政策的烙印。② 此处的经济政策主要指向宏观调控,而其所谓财政政策则是收入导向的。易言之,当财政收入的数额达到一定规模,其便不可避免地带有了调节分配、调控经济的功能。但以上分析更多是学理层面的,在现实中,一项规则是为了保障财政收入的汲取还是着眼于调节分配、调控经济,在制度设计的思路和方向上有着较为明显的差异,以下略作阐述。

为组织财政收入,税法主要是基于量能课税原则在公共财政和私人财产之间设定"两权"界限。本书第三章已经揭示,量能课税有纵横二元向度,前者强调只能对具有税负能力的财富征税,后者要求纳税人之间的税负分配应当公平。相较于横向维度的量能课税,其在纵向维度的要求处于更加基础也更加根本的地位——若能够在各具体场景中均准确把握税负能力并妥善设置税负水平,横向维度的量能课税可谓水到渠成。从这一立场出发,各税种法建制正是从不同角度③在纵向上把握税负能力。以《个人所得税法》为例,其九大税目所对应的均为纳税人单位时间内的财富增量,有增量才具有税负能力;在确定应纳税所得额时要作多层次的扣除,则是因为要将纳税人为取得所得而支付的成本从中剔除,同时,《个人所得税法》规定对赡养老人、子女教育、大病医疗等支出也实行税前扣除,这是考虑到用于此类支出的收入

---

① 有学者对分配收入、配置资源、保障稳定三大功能的关系作了梳理,认为此三者密切相关,每一排位在后的功能都以排位在前的功能为基础,也相应更能体现税收更高层次的价值目标。张守文:《税法原理》(第九版),北京大学出版社 2019 年版,第 12 页。
② 〔日〕金泽良雄:《经济法概论》,满达人译,甘肃人民出版社 1985 年版,第 26—27 页。
③ 所得税和财产税分别把握纳税人财富的增量与存量,殆无疑义。唯针对就消费行为课征的流转税,长期被认为具有累退性、违背量能课税,并非好的选项。William M. Gentry & R. Glenn Hubbard, "Distributional Implications of Introducing a Broad-Based Consumption Tax", 11(1) *Tax Policy and the Economy* 1 (1997). 但也有学者认为,对消费行为征税是比例性的,参见〔日〕中里实等:《日本税法概论》,西村朝日律师事务所西村高等法务研究所监译,法律出版社 2014 年版,第 260—261 页。另外,还有学者从消费的平滑性—消费行为间接体现"一生收入"的角度,论证其较之所得税、财产税,甚至更能贯彻量能课税的精神。郭庆旺、吕冰洋、岳希明:《税收对国民收入分配调控作用研究》,经济科学出版社 2014 年版,第 216 页。关于流转税何以也能较好体现量能课税,本书第三章第二节有详细论述。

也未真正增进纳税人的税负能力。有前述分析可知,如果只是从组织收入的角度考量税法,则其有着内在一致的制度逻辑,这意味着若是规则制定得宜,那么税收法律在整体上也应当是相对稳定的。

相较之下,为使税收的调控功能得以发挥,税法应部分容纳不同的制度逻辑。已如前面章节所述,自动稳定和相机抉择均为宏观调控的基本方式。《个人所得税法》针对综合所得采取累进征税的方式,这能够发挥自动稳定的作用,如果经济景气较好以致有过热的风险,大部分纳税人的收入水平上升,其所适用的最高边际税率相应提高,如此一来,纳税人的税后到手收入虽较过去仍有提高,但上升幅度较之税前有所收窄,将不同纳税人的情形加总,则全社会的总需求也因个税调节而收窄了上升幅度,这就缓释了经济过热的程度。反过来,当经济过冷时也遵循原理相似但方向相反的路径,兹不赘述。除自动稳定外,包含个人所得税在内的各税种还须因应经济波动而实施反周期调控,从社会总供给——总需求均衡的角度出发,当经济过热时适当增税、当经济过冷时相应减税是最基本的思路。需要指出的是,该处的"增税"未必指向提高税率,还可以是清理税收优惠、强化征管力度等其他方式。

自动稳定的功能发挥无须特别采取某种手段,而是自动为之。相机抉择却必须要求有关主体灵活权变地进行处理,这就与法律固有的稳定性、保守性特质产生张力。经济法学界早已注意到我国宏观调控过程中"重政策轻法律"的倾向,并且主张借规范和立法结构的优化以改善这种状况。[①] 但也须认识到,政策性本来就是经济法异于传统部门法的一项特质,其关注经济社会生活的客观实际并有针对性地予以及时调整,为此,就需要对那些时效性强、亲和力佳的政策持一种宽容立场,一味追求"告别政策"并不可取。[②] 进言之,蕴含调控功能的制度规则在所遵循的实体原则方面也有一定特殊性,其并非严格地依循税负能力标准来设计税制,而是将需求原则和功绩原则置于更加重要的地位。[③] 其外在表现是,有时甚至就是要反其道而行之,以一种背离量能课税从而偏离税收中性的做法,诱导纳税人为或不为特定行为。

调节分配的制度目标同样要求税法保有一定的开放性。毋庸讳言,调节分配是问题导向的,只有明确客观实践中的分配格局有何不甚合理之处,方能辩证施治。基于客观实践的易变性,分配领域存在的问题因时因地而异,譬如在彼时彼刻,可能大多数人的经济实力都不强,以税收手段调节分配的

---

① 张守文:《当代中国经济法理论的新视域》,中国人民大学出版社2018年版,第89页。
② 史际春、胡丽文:《政策作为法的渊源及其法治价值》,载《兰州大学学报(社会科学版)》2018年第4期。甚至日本等国有些法律径以"政策法"命名,如产业政策法。漆多俊:《经济法基础理论》(第五版),法律出版社2017年版,第321页。
③ 黄俊杰:《税捐正义》,北京大学出版社2004年版,第3—4页。

必要性便不甚突出,而在此时此刻,部分人群的经济实力显著超过其他大多数人群,税收调节分配的需求及其迫切性便相应上升。有些时候,即便分配领域存在的问题没有变化,仅仅因为治理思路不同,对于应否和如何以税收手段调节分配,答案便可能大相径庭,比如在美国,高收入人群财富占比过高的问题一直存在,可仅在过去数年间,由于执政思路不同,针对此类人群的税收政策便在宽严之间摇摆不定。由此出发,税法要想保障调节分配功能高效达致,便不宜使其制度规则过于僵化而缺乏弹性,这容易产生滞后于形势发展的弊端。在个人所得税法的层面,体现该点最明显的即为税率规则。我国直接将各税目适用的税率规定在《个人所得税法》当中,这注定了每隔数年便要修法的命运。在《个人所得税法》出台之初的20世纪八九十年代,工薪收入能够超出一般性扣除额的纳税人为数不多,而且达到该标准的在当时基本属于较高收入群体,大体上都可被纳入要被"调节过高收入"者的范畴。于是,《个人所得税法》上工薪所得的税率表便呈现税率档次升级快的外观,适用低档税率的收入范围很窄。但随着经济发展和人民群众收入水平提高,很多中等收入者甚至低收入者的工薪收入也不得不累进适用到较高档次的边际税率,这妨害《个人所得税法》调节分配目标的实现。2018年之前的数次个税修法也曾对上述问题作出制度回应,但囿于该税率结构以法律的形式加以确定从而天然具有较高的稳定性,所以直到2018年修法才对该格局有较大幅度的改善。[①] 其实,横向对比便不难发现,域外国家也常常因调节分配需求的变易性,而持续调整个税税率。比如,就美国个人所得税的最高边际税率而言,里根在1981年、1986年将之调低到35%,克林顿于1993年提高到39.6%,小布什在2003年恢复了35%的最高边际税率,奥巴马又在2012年重新提高到39.6%,直到特朗普于2017年再次将其降低[②],最新的进展则是,拜登在2021年正式上任后,提出了将最高边际税率恢复到39.6%的税改计划,并且已经载入美国政府向国会提交的预算提案中。此后,2022年至2025年各年的预算提案均提及"将个人所得税最高一档边际税率从37%提高至39.6%"这一内容。由此可见,调节分配目标的植入,使得无论中外的税法制度都有着持续调试自身的需求,这也让尽量具体、细致、明确的规则在有些时候未必是一个合理的选项。

[①] 历次修法对税率结构的调整,参见侯卓:《二元目标下的个人所得税法制度演进》,载《华中科技大学学报(社会科学版)》2020年第3期。
[②] 贾康、梁季、刘薇、孙维:《大国税改:中国如何应对美国减税》,中信出版集团2018年版,第33—34、46、108—110页。

(三) 地方治理需求对税权集中的消解

如同法律有广义、狭义的区别一样,对于税法的范围也可从不同角度去加以把握。全国人大及其常委会制定的规则属于狭义税法,其内容的翔实程度侧面反映出我国税权(主要是税收立法权)纵向集中的程度。最严格的税收法定要求税收基本制度全部规定在狭义税法之中,这吁求税权在横向上高度集中于权力机关、在纵向上高度集中于中央层级的国家机关。此处仅讨论后者也即纵向层面的问题,不得不说,税法所承载的组织收入和实施调控方面的任务,决定了其并不乐见纵向高度集中的税权配置格局。

为组织财政收入,税法要针对纳税人的各项财富设定税收负担,其基本遵循便是量能课税。然而,即便是数额相同的财富,置身不同的地区,真正对应的税负能力也会存在差异。民国时期便有学者指出该点,其认为在所得税法上测定生活最低限度进而将相关收入从应纳税所得额中扣除,会遇到的第一个难题即相同数额金钱的购买力,实在是因地而异,大城市和偏僻山村的同等数额扣除,在意义上截然不同。[1] 如果不能对此有所关切并在制度层面予以回应,则可能削弱纳税人的遵从动力,进而也会妨害财政收入的汲取。譬如就纳税人取得工资薪金这种最常见的情况而言,由于其为获得收入而需要在交通、食宿、设备或资料购置,乃至自我教育培训等方面投入成本,故而只有从取得的所得中扣除这些费用,才能呈现真正具有税负能力的纯所得,对其始能征税。如果不考虑税收效率,最理想的做法自然是精算每一笔所得对应的成本费用,但这显然没有可能,所以只能运用实质的类型化方法[2],大略测算通常情形下纳税人为取得收入而必为之支出,进而在《个人所得税法》上以一般性扣除额的方式加以呈现。此外,专项附加扣除中的许多类别,也是遵循相近的制度逻辑而由《个人所得税法》统一规定得为扣除的额度。但问题在于,生活在不同地区的纳税人,前述成本的数额并不一致甚至会有天壤之别,比如越是大城市,纳税人居住地和工作地点之间的距离通常更远,通勤费用就要更高,而大城市特别是发达地区的大城市,在食宿等方面的成本也要超过其他城市。这样一来,如果按照全国统一的标准进行扣除,便可能使某些生活工作在发达地区大城市的纳税人,在计算应纳税所得额时并未完全将成本费用扣除,以致所承担的纳税义务实际上超出自身的税负能力。此外,在医疗费用、子女教育费用等方面也存在相似的情形,所以就专项附加扣除规则而言,全国层面的高度统一也非理想选择。

---

[1] 朱偰:《所得税发达史》,商务印书馆2020年版,第176页。
[2] 陈清秀:《现代财税法原理》,元照出版有限公司2015年版,第129页。

从实施调控的角度出发,狭义的也即在经济层面推行的宏观调控是中央层级的公共产品。但必须谨记中国是一个大国,当面临很多在"小国"不甚突出的问题时,中国的治理实践却要持续加以回应。国内不同区域甚至不同城市,在经济层面要着力化解的突出矛盾常不一致,甚至刚好相反,致使自上而下的统一调控时有水土不服之虞。譬如"去库存"是供给侧结构性改革之一环,《关于调整房地产交易环节契税、营业税优惠政策的通知》(财税〔2016〕23号)统一端出减税大餐,却成为诱致一线城市和热点二线城市房价大涨的推手之一。故此,虽然并非严格意义上的"宏观调控",各地却实实在在地有以税收为经济诱因调节市场的需求,且相互间方向不尽一致。也许不合教义,但许多时候"真理"可能没有那么重要,反倒是人们不得不服的"谬误"才更有价值。① 还是以房地产交易为例,二手房转让须缴纳个税,很多地方实际按交易总额或评估价1%的标准核定征收。鉴于多地房价在过去若干年间大幅提升,若严格遵守《个人所得税法》的规定,以转让收入扣减原值及其他成本后适用20%的税率,将引致颇为沉重的税收负担,故采取核定征收的方法实际上反映出各地主事者为纳税人减负,进而"搞活市场"或曰"放水养鱼"的考量。申言之,各地房价有如天渊之别,在二手房转让个税一项,无论采取何种方法,不能也不应当期待各地实践不谋而合甚至整齐划一,而要保留弹性空间,强求一致可能带来意想不到的负面效果,如带有限购意图的"国五条"②出台后,大量夫妻通过"假离婚"来规避20%的个人所得税便是前车之鉴。

三、调谐之道:循名责实但富弹性的"法定"

空筐结构在相当程度上是立法者的有意安排,其既为下位制度规范预留一定能动空间,又因上位法毕竟有所规定而可确保下位制度规范不大会脱离应有轨道。③ 从本节前面的论述不难发现,过于细致的税收立法并不值得追求,而税收法定的约束条件又客观存在。兼顾这两方面的考量,一种弹性化

---

① 尼采语。苏力:《大国宪制——历史中国的制度构成》,北京大学出版社2018年版,第21页。
② "国五条"是指《国务院办公厅关于继续做好房地产市场调控工作的通知》(国办发〔2013〕17号),其中规定"对出售自有住房按规定应征收的个人所得税,通过税收征管、房屋登记等历史信息能核实房屋原值的,应依法严格按转让所得的20%计征"。对此,北京、厦门等地补充规定"个人转让自用5年以上的唯一生活住房,继续免征个人所得税"。故不少拥有多套房产的夫妻通过"假离婚"来规避20%的个税。如AB夫妻欲将一套房产出售给C,AB先通过离婚将房产划分给B(使房屋成为B自用5年以上的唯一生活住房),然后再将房产出售给C,随即AB复婚。循此流程,AB成功规避掉税率达20%的个人所得税。
③ 侯卓、陈立诚:《谦抑之智:论环境道德不宜纳入公序良俗原则》,载《中南大学学报(社会科学版)》2014年第1期。

的法定机制值得提倡。所谓"弹性"至少有三方面的含义:其一,不同类型的税收事项,可主要由不同层级的制度来规定;其二,对于纵向维度和横向维度的规范续造工作,应当坚持一种差异化的立场;其三,在实体和程序两个层面上检视规范续造,改事前控制为事后审查。

(一) 对不同税收事项的法定要求应宽严相济

本书在前面的章节中已经介绍过财政目的规范和管制诱导性规范的二分法,由这一界分出发,必然导向针对不同税收事项法定要求的差序格局。

第一,财政目的规范应受到更严格的法定控制。首先,财政目的规范是确定纳税义务的基础和根本,对纳税人财产权的影响颇大,根据第三章所言,只有在纳税人同意的条件下方可成立。通过法律规定此类事项正是纳税人同意在间接意义上的体现。其次,财政目的规范在实体层面主要依据量能课税原则设定,此间有着相对明晰、确定和稳定的标准,政策性不强,基本不存在客观环境变了建制思路和方向就要相应变化的问题,是故规则的变易性并不突出,只要准确地把握了相关典型情形所蕴含的税负能力,可以在较长一段时间保持稳定,这同法律在各类制度规范中最为稳定的特征相契合。再次,承接前述,政策性不强同时也意味着,没有必要由主要负责制定和执行政策的行政机关掌握太多的规则制定权限,权力机关在民主性供给方面的优势更受青睐。最后,把握税负能力看上去吁求较多的技术,实则主要还是价值判断的问题,第三章第二节曾言,税负能力有量的税负能力和质的税负能力之分,对于前者的判断不需要太高深精妙的技术,对于后者的判断则主要靠价值衡量,数量测算在其间几无作用。

第二,管制诱导性规范则几乎在前述四个方面都与财政目的规范不同,相应地,可适当放松对其所为法定控制。一者,管制诱导性规范指向的税收优惠、税收重课等事项,并不影响纳税义务的成立,而是对已经成立之纳税义务的增减调整。比较而言,税收重课是对纳税人负担的加重,在性质上也属于设定税负,这就与作为授益行为的税收优惠又不相同。第三章第一节曾述及,从征税应得到纳税人同意的角度出发,应当要求仅有法律才能设定税收重课。施以税收优惠则不必取得纳税人同意,兹不赘述。二者,税收优惠等管制诱导性规范的政策性很强,其本质上即属于一类税收政策[①],政策的强变易性要求关于税收优惠的制度规范须有一定灵活性。三者,相较于权力机

[①] 整个经济法特别是税法都有很强的政策性特质,如果将经济政策、税收政策划分为基本政策与局部性、临时性政策,那么税收优惠大体上属于局部性、临时性政策的范畴。参见漆多俊:《经济法基础理论》(第五版),法律出版社2017年版,第321页。

关,行政机关如国务院及其所属的财税主管部门,日常工作就是处理各项经济社会事务,更清楚应当出台怎样的政策措施、应在何时进行调整,所以在由其出台的各类制度规范中载明相关税收优惠事项,是比较合意的。四者,应否设定税收优惠等议题通常无涉于价值判断,不太倚重蕴藏于立法过程背后的民主性供给。

本书在前面章节已指出,两类规范各自对应一般性税收要素和特别税收要素,而税收要素较容易被识别。所以,前述探讨不仅具有理论上的价值,而且同样可以作用于客观的制度实践。

(二)管控横向规范续造的同时,为纵向规范续造预留更大空间

横向上的规范续造主要由国务院及其财税主管部门完成,这也是当前我国税法领域规范续造的主要形态。在前文对税法规范作类型划分的基础上,考虑到财政目的规范适用更严格的法定控制,故在四类方式中,针对财政目的规范的横向规范续造应限定在出台解释性、执行性规则和基于法律授权制定规则这两种方式。由于税收基本制度原则上实行法律保留,即便要授权,对象也只能是国务院,故而一般来讲,基于法律授权制定规则这种规范续造方式的实施主体只能是国务院。实践中,针对财政目的规范的横向续造有时超越了这两种方式,进入税法漏洞填补的场域,而且,基于授权制定规则的也常常是财税主管部门,该做法在合法性方面有一定疑义,本章将在下一节对此予以详述。对于管制诱导性规范来讲,国务院及其财税主管部门在理论上就可以享有一定的规则创制权限,在规范续造的层面则空间更大,但囿于《立法法》的约束,财税主管部门在实施规范续造时的合法渠道并不畅通。

本节更希望指出的是,税法有必要为纵向的规范续造预设空间。我国当前的税权配置在纵向上颇为集中,在《环境保护税法》出台前的较长一段时间,税收法律中的纵向授权十分有限,后续的第五章还会对此加以阐发。事实上,从规范续造的角度看,只要法律层面明确留下空间,省级单位便有着充足的动力制定相关规则。比如《个人所得税法》第5条所载法定减征条款中,看似仅授权省级人民政府规定个税减征的具体幅度和期限,但根据该条款,出现法定情形时也只是"可以"减征个税,这意味着省级人民政府其实掌握了是否启动减征的决定权。实践中,大多数省级单位均据此实施了规范续造的工作,只不过有时是以省级财税部门发文的形式加以推进的。具体情形如下表所示。

表 4.3 部分省级单位针对个税减征的规范续造

省份	规章名或文件号	残孤烈	自然灾害
北京	京财税〔2012〕2491 号	否	是
天津	津政发〔2017〕3 号	是	是
天津	天津市地方税务局公告 2011 年第 16 号	是	否
山西	《山西省个人所得税减征规定》(山西省人民政府令〔第 55 号〕,已失效)	是	是
山西	晋政发〔2020〕3 号	是	是
内蒙古	内蒙古自治区地方税务局公告 2014 年第 9 号	是	否
辽宁	辽地税发〔2009〕81 号	是	否
吉林	吉地税个所字〔2000〕171 号	是	否
黑龙江	黑政规〔2019〕1 号	是	否
黑龙江	黑税联〔1994〕7 号	是	是
上海	沪财发〔2020〕1 号	是	否
上海	沪财发〔2017〕1 号	是	否
上海	上海市地方税务局公告 2015 年第 3 号	是	否
上海	沪财税〔2014〕7 号	是	否
上海	上海市地方税务局公告 2014 年第 2 号	是	否
上海	沪财税〔2010〕101 号	是	否
上海	沪地税所二〔2007〕30 号	是	否
上海	沪地税所二〔2005〕2 号	是	否
江苏	苏地税规〔2015〕7 号	是	是
浙江	浙财税政〔2019〕9 号	是	否
浙江	浙江省地方税务局公告 2018 年第 1 号	是	否
浙江	浙财税政〔2017〕36 号	是	否
安徽	皖财税法〔2019〕157 号	是	否
安徽	皖政办〔2019〕2 号	是	否
江西	赣财法〔2015〕74 号	是	是
山东	鲁政字〔2019〕129 号	是	是
山东	鲁财税〔2013〕54 号	是	是
山东	鲁财税〔2006〕26 号	是	是
广东	广东省税务局公告 2022 年第 1 号	是	是
广东	广东省地方税务局公告 2016 年第 8 号	是	是
广东	粤地税发〔2001〕159 号	是	是
广西	桂政发〔2019〕21 号	是	是
广西	桂政发〔2019〕21 号	是	是
海南	琼府〔2020〕57 号	是	是
湖南	湘政发〔2019〕7 号	是	否
湖南	湖南省地方税务局公告 2013 年第 5 号	是	否
湖南	湘地税发〔2008〕36 号	是	否
重庆	渝府办发〔2022〕53 号	是	是

(续表)

省份	规章名或文件号	残孤烈	自然灾害
四川	川府发〔2019〕26号	是	是
云南	云南省税务局公告2019年第7号	是	是
西藏	藏政发〔2007〕90号	是	是
河北	《河北省个人所得税减征办法》（河北省人民政府令〔2019〕第11号）	是	是
甘肃	甘政发〔1994〕52号（已失效）	是	是

进一步观察，即便是在税法层面未预留规范续造空间的场合，有些地方也会通过各种方式显性或隐性地开展此项工作。比如《个人所得税法》就一般性扣除额采用的是统一规定的做法，在2005年以前，工资薪金所得的费用扣除长期停留在800元/月。而该标准原制定于1980年，彼时指向的是为数甚少的高收入外籍个人，我国公民则另行征收一般性扣除额为400元/月的个人收入调节税，至1993年亦统一适用800元/月的扣除标准。到2005年时，该标准已经明显偏低，很多中低收入群体也承受着个税负担。虽然法律没有授权各地自行其是，可无论是沿海发达地区还是老工业基地，均不乏制定并践行地方标准的实践，如深圳市按照1600元/月的标准执行，辽宁省则通过"附加扣除四项补贴"的形式每月扣除900元。此外，也有地方政府在形式上绕开税法，而选择以财政奖励特别是先征后返的方式变相突破上位法的限制，如江西鹰潭的例子。①

产生上述现象的成因是多维度的，法律上为地方层级的规范续造工作预留的空间有限，不敷客观需要，应当是其中很重要的一个原因。税法设定纳税义务时是从定性和定量两个角度双管齐下的，其中定性的问题更为根本，需要立法者以具有高度权威的方式作出决断，此间也没有太多的区域差异可言，故而适合直接在法律中进行统一规定。而在定量的部分，税收所衡量的是收益，如果从实际"购买力"的角度去观察，则外观相同的收益能够给不同区域纳税人带来的"效用"并不一致。同时前文已述及，为确定纯收益而需要作多层次扣除，相同的扣除额度可能导致某些区域无法实现"应扣尽扣"，而另外一些区域的纳税人则在事实上获利。有学者从反避税的角度证成全国统一扣除标准的正当性，也即如果费用扣除标准因地而异，可能会引导纳税人转变取得收入的地点以降低税收负担，所以统一标准就具有堵塞此类避

---

① 为吸引投资者进入，该地对于在辖区内证券机构转让上市公司限售股的个人，在征收个人所得税后返还地方分享部分的80%。在此基础上，如果纳税人将返还资金用于购房，追加奖励地方分享部分的10%。

税空间的作用。① 其实,就个税而言,除资本利得和偶然所得外的各项税目在计税时都有费用扣除的问题,但财产转让所得要扣减的费用理论上是具体问题具体分析的,所以与此处讨论相关的主要是综合所得和财产租赁所得。具体来看,首先,工资薪金是综合所得乃至整个个税体系中最主要的税目,除非改换工作或者迁移工作单位地址,否则很难转变取得收入的地点;其次,综合所得项下各税目均实行源泉扣缴,扣缴义务人的存在也大幅增加了纳税人的避税难度;最后,财产租赁所得中的"财产"在实践中主要指不动产和大宗动产,意欲变换就此所取得收入的地点殊为不易。由此看来,即便允许各地在费用扣除标准方面有一定能动空间,也不会过多地增加税款流失的风险。实际上,现实生活中针对个税的规避行为并不少见,除《个人所得税法》已作概括并有针对性加以规制的关联交易和受控外国企业外,选择不同税收管辖权下的纳税人身份、利用特定民事身份、利用自然人和个人独资企业的税负差异、混同投资者生活费用与企业生产经营费用、虚增投资合伙人、个人费用公司化、以"借款"之名行分取红利之实、将一笔收入人为分解为多笔等手段均不鲜见,但选择纳税地点以避税的情形却较为少见,操作不易或是其间的重要原因。

  进言之,在费用扣除的不同维度上,都应于制度层面为纵向规范续造留下空间。就一般性扣除额而言,2018 年的修法将原适用于工资薪金所得之 3500 元/月的扣除标准,调整为 60000 元/年(平均到每个月即 5000 元)并使其适用于整个综合所得,直到二审稿,立法者都意图使劳务报酬等收入不作任何扣除便直接全额计入综合所得,若果真如此,则对于收入来源形式多元的纳税人来讲,一般性扣除额不仅未作上调,反而有所下降。② 即便后来在正式的法律文本中,改为规定劳务报酬等在扣除 20% 的费用后计入综合所得,但一般性扣除额的增幅仍被诟病太小。对此,官方层面主要是强调该次修法引入专项附加扣除之举产生较大的减税力度,且一般性扣除额在今后还将相机提高。③ 其实,不妨换一个角度看待这个问题,该次修法提高一般性扣除额的幅度有限,未尝不是腾出了地方能动空间。但真要付诸实践,还须有明确的授权。概言之,可以考虑对《个人所得税法》作小幅度修正,比如,借鉴《环境保护税法》等法律在向下授权方面的实践,在现行第 6 条第 1 项后增补一句:"省、自治区、直辖市人民政府可以提出增加扣除费用的建议,报同

---

① 刘剑文:《追寻财税法的真谛:刘剑文教授访谈录》,法律出版社 2009 年版,第 125 页。
② 因为在分类征收的模式下,纳税人取得劳务报酬、稿酬等收入时要扣除一定费用。如果按照二审稿的做法,从 3500 元到 5000 元的上升幅度可能不足以覆盖取得劳务报酬等收入时不再扣除的费用。
③ 朱宁宁:《个税起征点定为 5000 元今后将动态调整》,载《法制日报》2018 年 9 月 1 日,第 02 版。

级人民代表大会常务委员会决定,并报全国人民代表大会常务委员会和国务院备案。"此外,全国人大及其常委会也可以发布决定,授权地方适度上浮扣除标准。

就专项附加扣除而言,由于其更加直接地对应纳税人生活中某一方面的成本,不同地区间的差异相对容易测度,故而制度层面有针对性的回应尤为必要。当前的规则在这方面作出了初步尝试,如扣除住房租金支出时并非整齐划一,而是有 1500 元/月、1100 元/月和 800 元/月这三个档次。在个人所得税法整个规范体系中,这种考虑区域差异的做法是开创性的。但必须指出的是,现行专项附加扣除规则对区域差异的观照仍不够充分。第一,各地房价的差异颇大,这使购房者承担的房贷利息也常有天渊之别,然而现行规则完全不考虑纳税人的居住地,按照统一的标准进行扣除,对生活在不同地方的纳税人颇不公平。第二,不同地方因经济发达程度不同,物价水平也不一致,这连带影响赡养老人和子女教育方面投入的平均值,而此二者的扣除规则也是全国统一的。第三,现行规则虽对房租水平的区域差异有所观照,但据以确定扣除额度的标准选择难言允当,对这一点,本节稍详述之。比如,其以市辖区户籍人口有无超过 100 万作为扣除额度 1100 元/月和 800 元/月的区分标准,该指标本身有一定合理性,市辖区户籍人口确实能反映该地住房紧缺程度,从而与住房租金水平存在正相关关系。可是,还有很多因素会影响一地的总体租金水平,经济发展水平、流入人口数量等的重要性超过了市辖区户籍人口数量。问题的根本还是在于,单一指标不足以反映一地房租水平的全貌,可中央层级的制度规范又不可能将诸多因素全部纳入考虑范围,这会导致制度本身极其复杂而又凌乱。更合适的做法还是,在《个人所得税专项附加扣除暂行办法》中明确此项扣除的额度范围,以及具体确定扣除额度时应当考虑的因素,在此前提下,授权省级单位立足本地实际,在制度框架内有序推进规范续造工作。

(三) 对规范续造的实体—程序二维规制

前文已经概括税法领域规范续造的四条基本路径。出台解释性、执行性规则是在上位法框架内进行的,是相对抽象的上位法得以具体指引实践的重要前提,故而应当被鼓励和提倡,但尤其要关注那些假解释之名、行规则创制之实的情形。基于法律授权制定相关规则是调和税收法定和税收调控的重要举措,《立法法》对授权的方式有作安排,税制实践则对此有所突破。填补法律漏洞一向较为敏感,在税法的层面虽不完全对此持否定态度,但在采用这种续造方式时仍然要慎重,应将续造对象限定在管制诱导性规范,填补的漏洞本身也应当是局部性、个别性的,如果是税法上带有一定普遍性的漏洞,则应考虑修改法律。在法律预留空白的地方出台规则,关键要判断立法者"留白"究竟是有心还是无意,尤其要注意避免形式上是"剩余立法"、实则改变立法者意图的情形发生。

一方面,前文已经阐明,税收法律呈现"空筐结构"之外观有其必然性,这使得规范续造在所难免;另一方面,上一段也反映出,无论哪种形式的规范续造,都需要受到必要的管控。结合这两个方面的考虑,针对规范续造的富有弹性的控制思路已呼之欲出,这包括实体和程序两方面的内容。

就实体标准而言,续造对象若是财政目的规范,有无切实贯彻量能课税原则应当成为关注的重心。诚如本书第三章所述,量能课税在纵向上要求课征税款的对象必须是净额所得,在横向上则诉求纳税人之间税负配置的均衡公平。由前者出发,续造的个税规范必须在费用扣除部分力求"应扣尽扣",下位制度规范不能在该议题上打折扣,比如,《个人所得税法》第6条已明示,计算财产转让所得的应纳税所得额时要扣除财产原值和合理费用,下位制度规范若是以概括方式限定扣除范围,或是以正面列举可扣除事项的方法隐蔽地将其他事项排除在外,皆不可取。由后者出发,续造的个税规范既不能不当限缩,也不可不当扩张上位法的适用范围,从而让本来不具有税负能力的主体被课征税款,具有税负能力的主体却免受税负之累,扰乱分配秩序。

所续造的规范如果是管制诱导性规范,则须遵循不同的制度逻辑。现实中,税务规范性文件载有税收优惠事项的情形颇为常见。税收优惠、税收重课等管制诱导性规范正是以偏离量能课税的方式来引导纳税人为或不为一定行为,所以在开展此类规范续造工作时不必完全恪守量能课税的建制原则。然而,量能课税之所以在整个税法领域都有其不可替代的价值,很重要的一点就表现在,即便偏离该原则,也须有充分理由。这便要求管制诱导性规范在有可堪追寻之正当目标的基础上,还要能够满足比例原则,其又可细分为适应性、必要性、狭义比例性三项具体要求。① 以此来衡量,《个人所得税法》对勤劳所得—资本所得相对税负水平的设定本就遭人诟病,通常认为前者适用的税率过高,特别是最高一档税率达到45%,而后者则实行20%的单一比例税率,这意味着,施予勤劳所得的税负常要重于资本所得。在此前提下,下位制度规范若进一步设定针对资本所得尤其是资本利得的税收优惠,即有违反比例原则的嫌疑——此举所增进的法益主要是促进资本市场发展,牺牲的法益主要是平等,二者未必成比例。

在程序机制的层面,续造过程应遵循规范化的程式安排而不得恣意,就此不妨以"法律授权"这种续造方式为例加以说明。其一,就授权对象而言,

---

① 黄学贤:《行政法中的比例原则研究》,载《法律科学》2001年第1期。适应性即手段的有效性,必要性即无其他损害更小的手段可选择,狭义比例性即增进的法益超过贬损的法益。

纵向授权的对象原则上应为权力机关(省级人大)而非行政机关(省级政府),这首先是因为省级人大享有地方性法规的制定权,但最根本的缘由是契合税收法定的核心精神,也即"纳税人同意"①;为尊重《立法法》的规定,横向授权的对象只能是国务院而必须将财税主管部门排除在外,但也应承认,此种做法可能间接地限制了授权的效用,因为国务院并不比全国人大更熟悉涉税议题。其二,无论横向还是纵向,都不得转授权。其三,空白授权应绝对禁止,不得将有争议的模糊处理理解为事实授权,且授权的期限应明确,由授权而生的相关规范都应规定"落日条款"。其四,应塑造并且健全关于所续造之规范的效果评价机制,否则对授权的期限限制便失去实际意义,在授权试点的情况下更应落实此点,否则便无坚实的依据确定应向其他区域或行业扩大试点,抑或终止试点。

进言之,富有效率和刚性的事后审查是确保规范续造依循前述实体标准和程序机制的重要手段。事后审查可以区分为三个层次。第一层是行政机关系统内部的审查。规范续造的工作主要由各层各类的行政机关来进行,而随着法治理念日益深入人心,行政机关内部特别是其法制部门又业已积累了不少与法律相关的工作经验,所以在行政机关出台各类制度规范时,其内设法制相关的工作机构应当适时进行适法性审查。但此时的审查主要是事前的,事后审查可以由上级行政机关特别是国务院主导进行,具体的承办机构也可以是其内设的法制相关的工作机构。《宪法》第 89 条已经为国务院审查规章和各类税务规范性文件提供了源于宪法层面的依据②,行政系统上下级之间领导和被领导的关系更是为此种审查方式的高效开展创造了条件。第二层是由法院实施的司法审查,此种方式具有被动性,须由行政相对人启动,也即当其基于《行政诉讼法》第 53 条,在提起针对具体行政行为的诉讼时要求一并审查征管行为所依据的税务规范性文件,法院方可作相应审查。反之,如果行政相对人选择不起诉或是不要求一并审查规范性文件,或是仅仅要求审查规范性文件,法院都不得对其实施审查,当然,法院在审理案件过程中发现相关规范性文件存在问题时,也可向制定该文件的部门发出司法建议函。第三层是由权力机关也即全国人大常委会实施的审查,这是《宪法》第 67 条赋予其的职责③,审查对象则主要是行政法规和地方性法规。

---

① 本书第三章第一节对此已有阐述,可以参见该部分内容。
② 该条所定国务院职权的第十三项是改变或撤销各部委发布的不适当的命令、指示和规章,第十四项是改变或撤销地方各级国家行政机关的不适当的决定和命令。
③ 该条所定全国人大常委会职权的第七项是撤销国务院制定的同宪法、法律相抵触的行政法规、决定和命令,第八项是撤销省级国家权力机关制定的同宪法、法律和行政法规相抵触的地方性法规和决议。

诚然,规范续造在实体和程序两个方面都应受到规训,但不同的审查进路在侧重点上有所差异。其一,全国人大常委会审查的主要是行政法规、地方性法规所规定的内容是否违反法律。正因为其审查范围相对受限,而税收法律本身在许多问题上的规定又较为笼统,所以下位法直接违反上位法的情形是较少的。其二,行政机关内部审查应更注重量能课税等实体标准的贯彻情况。国务院近年来加强了对行政规范性文件的合法性审查(如要求明确审查主体)①,若能乘此东风,税务规范性文件的清理自然事半功倍。其三,根据行政诉讼法的一般原理,对行政规范性文件所作的司法审查重在合法性审查。该处的"合法性审查"意涵较为丰富,制定权限、制定程序、规范内容是最常见的三大审查角度。② 相较而言,对规范内容的审查可能超越单纯的形式维度,也即不仅从形式上审查相关规范性文件是否抵触上位规则,而已然进入实质性审查的场域,比如在当前的司法实践中,不乏从性别平等、人权保障等抽象原则或曰价值的角度出发,判定相关文件不合法的情形。③ 考虑到即便司法审查后认定案涉文件不合法,也不会直接使相关文件失去效力④,所以法院对于司法审查并没有想象中的畏难,仍有较高程度的积极性,当然,各法院的主观能动性也存在差异。除此之外,一项法律原则获公认的程度,也会对司法审查的广度和深度产生间接影响。本书第三章虽然对量能课税作为税法原则的地位大加肯定,但关于这一点目前在国内仍不可说是毫无争议,尚无法成为法院裁判时可依赖的公认法律原则。根据最高人民法院2018年出台的行政诉讼法司法解释⑤,合法性审查并不限于形式维度,这也与前文所述相印证。该司法解释所阐明的审查重心包括有无制定规范性文件的权限、是否同上位法相抵触、是否没有上位法依据增加相对人的义务或者贬损其权利、制定程序是否合法等方面,这当中特别要引起重视的是第三项,不少税务规范性文件可能存在此类情形并因之而有不合法的风险。举例言之,存在以下情形的税务规范性文件可能存在合法性风险:个税重课,或者说不当增加纳税义务、贬损纳税人财产权;不当限缩税收优惠适用情形,从而导致纳税人的税收筹划权受损。其四,三类审查方式之间应通力合作,以期

---

① 参见国办发〔2018〕37号、国办发〔2018〕115号等文件。
② 李成:《行政规范性文件附带审查进路的司法建构》,载《法学家》2018年第2期。
③ 参见湖南省长沙市望城区人民法院(2015)望行初字第00060号行政判决书;北京市通州区人民法院(2015)通行初字第106号行政判决书。
④ 根据《行政诉讼法》第64条、《最高人民法院关于适用〈中华人民共和国行政诉讼法〉若干问题的解释》(法释〔2015〕9号)第21条的规定,法院在审查后认为相关规范性文件不合法,只能够"不作为认定行政行为合法的依据""在裁判理由中予以阐明""向制定机关提出处理建议""可以抄送制定机关的同级人民政府或者上一级行政机关"。
⑤ 《最高人民法院关于适用〈中华人民共和国行政诉讼法〉的解释》(法释〔2018〕1号)第148条。

收获更大成效,且尤应注意行政审查和司法审查之间的衔接问题。①

四、小　　结

　　2018年的个税修法诚可谓"来势汹汹",其发端于是年3月全国人大审议的《政府工作报告》——当中提出要"改革个人所得税",随后,修法进程不断提速,在6月便拿出征求意见稿并面向全社会征求意见,8月即正式完成修法程序。考虑到该次修法的幅度不小,其进展堪称神速。但不得不指出的是,修改法律只是"改革个人所得税"的里程碑而非终章,在整个个人所得税法律制度的框架内,下位制度规范扮演的角色无论在应然还是实然的层面都不容小觑。这便引发"该如何理解《个人所得税法》在个税规则体系中地位"的问题。对此,本书较为倾向于采取一种辩证的立场:不是停留在"有法可依"的阶段,即仅仅要求最核心的个税事项在《个人所得税法》上有所体现即可,哪怕只是简单提及都无不可,而是强调要对个税核心事项作出实质性制度安排,相应地,下位制度规范所为创制行为亦须基于《个人所得税法》展开;也不对单一《个人所得税法》寄寓不切实际的过高期待,尤其是不奢望更不追求将全部个税事项均规定在《个人所得税法》之中。

　　《个人所得税法》只是观察的样本,前述结论实可适用于包括其在内的各税种法建制。就合理分配税收法律和下位制度规范的创制任务而言,本节建议区分税法规范的类型,要求财政目的规范原则上得载入全国人大及其常委会制定的税收法律,管制诱导性规则可同时分布在法律和下位制度规范中,受到相对宽松的法定控制。就规范续造路径而言,在控制横向层面规范续造的同时,应当给纵向层面的规范续造预留空间,特别是要在制度的层面向省级人大作必要的授权,使其得基于地方治理需求,立足本地实际,出台有针对性的税收规则。同时,不管哪种类型的规范续造,也无论其有无明确的权力来源,在过于机械的税收法定或许功能不适当的背景下,从实体标准和程序机制等角度,施以弹性法定的控制,应当是较为理想的选择。当然,这一思路的贯彻也有赖于有约束力和强制性的事后审查机制。

　　有学者可能会批评,税收规则的载体过于多元,可能会增加纳税人了解税法的难度。其实,规则的复杂乃至相互抵牾,才是使纳税人对税收负担无从形成准确和稳定预期的关键所在,美国倒是将大量的税法规则都编纂进了《国内收入法典》,普通纳税人依然很难独立地搞明白自己应承担的税收负担,而不得不求助于专业的税务律师,载体的单一并未降低纳税人的理解难度——如果没有因为内在逻辑的混乱而上升的话。至于规则载体的多元,在

---

① 《国务院办公厅关于加强行政规范性文件制定和监督管理工作的通知》(国办发〔2018〕37号)便强调建立与人民法院、人民检察院的工作衔接机制,推动行政监督与司法监督形成合力,及时发现并纠正违法文件。

信息获取难度极低的现代社会，反倒不会成为太大的问题。实际上，各类法规汇编的图书已不鲜见，这也大为降低了纳税人的搜寻难度。所以，真正需要提醒有关部门的，是要及时开展针对税务规范性文件的汇编和清理工作，一方面可以将相关的规范集成起来，便于纳税人掌握，另一方面也要在第一时间发现下位制度规范中不合时宜和抵触上位法的地方，并采取措施加以解决。

在传统部门法学的场域，理论研究和制度实践常常呈现"立法论研究—立法或者修法—解释论研究"的互动关系。在立法或者修法之前，学界多会针对制度设计提供对策建议，在立法或者修法完成后，研究重心则会相应转移到如何准确理解和适用法律规则，实践层面更受关注的也是典型判例的推出。在2020年5月正式出台《民法典》前后，民法学界的研究主题变迁和实务界热衷于各类"民法典第一案"的情状便是典型表现，但这一范式不能简单移用到税法场域。已如前述，受多方因素影响，包括《个人所得税法》在内的各税种法通常具有原则性、概括性、抽象性的特质，这决定了即便是在立法或修法工作告一段落的时候，兼顾立法论和解释论研究仍然十分必要。一方面，无论税收法律的规定如何粗线条，其毕竟为纳税义务的确定提供了最基本的框架，故而解释论研究必不可少。另一方面，学界和实务部门也要考虑如何更好地发展和完善税法规则，就此而言，除"进一步修法"这条各部门法共享的进路外，鉴于税法规则常须由下位规范发展的实际，妥善设计载于税务规范性文件中的具体规则，切实并更好地发挥其制度塑造功用，也是一条现实可行的路径。在修法启动不易的条件下，通过合法有序的方式、借税务规范性文件妥善设计相关规则，其重要性更为突出，这正是本节开篇强调法律管控的重心应该是"疏"而非"堵"的缘由所在，也是下一节拟专门观照税务规范性文件的基本考量。

第二节　税务规范性文件创制规则的实然与应然考察
——从"经国务院批准"切入

本书在第三章已经提及，我国原计划在2020年之前完成针对既有税种的立法活动。截至目前，尽管增值税、消费税、房地产税等重要税种的立法尚未完成，税法总则或税法通则也仍然处于制定过程之中，其他税种的立法活动却已经基本告一段落，这使我国的税种立法框架大体落成。为了保障税收筹集财政收入、合理配置资源和保障经济稳定等功能的有效发挥，税收制度规范形式表现出多元化的现实样态自是不可避免之事[①]，盲目追求以狭义的法律规范形式涵盖所有的税收事项显然不切实际。同时，在我国的制度环境

[①] 可以参见本书导论的研究述评部分。另可参见侯卓：《论税法分配功能的二元结构》，载《法学》2018年第1期。

下,受制于税收立法者能力的局限性等方面因素,狭义上税收法律很多时候只是规定了一个大概的制度框架①,本章第一节已经对此现象的合理性有详细说明,不再赘述。本节内容所立足的逻辑起点是我们无法也不应当追求以狭义的法律规范形式来涵盖所有的税收事项。从这一起点出发,财税主管部门及其制发之规范性文件的角色成为本节进一步分析的重点。

在税法实践中,财税主管部门制定实施的税务规范性文件在解释上位规定的同时,也创制了某些规则。根据关于财政部的"三定方案",也即对其职能、机构和人员编制的规定,国家税务总局提出税收政策建议,财政部审议后与其共同上报、下发,同时,国家税务总局还可以解释一般性税政问题,只需要履行向财政部事后备案的手续即可。另外,该"三定方案"中还明确,财政部负责起草税收政策的调整方案。基于上述规定,财政部和国家税务总局经常联合发文。但问题在于,作为前述规定中核心范畴的"税收政策"和"一般性税政问题",并非严格的法律概念,其与税收要素的界限不易辨明。在当前人们习惯于从法律保留的角度理解税收法定的语境下,财税主管部门制发规范性文件的实践有无与之相抵触的情形,财税主管部门试图采取何种手段缓释该种紧张关系,能否奏效?本节即对这些问题加以考察,并最终落脚到应然层面改进思路的提炼。

一、税务规范性文件以"批准/同意"之名的实践

诸多税务规范性文件中往往以"经国务院批准"或"经国务院同意"为起点,引出全文。此种情形在 2019 年之前尤为常见。笔者以"经国务院批准/同意"为关键词在"财政法规数据库"中进行检索,选取的时间跨度为 2008—2018 年,并从检索结果中剔除"财关税、税委会"开头的文件,最终选定制定背景中含有"经国务院批准/同意"表述内容的规范性文件。总体而言,这些文件中包含"经国务院批准"的情形居于多数,本节按照规范内容的不同,将其列示如下。②

---

① 比如,现行《个人所得税法》和《企业所得税法》分别仅有 22 条和 60 条。相较之下,美国的《国内收入法典》中,所得税规定在 A 分标题,计有 1564 节,将实践中可能遇到的各种所得税事宜皆涵盖其中。参见《外国税收征管法律译本》组译:《外国税收征管法律译本》,中国税务出版社 2012 年版,第 3—912 页。

② 需要说明的是,为集中论述,笔者不欲对税务规范性文件中哪些属于阐释性或执行性、哪些属于创制性作细致剖分。本节的研究旨趣是探究"经国务院批准/同意"能否为创制性税务规范性文件提供正当性基础,在此背景下,基于"阐释性或执行性规则可由财税主管部门径行发文,故一般不会有国务院批准情事"这一假设,开展检索工作,形成表 4.4,并作为后文分析的基础。不排除有些入列文件仅为执行性安排甚至是重申上位规范,但这不妨碍研究的展开和结论的得出。

表 4.4 2008—2018 年间以"经国务院批准"起头的税务规范性文件①

事项	(原)文件
税目	1 部:财税[2015]16 号
税基	无
税率	6 部:财税[2008]72 号、财税[2008]78 号(名为税收,实为费率调整)、财税[2008]105 号、财税[2014]57 号(增值税税率)、财税[2014]94 号、财税[2015]60 号(消费税税率)
税收优惠	130 部:财税[2008]1 号、财税[2008]5 号(比照黄金免征增值税)、财税[2008]8 号、财税[2008]24 号、财税[2008]38 号、财税[2008]46 号、财税[2008]47 号、财税[2008]48 号、财税[2008]81 号、财税[2008]104 号(汶川灾后重建)、财税[2008]110 号、财税[2008]132 号(免征存款利息所得税)、财税[2008]137 号、财税[2008]140 号、财税[2008]154 号、财税[2008]156 号、财税[2008]178 号、财税[2009]4 号、财税[2009]7 号、财税[2009]11 号、财税[2009]12 号、财税[2009]30 号、财税[2009]31 号、财税[2009]68 号、财税[2009]70 号、财税[2009]94 号(亚运会税收优惠)、财税[2009]103 号、财税[2009]111 号、财税[2009]132 号、财税[2009]133 号、财税[2009]141 号、财税[2009]147 号、财税[2009]148 号、财税[2009]151 号、财税[2009]154 号、财税[2009]155 号、财税[2009]157 号、财税[2009]159 号、财税[2010]3 号、财税[2010]4 号、财税[2010]44 号、财税[2010]59 号、财税[2010]63 号、财税[2010]64 号、财税[2010]66 号、财税[2010]73 号、财税[2010]77 号、财税[2010]94 号、财税[2010]98 号、财税[2010]107 号、财税[2010]116 号、财税[2010]118 号、财税[2010]127 号、财税[2011]4 号、财税[2011]7 号(消费税先征后返)、财税[2011]9 号、财税[2011]11 号、财税[2011]12 号、财税[2011]13 号、财税[2011]24 号、财税[2011]48 号、财税[2011]51 号、财税[2011]66 号、财税[2011]69 号、财税[2011]76 号、财税[2011]78 号、财税[2011]87 号、财税[2011]88 号、财税[2011]89 号、财税[2011]92 号、财税[2011]99 号、财税[2011]100 号、财税[2011]104 号(继续实施税前扣除)、财税[2011]105 号、财税[2011]115 号、财税[2011]116 号、财税[2011]117 号、财税[2011]118 号、财税[2011]128 号、财税[2011]137 号、财税[2012]19 号、财税[2012]30 号、财税[2012]40 号、财税[2012]85 号(差别化上市公司股息红利所得税)、财税[2012]94 号、财税[2012]97 号、财税[2013]5 号、财税[2013]11 号、财税[2013]42 号(取消优惠)、财税[2013]52 号、财税[2013]58 号、财税[2013]59 号、财税[2013]77 号、财税[2013]80 号、财税[2013]81 号、财税[2013]82 号、财税[2013]83 号、财税[2013]87 号、财税[2013]98 号、财税[2013]105 号、财税[2013]117 号、财税[2014]10 号、财税[2014]15 号(消费税税款抵减)、财税[2014]34 号、财税[2014]38 号、财税[2014]39 号、财税[2014]42 号、财政部 国家税务总局 工业和信息化部公告 2014 年第 53 号、财税[2014]59 号、财税[2014]71 号、财税[2014]79 号、财税[2014]102 号、财税[2014]118 号、财税[2015]18 号、财税[2015]37 号、财税[2015]46 号、财税[2015]51 号、财税[2015]57 号、财税[2015]63 号(职工教育经费税前扣除)、财税[2015]90 号、财税[2015]101 号、财税[2015]109 号、财税[2016]28 号、财税[2016]52 号、财税[2016]82 号、财税[2016]94 号、财税[2016]97 号、财税[2016]111 号、财税[2018]74 号、财税[2018]144 号

---

① 特指制定背景中含"经国务院批准"单句的税务规范性文件,不包括开头为"财关税"及"税委会"文号的文件。考虑到 2019 年制发的文件可能未全部上网,故暂未纳入。

(续表)

事项	（原）文件
出口退税	12部：财税〔2008〕10号（退税政策）、财税〔2008〕111号（退税政策调整）、财税〔2008〕138号、财税〔2008〕177号、财税〔2009〕14号、财税〔2009〕43号、财税〔2009〕88号、财税〔2010〕57号、财税〔2013〕118号、财税〔2014〕5号、财税〔2016〕92号、财税〔2016〕113号
税制试点	16部：财税〔2008〕119号、财税〔2010〕24号、财税〔2010〕26号、财税〔2011〕10号（关税）、财税〔2011〕111号、财税〔2012〕38号（核定扣除）、财税〔2012〕71号（北京交通运输业营改增）、财税〔2012〕75号、财税〔2013〕37号（全国交通运输业营改增）、财税〔2013〕106号（营改增扩大试点行业）、财税〔2014〕43号（电信业纳入营改增）、财税〔2014〕62号（关税）、财税〔2014〕81号、财税〔2015〕56号、财税〔2016〕36号（全面营改增）、财税〔2016〕127号
税务执行	15部：财税〔2008〕9号、财税〔2008〕94号、财税〔2008〕151号、财税〔2008〕176号、财税〔2009〕57号、财税〔2009〕87号、财税〔2009〕112号、财税〔2009〕138号（停止执行部分文件）、财税〔2009〕167号（个人转让上市公司限售股，按照财产转让所得征税）、财税〔2010〕3号、财税〔2010〕4号、财税〔2011〕34号、财税〔2011〕70号、财税〔2012〕15号、财税〔2012〕22号
综合	7部：财税〔2008〕19号（成品油消费税）、财税〔2008〕157号、财税〔2010〕54号（新疆天然气资源税改革）、财税〔2014〕72号（煤炭资源税改革）、财税〔2014〕93号、财税〔2015〕52号（资源税从价计征改革）、财税〔2016〕103号（化妆品消费税综合调整）
合计	187部

相较而言，冠以"经国务院同意"前缀的规范性文件数量要少许多，且多见于2011年之前。2011年至2017年之间，此类情形极为罕见，2017年和2018年则出现轻微反弹。与"经国务院批准"范式的高频出现（共计187部）形成鲜明对比的是，截至2018年年底，以"经国务院同意"起头的规范性文件仅有18部。

表4.5 2008—2018年间以"经国务院同意"起头的税务规范性文件①

事项	（原）文件
税目	无
税基	无
税率	1部：财税字〔1997〕28号
税收优惠	13部：财税字〔1994〕1号、财税字〔1994〕40号、财税字〔1994〕89号、财税〔2001〕13号、财税〔2001〕61号、财税〔2002〕163号、财税〔2003〕192号、财税〔2007〕155号、财税〔2008〕136号、财税〔2017〕71号、财政部 税务总局 工业和信息化部 科技部公告2017年第172号、财税〔2018〕26号、财税〔2018〕84号

---

① 特指制定背景中含"经国务院同意"这一单句的税务规范性文件。

(续表)

事项	（原）文件
税制试点	2部：财税〔2011〕8号（经批准方案的补充通知）、财税〔2011〕110号（营改增试点方案）
税务执行	3部：国税发〔2001〕110号、财税〔2011〕101号、财税〔2018〕75号
综合	无
合计	19部

鉴于税收优惠多表现为对一般性税收要素的更动，在以相关规范性文件在规定税收优惠措施时将不可避免地关涉一般性税收要素，特别是其中税基和税率等事项。对此，本节采取了以下的处理措施：如果对税基或者税率的调整是普适性的，那么便将相关文件所涉事项确定为"税基""税率"等；如果对税基或者税率的调整指向特定主体，相应将文件所涉事项明确为税收优惠。举例言之，财税〔2008〕136号文对社保基金的存款利息所得和证券市场投资所得的不征税规定，因为受益主体特定，故应属于税收优惠。同理，财税〔2015〕63号文对职工教育经费税前扣除、财税〔2011〕7号文对消费税先征后返等所作规定，也均应被视为税收优惠。

整体而言，财税主管部门制定发布的规范性文件主要是对税收优惠所作的规定，但其中并非全部文件都以"经国务院批准/同意"起头。[①] 同时，以"经国务院同意"起头的文件还零星存在于有关税制试点和税务事项执行的场域。与之形成对比的是，以"经国务院批准"起头的文件较多关注一般性税收要素，对税率调整的关注度尤高。大体上看，"批准"和"同意"在税务规范性文件中的区别使用并未表现出明显的规律，两类规范性文件在覆盖范围上有很高的重合度。同时，财税主管部门在制定文件时似乎也并未有意呈现二者的差异。通常而言，财税主管部门在起草相关文件时，如果原始文件采用了"经国务院批准"的表述方式，那么后续的补充通知便也应当以"经国务院批准"起头，从而在形式上体现出前后文件之间的连贯性。举例言之，在财税〔2014〕39号文中，财税主管部门采用的表述方式是"经国务院批准"，后续的财税〔2015〕18号文中亦采用同样的表述方式。但是，此种做法显然没有形成惯例，反面情形并不鲜见，譬如财税〔2010〕26号文和财税〔2011〕8号文系关乎退(免)税试点问题的系列性文件，然而前者采用"经国务院批准"的表述方式，后者则采用"经国务院同意"的表述方式。

经检索可知，2019年以来，尚没有符合检索条件的以"财税"文号开头的

---

① 这方面的事例包括但不限于财税〔2018〕119号、财税〔2018〕135号、财税〔2018〕137号文。

规范性文件。但与此同时,财税主管部门和其他部门联合下发的文件中,即便是在2019年以来,仍不乏涉及税收事项者以"经国务院批准/同意"起头的情形,如财政部、海关总署、税务总局公告2020年第33号涉及海南离岛旅客免税购物政策,财政部、海关总署、税务总局公告2020年第41号涉及新冠疫情不可抗力出口退运货物相关税收的规定,又如国市监注〔2020〕38号文涉及应对新冠疫情对个体工商户的税收减免。另外,在财关税、税委会抬头的文件中,近两年亦不乏此类情形,如税委会〔2019〕17号、财关税〔2020〕36号、财关税〔2020〕38号、财关税〔2020〕42号等。相关情形如下表所示。可见,税务规范性文件的制发,时至今日仍然一定程度上依循着"经国务院批准/同意"的路径。

表 4.6　2019—2023年含"经国务院同意"的税务规范性文件

类型＼年份	2019年	2020年	2021—2023年
含"经国务院批准"	1部:税委会〔2019〕17号	3部:财关税〔2020〕36号、财关税〔2020〕38号、财政部 海关总署 税务总局公告2020年第41号	3部:财关税〔2021〕42号、国家税务总局公告2022年第16号、财关税〔2023〕5号
含"经国务院同意"	无	3部:国市监注〔2020〕38号(涉及税费减免)、财政部 海关总署 税务总局公告2020年第33号、财关税〔2020〕42号	6部:财关税〔2021〕4号、财关税〔2021〕7号、商财发〔2021〕39号、财关税〔2021〕32号、财政部 税务总局公告2021年第28号、税总货劳发〔2022〕36号

二、"批准/同意"承载的规范意图

显然,财税主管部门在制定税务规范性文件时,采用"经国务院批准/同意"的做法旨在实现特定目标。该目标为何,以及经国务院"同意"和经国务院"批准"在规范层面究竟有无实质差异,是本部分试图回答的问题。

(一)"批准/同意"是为补足缺失的规则制定权限

诚如本书第三章所述,我国学界和实务界对于税收法定原则的理解存在将之与税收基本制度法律保留混同的倾向。此等做法虽然忽略了税收法定所旨在追求的"纳税人同意"的内核,但却为税收规则的制定勾勒出基本的可遵循路径。即,税收基本制度的规定应当采用狭义的法律形式,即便存在转授权的情形,转授权的对象也只能是国务院而非国务院的财税主管部门。

问题是,对于税务实践活动更为熟悉且直接主导我国税务行政的正是国务院的财税主管部门,而该部门针对税收基本制度创制规则的路径受到限制。为了化解此种两难情境,财税主管部门采用在税务规范性文件的篇首注明"经国务院同意/批准"的方式,意图缓解对现实需求的有效回应和规则制定权限不足之间的冲突。

这一态度可从国家税务总局《税务规范性文件制定管理办法》的变迁过程中得到进一步佐证。在2005年发布的《税收规范性文件制定管理办法(试行)》(国税发〔2005〕201号)中,第5条第2款强调,税收的开停征和减免退补税等事项是不能由税收规范性文件加以规定的,此时总局对于在文件中创设减免税规则持一种"绝对禁止"的立场。这一立场在2010年和2017年相继出台的两个版本的《税收规范性文件制定管理办法》中得到改变。二者分别在各自的第5条中重申前述规定,也即各类税收事项不得由规范性文件规定,继而话锋一转,明确减税、免税事项在经国务院批准的条件下可以例外,这就为出台规范性文件设立减免税事项预留了制度通道。由此观之,财税主管部门制发规范性文件时以"经国务院同意/批准"起头的意图便十分明了,其无非是希望借此突破《立法法》的约束,使相应的规则创制行为获得正当性。

值得注意的是,国家税务总局在2019年11月修改了该办法,删去了第5条第2款。而本节第一部分观察到一个现象,即税务规范性文件在2019年以后相对降低了使用"经国务院批准"或"经国务院同意"字样的频率。如果考虑到修改办法前有一段酝酿期间,应当认为二者间有大概率存在关联。由此当然引发的问题是,税务总局为何要如此处理?这是否意味着,原先设想中的逻辑并非真正顺畅,即便在相关办法中加入减税免税的除外规定,也无甚实益?意欲准确理解这些问题,须从规范的角度加以检视。

(二)"批准"与"同意"范式的内部比较

诚如前述,在财税主管部门发布的规范性文件中并行着"经国务院同意"和"经国务院批准"两种范式。那么,二者之间有无实质性的差别呢?

作为公文的一种,税务规范性文件的制定也要遵循公文起草的程序性规则。根据《国家行政机关公文处理办法》(国发〔2000〕23号)第17条,针对部门职权范围内的事务,部门可自行行文或者由多个部门联合行文,如果是需要经过政府审批的事项,欲由部门行文即必须经过政府同意,而且在公文中也要注明该点。这一处理办法后来为中办、国办印发的《党政机关公文处理工作条例》所替代,不过工作条例的第16条大致承继了原处理办法的规定。

从中可见,相关程序性规定基本是要求部门行文时要经过国务院"同意",而不大涉及"批准"方面的问题。然而,现实中的行政机关则倾向于在同一意义上使用"同意"和"批准"这两个语词,有时甚至会在一份文件中将二者并列提出,譬如苏政发〔2018〕63号文即采用"经国务院批准同意"的表述统领全文。本节前文也已述及,财税主管部门对两种表述的使用有时显得较为随意,除前文提到的系列文件中分别使用不同表述的情形外,同类事项冠以不同前缀的例子更为多见。就设定税收优惠而言,财税〔2001〕61号文关于证券投资基金、财税〔2003〕192号文关于下岗人员再就业、财税〔2018〕26号文关于页岩气的优惠政策,均是载于由"经国务院同意"领衔的税务规范性文件,财税〔2016〕94号文针对供热企业、财税〔2016〕111号文针对生产和装配伤残人员专用品企业给予的税收优惠,则是将"经国务院批准"作为总起句。但总体而言,"批准"范式的使用频次要更高,"同意"范式则要相形见绌。严格从公文起草程序性规定的语句表达看,更为青睐"批准"而非"同意",似乎有一定问题,何以至此,有待考究。

更为细致地观察表4.6不难发现,以2011年为界,将"经国务院同意"作为总起句的情形呈现前多后少的面貌。联想到《税收规范性文件制定管理办法》在2010年修改并且增补关于减免税事项经国务院"批准"可制定规范性文件之规定的事实,很容易给出的一种解释是,财税主管部门希望以尽量贴近管理办法原始表述的方法,使其规则创制行为的正当性更加充分。

在词源学的层面,"批准"和"同意"的意涵并非完全一致。就"批准"来讲,《现代汉语词典》没有该词条,《新华字典》对其的解释是"判定是非、优劣、可否"。① 就"同意"来讲,《现代汉语词典》以"对某种主张表示相同的意见"来进行阐释。② "批准"当然带有上级许可下级作出特定行为的意味,"同意"则未必如此,其适用场域更广,上下级乃至同级相互之间都可使用该表述。当被用于上下级之间时,"批准"的语气更强,可以被理解为非此不可,"同意"的语气相对来讲要弱一些。由此出发,揣测财税主管部门的主观考虑,或许是其也明白,税收事项的规则制定权限并非由自己掌握,国务院则是根据全国人大及其常委会的授权而掌握一定的权限,故而财税主管部门选择用语气更强也更能表现出国务院主导地位的词汇,以证明自身行为的正当性。

---

① 《新华字典》,商务印书馆1998年版,第377页。
② 中国社会科学院语言研究所词典编辑室编:《现代汉语词典》,商务印书馆1985年版,第1153页。

三、实然层面的合法性风险

概括而言,即便财税主管部门在规范性文件中明确提出"经国务院同意"或者"经国务院批准",其规则创制行为仍然要面对一定的合法性风险,这具体包含四个层面的问题。

(一)部分文件所涉事项并非减税、免税

由于前文列举的文件大部分出台于《税收规范性文件制定管理办法》修改之前,故根据"法不溯及既往"的原理,应当基于修改前的办法来对其加以审视。假设该管理办法的规定合法有效并以其作为衡量标准,不难发现,不在少数的税务规范性文件所规定的内容是管理办法明确禁止由文件规定的事项。

细究修改前的《税收规范性文件制定管理办法》第5条可知,虽然其没有明示禁止税务规范性文件规定纳税人、税目、税率等一般性税收要素,但该条禁止的事项已包含"税收开征、停征",应当认为这实际上已经要求与一般性税收要素相关的规则不得由文件创制,因为一旦涉及这些内容,很多时候便会直接导向税收的开征或者停征。事实上,这一理解是有迹可循的,在2015年修改《立法法》时立法者也曾有过一段曲折的心路历程。针对税收基本制度的法律保留,二审稿一度规定得较为完备,三审稿则直接使用"税种的设立"之表述。面对外界"开倒车"的质疑声,全国人大常委会法工委解释称税种已经涵盖包含税率在内的各项税收要素。当然,该说法未能服众,后来正式出台的法律中还是明确枚举了"税率"这一要素,但由此仍可见制度设计者确实存在将"税收""税种"之类的表述视为包含各项税收要素的倾向。此外,从体系解释的角度出发,修改前的管理办法既然单独将减税、免税事项作为例外提出,在税收法定的语境下,此举可被视作明示某一而排除其他,也即除减免税议题外,其他税收要素都是税务规范性文件不能规定的内容。在澄清该点之后,可以清楚地看到诸多关涉税目等一般性税收要素的规范性文件,即便是在原《税收规范性文件制定管理办法》的框架内也难以获取充分的正当性和合法性基础。举例言之,一系列直接规定消费税的税目或是税率的规范性文件[①],并非指向减免税事项,虽有"经国务院批准"的前缀也无法摆脱越权制定的嫌疑。

进言之,减税、免税既可能代指各类税收优惠措施,也可能仅仅指称那种

[①] 这方面的税务规范性文件包括但不限于财税〔2006〕33号、财税〔2014〕93号、财税〔2014〕94号、财税〔2014〕106号、财税〔2015〕11号、财税〔2015〕16号文。

针对税率做文章的税收优惠方式①,也即减税指税率调低,而免税是指税率调零。如果制度设计者依循的是后一种理解方式,那么此间的减税、免税便不包含针对税基乃至税额做文章的优惠形式,也将加速折旧、减计扣除等间接优惠方式剔除在外。实际上,从通常的表达习惯看,"减税、免税"和"减免税"还是不一样的,如果要用通俗的方式来指代税收优惠,"减免税"是比"减税、免税"更好的选择,因为其具有泛指某物的语词结构,而"减税、免税"的表述本身则有着更强烈的追求精确表达的意味。由此出发,既然免税只可能是税率调零,那么将该处的"减税"理解为税率调低便是更合乎逻辑的理解。可作为佐证的是,税收法律中指称"减税""免税"时基本上都是取其狭义。比如,《企业所得税法》专设"税收优惠"一章,其第 27、28、29 条规定了各类减征、免征的情形,继而又在第 30—34 条依次载明加计扣除、投资抵免应纳税所得额、加速折旧、减计收入、税额抵免等优惠规则,很显然,立法者是将减免税视为一类税收优惠而非其全部。又如,《车船税法》第 3、4、5 条所言减征、免征车船税,《资源税法》第 6、7 条所言减征、免征资源税,《契税法》第 6、7 条所言减征、免征契税,也均是在狭义的税率调低的意义上使用相关表述。所以应当认为,原《税收规范性文件制定管理办法》所谓经国务院批准后可例外地由税务规范性文件规定的,仅限于狭义上的减免税情形。由此观之,某些税务规范性文件所规定的虽然也是税收优惠,但只要其采取的具体方式溢出"减税、免税"的范畴,便可能有超越权限的嫌疑。②

此外,本书在第二章第一节已经指出,表现出减免税外观的并不只有税收优惠,为贯彻量能课税原则而推行的减免税和统一适用于所有纳税人的税负减轻③等情形不属于税收优惠意义上的减免税,却表现出与之相似的形式外观。这启发人们要注意识别,避免误认为费用扣除规则、减税导向的改革措施也可由税务规范性文件来规定。实践中,财税〔2014〕57 号、财税〔2015〕60 号等规范性文件的出台旨在普遍性地降低增值税、消费税的税负水平,因而不是在设定着眼于"特别对待"的税收优惠,这就逾越了原管理办法赋予财税主管部门的权限边界。

(二)"经国务院批准"不改变规则制定主体

诚如前述,财税主管部门意图通过在规范性文件中载明"经国务院批

---

① 张学博:《减免税法律制度研究》,中国政法大学出版社 2012 年版,第 64 页。
② 比如,财税〔2011〕7 号文规定对于油气田企业生产自用成品油,实施消费税的先征后返政策;又如财税〔2014〕15 号文,规定以外购或委托加工汽柴油连续生产的,允许抵扣消费税。
③ 具体来讲,人们容易将这种统一调低税率的情形和本书第六章第一节所述的普适性税收优惠相混淆。

准/同意",以表明该行为的最终决策者是国务院,从而将其自身的行为转归为国务院的行为。然而,通过下文的分析可知,该设想无法奏效。

根据《宪法》第90条,国务院各部委可以在本部门的权限范围内,根据法律以及国务院的行政法规、决定、命令,发布相应的命令、指示和规章。那么,假使国务院部委制定规则的行为是依据国务院的"决定"或"命令"而进行的,这是否会改变该行为的性质?依据《国务院组织法》第14条可知,各部委就"工作中的方针、政策、计划和重大行政措施,应向国务院请示报告,由国务院决定",随后,各部委依法并根据该国务院的决定,"在本部门的权限内"发布命令、指示和规章。该处"国务院决定—部委发布"体现的是上下级行政机关之间命令—服从或者依请示给予指导—根据指导具体执行的关系,其和生活中常见的行政机关在作出一定行为前向上级请示的情形,并没有本质区别。前引条文都强调"本部门的权限范围内",这说明"国务院的决定"指向的只是对其所属部门作出相关行为的认可,而不能因此就改变国务院各部委的权限范围,亦未使相关规则创制行为摇身一变成为国务院自己的行为。

根据"举重以明轻"的法理,既然连国务院的"决定"都不能改变规则创制主体和相关行为的性质,经国务院"批准"或者"同意"在语气上还要更弱一些,自然无从借此引发有关部委立法权限的变动。这一点从前文提及的《党政机关公文处理工作条例》的相关规定中可以得到确证。依据其第31条,经批准公开发布的公文,同发文机关正式印发的公文具有同等效力,这说明有无上级批准并不改变文件的制定机关和规范位阶。

其实,在《宪法》对国务院职权的表述中,仅有一处出现"批准",这便是批准省级行政单位的区域划分和市县层级行政单位的建制和区域划分。此时的"国务院批准"乃是其履行宪法规定职责的具体形式。对市县层级行政单位建制和区域划分来讲,省级人民政府对相关情况的掌握通常要更加精准全面,由其在此过程中扮演重要角色实乃理所当然。但考虑到兹事体大,故由更具权威的国务院进行批准,兼顾了原则性和灵活性。本节前文曾提到苏政发〔2018〕63号文,指出该文件将"经国务院批准同意"作为前缀,在行文至此后即可知晓如此处置的缘由——该文件是有关海安县撤县改市的规定,经国务院"批准"是规定动作,说明国务院在此过程中履行了自身的职责;经国务院"同意"则反映出撤县改市的具体方案应当是由江苏省人民政府制定的。与这种情形比较起来,国务院并不存在宪法层面专门规定的批准或是同意财税主管部门制发文件的权限,故其"批准/同意"之举无甚特别之处,不会如同苏政发〔2018〕63号文中的"国务院批准同意"那般,仅因此便可让行为层级得以提升。也即,税务规范性文件中的"经国务院批准",不改变文件制定主体的层级和制定行为的性质。

(三)"经国务院批准"在文件中规定税收要素属于转授权

承前,既然相关税务规范性文件的出台仍属于财税主管部门的行为,那么,其是否具有这方面的权力呢?从权力来源的角度看,制定相关规则既可能是职权行为,也可能是根据授权所作行为。然而,由于税收基本制度原则上实行法律保留,是故如若财税主管部门制定的文件中包含税收基本制度,则制定相关文件的行为一定不可能是职权行为。

麻烦之处在于,如果从基于授权实施规则创制行为的角度来把握财税主管部门制发规范性文件的性质,则此间必定存在被《立法法》明文禁止的转授权情形。本书前文已多次述及,税收基本制度原则上仅能由狭义法律规定,确有必要时得授权国务院制定相关规则,但不能再行转授权。由此看来,财税主管部门如果是基于授权获得相关规则制定权限,便只可能是从国务院处获得的转授权。当然,有两种观点可能会导向"此处不存在转授权"的结论:一种观点是,国务院"批准"财税主管部门制定相关文件,该处的"批准"是国务院所实施的职权行为,也即根据《宪法》第 89 条第 3 项,规定所属部委的任务和职责,而并非向财税主管部门进行授权①;另一种观点则对该处论证的前提表示质疑,其认为,《立法法》规定实行法律保留的税收基本制度,不包含税收优惠等事项,故而财税主管部门制发文件规定这些内容,本来也无须获得授权。

就第一种观点而言,最突出的问题在于误将作为行政概念的国务院"职权"和授权立法中的"授权"相对立,从而认为,只要国务院在履行自身的职权,便不可能同时向所属部委进行授权。事实上,二者是不同层面的问题,因而不具有逻辑上的互斥性。国务院向下授权本身,也可能正是行使职权的表现。

就第二种观点而言,辨析其正确与否的关键在于全面把握《立法法》第 11 条所谓"税收基本制度"的外延。由于该条在正面阐述税率、税收征管等事项之后,用"等"字引出"税收基本制度",故此处的"等"究竟是用在穷尽列举后表达一种收束前文的意思,还是用在非穷尽列举后起到兜底的作用②,对于正确理解这一条文的意涵,干系甚大。从立法史的角度看,一如前文曾

---

① 2011 年国务院"同意"沪渝两地对个人自住房征房产税的行为性质,大多数学者认为这是转授权,少部分学者便援引前述宪法条文认为这是国务院的职权行为,而非转授权。参见刘剑文主编:《财税法学研究述评:2005—2014》,法律出版社 2015 年版,第 228—229 页。本书第四章第二节的页下注释也有述及该点。

② 参见邹哲承:《助词"等"与"等等"的作用》,载《语言研究》2007 年第 4 期。

述及,法工委的同志曾指出"税种"这一抽象概念内含各类具体的税收要素①,若果如斯言,即便《立法法》没有将税收优惠明确写入,也不意味着立法者当然将其排除在税收基本制度之外,易言之,税收基本制度的范围不能简单地根据法条有无列举而推导得出。退一步讲,从十八届三中全会强调由专门的税收法律法规规定税收优惠来看,不论是否将税收优惠视为税收基本制度的组成部分,顶层设计似乎倾向于认为应当对其实施法律保留。可以作为佐证的是,实践中,《个人所得税法》第4、5条,《企业所得税法》第36条,《资源税法》第6条等诸多条文都明确地将减免税规则的制定权限授予国务院行使,事实上,在专门的税收法律中就部分事项向国务院进行授权,正是授权方式之一种②,设若税收优惠本来就不属于法律保留事项,则授权的举措便毫无必要。故此,虽说对税收优惠等事项亦实行法律保留在学理上有可议之处,本书在后续研讨中也会专门阐述该点,但至少在实然层面,税收优惠等相关规则的制定权限,被顶层设计者认为应当是掌握在权力机关手中的,在例外情形下方可授予国务院。

根据前述分析即可以得出结论,揣摩立法者的意图,似乎是认为含税收优惠在内的诸税收要素原则上俱要受到法律保留的辖制。这样一来,国务院能够规定税收事项也只是源于授权,财税主管部门制发规则便更只能是基于授权。在税务规范性文件中冠以"经国务院批准/同意"的起始句,很容易予人以"国务院向财税主管部门进行转授权"的观感。虽然国务院本身可能没有这方面意愿,但"批准/同意"下的规则创制行为,在客观定性方面只能作这般解读。

(四) 原《税收规范性文件制定管理办法》第5条第2句系越权制定

前文在分析中已经揭示,2010年版《税收规范性文件制定管理办法》在第5条第2句留下的通道,激发了财税主管部门以"经国务院同意/批准"方式规定包括但不限于减税、免税在内的各项税收要素的热情,同时也使得国务院的行为有被认定成转授权的风险。因此,对作为"源头"的相关制度规定加以检视便显得极为必要,本部分即着墨于此。

需要先行廓清的是,该管理办法的规范位阶是部门规章,而非一般意义

---

① 法律解释的主观说强调对立法者原意的探求,代表性人物有萨维尼、温德夏特等。〔德〕伯恩·魏德士:《法理学》,丁晓春、吴越译,法律出版社2013年版,第332页。依该说,围绕立法文本所作的相关说明在解释法律时很重要,故考察全国人大常委会法工委负责同志的说法是有意义的。

② 另一种授权方式也即本书多次提及的以全国人大及其常委会决定的形式授权,具体到税收领域便是著名的"84授权""85授权"。

上的规范性文件。管理办法由国家税务总局规定,其不同于部、委、行、署等国务院的组成部门,而属于直属机构的范畴。就此而言,国务院各组成部门均可制定规章,却非所有的直属机构都有权制定规章,仅是具有行政管理职能的直属机构方得如此。国办发〔2008〕87号文对国家税务总局的主要职责作了明确,其中不仅有多项涉及行政管理方面的职责,如第2、6、11项等,而且还在第4项直接点明税务总局有制定和监督执行有关规章制度的职责,是以其有权制定规章。从制定过程看,该办法符合《规章制定程序条例》的各项规定,完成了全部流程,而且满足部门规章的相关形式要件,应当属于部门规章而非规范性文件的范畴。

但即便如此,在"经国务院批准"后有权出台减税、免税规则,仍然不应当被规定在管理办法之中。前文分析过,此举的客观定性应属国务院向财税主管部门所为的权力授予,姑且不论国务院本就是通过授权方式获得该项权力而《立法法》又禁止转授权,既然是国务院向下授权,行为主体便理当是国务院自身才合适。《立法法》在第91条已作明确,部门规章不能在没有上位法和决定、命令作依据的条件下,增加本部门权力。在国办发〔2008〕87号文关于国家税务总局的职责界定中,虽有制定规章制度一项,但其范围限于税收法律法规的实施细则、税收业务和征收管理事项,关于规则制定权限的界分,未被囊括其中。所以,国家税务总局借原管理办法第5条第2句使自身获得出台减税、免税规则的权力,在性质上属于"自我扩权",无论从法理还是行政伦理的角度加以检视,均不妥适。2019年修改管理办法时删去该规定,或许正是意识到这一点之后的自我纠正之举。

四、应然层面的破局思路

笔者能够感知财税主管部门的用心良苦,其在原管理办法的第5条添附相关规定有着鲜明的目标导向:一是希望能据此在一定程度上掌握"剩余立法权",发挥自身的专业长处,使整个税法规则体系趋于完备、精致;二是保留弹性空间,以在客观经济、社会形势发生变化时迅速应对;三是意图使业已广泛存在的通过规范性文件规定税收事项的做法得以正当化。但根据本节前文的规范阐释,此举并不能实现初衷。真正能迫近乃至达到目标的,是对税收法定中法律保留的要求,在作用方式和作用力度两方面加以调适。① 具体而言,在承认财税主管部门可在一定范围内进行规则创设的前提下,对其实施更富弹性的管控和规范,以求兼顾纯粹理性和现实逻辑。对此,本章第一

---

① 关于将税收法定等同于税收基本制度法律保留的认知,以及这一认知的局限性,可以参见本书第三章第一节的相关论述。

节已有所阐发,此处仅简要概述之。

第一,如同本书前面章节已多次阐述的,税收法定特别是其中法律保留的强度,应当根据税法规范性质的差异而有所不同。对于纳税人、税基、税目等一般性税收要素,基本属于财政目的规范的范畴,可对其提出更为严格的法定要求。对于税收优惠这一典型的管制诱导性规范,既然为发挥调控功能而必须保持起码的灵活性,自是不应该也不能够全部被纳入狭义法律之中①,横向和纵向授权有其必要。② 意欲清晰呈现进而顺利贯彻这一思路,需要明确《立法法》第 11 条第 6 项所谓"税收基本制度"的内涵和外延,就此而言,可以考虑的做法是直接阐明立法者希望实施法律保留的税收事项,然后不再采用"等税收基本制度"的兜底式表述,以免诱发实践中的困惑,从而也使制度文本和税制实践之间的落差得到弥合。环视《立法法》第 11 条的各项,除税收基本制度一项外的其他各项均未采用"等"字的表述方式,这从增强法律规定明确性的角度来看是较为妥适的做法。仍然依托立法史分析可知,税收基本制度法律保留中"等"字的由来实属博弈和妥协的产物③,故而如能凝聚共识,对应当实施法律保留的税收事项形成明确认知,则模糊处理也就没有继续存续的必要性了。

第二,在可能的条件下,修改《立法法》等相关规定,为全国人大及其常委会向财税主管部门的授权留下一定空间。本书在前面章节中就已经指出,现行《立法法》对法律授权的对象作了严格限定,致使基于法律授权出台税收规则这种手段仅能为国务院所运用。在应然的层面,学理上普遍认为,行政主导是经济法的一大特色,这自然要求行政机关获得更多授权以便于积极行权。④ 而在经济法上拥有调制权力的主要是指发改委、财政部、市场监督管理总局之类的国务院组成部门和直属机构,相应地,需要被授权以便行权

---

① 漆多俊:《经济法基础理论》(第五版),法律出版社 2017 年版,第 311 页。
② 参见侯卓:《个人所得税法的空筐结构与规范续造》,载《法学家》2020 年第 3 期。特别是就纵向授权而言,能通过受到控制的地方试验来缓释超大型国家治理的结构性难题,参见郑智航:《超大型国家治理中的地方法治试验及其制度约束》,载《法学评论》2020 年第 1 期。
③ 2015 年修改《立法法》时数易其稿,税收要素的法律保留如何规定是争议焦点之一。如前文所述,二审稿曾甚为详尽地列举各项要素,明确"税种、纳税人、征税对象、计税依据、税率和税收征收管理等税收基本制度要制定法律",其虽也使用"等"字,但从其完备列举的意图看,显未将税收优惠包含在内。三审稿在法律保留事项上有所限缩,仅阐明"税种的开征、停征和税收征收管理的基本制度要制定法律"。后为回应学界提出的税收法定范围过窄等批评,正式出台的法律中一是纳入税率法定、二是增加"等税收基本制度"的表述,前者系对社会各界关切的重大议题作出回应,后者则是在当时条件下保留"必要的模糊",留下弹性空间。
④ 比如,有学者便指出,经济法相较于传统部门法的一大特色即在于,其实施主体主要是政府而非法院,执法因素具有特殊重要性。为此,相关调制主体通常享有某些准立法权乃至准司法权。参见张守文:《经济法总论》,中国人民大学出版社 2009 年版,第 214—215 页。

的更多也是指向此类机构,而不仅是整体意义上的国务院。进言之,财税主管部门若要能够根据授权享有一定的规则制定权限,需要相应调整《立法法》等法律中的相关规定。这至少有两种思路:一是在其第12条也即授权规则中,将"授权国务院"的表述调整为"授权国务院及其部门";二是修改其第15条关于转授权绝对禁止的规定,明确被授权机关虽然不能转授权给其他机关,但在确有必要时可要求其组成部门或直属机构具体执行,这实质上是将"国务院→财税主管部门"这种权力授予路径,从《立法法》所禁止的转授权情形中抽离出来,考虑组成部门、直属机构之于国务院来讲,本来也不太能被认定为"其他机关",所以这一思路其实也是契合事物本质属性的,是本书较为推崇的做法。

第三,对于授权本身和财税主管部门根据授权出台的规范性文件,要从多个角度进行评价。就授权本身而言,必须遵循一系列原则和标准,比如授权应当是明确的①,应当在授权时附有期限,需要配备期限届满后的评价与展期或者终止机制。就根据授权出台的规范性文件而言,本章第一节已从对规范续造的二维规制的角度,作了较多探讨,此处不再赘述。

第四,应当转变对于税务规范性文件规定税收要素的基本立场,从事前禁止改为事后监管,从而不再简单地"一禁了之",而是强调辩证施治。具体来讲,行政机关的内部审查②和司法机关的外部审查③至关重要。前一节对该点也已有述及。当前需要认识到,无论是内部还是外部审查,从"自发"到"自觉"的转变都甚为重要④,这不仅有助于提升规范性文件的质量,也能使日后赋予税务规范性文件更多规则创制空间无后顾之忧。

税制试点和税务执行相对特殊,故而有必要单独进行讨论。前者的典型代表是事关"营改增"试点的一系列文件⑤,后者比如国税发〔2001〕110号文规定,在国务院另行制定关于耕地占用税等税种的具体征管办法前,相关税种的征管参照《税收征管法》等法律执行,又如财税〔2011〕101号文延长了农村金融机构有关税收政策的执行期限,还如财税〔2018〕75号文明确了烟叶税价外补贴的统一标准。从前述不难看到,这两类税务规范性文件在内容上

---

① 2017年版《资源税法(征求意见稿)》曾拟于第17条规定,"国务院可以组织开展水等资源税改革试点。待立法条件成熟后,再通过法律予以规定"。该条即因其空白授权而备受诟病,未见于2018年版草案和2019年正式出台的法律。
② 参见国办发〔2018〕37号、国办发〔2018〕115号等文件,也可以参见本章第一节的相关论述。
③ 参见《行政诉讼法》第53条、法释〔2015〕9号第20—21条、法释〔2018〕1号第145—151条。
④ 比如就对规范性文件的司法附带审查来讲,即有学者提出,应当尽快实现从"部分法院的自发行动"向"各级法院有章可循的规范动作"的转变。李成:《行政规范性文件附带审查进路的司法建构》,载《法学家》2018年第2期。
⑤ 参见财税〔2012〕71号、财税〔2013〕37号、财税〔2013〕106号、财税〔2014〕43号文。

均可能触及一般性税收要素的确定或是调整,只不过税制试点类的文件很多时候突破了现行税法规定,而税务执行类的文件则较多是以"执行"之名而在上位规定的穷尽之处做文章。有鉴于此,对于二者的法治化改造路径亦应当有所区别。针对税务执行类的文件,只要其实质上是在进行规范续造,便应遵循前文关于规范续造的管控思路。针对税制试点,则要更加复杂一些,下文专门论述之。

《立法法》其实已经在第 16 条为税制试点提供了制度框架,也即可以由权力机关授权在一定期限和地域范围内调整或暂停适用法律的部分规定。所谓"试点",从法治的角度看无非也就是上述意涵。税制试点中有相当一部分情形就是在特定地区不再适用或者调整适用既有税法,房产税改革试点便是个中典型,此时即可依此行事。税制试点中另有一种类型,此即在特定行业进行试点,这在我国税制改革进程中也不鲜见,从 20 世纪 80 年代我国引入增值税制度时在部分行业的试点,到"营改增"区分行业进行试点并分批推广开来,都是这方面的例证。由于此时并非特定区域在试点,故依据《立法法》第 16 条的文义,调整或暂停法律适用的做法不及于该类情形。本书认为,差异性原理本来就是税法规制经济社会生活的重要原理,在税法的场域,不同行业适用不同的税法规则是很常见的现象,况且对不同行业作差别对待有些时候还寄托了主其事者的特定考虑。职是之故,对特定行业适用更新后的税法规范,或许从外观来看有"试点"的意味,但在法律的层面上,这就是现实发生的税法规则变迁。由此出发,更应当通过有权机关修改法律、法规的做法来推动上述进程。事实上,如果只是修改法律、法规中的一小部分内容,也不会耗费过多的立法资源,全国人大常委会和国务院有时会发布决定,同时修改多部制度规范中的少数条文。①

整体而言,鉴于税收征管实践对税务规范性文件的功能有所期待,是以客观来讲,虽然其在合法性方面有所欠缺,但仍然成为税法规范体系中不可或缺的组成部分。在此情况下,与其一味诟病,不如采取一种辩证施治的基本立场,在区分规范类型的基础上,兼顾权力授予和管控。唯其如此,方能在税收场域贯通"全面依法治国"和"全面深化改革",也得以从根本上解决"经国务院批准"希望解决却无从解决的难题。

五、小　结

在税收法定原则已得到各界公认的前提下,针对税务规范性文件中载有

---

① 如《全国人民代表大会常务委员会关于修改〈中华人民共和国野生动物保护法〉等十五部法律的决定》(2018 年 10 月)、《国务院关于修改部分行政法规的决定》(2019 年 3 月)。

大量税收要素的质疑已愈发凸显。在此情况下,寄希望于在相关文件中以"经国务院批准/同意"来总领全文,虽然反映出财税主管部门对于规则创制行为正当性的重视,但实际价值是很有限的。纵观国家税务总局发布的四个版本的《税收规范性文件制定管理办法》,第二版和第三版相较于最初的试行版,特别言明经国务院批准后可以发布设定减税、免税事项的规范性文件,大量的税务规范性文件便因此而将"经国务院批准/同意"作为前缀。

但该做法经不起细致推敲,并不能真正充实相关规范创制行为的合法性,对此可从逐层递进的四个层次来把握:其一,纵然以修改前的《税收规范性文件制定管理办法》为依据,相当一部分规范性文件所涉内容也未限定在减税、免税事项中,而是延展至其他税收优惠类型,甚至及于并非税收优惠的统一减轻税负等情形;其二,"经国务院批准/同意"的表述不能改变税务规范性文件的效力位阶,也不会改变该规则创制主体系财税主管部门的现状;其三,"经国务院批准/同意"还使国务院产生转授权的嫌疑,而这有悖于《立法法》的规定;其四,原《税收规范性文件制定管理办法》的相关条文,本来就不适合由财税主管部门在规章中加以规定,其客观上是财税主管部门在"自我扩权",故而在2019年修订时被删除也在意料之中。

诚然,基于税法实施的客观需求,财税主管部门理当掌握某些规则制定权限,但这是在应然层面所作的讨论。在实然层面,囿于《立法法》等制度设计,财税主管部门出台的税务规范性文件时常要面对合法性风险,在现行规则框架内的腾挪空间相对有限。现实需求和法律限制之矛盾的化解,只有通过制度革新的方式进行。本书前面章节的讨论为此处建议的提炼奠定了智识基础。大略来讲,区分税收事项并施以不同程度的法律保留要求,在制度层面为向真正的调制主体授权预留空间,对授权过程和根据授权所出台的规定进行必要的管控,将事前绝对禁止的立场调校为事后有针对性的内外部审查,应当是当前和今后一个时期可以考虑的制度改进方向。此外,尤应注意税制试点和税务执行类规范性文件的特殊性,唯有准确把握其性质,方能更好地在实然和应然两个层面思索相关事项应如何见容于税法体系。

第五章　税收权力和纳税人权利的内在逻辑与规范理路

鉴于税法的公法属性及这一属性对税收与税法功能、税法基本原则的影响,权利和权力问题理当在基础理论层面得到应有的重视。事实上,权利和权力一直是法学特别是公法学研究中的重要命题,这具体到税法领域便是广义上的税权问题。广义税权由狭义税权和纳税人权利组成,狭义税权仅指公权力机关掌握的税收权力,其与纳税人权利相对应。在税收权力领域,税权配置问题长期以来备受学界关注。既有研究无论是主张税权集中还是建议适当分散,虽有区分纵向和横向的税权配置,但对"税权"本身的异质性观照不够,这就使相关研究结论可能会陷入宽严皆误的境地。本章第一节相对宏观,主要是基于法理检视制度文本,进而提炼理想中的税权配置范式;第二节在此基础上尝试剖析实践中税务机关所掌握税权相对偏多的正当性,既不完全肯定,也非一概否定,而是同样遵循着辩证施治的逻辑进路展开研究。在探讨狭义税权之后,本章第三节将转而研究纳税人权利问题,着意揭示制度和学理层面对其作程序化、空洞化理解的倾向,进而思索如何在理论层面认知纳税人权利,以既契合制度实践,又可对其发挥一定的指引作用。无论是对狭义税权还是纳税人权利的研究,本章均坚持类型化方法。

第一节　税权配置的范式提炼

自20世纪80年代以来,我国的税制变迁已历经三个前后相继但又各不相同的阶段。① 在不同时期,税收改革和立法都为数不少、精彩纷呈,税权配置及其相应调适则贯穿始终,甚至成为界定不同历史分期的关键指标。虽然迭经优化,可毋庸讳言的是,我国现行税权配置模式在纵横两个方向上都还不尽完善。横向维度的税权配置主要是在"授权"的层面存在问题,概言之即授权内容有时是模糊甚至空白的,针对授权的监督和评价机制尚不健全,

---

① 张守文:《税制变迁与税收法治现代化》,载《中国社会科学》2015年第2期。

授权后的回收机制也实质性缺位。① 但必须指出,从国家治理的角度出发,授权本身是有必要的,不能由于其存在问题便因噎废食,而应将如何回归法治轨道作为思考重心。纵向维度的税权配置主要表现出的问题在于,地方层级掌握的税权过少,这很大程度上是源于观念层面普遍存在的"税收法定当然要求税权集中"之误解。本书第三章第一节已然述及,地方性法规也应成为税收法定中"法"的一部分,故而由地方性法规明确地方税的相关事项不仅不违背,反倒契合了税收法定的实质要求。② 此外,各地因地制宜,基于区域特质实施税法规范很有必要,这也使地方层级分享部分税权变为合意的结果。因此,税权配置所需要考虑的问题是多元的,单向度的思维模式并不足取。在今日中国,应当立足于税权的本质属性,同时兼顾客观的功能需求,以此来提炼税权配置的应然格局和践行路径。

一、税权配置的法理阐释:本体与界限认知

权力属性、权力结构以及权力范围是厘清权力划分机制的前提要件,故论及税权配置,必须经由税权本体认知、内容构成以及集分界限等角度予以阐释。税权是一项独特的国家权力,具有多重维度的二元结构特征,表现为规范功能与社会功能的二合一特质。③ 根据不同的划分标准,税权可被细分为多个维度,其配置应当视具体税权类型而作具体分析,尤其应注意抽象税权的分税种、分阶段、分要素和分维度细化。同时,具体税权的适当配置还要顾及一国政治体制中税权集中与分散的总体格局和宏观取向。

(一)关于税权属性的多组二元结构

学界对税权的界定并不一致。广义上的税权不仅包括公权力机关所掌握的税收权力,还将纳税人权利也囊括在内。客观地讲,二者有很强的异质性,在作学理探讨时不宜一并进行。相对而言对税权较狭义的界定仅指前者,其可进一步细分为税收立法权、税收征管权以及税收收益权。在这中间,税收立法权是最为根本的,若无该项权力,虽仍然可以享有税收征管权和税收收益权,但所掌握的权力可能不稳定,有时也无法得到保障。因此,也有不少论者会有意无意地选择从税收立法权的角度来把握税权,本章便依循这一进路,如未特别言明,则用"税权"指称公权力机关掌握的税收立法权。

---

① 刘继虎:《〈立法法〉修改背景下我国税收授权立法制度的改革》,载《湖湘论坛》2016年第2期。
② 〔日〕北野弘久:《日本税法学原论》(第五版),郭美松、陈刚译,中国检察出版社2008年版,第72页。
③ 参见侯卓:《财税法功能的"法律性"解构》,载《财经法学》2017年第1期。

如同税法本身富含异质性一样,从多个角度检视税权,都能察知其内在的二元同构之属性。第一,在法律性质的维度,税权兼具基础性和高级性。其既是国家赖以存续的基础性权力①,通过使私人财产能持续、合法地转化为公共财产②,为国家治理提供最起码的物质基础。与此同时,税权又是一国主权独立最充分的表征,譬如学界指称近代中国主权不独立时,一个很重要的理由便是,关税大权在较长一段时间内被掌握在他国手中。第二,在作用后果的维度,税权同时具有侵权性和保护性。税权通常被视为国家依据合法途径对私人财产的"侵犯",但其"侵犯"私人财产并不是为了局部利益或者少数人的特权,而是为了社会公共利益,无论是组织收入、配置资源还是保障稳定,归根结底都是整体导向、公共利益导向的。第三,在运行方式的维度,税权既有法律性的一面,也有行政性的一面。法律作为协调社会利益的机制,并不能完全通过一己之力实现多元利益之间的平衡。国家在宏观层面通过立法搭建基础架构、铺垫基础价值的同时,在微观层面则要更多地依靠行政手段推动法律实施。税权的运行既要始终处于法治轨道之上,也不能放弃其应有的能动性和灵活性,这就给关于税权的制度设计提出了更高的要求。第四,在治理对象的维度,税权既要服务于全国一盘棋的战略布局,也不能忽视地方层级的国家机关运用税收权力推进区域治理的诉求。事实上,我国的现实国情和政体决定了在通过税收手段推进各项治理任务时,都要依赖高效的府际协同,税权的合理配置是使各级政府在此进程中激励相容的关键所在。总之,税权既是立国之魂,也是治国之本;既有管理表象,亦有善治价值;既要受法律约束,也要赋予行政机关能动空间;既承载中央的集中统筹利益,也蕴含地方的分权治理需求。

除基本属性在多个方面呈现出二元结构之外,税权的功能目标也表现出类似的特征。诚如本书第二章所言,税收和税法的功能有两个相向的维度:一方面,学界通常界定的税收三职能都是干预导向的,税法自然也将保障税收职能的发挥作为重要使命;另一方面,从税法作为法律尤其是公法的基本定位出发,控权也必然是税法功能的一个层面。立足于前者,会要求税权配置和运行坚持治理导向,灵活而不拘一格是值得追求的目标。着眼于后者,则税权配置和运行要受到严格的控制和规范,以避免对私人权利不必要、不合法的限制乃至侵犯。进言之,对税收的功能再作归类,则大体上可将其概

---

① Michael Mann, *States, War, and Capitalism: Studies in Political Sociology*, Blackwell, 1998, pp. 5-9.
② 刘剑文、王桦宇:《公共财产权的概念及其法治逻辑》,载《中国社会科学》2014年第8期。

括为组织收入和管制诱导这两方面①，为发挥各自功能而确立的制度逻辑存在较大差异，这也决定了税权配置应当坚持一种具体问题具体分析的立场。当然，从共性的角度看，无论是单纯以税收形式组织财政收入，还是借税收的征取实施管制诱导，都会在公民个体权益与社会公共利益之间引发张力，协调二者的关键在于税权的配置和使用须达致合法性与合理性的最优组合。

(二) 税权配置的主体范围和具体内容

在已然明确税权的意涵之后，就可以从主体和客体的二元维度切入，对税权配置给谁和配置哪些税权的问题加以明确。

税权的掌握者均为国家机关，但国家机关有着不同层级和不同类型。抽象地看，中央和地方各层级的权力机关和行政机关都可能成为掌握和行使税权的主体，具体地看，税权配置主要关系到中央层级的全国人大及其常委会、国务院、财税主管部门，以及地方层级的对应机构。需要指出的是，要注意区分文本意义上掌握税权的主体和实践中掌握税权的主体，二者在有些时候并不一致，本章下一节还将对此作专门剖析。

以上是从主体角度所作的分析，与此同时，税权所指向的内容也需要廓清，这尤其吁求一种类型化的观察进路：其一，考虑到组织收入和管制诱导的作用进路区隔较大，配置税权时应针对财政目的税收和管制诱导性税收设计差异化方案。其二，税收要素的制定和税收要素的调整有着不同的意涵，配置税权对此宜有所观照。其三，税权在纵向和横向的划分上需要考虑的因素不尽一致，故而在配置税权时既要兼顾纵横的二元视角，也不能将二者混同在一起。

(三) 税权集中与分散的方法论析

税权在多个维度的二元同构性决定了在对其进行配置时要讲求平衡，而此处的平衡首先是指在集中和分散之间要做到允执厥中，止于至善。一方面，税收是宏观调控的一种重要手段，而宏观调控又属于高层级的公共产品，故而税收权力在宏观维度的适当集中是必需的，同时这也能为组织财政收入的活动提供更高程度的权威性；另一方面，税收也是国家治理的一类工具，"治理"不同于传统"管理"范式的一大特质正在于其主体的多维性，这从根本上要求掌握税权的主体也应当有多个，是以税权亦须根据税种、税收要素、所处阶段等因素进行解构配置，以在微观层面实现分散治理。有鉴于此，应

---

① 侯卓：《论税法分配功能的二元结构》，载《法学》2018年第1期。

从宏观统筹与微观治理二元视角去理解税权配置,集中与分散的比例分配取决于一国的基本国情、政治体制和关系范式等本土资源;故税权配置充满"变量"与"定量",处于"动态"与"静态"、"合理"与"合法"的结合域,诚为施政治理中利益博弈和协调的矛盾域。纵观今世诸国,税权莫不是由不同公权力机关分享,只是集中与分散的搭配比例各异而已。理论上讲,应该立足政体国情,遵循适度的原则配置税权。

在实然层面,我国各级政府间的税权配置有一个发展变化的过程。在分税制财政体制改革以前,相对分散是彼时税权配置的基本特征,财政收入占国民收入的比重和中央财政收入占财政收入的比重的不足即很直观地反映了这一点。其背后的制度动因在于,在 1987 年起推行的财政包干体制下,地方政府和中央政府定期就围绕以税收为主体的财政收入分配进行磋商,由于彼时的税务机关隶属同级政府,各地的税收征管权掌握在地方政府手中,这使得中央政府在与地方政府沟通应上交财政收入的数额时天然地处在弱势地位,谈定的方案更可能对地方政府有利。有时,中央政府和地方政府即便谈定了对前者更加有利的收入分配方案,由于税收征管权完全掌握在后者手中,真实的收入数据可能仅为属地政府所知晓,从而使地方政府有能力隐瞒收入以致实际上交中央的财政收入数额远低于应当上交的数额。[①] 于是,税收收益权向地方倾斜是可以预期的结果。在前述格局下,即便税收立法权在纸面上集中于中央层级,地方政府实际上也有足够的权威影响税收规则的制定和运行。分税制财政体制改革以后,税权配置在纵向上趋于集中。[②] 中央层级不仅通过中央税和共享税之中央分享部分获得了税收收入的大部,还自上而下设立隶属于国家税务总局而非同级政府的国税局,集中了税收征管权,同时让中央政府在与地方政府的博弈中居于优势地位。更重要的是,通过将税收法定与税权纵向集中相联结,以及对地方政府出台税收"土政策"的多轮治理,中央层级能够将各类税收事项的决定权集中在自己手中。在横向上,除最高权力机关外,国务院及其所属的财税主管部门分享了相当一部分税收权力。虽然学界共识是无论单一制还是联邦制国家,都可以在政府间财政关系的维度践行财政联邦主义,但中央集权与行政主导的税权集中模

---

① 有学者举了两个事例:一是上海,上海实行定额上解加递增分成的包干方案,也即年度财政收入低于 165 亿元时,定额上解中央政府 100 亿元,超出 165 亿元的部分则在中央和上海间五五分成,结果上海连续多年呈现的财政收入都在 163—165 亿元之间;二是北京,北京实行收入递增包干分成的方案,约定的年增长率为 4%,结果北京每年财政收入的增长都正好是 4%。参见吕冰洋:《央地关系——寓活力于秩序》,商务印书馆 2022 年版,第 98 页。
② 叶姗:《税权集中的形成及其强化:考察近 20 年的税收规范性文件》,载《中外法学》2012 年第 4 期。

式,仍然在很大程度上框限了财政联邦主义的制度实践。① 更关键的是,当前税权配置实践的精细度严重不足,因而容易陷入"不审势即宽严皆误"的困窘境地。

综上,探寻税权配置之道,宏观价值指引和微观技术操作缺一不可。一方面,要在抽象层面廓清一国体制环境和本土资源下税权配置的价值取向,只有高效衔接价值性考量与技术性思维,才能实现税权配置的正当性与合理性。另一方面,应从税权的本体认知、功能定位和基本结构入手,遵循具体化的思维路径:其一,应廓清税权本体的二元结构性,这决定了顶层设计者在配置税权时需要综合考虑国情资源、利益分配、角色能动性等因素,附加有效平衡能力;其二,需回应税权的多元功能,根据结构—功能主义,一定的税权结构蕴含一定的功能指向,故而更为重视哪些功能的发挥,如何更好发挥特定功能,都将对税权结构的应然状态有所期待;其三,要厘清税权的类型构造与实施主体,结合税权的功能、结构与主体,遵循差异化路径推进配置格局的优化。

二、税权配置的立场分歧:控权与授权论析

在私人财产权保护和政府有效管理的任务指引下,税权配置存在控权与授权的立场分歧。前者秉承"税收法定性"和"征税统一性"理念,主张将税权集中于立法机关/权力机关和中央层级,认为税收法定的价值在于防范税务机关对税法的恣意解释和适用②,征税统一性是维系中央权威、限制地方政府潜在失范行为的必要手段。③ 后者则诉诸"税收工具性"和"财政联邦主义",主张将税权分散给行政机构和地方政府,认为税收是政府规制市场与社会的基本工具,"联邦制是经济学意义上的政府部门的最优组织形式"。④ 集中控制论与分散授予论分居税权配置谱系的两端,妥善的税权配置并非舍此趋彼,而是组合适用二者以契合现有体制国情与治理任务,达成民主与专业、权威体制与有效治理的平衡共进。⑤

---

① 参见王世涛:《论单一制中国的财政联邦制——以中央与地方财政关系为视角》,载《北方法学》2010年第5期。
② 参见〔日〕北野弘久:《税法学原论》(第四版),陈刚、杨建广等译,中国检察出版社2001年版,第65页。
③ 参见〔澳〕布伦南、〔美〕布坎南:《宪政经济学》,冯克利等译,中国社会科学出版社2012年版,第187页。
④ 〔美〕华莱士·E.奥茨:《财政联邦主义》,陆符嘉译,译林出版社2012年版,第24页。
⑤ 参见徐阳光:《民主与专业的平衡:税收法定原则的中国进路》,载《中国人民大学学报》2016年第3期;周雪光:《权威体制与有效治理:当代中国国家治理的制度逻辑》,载《开放时代》2011年第10期。

(一) 税收法定主义与税权控制之契约精神

本书第三章曾言及,发端于英国中世纪封建时期的税收法定主义以私有财产权保护为中心,倡导"无代表则无税""征税必须获得纳税人同意",形塑国家与国民之间的税收契约精神;此后,随着代议政治兴起,经纳税人同意的征税惯例逐渐演进为议会主导的税权运作逻辑。① 即便如此,西方国家纳税人参与财政收支决策过程的意识仍十分强烈,其根源在于国家与公民间存在平等契约型关系的理念深入人心,"政治共同体的基础,是它的成员们的公约"。② 税收法定主义的历史起源和演进脉络就与这种公共契约型关系结构紧密相连,税收被视为"文明的对价",也即公民付出自身财富的一部分以换取剩余财富的安全,以及自由享用这部分财富的权利。③ 在此前提下,税权配置是基于国家整体与公民个体契约型关系的"三层平衡体系":既不能将税权狭义理解为单向度的征税权,而要认识到国家税权与纳税人税权的二元结构性④;也不能把税权全部集中于单一主体,而要以妥善的权力配置遏制"利维坦"的出现和"地方诸侯"的兴起;还不能视税权纯为干预市场经济的工具性权力,而要秉承税收中性原则和保持税权谦抑性。⑤ 综上,筑基于社会契约关系之上的税法理论无不彰显着契约理念,税收债务关系说的广泛流行、税收法定主义的严格贯彻、纳税人权利保护的理念植入均根源于此,并深深嵌入税收法治进程之中,形成国家与社会之间长久稳定的价值共识与规范理路。

积极意义上,社会契约理论为纳税人权利保护奠定理念基础,不断推动税收法定迈向新高度、拓展新语义、服务新征程。早在古典自由主义时期,"夜警国家"模型决定了税权必须被控制在社会契约范围内,税收被认为是一种交换关系,征税权因其财产侵益属性而受到宪法和法律的重重约束,以"税权控制"为本位的税收法定亦建立在笼统的税权概念之上,其意味着统一税权的议会法定。因而,税收法定主义诞生之初,意在控制税权,以维系国家与社会之间的契约关系纽带,时至今日,"依法征税"已成为现代民主国家的重要特质,"无人敢虚构一种想象,以为某项赋税可不用法案而成立"。⑥ 然而,进入国家干预主义时期,税权完全由议会掌握的传统模式,被缓释经济

---

① 参见李建人:《英国税收法律主义的历史源流》,法律出版社2012年版,第47—51页。
② 〔法〕卢梭:《社会契约论》,李平沤译,商务印书馆2011年版,第171页。
③ 〔法〕孟德斯鸠:《论法的精神》(上册),张雁深译,商务印书馆1961年版,第213页。
④ 参见张富强:《论税权二元结构及其价值逻辑》,载《法学家》2011年第2期。
⑤ 参见王惠:《论税的谦抑性》,中国财政经济出版社2013年版,第161页。
⑥ 〔英〕戴雪:《英宪精义》,雷宾南译,中国法制出版社2001年版,第345页。

危机、维系公平竞争和税收立法专业化等现实诉求动摇。从放任市场到调控市场,从消极的秩序维护到积极的风险规制,税收立法权不再被禁锢于议会,行政机关也能适当分享一部分,从而可以运用财税政策实现施政意图。但这又容易造成税权的异化,与契约型宪法关系下的税权议会法定相偏离,税权配置便要在此两难处境中艰难抉择。

事实上,无论是"夜警国家"的"税权控制论",还是"规制国家"的"税权调控论",都只代表税权功能的某一价值立场。归根结底,税权控制与税权调控应汇集指向于兼顾纳税人权利与国家利益的社会公共利益最大化。[①]价值整合和利益平衡的终极指向是"社会法治国家",在这一国家形态下,税收法定有两层含义——收入法定与调控法定。其一,收入法定是税收法定的核心要义,构成德日等国税法学界纳税人权利保护的理论支撑,立足于私人财产权与公共财产权之分野[②],要求政府征税过程必须契合税收要素法定、税收要素明确以及稽征程序合法原则[③],确保公共财政收入合法与正当。其二,调控法定是税收法定的派生面向,也是其现代性面向:一方面,由于市场经济瞬息万变,国家治理风险陡增,税收披着财政外衣调控市场和规制风险的工具价值显性化,但立法具有滞后性和不完全理性,故为提升税法的回应性和反思性[④],不应将税收法定僵化,而应追求形式(静态)法定与实质(动态)法定的合一[⑤],税法的稳定性与灵活性缺一不可;另一方面,鉴于宏观调控的相机抉择特质和法律稳定性的矛盾[⑥],要在认识严格恪守形式法定之现实悖论的基础上[⑦],基于对税收立法授权的法治规范来确保政府税收调控的合法性,与收入法定强调对征税要件的实体立法限定不同,调控法定以程序立法控制为主,本书在第四章已对此有所阐述。总而言之,社会契约论虽具捍卫税收民主的主线价值,却无法适应现代国家运用征税权调整社会秩序的新趋势[⑧];当前,国家治理语境下的税权实施既要能通过财政汲取权限正当

[①] 参见龚伟:《税法中的利益及其平衡机制研究》,中国法制出版社2016年版,第58页。
[②] 参见刘剑文、王桦宇:《公共财产权的概念及其法治逻辑》,载《中国社会科学》2014年第8期。
[③] 参见陈清秀:《税法总论》,元照出版有限公司2012年版,第46—50页。这也是通常理解的税收法定的三项基本要求,本书第三章已对此有所阐发。
[④] 参见廖呈钱:《回应性:地方税收立法制度的一种理论支撑》,载《现代经济探讨》2016年第8期;王婷婷:《反思型税法的理论构建及对现代税法危机的破解》,载《法学》2017年第5期。
[⑤] 参见邢会强:《论税收动态法定原则》,载《税务研究》2008年第8期。
[⑥] 参见刘桂清:《税收调控中落实税收法定原则的正当理由和法条授权立法路径新探》,载《税务研究》2015年第3期。
[⑦] 参见赵芳春、肖正军:《税收法定原则内含的悖论及其原因分析》,载刘剑文主编:《财税法论丛》第7卷,法律出版社2005年版,第60页。
[⑧] 参见朱孔武:《征税权、纳税人权利与代议政治》,中国政法大学出版社2017年版,第157页。

的合法性测试,又夹杂决策层以其为政策工具调控市场经济、调节收入分配、规制社会风险的公共政策目标,还牵涉市场经济中征税权的规范性与能动性之协调问题,不可不慎重对待。

(二) 税权能动主义与税收调控之授权原理

机械式税权控制思维流行于强调社会契约精神的自由法治国时期,核心要素是"议会至上""形式法定""最小国家"①,虽奠定了税权对私域的尊重克制立场,但过于注重控权也导致税收调控功能羸弱不堪,市场失灵、失序、失衡难题常因政府无权干涉而趋于恶化。由法律帝国迈向行政国家构成现代社会法治国转型的故事序章②,纯粹保护主义面向的税收法定观念受到冲击,面对日益激增的公共治理事务、社会风险规制任务和公私利益协调问题,摆脱有限政府模型的单向思维、再造有为政府尤为迫切。故此,在以自由法治国为基础、以租税国为前提的社会法治国语境下③,应当基于横向和纵向行政分工管理的需要,将不属于法律保留范围及宜于差别化规制的税收事项之立法权以及关于征管权限和税收利益的分配议题,适当作行政性或地方性授权。税收调控之授权法定与税收收入之议会法定的共同贯彻,能推动形成有为政府与有限政府的合一,既体现积极保障政府分层管理权能的内在要义、有助于税权运行的效益产出,也契合捍卫个体权益不受非法侵犯的核心精神、形成对税权运行过程的合宪性控制。

横向维度上,主要是立法机关向行政机关的水平授权。首先,立法权与行政权在运行阶段上不同,面对复杂多变的税法适用情境,需要将及时解惑答疑等权力授予行政机关,此所谓立法授权。法律保留是区别议会立法与行政立法的理论依据,"重要性"是甄别法律保留事项的基本准则,"越是对公共利益和公民权利重要的事项,对立法机关的要求越高"④,故税收立法权之横向分工应基于税收事项之重要程度不同,将关涉纳税人基本权利的税种设立、要素确定等交予立法机关,以彰显税收法治与纳税人同意的价值依归。当然,税收要素等事项在重要性上亦有差序格局,譬如税种设立与征收政策调整、税收构成要件的确立与调整等即不可一概而论,可再予差异化权力配置。其次,就政府的每一活动,都应授予一种(组)特定的征税手段,这既是

---

① 参见刘丽:《税权的宪法控制》,法律出版社 2006 年版,第 116—120 页。
② See Adrian Vermeule, *Law's Abnegation: From Law's Empire to the Administrative State*, Harvard University Press, 2016, pp. 36-37.
③ 参见葛克昌:《国家学与国家法:社会国、租税国与法治国理念》,月旦出版社股份有限公司 1996 年版,第 48—59 页。
④ 曾祥华:《法律优先与法律保留》,载《政治与法律》2005 年第 4 期。

为了保证财力支撑,更是要利用税基和政府活动之间的互补性①,实现税收的有效调控,此所谓调控授权。一项税收权力是否授予行政机关,判断标准是政府有无管理职权,厘清职能范围是调控授权的必经步骤。最后,在立法授权和调控授权之外,还要授予行政机关一定的行政裁量权,在规则与裁量之间寻求平衡,"不要反对与政府所从事的任务相称的裁量权,要反对超出这些任务的裁量权"②,此所谓执法授权。鉴于立法的原则性和模糊性,税务机关在执法时应有相应的自由裁量权,但要受比例原则拘束。

纵向维度上,存在着中央向地方的垂直授权。在领域广袤的大国,各地区的经济发展、资源环境和政策文化各有差异,地区差异与国家统一需于统治风险防御和国家有效治理层面得以兼顾。一方面,基于风险论视角:为防范代理风险,建立中央集权式的国家统一维护体制,保持中央政府的绝对权威和有效控制着实必要;但为防范社会风险,向地方合理分权以分散风险并加强抵御社会风险的能力也刻不容缓。总之,需要综合考虑中央集权和地方分权,使两类风险之加总对政权稳定的威胁最小化。③ 另一方面,基于治理论视角:央地政府分别担负着宏观统筹和微观治理的职责,集权与授权的应然临界点取决于中央宏观统筹、地方微观治理、府际纵向联动的最优搭配。

较之税权控制的固有道义,必要的税权授予无疑是回应国家治理实践之组织分工方式。毋庸讳言,税收法定与授权立法存在紧张关系。④ 然而,不应绝对化、形式化地理解税收法定,税收法定并非仅具控权意旨,还有授权内涵。授权也不意味着脱离法律控制,更非无规则的权力分配,而是要将横向与纵向之授权过程和结果纳入法治轨道,回归理性化、法治化税权配置之科学命题。

(三) 财税法律治理与税权配置之功能适当

政治学上有两大核心范畴:民主与自由。前者聚焦"由谁掌握公共权力",后者关注"公共权力的界限"。⑤ 从发展的角度看,人们日益认识到,较之权力配属,对权力运作的规训在重要性上更为突出。与权力如何行使和行权边界何在的问题比起来,谁来行使权力并没有想象中那么重要。⑥ 税权议

---

① 参见〔澳〕布伦南、〔美〕布坎南:《宪政经济学》,冯克利等译,中国社会科学出版社2012年版,第179页。
② 参见〔美〕肯尼斯·卡尔普·戴维斯:《裁量正义——一项初步的研究》,毕洪海译,商务印书馆2009年版,第454页。
③ 参见曹正汉:《中国的集权与分权:"风险论"与历史证据》,载《社会》2017年第3期。
④ 参见熊伟:《论我国的税收授权立法制度》,载《税务研究》2013年第6期。
⑤ 〔英〕哈耶克:《自由宪章》,杨玉生等译,中国社会科学出版社2012年版,"译者的话"第4页。
⑥ 〔英〕卡尔·波普尔:《开放社会及其敌人》(第二卷),郑一明等译,中国社会科学出版社1999年版,第264页。

题也遵循该逻辑，与其关注静态层面的税权配置，不如探究事实上谁在运用税权以及该过程有无侵及纳税人基本权利，这涉及"税权的范围为何"这一根本性论题。此外，中央与地方作为主权意志和国家治理的"发声者"与"力行者"，中央集权多一点还是地方分权多一点并无一致标准，而要根据政体形式和治理任务动态、适度地调适。总之，应分别以权力控制和中央统筹为前提，确保横向上议会—政府、纵向上中央—地方权力运行的规范性和有效性。

一是权力驯化与权力运行是国家财税法律治理进程中的核心任务。现代社会法治国需要重新定义税收法定，严格、形式主义的税收法定应逐渐将其辐射范围收缩至最重要的那些税收事项，而授予行政机关就另外一些非根本性的事项以规则制定权限。① 从法的规范价值维度，践行税收法定主义意在通过征税权的法治化达到保障纳税人权利的税法目标，但从法的工具价值维度，不宜困滞于税收法定主义的狭域内涵，而要因应环境位移、社会变迁和风险增减，使税收法定原则紧密贴合不同国家不同时期的不同治理需求，奠定其在形塑税权结构、规范税权实施和优化税权治理上的指导地位。本书认为，全面税收法定视阈下的税权配置除秉承"权力控制"的法治精神外，还应达成"权力自主"和"权力合作"的善治格局，保持财政分权与本土资源、政治结构和公共治理的精准接洽，完成税权配置在法治规范与政治灵活基础上的功能性调适。

二是中央统筹与地方自主是国家财税法律治理进程中的组织逻辑。区别于西方国家的财政联邦主义，中国式财政联邦制着眼于在坚持中央统筹权威的基础上适当赋予地方财政自主权，此财政自主权区别于财政自治权，考虑到地方发展现状和治理诉求的差序化格局，给予地方有限自决权和能动治理权。需要说明的是，民族自治地方相对特殊，在不同时空条件下，民族自治地方能够享受的自主权力往往要比其他地方更大。我国《宪法》第117条即明确规定，民族自治地方的自治机关有管理地方财政的自治权，该处直接使用了"自治权"的措辞，在力度上显然要较一般意义上的自主权更高。

以上构成国家财税治理法治化和现代化语境下税权配置的基本进路，核心观念即不再纠结于税权集中与分散之价值导向，而是在认可控权与授权、集权与分权之辩证关系的基础上，使各类国家机关根据自身在组织效能和治理能力方面的优长，承担相应的职权，这便是税权配置时理当遵循的功能适当原则。② 一般认为，功能适当原则来源于德国宪法理论和实践。德国联邦宪法法院在1984年"导弹部署案"的判决中即已阐明，考量特定权力应当配

---

① 许安平：《税收法律主义及其在当代的困惑》，载《现代法学》2005年第3期。
② 张翔：《我国国家权力配置原则的功能主义解释》，载《中外法学》2018年第2期。

置给哪一国家机关时,需要观照相关国家机关的内部结构、组成方式、功能与决定程序,据此择定具备最佳条件者,其目标则在于使国家机关作出的决定尽量正确。① 域外有学者将其核心思想概括为,"不只要建构对国家权力的抑制与平衡,更要关注国家职能、机关以及实际政治力量的'合乎事物本质的确认和配置'"。②

三、税权配置的中国逻辑:政治与法治语境

本书在导论的研究述评部分即已说明,我国现行税权配置在横向上较为分散,在纵向上则颇为集中。究其根源,该格局在很大程度上受政治性因素影响。客观地讲,其在推动国家治理等方面发挥了积极作用,但仍有基于法治视角进行检视并予以优化的必要。

(一) 我国税权配置的政治生态与法治愿景

我国税权配置的现行格局可以从政治角度切入加以把握。一方面,为强化中央层级组织财政收入和实施宏观调控的能力,税收权力在央地之间的配比更侧重中央层级,地方层级被授予的税收权力在范围和力度上都很有限,而且中央是否收回授权基本可以不被地方意志所左右。另一方面,为更加高效地发挥税收的宏观调控职能,税收权力在横向上较多地被授予给行政机关,主要是国务院及其财税主管部门,而且授权有时不够明确和规范。如同本章下一节将会述及的,行政机关得以分享税权有两种渠道,一为权力机关的直接授予,二为其事实上掌握的超越文本的权力,在观察和把握行政机关掌握税权的状况时,应同时关注这两方面。

历史地看,我国当前的税权配置格局系由 1994 年的分税制财政体制改革塑造。本节前文已经介绍了由财政包干体制转为分税制财政管理体制的过程,事实上,无论是 1987 年推行财政包干体制还是 1994 年起转而实施分税制,相当程度上都是出于政治方面的考量。财政包干体制的推行,主要是为了激发地方政府发展经济的积极性,归根到底是意图以此理顺中央和地方关系,发挥中央和地方双方的积极性。财政包干体制推行数年后,20 世纪 80 年代至 90 年代初期,"两个比重"不足的问题凸显出来:财政收入占国民收入的比重过低,说明财政汲取能力不足,这会削弱国家对社会的掌控能力和对经济的宏观调控能力;中央财政收入占财政收入的比重过低,则意味着中央

---

① 周佑勇:《行政裁量基准研究》,中国人民大学出版社 2015 年版,第 50 页。
② Konrad Hesse, Grundzüge des Verfassungsrechts der Bundesrepublik Deutschland, 20. Aufl., 1999. S. 209.

政府的管控能力弱化,在推进许多社会经济事务时可能不得不依赖地方政府,易诱发"弱干强枝"或"诸侯财政"等消极后果①,长此以往将极大地削弱中央政府的权威。分税制改革以及后续的多项税制改革,如所得税收入分享体制改革、"营改增"等,基本上都具有提高"两个比重"特别是中央财政收入占比的主观意愿或是客观效果。

从这一历史背景出发,我们能够对税权配置格局何以如此形成更为清晰的认知。横向维度上行政机关分享较多税权乃是因为:一者,行政机关在介入社会经济事务时较为直接,也可以常态化,而权力机关以制定或修改规则的形式来施加影响,毕竟较为间接;二者,行政机关的政治决断以首长负责制为基础,相对果决,而权力机关的审议—表决程序比较冗长,虽有更为稳重的优势,但在需要快速决策时就会凸显其滞后性。至于纵向维度上地方层级享有的税权较少,则建立在对央地思维方式和行为模式不同的假定之上。针对中央政府,通常认定其符合统筹全局的"善"意推测,故其各项决策多(政治意义上)立足高远,并能借此达致(社会经济意义上)全社会整体利益的最大化。针对地方政府②,则会认为其难免偏重(社会经济意义上)本地区的利益,相关决策者也可能更为关心(政治意义上)官员升迁的问题,这又同本地区经济社会发展的状况有着高度关联。服务于这两项目标的税收决策同整体利益常有落差,譬如过去少数地方政府为招商引资而违规减免税,该行为通常有助于本地经济活跃度的提升而对当地有利,可与此同时却会直接造成国家财政收入的流失,也破坏了税制的统一性和严肃性,故对全社会整体利益有一定妨害。所以,分税制改革的主要动机是政治性的,在当时语境下这无可厚非甚至确有必要。

然则时至今日,财政的定位既然已被顶层设计者拔至"国家治理的基础和重要支柱"的高度,便需要人们超越纯粹经济问题的层次来观照财税议题,体察其蕴含的多方面特质。同时,"全面依法治国"亦为时代强音,这要求善用法治思维和法治方式来治国理政,"政治问题法律化"乃是其当然要求。有鉴于此,现行税权配置的政治性因素稍显浓厚,应补足法价值,由合政治性进阶为合规范性。

(二) 我国税权配置的现状及其发展趋势:从税法授权条款切入

考虑到我国税权配置在理论上是向全国人大及其常委会集中的,这样一来,其他国家机关分享税权便是基于前者的授权。由此出发,梳理税法上的授权条款,有助于我们了解(文本层面)税权配置的实况。由下表可知,税法

---

① 参见王绍光、胡鞍钢:《中国国家能力报告》,辽宁人民出版社1993年版,第116—122页。
② 通常认为,此尤以较低层级的地方政府为甚。

上向行政机关所为横向授权的数量要超过向省级人大及其常委会纵向授权的数量。这大致可以印证前文关于我国税权配置现状的基本判断。不过近年来,向省级人大及其常委会的纵向授权有增多态势,这隐约透露出某种趋势。

表5.1 我国税法上的授权条款

授权方向	所涉事项	税法上的对应条文	授权制定的具体规则	行权方式
横向	税收优惠	《企业所得税法》第36条	专项优惠政策	国务院规定(确定),报全国人大常委会备案
		《个人所得税法》第4、5条	其他免税所得、其他减税情形认定	
		《环境保护税法》第12条	其他免税情形	
		《船舶吨税法》第9条	其他免税情形	
		《资源税法》第6条	其他减免税情形	
		《耕地占用税法》第7条	其他减免税情形	
		《车辆购置税法》第9条	其他减免税情形	
		《印花税法》第12条	有关居民住房需求保障、企业改制重组、破产、支持小型微型企业发展等事项的减免税	
		《契税法》第6条	有关居民住房需求保障、企业改制重组、灾后重建等事项的减免税	
	专项政策	《个人所得税法》第18条	储蓄存款利息所得开征、减征、停征个税的规则	
	税制试点	《资源税法》第14条	征收水资源税试点	
	税基确认	《个人所得税法》第6条	专项附加扣除的范围、标准和实施步骤	
		《企业所得税法》第7条	其他不征税收入	国务院确定
		《企业所得税法》第20条	收入、扣除的范围、标准和资产的税务处理的具体办法	财税主管部门确定

(续表)

授权方向	所涉事项	税法上的对应条文	授权制定的具体规则	行权方式
纵向	个别税收要素的地区差别化设置	《环境保护税法》第6条	各地区应税大气污染物和水污染物具体适用税额的确定和调整	省级政府提出，报同级人大常委会决定，并报全国人大常委会和国务院备案
		《资源税法》第2条	各地区应税产品的具体适用税率	
		《耕地占用税法》第4条	各地区耕地占用税的具体适用税额	
		《契税法》第3条	各地区契税的具体适用税率	
			不同主体、地区和类型的住房权属转移的差别税率	
	税基扩增	《环境保护税法》第9条	增加同一排放口征收环境保护税的应税污染物项目数	
	税收减免	《资源税法》第7条	两类减免情形的具体办法（开采、生产应税产品时因意外事故或自然灾害造成重大损失；开采低品位矿等相对特殊的矿产）	
		《契税法》第7条	两类减免税情形的具体办法（土地、房屋被征收征用致重新承受土地、房屋权属；住房因不可抗力灭失而重新承受住房权属）	

如果将各税种法的制定时间纳入考虑范围则可以发现，2016 年通过、2018 年开始实施的《环境保护税法》在税权配置的意义上似可成为一个重要节点，在此之后出台的税种法关于税权配置的规定较之先前呈现出诸多新气象，这至少包括如下三方面：

第一，《环境保护税法》通过之前，国务院颁布的暂行条例是各税种主要的规范依据。在十八届三中全会后开启的各税种立法进程中，《环境保护税法》率先推出，其指标意义甚为明显。随后的资源税、耕地占用税等税种也相继由全国人大常委会制定法律，这意味着相关税种主要规则的制定权限由行政机关掌握转为由权力机关掌握。在税权配置的层面，这一变化是根本性的。

第二，不同于过去更加重视横向授权的税收法律，《环境保护税法》及其实施条例纳入了若干纵向授权条款，省级单位在具体适用税额的确定和调整、应税污染物项目数的增加等方面都依法获得一定权限。① 较长一段时间以来,我国地方政府能够掌握的税权是很有限的,通常只是在法律规定的幅度范围内具体确定本地区所适用的税率。《环境保护税法》实际上突破了这一限制,之于后续税种立法,特别是其中的地方税立法,其示范效应不言而喻。在理想状态下,应当是如本书第三章第一节所建议的,制定一部类似于日本《地方税法》的制度规范,从而以法律的形式赋予并保证地方层级享有相应税权,并在法律的框架下行使税权。在现阶段,则不妨在制定相关地方税种法时,跟随《环境保护税法》已经踏出的步伐,在税目等更多税收要素上赋予地方以一定税权。

第三,针对纵向授权,建构了一种省级政府提出建议—同级人大常委会决定—全国人大常委会与国务院双重备案的行权路径。这同样异于过往各税种暂行条例占主导地位的时代。在过去,譬如《契税暂行条例》等制度规范中也不乏向下级国家机关的授权,但是因为暂行条例的立法位阶也不过是国务院制定的行政法规,所以其授权对象不可能是作为地方权力机关的省级人大及其常委会,而只能是省级政府。这就使得"行政主导"的特质贯穿整个税制设计,在规范性方面有所不足。既然《环境保护税法》等法律由全国人大常委会制定,其在授权对象的择取上便能更为游刃有余。由其确立的这种行权路径,既体现对地方治理灵活性的关切,又彰显了"行政机关执行,权力机关管控"的思路,值得推崇。

在《环境保护税法》的引领下,《资源税法》在税权配置方面也让人耳目一新。一者,其不仅将行政法规层级的暂行条例上升为法律,而且对相关要素的规定也更加明确。二者,从2017年《资源税法(征求意见稿)》到2018年《资源税法(草案)》,再到2019年《资源税法》,文本中纵向授权的力度不断加强。比如,征求意见稿第10条规定,除第9条所载四种具体情形外,国务院有权决定其他情形并报全国人大常委会备案,此间仅有对横向授权的规定;草案则赋予省级单位在两种情形下决定减免税的权力,最终出台的《资源税法》亦是如此。又如,征求意见稿针对水资源税的试点,完全授权国务院组织决定,未见地方层级的角色担当;而到了草案中则是在第15条明确,试点地区可在上限之内基于该地区的实际情况实行差别税率,此间初见向下授权的端倪;正式立法更是进一步删去了关于税率上限的规定,为地方预留更为充裕的决策空间。三者,纵向授权的结构契合《环境保护税法》所提供的方案。这也有一个在立法时逐渐改进的过程,比如就前述省级单位有权决

---

① 侯卓、黄家强:《财政自主与环境善治:环境税法实施中的法域协调》,载《中国人口·资源与环境》2019年第2期。

定的两类减免税情形而言,草案的规定是省级政府决定后报同级人大常委会备案即可,正式法律中进而修改为与《环境保护税法》相同的省级政府建议—同级人大常委会决定—双重备案模式。除《资源税法》外,新近出台的其他税种法也遵循相近逻辑,如 2020 年出台的《契税法》,2021 年出台的《印花税法》,皆是如此。

此外,观察近年来的各税种立法还可发现,我国税权配置的一大新变化在于,全国人大常委会在税收法律中向国务院作横向授权时,倾向于对原则性事项加以限定。《资源税法(征求意见稿)》就水资源税试点基本是向国务院作空白授权①,后继的《资源税法(草案)》则在第 15 条限定了试点期限("自本法施行之日起 5 年内")、试点内容(对纳税人范围、税率均有所限定)、试点程序(国务院规定实施办法、报全国人大常委会备案)。在此基础上,《资源税法》还要求国务院须就试点情况向全国人大常委会作报告。通过梳理该进程,不难察知立法者适当管控横向授权的意图。在更为晚近一些的立法中,该倾向体现得愈发明显。《契税法》第 6 条和《印花税法》第 12 条便是明证,此二条款均旨在规定免征情形。依循往例,立法者一般会在具体枚举典型的免征情形后设有兜底条款,经典表述是"国务院规定的其他免税情形"。然而前述两个条文的不同之处在于,二者均限定了国务院可以出台优惠措施的事项范围,在《契税法》的部分便是住房需求保障、改制重组、灾后重建等情形,在《印花税法》的部分则同样有居民住房需求保障和企业改制重组这两类事项,此外还有企业破产和支持小微企业发展。值得注意的是,这一限定优惠范围的做法均未见于两部法律的草案。② 应当认为,这一做法既立足实际向国务院进行授权,又体现出对授权的适当控制,是比较妥适的制度安排。

值得一提的是,虽然《宪法》已赋予民族自治地方的自治机关以财政自治权,但由前文梳理可知,税法上的纵向授权条款一般是笼统指向各省级单位,省、自治区、直辖市通常一并出现,而未见专门对民族自治地方的授权。梳理民族自治地方制定的自治条例和单行条例,也可发现其关涉财政自治权的重心在财政支出而非狭义税收的维度。这种现象实际上有宪法根源和现实考量。一者,诚然,"财政"是"税收"的上位概念,单纯从文义出发,"财政自治权"是包含税权在内的,但是,从《宪法》第 117 条的表述看,其更加侧重

---

① 《资源税法(征求意见稿)》第 17 条规定,"国务院可以组织开展水等资源税改革试点。待立法条件成熟后,再通过法律予以规定"。
② 以《印花税法》为例,其在 2021 年 3 月面向社会公开征集意见时都未对国务院可以制定的优惠事项作出限定。

于强调民族自治地方的自治机关有权自主安排使用财政收入,换句话讲,该条似是在狭义上理解"财政自治权"。二者,无论是从发挥税收组织收入功能还是从调控、调节的角度出发,民族自治地方并无显著异于其他地方的特殊之处,因而便没有在税权配置方面给予特别对待的太大必要性。

四、税权配置的法治路径:价值取向与技术策略

已如前述,由《环境保护税法》开启的我国税权配置新篇章,于《资源税法》《契税法》《印花税法》等后续税种的立法中得到接续传承。在此基础上,自觉嵌入法治语境,提炼税权配置的应然路径,对于固定实践中已取得的可喜成果并在更大范围内加以推广,无疑是有益的。

(一) 规范性路径:税收法定视域下的税权法治

税收在发挥其各项功能的过程中,难免会对纳税人产生影响。强调税权配置应当遵循规范性路径,主要是为了避免因其配置不当而侵害纳税人的权利。

一方面,获取财政收入是税收的基础性功能,但私人财产向公共财产转化的过程应当是公开、透明、稳定和可以预期的,有鉴于法律在公开性、权威性、稳定性等方面所具有的优势,各国多会对税收基本制度实行法律保留,也即由立法机关/权力机关掌握相关税权。在我国,《立法法》第11条第6款将税种、税率和税收征管确立为法律保留事项,这意味着相关税权原则上由全国人大及其常委会掌握。从该规定出发,是否仅以上事项才能实行法律保留,本书第四章第二节已作具体分析,此处不再赘述。进言之,有些税种和地方的关联更加紧密,地区间差异对于此类税种的征收影响更大,这时便有赋予地方某些自主权限的必要。仍然依循规范性路径,则地方人大应当成为接受纵向授权的主体,至少也要在行权过程中扮演一定的制衡角色。

另一方面,税收具有宏观调控的功能,尽管其实施效果有时不尽理想,①但至少在部分场域和某些时段仍然是有必要和有价值的。税收调控时常要突破形式法定的束缚,对此,税权配置既要为相机调控留下空间,也要设法将调控纳入法治轨道,以体现"规范性"的应有意旨。大体上讲,有两种方案值得斟酌:其一,将税收要素确定权和税收要素调整权区分开,将前者配置给权力机关,而将后者中的一部分配置给行政机关。如此配置的原因在于,税收调控更多是以调整税收要素的方式得以实施,而且其相对于税收要素的确定

---

① 具体论述还可以参见本书第二章第一节的相关内容。

来讲,处在附属地位,将这部分权限从权力机关手中让渡出去,既照顾了宏观调控的现实需要,也未根本性地偏离税权配置的规范性路径。其二,针对税收优惠,在法律上罗列典型情形后,设定兜底条款,授权行政机关适时补充,但法律中不仅要对行政机关如何行权作出程序方面的限定,也要尽量从实体方面明确可增补情形所应当满足的条件。

(二) 赋能性路径:功能适当原理下的合理授权

"避害"之外,尚须"趋利"。诚如本书第二章第二节所言,现代税法不能片面地追求控权,还须将保障和促进税收功能的最大化作为重要目标。由此出发,税权配置也要遵循功能适当的基本原理。[①] 前文曾述及税权配置的主体范围,在各类国家机关中,权力机关相较于行政机关、高层级的国家机关(含权力机关、行政机关)相较于低层级的国家机关,更具有权威性。但与之相应,行政机关比权力机关更加贴近经济社会实践,其经常应对各类突发事件和紧急状况,故而在治理的意义上具有一定优势。而当治理的场域限定在一定区域范围以内的时候,低层级的国家机关因为相对接近一线,在信息占有方面表现较佳,故而要比高层级的国家机关更为合适。如此看来,不同的国家机关各有优势,从各自优势出发来配置税权,权力机关和高层级的国家机关适合作为"监督者",行政机关和低层级的国家机关适合作为"执行者",嫁接二者的关键桥梁便是合理、高效、内嵌制约机制的授权。对此,不妨从内容和结构两方面加以把握。

在内容方面,应当明确的是并非所有税收事项都适合授权,进一步而言,适合作纵向授权和适合作横向授权的事项也不相同。通常来讲,与地方治理关系密切的事项与纵向授权相适配,时效性、变易性强的事项则同横向授权相适应。此外,授权内容应当是明确的,且授予出去的权力都应当能在本体处找到对应物,因为只有这样,授权主体如全国人大常委会等,才能扮演好"监督者"的角色,并且有的放矢地对授权执行情况进行评估。

在结构方面,从功能适当的原理出发,可考虑塑造一种"人大有权、政府有能"基础上的协同治理格局。一者,总体上看,税权配置在宏观层面应向权力机关倾斜,行政机关则在税权初次配置的版图中居于辅助地位。[②] 二者,如果某些税收事项确有必要由国务院规定,则全国人大及其常委会得向

[①] 参见张翔:《国家权力配置的功能适当原则——以德国法为中心》,载《比较法研究》2018年第3期。

[②] 参见袁明圣:《我国税收行政立法权的合法性危机及其出路》,载《法商研究》2010年第1期。

国务院授权,国务院在行权后要向全国人大常委会履行备案手续。三者,当区域间差异对特定税收功能的达致存在消极影响时,统一规则并非合意,此间不妨在税收法律中向地方层级的国家机关作纵向授权,此间的授权对象宜被设定为省级人大及其常委会①,同时,地方政府可以提出具体建议,这便是《环境保护税法》《资源税法》等所采用的地方政府提出建议—同级人大常委会决定—双重备案的基本流程。需要注意的是,在税法层面向下作纵向授权,也应该具体明确,特别是要对地方行权时须遵循的原则有所提示。《资源税法》第 2 条在授权省级单位确定相关税目本地具体适用税率的同时,就阐明了应当考虑的因素如资源品位、开采条件等,这是值得肯定的做法。区分税种来看,中央税的税收要素决定权不适合授予地方层级行使;地方税的部分,则应强化省级国家机关在涉税事项上的话语权,其中部分事项的决定权在必要时还可以下放给设区的市,但应慎重,至于县级及以下层级的国家机关,则不宜掌握税收立法权;共享税的情形则应居于此二者的中间地带。四者,无论是横向授权还是纵向授权,都不能一授了之,而要建立监督、审查和评估机制。在这方面,《立法法》已初步规定了授权期满前的报告制度,但其同正式的审查、评估机制还不尽相同,此间存在较大的制度完善空间。

综上,现代国家的不同机关各有其优势,通过授权—行权—监督的方式,可以扬长避短,较好地发挥各类机关的合力。这正是功能适当原理作用于税权配置场域的具体表现。

(三) 技术性路径:解构税权基础上的辩证施治

由前文论述不难发现,无论是税权配置的规范性路径还是其赋能性路径,都没有将税权视为铁板一块,而是强调分类施策,这共同指向一条解构税权、然后作差异化税权配置的路线。该处的"解构",可以从税权的运行阶段、税种的功能目标、税收要素的类型和税权的作用环节这四个角度切入,以下分别阐述之。

首先,从税权的运行过程看,其涉及税收立法、税收征管和税收收益三个阶段,是以税权也可区分为国家机关在这三个阶段所掌握的权力。在税收立法权的部分,前文已述及,使地方层级的国家机关掌握部分针对地方税的税收立法权是基于合意进行的,且此间地方权力机关和行政机关都应当有一定的角色扮演。由于本节前后文主要就是在讨论税收立法权的问题,故此处不多作展开。在税收征管权的部分,2018 年合并省以下的国税、地税机构后,

---

① 参见刘剑文:《地方税立法的纵向授权机制设计》,载《北京大学学报(哲学社会科学版)》2016 年第 5 期。

我国实行国家税务总局为主与省级人民政府双重领导的体制,如何很好地兼顾"双重领导",还需要在实践中不断摸索。然而,考虑到依法征税是税收法定最起码的要求,故而理论上讲行政机关和地方层级在享有并履行税收征管权时应主要扮演执行者的角色,在裁量空间方面不宜过大。① 在税收收益权的部分,各税种的收入应当根据各自的经济属性而分别配置给不同层级的政府,只是考虑到地方政府开展治理的需求、责任政府的理念和收支倒挂的现实格局,当前应思索如何在后营业税时代重塑地方主体税种,以使地方的固有财力得以充实。而且在观念层面需要明确,在讨论税权配置时多将"地方政府"作为一个整体,但实践中地方政府有着多个层级,其中基层政府常常承担繁重的支出任务,然而受行政机关管理—服从体制的约束,其在划分收益时的话语权较弱,实际所获也常常不大,以致收支矛盾在该层级表现得尤为明显。对此,本书建议在划分省以下各级政府税收收入时,应通过制度手段确保基层政府的固有财力,对于税基形成高度依赖地方政府尤其是基层政府投入的房地产相关税种,应确保基层政府在分配税收收益时受到倾斜对待。

其次,税权配置通常是分税种而论的②,不同税种在功能目标上各有侧重,这也致使相关税种的税权配置必须服务于税种功能发挥,以此着手稳妥推进。前文已提及,针对税法规范有财政目的规范和管制诱导性规范的二分法,这主要是从功能角度出发所作的分类。实际上,从更宏观的视角看,根据主要功能的不同,各税种也可相应作财政目的税种和管制诱导性税种的界分。财政目的税种重在组织财政收入,保持规则的相对稳定对于及时足额获取收入颇为必要。同时,为了防止私人财产在向公共财产转化的过程中不当侵害纳税人权益,也要求其须受到税收法定的辐射,将此类税种的税收立法权更多配置给权力机关是可欲的。该处的权力机关既包括中央层级的权力机关,也可以是地方层级的权力机关。税制结构中的所得税类,以及流转税类中的增值税,收入丰沛,大抵可归于此类。管制诱导性税种则更多承载了调控和调节的职能,如前所述,行政机关在此间扮演更加重要的角色是较为合理的做法。后续第六章将会探讨的环境保护税便是此类税种的典型。但要说明的是,根据税种功能来考量税权配置的思路,只是就整体而言的,即便是主要承载财政功能的税种,其制度规范中也难免有管制诱导性功能更为突出的部分,这要求税权配置还须有更为精细、微观的视角,接下来即阐明

---

① 本章第二节将会述及,正文所述主要是理论层面的设想,实践中的情形可能存在一定差异。
② 本书在导论的研究述评部分,已介绍吕冰洋等学者基于税种属性分税种考量税收收益权配置的理论主张。正文该处乃是分税种考量税收立法权或曰税收事项决定权的配置。

该点。

再次,税收要素可区分为一般性税收要素和特别税收要素,针对这一点前面章节已多有阐述。一般性税收要素构成税法的主体,侧重于衡量纳税人的税负能力以设定税收负担,由此出发,相应的税权配置重在能够准确把握税负能力,兼顾保持该负担的相对稳定性。所以,税权配置在横向维度应集中于权力机关,在纵向维度则可适当地让地方层级分享一部分。之所以要在横向上集中,是考虑到权力机关的代表性、中立性和权威性都更强,在以制度形式实现量能课税的过程中较能不偏不倚,所出台的规则也一般较为稳定。之所以说纵向上可适当分散,则是因为即便是相同数额的所得、财产,如果考虑到不同地区间的差异,则其具有的真实税负能力也未必相同,赋予地方层级一定的税权,因而能立足本地实际,更好达致量能课税的目标。特别税收要素在税法体系中居于补充地位,但也是突出承载调控功能的部分,地位居次性和强宏观调控性共同决定了这部分事项对应的税权不必过多地集中在权力机关,而可由行政机关多承担一些——地位居次,意味着行政机关掌握较多此类税权也不会给税权配置的规范性路径带来太大的冲击;宏观调控功能的发挥更是高度依赖行政机关的相机抉择。特别要指出的是,在行政机关内部,应更多由中央层级的行政机关掌握此类税权,其原因有二:一是宏观调控本就具有高层级性;二是可从根本上防范地方政府利用税收手段时仅关注地区利益而忽视整体利益的现象发生。

最后,税权既可能作用于税收要素确定的环节,也可以是在税收要素调整的环节发挥作用。针对税收要素确定权,不妨更多地将之配置给权力机关,而针对税收要素调整权,则因为其通常被寄予宏观调控的考量,而可以相对较多地由行政机关来掌握。税收要素的确定,即主要通过法律的形式明确各项税收要素,在此基础上的税收要素调整,则通常有两种情形:一为法律已规定确定的税收要素,对此进行调整;二为法律只是设定幅度范围,在该区间内作相应调整。就第一种情形而言,可举印花税作为例证。《印花税法草案(征求意见稿)》曾拟于第18条将调整证券交易印花税之纳税人和税率的权力赋予国务院,彼时对征求意见稿这一做法的官方说明指出,此举是为了"灵活主动、便于相机调控,更好适应实际需要"。后因多方面考量,正式出台的《印花税法》中未坚持这一做法,但该思路未见得便不可取。实践中,证券交易印花税的税率变易频繁,实际行使税率调整权的主体甚为多元,国务院、财税主管部门乃至地方政府都在其中扮演一定角色,有权主体的不统一,相当程度上要为税率调整的随意负责。① 征求意见稿的做法一方面将税率调整权排他授予国务院,从而排除了由其他主体启动调整的可能性,另一方面要求接受授权并据此行事的国务院要向全国人大常委会履行备案手续,其实兼顾了税收法定和功能适当。就第二种情形而言,前文已述及省级政府可增加环保税的应税污染物项目数,便属于这方面的代表性例证。除此之外,在环保税、资源税、耕地占用税等地方税的场合,省级单位都有权在幅度范围内具体确定与调整本地区的适用税额。不难发现,税率、税目等税收要素在静态维度上主要服务于组织财政收入的目的,然而通过对其实施动态调整,又能发挥一定的调控功能,故而可以考虑将其确定权和调整权分置。这方面的制度实践正在不断产生,有必要提炼后予以推广。税权配置议题虽然形式上关涉的是"税",但由于其实质上属于财税体制方面的问题,所以更适合在今后制定《财政法》时以制度的形式予以规定。

五、小　　结

步入新时代,我国面临着复杂多变的国内外形势,继续通过深化体制改革来提升国家治理能力攸关中华民族伟大复兴之业。税权作为一种极其重要的国家权力,配置和运用得当能够极大地助力国家治理,可如果配置和运用失当则亦将产生突出的消极影响。税权配置离不开法治路径和政治语境:一方面,要从法治的控权理念出发,注重通过规范和控制税权,避免其给纳税人权利带来妨害;另一方面,也需要在配置税权时便超前部署,为日后能够灵活使用奠定基础。为此,税收法定和功能适当应该成为指引税权配置的基本原则,而对税权本身作解构分析,则是合理配置税权的前提。

事实上,本节得出的若干观点,并非纯理论性的,其同时也为当前和今后一个时期我国税权配置的优化,提供了某些方向性的思路。比如,前文已经指出授权的重要性,根据本节的研究,要特别注意做到以下三点:第一,针对特别税收要素,可更多考虑横向授权。以尚未完成税种立法的增值税为例,关于其优惠事项即不妨采取法律枚举典型情形并以兜底条款的形式赋予行政机关增补空间的做法。第二,在制定地方税种法时要赋予地方层级更多的税权。譬如若是整合开征房地产税,则在具体适用税率、人均宽免面积甚至计征方式等议题上,地方都应当有一定的能动空间,这要通过法律的形式得以确定和保障。第三,在授权的同时,也要配备必要的控权机制,发挥好全国人大常委会及国务院的监督制约作用便是这方面的体现。所以,无论是哪一

---

① 袁明圣:《疯狂股市、印花税与政府法治——证券交易印花税调整的法理思考》,载《法学》2008年第8期。

方向上的授权,接受授权的机关在行权后都要向全国人大常委会备案,地方政府行权的,还需要同时向国务院备案。

第二节 超越文本的税权配置及其正当性剖视

通过上一节的论述可知,在理论上和文本中,税务机关掌握的税权其实有限。一方面,其作为行政机关,普遍被理解为要忠实执行税收法律,以贯彻践行蕴含在税法中的立法者精神;另一方面,税收基本制度实行法律保留早已被写入《立法法》第11条,虽紧随之的第12条预留了授权立法的空间,可授权对象也仅能是国务院而不包括财税主管部门。然而,在实践中,税务机关显然掌握了超越文本的税权。总体上看,其主要有两种表现形式:一是各级税务机关在征管实践中拥有较大的自由裁量权;二是财税主管部门事实上拥有一定的"剩余立法权"[1]。二者的共通之处在于,均是对立法机关/权力机关理论上所应掌握税权的分享。学者们通常以我国税权配置横向授权较多来描述这一现象,本章第一节结合税法学理和制度文本对其也作了若干分析。但这一见解未能回答一个问题:即便是横向授权,其对象依理讲也应当是国务院,何以税务机关事实上分享了相关权力?事实上,税务机关掌握较多税权许多时候不是基于制度文本,也不能纯粹根据税法学理来臧否得失,而须重点考量其现实合理性。在此基础上,也才谈得上辩证施治,进而将之纳入法治轨道。职是之故,虽然本章第一节已有涉及这方面的问题,本节仍将进行更加细致的剖视。

一、税务行政裁量权的类型化检视

20世纪以来,为解决经济发展衍生的社会问题,公共行政范围扩张,行政权膨胀成为全球性现象。[2] 古典"传送带"理论视行政机关为技术工具,用于执行立法机关表达的公众意愿,合法性源自立法机关的主权传送。[3] 此时,具体行政行为的合法性建立在不折不扣执行立法者以法律形式传达指令

---

[1] 学界将税收"剩余立法权"界定为因国务院转授权或税法规范内在不完备性而由财税主管部门实质性行使的创制规则的权力。叶姗:《税收剩余立法权的界限——以成品油消费课税规则的演进为样本》,载《北京大学学报(哲学社会科学版)》2013年第6期。
[2] David H. Rosenbloom et al., *Public Administration and Law*, 3rd ed., CRC Press, 2010, p. 5.
[3] Richard B. Stewart, "The Reformation of American Administrative Law", 88(8) *Harvard Law Review* 1675-1676 (1975).

的基础上。行政权未膨胀时①,其尚能为行政行为提供足够的正当性供给。然而伴随经济社会生活的不断复杂化,"行政国家"勃兴使政府成为经济、社会的首要控制者②,很多问题无法期待立法者给出明晰的判断,而只能由行政机关见机行事。比如,针对复杂艰深的税收事项,巨细靡遗皆由立法机关明示断无可能③,势必要赋予行政机关一定的裁量空间;在此进程中,人民意志却有形骸化之虞——高效的行政机关未必是忠实的民意代表者。④ 本书第三章已作阐明,征税活动能够获得纳税人同意的前提是其严格遵循间接表彰纳税人意志的税法,但税法较之其他部门法更为突出的"疏而有漏"之特征,使税务机关在进行税收征管时拥有更多的自由裁量权。

近代"专家知识"理论认为行政官员"不是政治型而是专家型的",行政机关仅仅是表面上享有自由裁量权,但其政策目标实际上已经被框定选项范围甚至别无选择。⑤ 但"二战"后的经济稳定增长凸显了分配正义的序位,政策目标本身就日益趋于多元化,此间行政官员所为决策很多时候都要面临不同层次的选择问题,早已不再是"专家知识"就能解决问题的美好时光。⑥ 有学者据此将大众参与和专家理性作为给行政过程提供合法性的两种模式,大众参与适用于价值领域,专家理性适用于技术领域。⑦ 这一分析框架对税务行政裁量权的规制也有启发价值。

税收征纳过程中,税务机关需要裁量的事项有些是纯粹技术性的,有些则涉及价值判断,譬如在对是否酌定减免税、是否允许延期纳税等议题作出判断时,事实、情理乃至利益权衡的因素要比税务专业知识本身更加重要。

---

① 据历史学家泰勒考证,行政权扩张的现象在一战前都不明显:"直到1914年8月,一名守法英国人的一生中,几乎只有邮局和警察会让他想起政府的存在……他只需缴纳少量的税。"A. J. P. Taylor, *English History 1914-1945*, Oxford University Press, 2001, p. 1.

② 〔美〕伯尔曼:《法律与宗教》,梁治平译,商务印书馆2012年版,第162页。1932年 Crowell v. Benson 案中,首席大法官Charles Evans Hughes试图遏制行政权的扩张,但不久即告失败。Adrian Vermeule, *Law's Abnegation: From Law's Empire to the Administrative State*, Harvard University Press, 2016, pp. 23-27.

③ 澳大利亚曾作尝试,终因涉税立法多达950万字且晦涩难解,被迫于2006年放弃。〔美〕休·奥尔特、〔加〕布赖恩·阿诺德等:《比较所得税法——结构性分析》(第三版),丁一、崔威译,北京大学出版社2013年版,第9—10页。

④ Frank J. Goodnow, *The Principles of the Administrative Law of the United States*, G. P. Putnam's Sons, 1905, p. 7.

⑤ 作为例证,美国最高法院在 ICC v. Chicago 案中指出:"州际商业委员会被期望以最为冷静、中立的方式行使权力……其接受的训练与丰富知识能够或有助于防止权力滥用。"ICC v. Chicago, 218 U. S. 102 (1910).

⑥ 〔美〕理查德·B. 斯图尔特:《美国行政法的重构》,沈岿译,商务印书馆2011年版,第24页。

⑦ 王锡锌、章永乐:《专家、大众与知识的运用——行政规则制定过程的一个分析框架》,载《中国社会科学》2003年第3期。

关于以上议题的决策如欲获得正当性,需要贴近公众的价值取向,适当容纳公民或利益集团进入税务机关的决策过程以表达自身的价值倾向。通过政府公开和社会组织化保障公众进行有效的制度化参与[①],能为税务机关作出涉及价值的决策提供合法性支撑。至于纯粹的技术性议题,譬如核定征收的条件是否成就、核定方法允当与否,则可更多地吸收外部专家的参与,借专家理性充实行为的合法性供给。当前我国不同层级的税务机关成立的行政复议委员会,较多地将具有税法学背景的专业人士纳入其中,《税务行政复议规则》也于第12条明确规定,行政复议委员会可邀请税务部门外的专家参与,实际上便有前述意图。

承前,以上进路主要是应然层面的,有一定理想性,但从实际出发,有效的制度化参与在短期内未必可以实现。在此前提下,对于税务领域纯粹的技术性判断,尊重专业机关、专业人士即无不可,但对于并非纯粹技术性判断的事项,在肯定税务机关客观上应当拥有一定裁量权的基础上,也应施予限定和控制。

限定,即明确界限以取消不必要的裁量权。财政收支决定公共服务供给的力度与向度,关系共同体利益而属政治决定事项,具有民主统制秉性故而不宜赋予执行部门过大的裁量空间。[②] 控制,有建构和制约两途,前者诉诸计划、政策说明、规则、裁定、理由、先例和非正式程序的公开,后者指向立法、行政与司法的事后审查,强调决定的可争讼性与可审查性。[③] 不难发现,规制税务裁量权的思路皆已跳脱纯粹的依法治税框架,限定式进路本质上在强调法律保留,控制式进路(尤其是建构方案)一定程度上有取得纳税人直接同意的意味。这从侧面揭示了前一章所述税收法定的多重内涵之间确实有着密切联系。

大体上,税务机关在征管活动中行使裁量权有四种典型情形,依循上述管控进路,分别简要剖析如下:

其一是缺乏规范依据时类推适用其他规则。举例言之,我国的纳税担保制度总体上是借鉴民法上的担保规则而来,但其借鉴是选择性的故而在体系完备性方面逊色于民事担保规则体系,在《民法典》对担保规则作了更为细

---

① 政府公开即政府静态的信息公开和政府动态的过程公开,社会组织化则是允许和鼓励具有不同利益诉求的社会成员按照自愿方式组织起来,有序参与改革进程。王锡锌:《公众参与和中国法治变革的动力模式》,载《法学家》2008年第6期。
② 参见中西基:《日本の税制の現状と課題:成長の時代から成熟の時代へ》,载《大阪産業大学経営論集》第5卷第2号。
③ 〔美〕肯尼斯·卡尔普·戴维斯:《裁量正义——一项初步的研究》,毕洪海译,商务印书馆2009年版,第59—60、109、160页。

致、全面的规定后，纳税担保规则的相对缺失体现得尤其明显。在此背景下，有学者即建议，在《纳税担保试行办法》未作规定的场合，得类推适用《民法典》上的担保规则。如在纳税人以建设用地使用权提供纳税担保的情形中，若是该宗地块于抵押期间有新增建筑物，则税务机关行使抵押权时能否及于该新增建筑物，《纳税担保试行办法》即语焉不详，此间便可准用《民法典》第417条。① 过去认为，类推适用的实质属于漏洞填补，因为破坏法安定性而应予禁止。其实，虽然税法学者将税收法定与罪刑法定一并视为基本权利保护的两块基石，唯刑罚关涉自由权乃至生命权，税收仅观照财产权且事涉共同体利益，为贯彻量能课税，逸出可能的文义边界推定适用并非完全禁止。② 但若嵌入中国语境，税务机关较之纳税人多处在强势地位，放任类推适用不啻加剧力量对比的失衡。况且从税收法定的"纳税人同意"这一核心意涵出发，依据税法所为征收因获纳税人间接同意才具有正当性，无明确依据的类推适用则因纳税人同意的缺失，更有必要公开理由和听取意见，并畅通事后复议与诉讼审查的渠道，以这种方式部分补入纳税人同意。其中，对相关行为实施司法审查的难点在于除形式合法性外，尚须法院来判断被诉行政行为有无明显不当，即类推允当与否。从行政审判实践看，以"明显不当"作为结论的判决较多地适用于行政处罚的数额设定、限期拆除的期限要求等事项，此间所针对的都是行政行为处理方式或曰处理结果的明显不当，而类推允当与否关系到是否满足特定法律规则的构成要件，法院能否对此实施审查在理论上存疑，在实践中的做法也未尽一致。

其二是虽有规范指引，但税务机关适用与否容有余地。这方面的一种典型表现即税务机关对是否征税或要求汇算清缴享有实质上的决定权。中央电视台"东方时空"栏目曾报道房地产行业普遍会"逃避缴纳"土地增值税，也即仅按相对较低的比率预缴税款却迟迟未进行清缴，税务机关对查账征收也兴趣缺缺。本书第二章第一节已从不同税务机关相互博弈的角度揭示了该现象的成因。其实，这一做法并不违反相关规则，根据国税发〔2006〕187号文，在房地产开发项目已被竣工验收且已转让面积占比达到85%以上等情形下，主管税务机关"可要求"纳税人进行清算，所谓的"可"也即赋予税务机关一定的裁量空间。现实中，由于需要检阅的资料卷帙浩繁等因素，土地增值税的汇算清缴和征收工作费时耗力，部分税务机关因而会选择暂缓，待某

---

① 参见张弓长：《〈民法典〉背景下的纳税担保制度再审视》，载《税务研究》2021年第6期。
② 柯格钟：《税捐规避及其相关联概念之辨正》，载《月旦财经法杂志》2009年总第19卷第2期。

年税收收入较少乃至难以完成税收任务时再行要求纳税人汇算清缴。① 该做法或许可从多个角度加以评判,但至少在合法性方面并无明显瑕疵。另外,税务机关在多种征收方式(尤其是据实征收与推计征收)之间灵活选择其一也是享有裁量权的表现,其产生根源是法规范竞合——形式上是征管法上不同征收方式的竞合,实质是单行税法中以据实征收为锚的程序设置与征管法上便利型征收方法的竞合。此间税务机关行使裁量权多是基于效率考量,但客观上会使纳税人对经济行为的税收效果难以事先形成稳定预期。针对上述情形要作具体分析,税务机关若罔顾强制性规定(如对是否征税或要求汇算清缴享有实质决定权的规定),违反依法行政,当予纠正;若是未适用任意性规定或选择性规则(如在多种征收方式间灵活选择的规定),本无违法之虞,但合法(legality)仅是开端,正当(legitimacy)方为追求。正当不仅要求合法,更意味着可接受,即民众对政府行为正确允当的内心肯认,这要求税务机关须以富有意义的反思过程处理实在法执行结果的异议,公开取此舍彼的理由,以免裁量陷于恣意。②

其三是为实施税法而作事实决断。为认定应税事实,税务部门有权核查纳税人所陈述事实的真实性,若是确定其所述事实不真实或不完整,则可行使应税事实核定权。③ 行权过程中不乏裁量权运用失当的情形,譬如判定企业有无《企业所得税法》第 47 条之"不具有合理商业目的"行为、《税收征管法》第 35 条第 1 款第 6 项所谓"计税依据明显偏低"且"无正当理由"情事时,皆是如此。前者如新疆瑞成案。④ 虽然依据《企业所得税法实施条例》第 120 条,以减少、免除、推迟纳税为主要目的,才算不具合理商业目的,但该案中的税务机关过分拘泥于"商业"一词的字面意思,认定缓和上访矛盾并非合理商业目的。后者如李洪斌、张虹诉蚌埠市地方税务局龙子湖区分局案。⑤ 依据《安徽省城市房地产交易管理条例》第 8、9 条,管理部门认为申报的成交价过低的,可以委托第三方评估并以评估价作为计税依据。该案纳税人申报价仅较评估价下浮 4.7%,也被实施了核定调整。"认定事实也可以是运用裁量的一部分",事实决断前置于征税决定,而"许多裁量正义问

---

① 吴克红:《土地增值税的征缴困境与理性定位:从房企欠税说起》,载熊伟主编:《税法解释与判例评注》第 5 卷,法律出版社 2014 年版,第 147—153 页。
② 沈岿:《因开放、反思而合法——探索中国公法变迁的规范性基础》,载《中国社会科学》2004 年第 4 期。
③ 叶姗:《应税事实认定的权义构造》,载《政治与法律》2022 年第 5 期。
④ 参见(2013)乌中行终字第 95 号行政判决书。
⑤ 参见(2011)蚌行终字第 00010 号行政判决书。

题……中间决定或许比最终决定的意义更大"①，事实判断稍有差池，最终决定即谬以千里。一般性的公开理由和事后审查在此难堪大用——"缺乏规范依据时类推适用其他规则"和"虽有规范指引但税务机关适用与否容有余地"这两类情形皆有现存的参照系，而事实决断并不具备，这会使说理接近"自由心证"而审查难免无的放矢。对此，较为简便可行的做法是由税务总局制发规范性文件作类型化观察并提供行为指引，避免赋予一线部门过大的裁量空间。② 而从根本上讲，应在修改《税收征管法》时设置专章构建应税事实核定（确定）权和调整权的制度体系，明确涉及裁量权的应税事实决断的启动条件、程序机制和监督、救济规则③，以规范税务机关的裁量权行使。

其四是税法为求个别化正义预留弹性空间，税务机关得以相机行事，典型者如征管法针对纳税人、扣缴义务人的各类不法行为，普遍赋予税务机关一定金额或比例幅度内的裁量空间。这有助于实现横向和纵向公平，但如同"同案同判"吁求催生了指导性案例制度，财税主管部门应当主动、定期发布典型案例，引导裁量权行使规范化。税务总局先后颁布《关于规范税务行政裁量权工作的指导意见》《税务行政处罚裁量权行使规则》，要求各地税务机关建立案例指导制度，四川、湖北等地已开展相关实践。④ 然而当前信息公开仍不够充分，官网上难觅相关案例，所公开的案例也主要是为宣传之用，难以充分发挥指导案例作为裁量基准的作用。⑤ 此外，税法不宜预留超出必要的裁量幅度，这实为隐蔽之税权让与，故本次《税收征管法》修改时较具共识的一点便是拟将多个条文中最高 5 倍的罚款上限降为 3 倍。

二、税务机关掌握一定"剩余立法权"的理由辨析

税务机关在执法中所享有的裁量权，尚可被理解为是行政权力的固有意涵，而且其通常仅影响个案判断，就此而言，其对税权特别是税收立法权配置格局的超越是有限的。然而实践中，一线税务机关掌握的裁量权过大，容易引致相同情形不同对待的结果，有悖于税收公平的要求，故此，财税主管部门

---

① 〔美〕肯尼斯·卡尔普·戴维斯：《裁量正义——一项初步的研究》，毕洪海译，商务印书馆2009年版，第3、22—23页。
② (2011)蚌行终字第00010号案中，财税〔2011〕61号文虽规定了存量房交易价格估值下浮比例，但因为给地方留存过大裁量空间，诱致后续失当行为。
③ 张馨予：《应税事实认定的逻辑检视与路径构建——以应税事实争讼文本为分析基础》，载《环球法律评论》2023年第3期。
④ 国家税务总局办公厅：《四川国税推行案例指导制度助力社会公平正义》，http://www.chinatax.gov.cn/n810219/n810724/c2411142/content.html，2023年5月27日最后访问；张国钧：《以案例指导促税务执法更公平公正》，载《中国税务》2016年第5期。
⑤ 如上海市税务局官网有"典型案例"栏目，但置于"税收宣传"项下，内容几与税务行政裁量无涉。

常常在税收法律法规留白之处,出台相应的规范性文件来指引征纳实践,这实际上便是在行使"剩余立法权"。此举在有助于统一税政、兼顾形式正义与实质正义的同时,也诱发"侵占税收立法权"的质疑。从本节开篇关于"剩余立法权"的注释可知,其作为规则创制的权力,同税收领域的法律保留之间内含紧张关系,所以,探究其正当性时也应立基于此展开审视。

《立法法》第 11 条规定税收基本制度实施法律保留,意在以立法方式划定税务机关行政权力的边界。古典权力配置理论视法律为"对自由和财产的干预",立法权因其民主性、理性和保障基本权之能力而获特许,非经法律不得限制宪法上的权利与自由。① 行政权则无此殊荣,"立法者的权利不受限制,国家政权的所有其他权利都受限制"。② 但本书第三章曾述及,"议会理性"的根基业已动摇,况且在行政首脑也由直接或间接选举产生以后,立法机关无从垄断基于民意的正当性。历史上,行政机关制定的规则曾被冠以"行政公告"等名称,内容"只是向国家公务员所发布的、命令执行或者废除执行一部制定法的一项指示"。但伴随行政权力的扩张,行政规则数量激增,内容超越"执行法律"的限制并获得了普遍约束力。在该语境下,法律保留甚至被认为单纯只是权限划分的问题。③

"议会制法"虽经祛魅,但在无更优政治决定工具时,若一国重视法律的民主统制功能,仍倾向于限缩行政法规的辐射范围。譬如根据德国《基本法》第 80 条第 1 款,法律特别授权才能制定行政法规,一切行政法规都须阐明法律授权基础。④ 我国稍有不同,国务院制定行政法规有职权立法与授权立法两种形式:前者的权源是《宪法》第 89 条第 1 项,后者则为《立法法》第 12 条。我国在较长一段时期以"暂行条例"作为大多数税种的规范依据,是国务院基于"84 授权"和"85 授权"进行授权立法的结果。⑤《立法法》第 11 条明确规定税收基本制度实行法律保留,又于第 12 条规定,全国人大及其常

---

① 渡邊亙:《ふたつの法律の留保について》,载《憲法論叢》第 15 号。
② 〔德〕卡尔·施米特:《政治的概念》,刘宗坤等译,上海人民出版社 2004 年版,第 203—208 页;〔德〕卡尔·施米特:《政治的浪漫派》,冯克利等译,上海人民出版社 2004 年版,第 195—196 页。
③ 〔法〕狄骥:《公法的变迁》,郑戈译,中国法制出版社 2010 年版,第 70—72 页。狄骥还援引了奥里乌的论述,指出法律和行政规则的实质差异,曾在于前者是"对个人行动的充分自由所施加的普遍性限制",后者属于"组织和运营某种公共服务的普遍性规范",但狄骥认为该区分已无实益。
④ 〔德〕伯恩·魏德士:《法理学》,丁晓春等译,法律出版社 2013 年版,第 101 页。
⑤ 也有观点认为"85 授权"仅以立法形式肯认国务院本已享有的税收立法权,制定暂行条例原为职权立法,故 2011 年国务院"同意"沪渝两地出台对个人自住房征收房产税的规则并非转授权。周刚志、王曦:《也论"税收法律主义原则"》,载《税务研究》2013 年第 6 期。但该说既与《立法法》将税收基本制度作为法律保留事项的形式规则相悖,也不合于强化纳税人权利保护的价值取向和实践趋势,较为牵强。

委会得授权国务院根据需要对其中部分事项先制定行政法规,故通说将税收理解为相对保留事项。①

根据《宪法》第62条,制定和修改"基本法律"是全国人大的职权。该处"基本法律"有两种理解:一是各部门法的基本组成单元;二是《宪法》涵摄之基础性社会关系的规范呈现。若循路径一,通常认为税法是经济法中宏观调控法的子部门法,不属于基本组成单元。但若循路径二,《宪法》主要规定国家机构和公民基本权利与义务,对应立法便属"基本法律"②,既然纳税义务作为基本义务载于《宪法》第56条,税法即为基本法律,其立法权专属全国人大。如根据这种解读,全国人大常委会本无权染指税收立法,其所为"84授权"有越俎代庖之嫌。该授权后被废止,"85授权"则因还关涉税收立法之外的诸多事项("经济体制改革和对外开放方面"),不便直接废止。其由全国人大作出,主体适格当无疑义,但正因其牵涉过广而几近空白授权。《立法法》第12条明确可授权的是"部分事项",对"部分"也有两种解读:一是该法第11条罗列之十一项的"部分",即某一或某几项;二是某一事项的"部分",即同"基本"对应之较不重要的内容。结合第13条"明确授权"的要求,宜认为后一解读符合立法者原意——概括授权自无"明确授权的目的、事项、范围"可言。由此观之,"84授权"和"85授权"将税收立法权整体授予国务院,以"部分"之标准衡量显系失当,后者尤甚。虽说《立法法》出台在后,但该授权做法仍饱受诟病。③ 实现"一税一法"后,前述问题形式上不复存在。然而,当前若干税种立法几近照搬暂行条例,暂行条例本就较为粗疏,制度平移将该种粗疏状况上升到法律层面,诸多"基本"事项因制度空白而仍然实质性委由执行部门填补,脱离纳税人同意的辐射范围,隐性突破《立法法》的约束,却因披上法律外衣反获得合法性加持。

无论过去为授权立法辩护、还是现在强调税收立法"空筐结构"的必要性,言必称税收事项的"技术性",但此论似是而非。首先,无一部法律不具有技术性,民法的复杂艰深毫不逊于税法,但各国立法机关未因此让渡民事立法权。④ 其次,纵然承认民法、刑法等传统部门法主要涉及法律技术,税法

---

① 黄学贤:《行政法中的法律保留原则研究》,载《中国法学》2004年第5期;应松年:《〈立法法〉关于法律保留原则的规定》,载《行政法学研究》2000年第3期。

② 一个例证是,《人民法院组织法》《人民检察院组织法》《国务院组织法》俱为全国人大立法。这些法律皆非"宪法及宪法相关法"的主干法,成为基本法律只可能因其系宪法规范的具体化。

③ 张守文:《论税收法定主义》,载《法学研究》1996年第6期;王鸿貌:《税收法定原则之再研究》,载《法学评论》2004年第3期;熊伟:《法治视野下清理规范税收优惠政策研究》,载《中国法学》2014年第6期。

④ 〔英〕哈耶克:《通往奴役之路》,王明毅等译,中国社会科学出版社1997年版,第88—89页。

还关涉税收经济学等相关学科的知识谱系,也不必定导向授权立法的结论,毋宁应如十八届四中全会"法治决定"所言,健全有立法权的人大主导立法工作的体制机制,发挥人大及其常委会在立法工作中的主导作用。为此,应构建"立法机关主导,有关部门参加,专家学者、企事业单位、人大代表和人民群众共同参与起草"的模式,还可交有关部门起草法律草案,但相关专门委员会、常委会工作机构须提前介入,专业性实在太强,也可"委托有关专业单位研究提出方案"①,这既攻克了技术难关,也能防范以至杜绝部门利益法律化。再次,授权的根本缘由是"对目标没有达成一致"②,技术性只是确立一致目标的障碍,以技术性为由授权,授予出去的却非仅为技术细节,也将择定目标的权力一并让渡。③ 税收议题的技术障碍可以克服,最为关键的目标设定(如征或不征、多征少征)却必须由人大掌控,这由其纳税人意志代表的身份所决定。最后,容易被忽视的是,论及对税收议题的熟稔,国务院较之全国人大并不更优,授权国务院实质上是授权财税主管部门。国务院实行总理负责制,税种暂行条例或税种法的草案,虽须经全体会议或常务会议审议,但不以投票通过为原则,审议后即由总理签发或报送全国人大,这放大了起草部门的"专业话语权"。作为外在表征,不难发现各税种法草案征求意见稿多由财政部、税务总局发布,纵由国务院发布,也不过是全文公布前二者起草的意见稿及说明。

现代社会,真正妨害税收基本制度法律保留之可操作性的,是税收调控灵活性与法律稳定性之间的张力。若视税法为整体,该矛盾无解。但税法并非铁板一块,而是如同本书前文所述,对之至少可作财政目的规范—管制诱导性规范的二元界分。由于征税范围、纳税人、税目、税基等财政目的规范是整个税法的基干,根本性地决定着国家与纳税人之间的取予关系,从保证"两权"界限大致稳定的目标出发,此类规范不宜变易过频。与之相反,税收优惠这一典型的管制诱导性规范常被用于实施宏观调控,故其生成与调整宜保持一定的灵活性,其"边缘性规范"之定位也使其相对频繁的变动不致妨害税负稳定的宏观格局④;税收重课也会被用于调控目标,比如针对某一行为加成征收或对某一产品重复征税,便寄寓着引导行为、调整产业/产品结构

---

① 李适时:《完善立法体制》,载本书编写组:《〈中共中央关于全面推进依法治国若干重大问题的决定〉辅导读本》,人民出版社 2014 年版,第 70 页。

② 〔英〕哈耶克:《通往奴役之路》,王明毅等译,中国社会科学出版社 1997 年版,第 91 页。

③ "安排各种价值的相对次序……应在专家完成资料收集、描述及有限度的预测等工作后由公众完成。" Louis B. Schwartz, "Legal Restriction of Competition in the Regulated Industries: An Abdication of Judicial Responsibility", 67(3) Harvard Law Review 472 (1954).

④ 侯卓:《论税法分配功能的二元结构》,载《法学》2018 年第 1 期。

的预期,故而其亦属于管制诱导性规范,但与以优惠形式实施的调控所具有的相机抉择特质不同,税收重课对纳税人财产权影响更甚故不宜轻启,仅当就某一事项的"应受限制性"具有高度共识且该共识将于长时段内延续的情况下才会设定,故其虽也承载调控功能,对规则的灵活性却无特别要求。与之相应,税收事项的法律保留有实体(内容)保留与程序(过程)保留两种思路。财政目的规范和税收重课规则应实行严格的法律保留,相关事项必由立法确定。税收优惠之法定控制可稍予放松以因应其灵活性诉求①,"改革决定"有"税收优惠政策统一由专门税收法律法规规定"之语,并非要以一部《税收优惠法》枚举所有优惠政策,毋宁是法律明定税收优惠从论证、制定、出台直至评估、退出等各环节须满足的程序要件。

究其根源,法律保留的程度差异由相关规范的不同性质所决定。本书第四章已对此展开详细讨论,此处仅简要复述。财政目的规范与税收重课规则立足于"取",自然要以法律保留的方式间接彰显纳税人同意;税收优惠则因为其实际上属于税式支出,本质上是"予",本书第三章第一节已阐明,此间并无得到纳税人同意方能设定税收优惠的道理,实践中对其实施管控乃是基于财政民主和财政健全原则的要求,且理论上的更优路径是借预决算审查施以民主统制(预算的重心正是控制财政支出),循该途径既能照顾到调控的灵活性吁求,又未放松财政控权的要旨。在一定程度上由于税式支出预算审查的缺位,我国当前仍立足于通过强调"法定"来控制税收优惠,但实际践行该思路时易陷入宽严皆误的境地,本书第四章已经述及国务院在2014至2015年间于该议题上的立场反复,究其根源这或许就是以"法定"管控优惠乃是削足适履。②

三、技术革新、法典编纂与税权配置的发展方向

前文业已揭示,税务机关在实践中拥有超越税法文本的税务行政裁量权和"剩余立法权",相关情形的出现有其客观原因,不应简单斥之为违法,而应根据具体情况作差异化调适。事实上,对该问题的省察应当基于动态的视角,自觉嵌入特定语境之中,需要考虑到,客观环境的变化可能影响税权配置的现实格局和改进方向。具体来讲,大数据技术的普遍应用会否以及会在何种程度上影响税务行政裁量权的行使,进而使税务机关掌握的税务行政裁量

---

① 适当放松法定控制的根本原因或在于法定之对象是税收债务的构成要件,但税收优惠并不属于,无它亦可成立税收债务,其在税收债务由"成立"向"确定"转化时才发挥作用。参见侯卓:《税法的分配功能研究》,法律出版社2018年版,第185—186页。

② 从税权配置的角度也可理解这一反复。清理税收优惠或许寄寓着决策者集中税权的考量,而后来停止清理则有着地方争取税收优惠决定权的动因。

权的"理想程度"有所变化？近年来逐渐兴起的法典化编纂浪潮又将如何影响对税务机关"剩余立法权"的规范进路？这些问题都值得加以探讨，以便对税权配置格局可能的发展方向有更为清晰的认知。

受技术进步的影响，近年来的税收征管越来越多地运用大数据技术，金税三期系统的成功运转便是典型表现，且其在未来还可能发挥更大威力，金税四期系统的上线即强化公众对这一点的普遍预期。应当说，大数据技术的运用特别是其的不断升级，确实对税收征管中的裁量权行使有所规范。前文已述及，税务机关一般在四种情形下运用税务行政裁量权，也即缺乏规范依据时类推适用其他规则、虽有规范指引但税务机关适用与否容有余地、为实施税法而作事实决断、税法为追求个别化正义预留弹性空间使税务机关得以相机行事，在大数据语境下，这四种裁量权行使的情形并无本质差异，大数据技术的运用对这四种情形中的裁量权行使都可发挥约束、规范的作用。

公开理由、强化说理有助于规范税务行政裁量权的行使，大数据技术正可为税务机关的说理提供支撑。说理的核心在于证成事实与证成规范适用逻辑①，大数据技术对于证成应税事实的存在而言大有裨益，可为生活事实向税法事实的转化提供足够的信息支撑。举例言之，依据《税收征管法》第35条第1款第6项，"纳税人申报的计税依据明显偏低，又无正当理由的"情形下，税务机关有权核定征收，由于《税收征管法》未准确界定"计税依据明显偏低"，且相关规范性文件多简单以计税依据低于市场价格一定幅度作为判定标准，税务机关在相关案件中的处置备受争议。② 若税务机关在阐明核定征收理由时能充分利用大数据技术，则可以更有说服力地构建"计税依据明显偏低"这一应税事实。具言之，"计税依据明显偏低"这一事实判断可拆解为三个要素：纳税人申报的计税依据、作为比较基准的市场价格和计税依据低于比较基准的限度。第一个要素是确定的，后两个要素均可由大数据技术辅助说明。可通过查明同时段、同地区、同类型、同质或质量近似③商品的价格来确定现实的市场价，若前述信息难以获取，亦可将税务机关或其指定机构所给出的评估价作为拟制市场价，但应充分说明评估价的相关指标和数据来源。当然，同时利用这两种方法作对照说明自是更优选择。在以市场价作为比较基准的情形下，不妨利用大数据技术充分考察相关市场中的价格分

---

① 参见刘东亮：《行政行为如何说理：事实、规范和决定的法律证成》，载《法治研究》2020年第3期。
② 参见吴东蔚：《税法一般条款的司法适用不应止于形式合法——以明显偏低条款的适用为例》，载熊伟主编：《税法解释与判例评注》第13卷，法律出版社2020年版，第111—127页。
③ 《税收征管法》第35条第1款第6项多适用于房产交易场合，房产受地段、楼层、户型、朝向等多维因素影响，很少有质量完全相同的商品。

布情形,例如,若只有1%的同类商品低于现实市场价的90%,那么将10%视为判断明显偏低的下浮标准便具有说服力;在以评估价为比较基准的场合,若评估的指标已足够多元且数据来源可靠,那么适当收紧下浮标准也是合理的。据此,"计税依据明显偏低"这一看似简单的事实判断便得到了立体化的确证,而且相关信息均由大数据技术处理得出,在更加公平的同时亦不违反稽征效率原则。实践中,已有部分地区的税务机关采取了类似做法,如宣称其评估系统采用的"是在一定区域范围内进行估价分区,使同一估价分区内的房地产具有相似性,然后在每个估价分区内设定标准房地产并求其价值,再利用楼幢、楼层、朝向等调整系数,将标准房地产价值调整为各宗房地产价值的评估方法"①,但该机关拒绝对外公布评估系统的相关信息,仍然将纳税人视为潜在避税者,有侵犯诚实推定权的嫌疑②,应予改进。进言之,强化说理并非仅具有补足合法性的形式意义,"有理才能说理"是朴素的道理,这也侧面揭示出强化说理可以在实质层面优化税务行政裁量权的行使。基于以上论述,应用大数据技术—强化说理—规范裁量权行使的逻辑脉络应当是成立的。

需要强调的是,虽然大数据技术具有显著的优化裁量权行使的价值,但尽信数据不如无数据。数据只是事实的切片,其本身并非事实,更何况大数据技术的应用也并非全然客观的,比如,其应用结果同使用者如何设定参考因素的类型和权重即有着密切联系,而这是高度主观性的。因此,在运用大数据技术时,应严格杜绝视典型为必然、视常态为绝对的不当倾向。仍以《税收征管法》第35条第1款第6项为例,完全可能出现依大数据技术应当适用核定征收,但该举措实则不当的情形,如在以往案件中,曾有过税务机关的评估系统未考虑房产内部条件而被纳税人质疑、税务机关最终修正处理结果的情况。③ 归根到底,以人为本仍是税法的根本理念,工具理性不能凌驾于价值理性之上④,纵使税务机关已利用大数据技术优化了税务行政裁量权的行使并强化了说理,与纳税人作耐心的建设性沟通仍是必要的,这也是"纳税人同意"理念的题中应有之义。

至于如何规范税务机关掌握之"剩余立法权"的问题,前文秉持的是区分财政目的规范与管制诱导性规范,在此基础上作分类调适的观点。近年来税法领域逐渐兴起了法典化呼声,尤其是制定《税法总则》的建议引起了有

---

① 参见(2016)苏0508行初443号行政判决书。
② 参见本书第五章第三节的内容。
③ 参见(2019)苏08行终122号行政判决书。
④ 参见张世明:《大数据时代以人为本税收征管制度建构的哲学基础》,载《广东社会科学》2023年第1期。

关部门关注,学界对此亦渐具共识,在此情形下概要探讨可能的法典编纂能否在技术层面兼容前述思路是有必要的。有一种观点认为,税法中的管制诱导性规范属于经济法而非税法的范畴①,若依此说,税法典中就不必纳入管制诱导性规范。如果该观点能够成立,税法法典化与本节前文提出的优化思路之间便无龃龉。但是,此说背离了税法的领域法属性,域外国家的司法实践如德国联邦宪法法院的判决也早已认可管制诱导性规范亦属于税法的范畴。② 更重要的是,法典化本身更倾向于形式整合,因为特定规范的理论属性而对形式上较为统一的体系作割裂处理是不合适的。规范内容的完备性或全面性是法典化的核心追求之一,同一法领域的规范应尽量汇聚在同一部法典中。③ 当然,管制诱导性规范的数量庞大,且呈现出高度的个案性与灵活性,这是客观存在的事实,其与法典化所追求的简洁性、体系性和稳定性之间确实存在紧张关系,那么,如何使税法法典化兼顾管制诱导性规范的功能需求?破局关键在于,虽然将所有管制诱导性规范纳入税法典中并不现实,但将其中的关键规范纳入税法典仍然有可能,税收优惠的具体内容或许难以全部载于税法典,可税收优惠从酝酿到出台,再到实施,终至退出等各环节的程序要件却可以规定在税法典中,而抓住这些程序要件,便可起到提纲挈领、纲举目张之效用。税法典在此间扮演框架法的角色,其所授权的主体在税法典体系的指引下填充具体的管制诱导性规范,法典化的体系性要求与管制诱导性规范的功能性要求均得到满足。④ 由此看来,税法法典化与规范"剩余立法权"的二分法思路之间并无实质冲突,对财政目的规范与管制诱导性规范作分类规制仍然是调整"剩余立法权"配置较优且可行的进路。

四、小　结

税法复杂性的一大表现即在于,理论言说、法律文本和制度实践之间常常存在一定落差,如果仅仅关注前二者可能不足以完整把握税法的全貌。这就要求学者们能够对现实中"活"的税法运行投入足够关切,并且对其异于理论言说和法律文本之处持一种适当理解的立场,尽量尝试着去体察其背后的逻辑。在做到这一点之后,有针对性地加以调适才成为可能。税务机关在征管实践中因为裁量空间较大而在某种意义上超越单纯的执法者角色,以及事实上掌握一定规则制定权,都不宜被径行否定,而须在类型化梳理的基础上作差异性审视和区别对待。否则,简单地以不合税收法定等结论来下评

---

① 参见王茂庆:《税法的经济法化及其反思》,载《政法论丛》2017年第5期。
② 本书第二章第一节已对此作过简要阐述。更详细的论述,参见葛克昌:《行政程序与纳税人基本权》,北京大学出版社2005年版,第71—72页。
③ 石佳友:《解码法典化:基于比较法的全景式观察》,载《比较法研究》2020年第4期。
④ 此种结构设计对于促进税法制度功能的重要意义,将由本书第七章第二节作详细阐述。

断,无助于弥合文本和实践之间的张力,反倒可能加剧"两张皮"现象,使理论言说和法律文本被束之高阁,制度实践的脱轨运行愈演愈烈。展望未来,大数据技术的普遍运用与税法法典化浪潮对税权配置的未来发展势必产生影响。大数据技术确有助于强化税务行政的说理从而优化税务行政裁量权的行使,但此间应避免唯数据论的态度;在规范"剩余立法权"时对财政目的规范与管制诱导性规范作区别对待的做法,看似与税法法典化冲突,但如果将税法典定位为框架法,从原则、程序的角度设计管制诱导性规范,则此种冲突也可以被消弭。

在本章的最后需要说明,前述分析指出税收事项的技术性特征不足以支持行政机关掌握税收"剩余立法权",实施调控的客观需求则可以支持该主张,同时初步提出区分规范类别施以差异化税权配置的思路。联系前后文来看,这同本书第四章关于税法形式渊源的结论存在一致性,故而第五章的内容可以被视为给第四章的结论进一步充实了论据。

第三节　纳税人权利的体系化提炼

本章第一节已述及,对于税权的内涵不宜作泛化理解,而应限定在公权力机关掌握之征税权力的范围内。这样一来,纳税人权利便成为一个与税权相对应的概念。学界一般认为,我国税法的基本立场经历了一个从"征税之法"到"纳税人权利保护之法"转变的过程,税法也被认为由权力本位法逐渐转型为权利本位法。因此,虽然纳税人权利严格来讲不为狭义税权概念所涵盖,但基于二者的高度关联性还是需要将其置于本章加以研讨,更遑论纳税人权利和税收权力同居税法基石范畴之列,论其一而不论其二显然有所不足。本节的问题意识在于,税法学界呼吁纳税人权利保护已有多年,税务机关也日益重视在征纳过程中对纳税人权利的保护,然而在学理层面,"纳税人权利"这一范畴仍然存在概念空心化的窘况,税收立法层面虽对其有所枚举,但细察之似乎不能完全反映纳税人权利的独特性,此二者也共同导致纳税人权利保护的实践有不得其要义的隐忧,亟待在理论上加以廓清。

一、纳税人权利的立法实践与理论言说

历史地看,在我国,首先是税法学界高度重视纳税人权利,呼吁要加强对纳税人权利的保护。[①] 受到理论指引,以《税收征管法》为代表的税收法律用

---

① 在20世纪末即不乏此类文献,一是税法学专著和教材中会提及这方面内容,二是也有专门研究相关问题的论文。比如,庞凤喜建议要赋予纳税人"违约"赔偿权、利息赔付权等多项权利。参见庞凤喜:《论"公共财政"与纳税人权利》,载《财贸经济》1999年第10期。

相当大的篇幅列示了典型的纳税人权利。在此基础上,学界进一步在理论上提升了纳税人权利的地位,乃至将其视为税法上的基石范畴①,并在应然层面赋予纳税人权利更多内容。大体上讲,税收法律对纳税人权利的枚举疏而有漏,这促使学者们展开反思,可理论言说本身亦有未得要领的嫌疑,致使其对制度优化的指引价值有限。

(一) 税收法律对纳税人权利的枚举

我国现行税法体系中,关于纳税人权利的规定主要载于《税收征管法》中,各实体税法基本只是在明确各项税收要素,未涉及纳税人权利议题。

我国于2001年修改《税收征管法》时,在"总则"一章专门增设一条,对纳税人在税收征纳过程中享有的典型权利作了罗列。该法第8条分为五款,但并非每一款都仅仅对应一项纳税人权利,故其涵盖了知情权、保密权、申请减税免税权、申请退税权、陈述申辩权等近十项权利。除该条外,《税收征管法》其他条文也涉及纳税人其他各项权利,如第27条赋予纳税人申请延期申报权,第31条赋予其申请延期纳税权,第34条赋予其获取完税凭证权等。应当说,如果仅仅将《税收征管法》视作一部关于税收征纳程序的普通法律,那么其对纳税人权利的枚举至少在数量层面是值得肯定的。然而,基于我国税法领域通则性法律长期缺位的现实,《税收征管法》实际上承担了一部分税法通则或税法总则的功能,如本书第三章便曾言及,税收法定原则在我国最早的制度渊源便是《税收征管法》,这固然有规则错配的嫌疑,但也反映出《税收征管法》在税法体系中的重要地位。若以"准税法通则(总则)"的定位来衡量,则《税收征管法》上现有关于纳税人权利的枚举基本只停留在程序维度,几乎不触及实体层面,在全面性上有所不足。尤其是在实体税法对纳税人权利亦未作规定的条件下,制度罅漏便产生于其间。由于现行税法体系仅在《税收征管法》中对纳税人权利有所列举,这导致获得制度确认的权利类型基本都只是程序性权利,而且同一般行政法上关于行政相对人权利的列示几乎别无二致,甚至因为《税收征管法》第88条也即"两个前置"规定的存在,纳税人能够实际享受的获得救济权还要比一般性的行政相对人更弱。

归根到底,《税收征管法》具有特别行政法和程序性法律双重属性。就其特别行政法的属性而言,一方面自然要承接行政法上关于行政相对人权利的规定,另一方面也须对其"特别"之处有所反映。现行《税收征管法》在前一层面的承接工作完成得尚可,但对于特殊性的体现还不够。就其程序性法

---

① 刘剑文、侯卓等:《财税法总论》,北京大学出版社2016年版,第136—140页。

律的定位来讲,要求它对超出程序层面的纳税人权利作过多规定,严格来讲也并非理想的选择。

横向对比域外立法例便可知晓,许多国家或者是在通则性法律中规定纳税人权利,或者是制定关于纳税人权利保护的专门法案或者规章。前一种情形如日本的《国税通则法》,该法对于税收领域的基本制度和基本问题作了较为全面的规定,纳税人的权利和义务便规定在其中,尽管关于纳税人义务的规定较多,但也系统枚举了纳税人享有的典型权利,如知情权、保密权、纳税申报权、纳期延长、延纳及缓纳权等。[1] 后一种情形如加拿大的《纳税人权利宣言》,该宣言是加拿大税务局对《权利与自由宪章》的回应,其中规定了纳税人的典型权利,主要包括知情权、获得礼貌和周到对待的权利、诚信推定权(除有相反证据外)、要求公平处理投诉权、安排自身事务以缴纳法律允许的最低税款权以及要求税务机关公正适用法律的权利等。同时,《纳税人权利宣言》还重申了纳税人根据《权利与自由宪章》和加拿大其他法律所享有的权利。[2] 制定纳税人权利保护专门法案的还有澳大利亚,澳大利亚税务局于 1997 年正式推出了《纳税人宪章》,其规定了纳税人在与税务机关打交道时能享受到的权利,如获得公平合理待遇的权利、隐私和信息保密的权利以及获得税务机关提供的专业服务和帮助的权利等。[3]

与前述域外立法例相比较,我国无论是税法通则(总则)还是纳税人权利保护专门法都付之阙如,使得对纳税人权利的枚举先天地处在不利地位。当前,《税收征管法》的修改工作正在推进,制定《税法总则》的呼声也在十余年后重又兴起并初步获得有关部门的认可。[4] 正因如此,学界在依托制度文本提炼纳税人权利的应有内容时,呈现出两条不同的进路:一是将完善《税收征管法》相关规定作为立足点,关注修法时应当充实哪些权利类型;二是超越《税收征管法》,在整体上构建纳税人权利体系,其潜台词是若能如学界所倡言一般启动制定税法通则的工作,便可借此系统性地在制度层面纳入各项纳税人权利。

---

[1] Koji Ishimura,"The State of Taxpayer's Rights in Japan", 7(1) *Revenue Law Journal* 164-166 (1997).

[2] Jinyan Li,"Taxpayers' Rights in Canada", 7(1) *Revenue Law Journal* 84-87 (1997).

[3] Adrian J. Sawyer,"A Comparison of New Zealand Taxpayers' Rights with Selected Civil Law and Common Law Countries—Have New Zealand Taxpayers Been 'Short-Changed'?", 32(5) *Vanderbilt Journal of Transnational Law* 8-9 (1999).

[4] 2021 年 3 月,全国人大代表杨松和刘小兵等在十三届全国人大四次会议期间提出制定税法总则的议案。同年 4 月,全国人大常委会预算工作委员会召开税收立法专家座谈会,其中就该议题听取了相关全国人大代表和学者的意见。2022 年,全国人大常委会预算工作委员会还委托中国法学会财税法学研究会起草了《税法总则(专家建议稿)》,并在此基础上着力推动正式立法进程。

(二) 纳税人权利体系化的最优场域——《税法总则》

纯粹就立法效率而言,既然《税收征管法》上已有纳税人权利条文,那么直接修改、增补该部法律的相关条款似乎更为便捷。不少学者即循此思路,提出要继续增设纳税人权利类型,其中,纳税信息保密权、诚实推定权等权利被提及的频次较高。[①] 问题在于,一项制度载于哪部法律不仅具有形式方面的意义,在实体方面的影响同样不容小觑。综合比对各种方案,在《税法总则》中完成纳税人权利体系化、结构化的工作更为可取,对此可通过如下三方面的比较加以理解。

首先,将《税收征管法》作为纳税人权利的载体天生会遭受诸多限制,例如,从功能适当原理出发,作为程序法的税收征管法只适合规定与程序或救济相关的纳税人权利,缺乏容纳限额纳税权等实体性权利的空间。能够完整涵盖各个维度纳税人权利的法律文本,要么是通则性的法律,要么是专门的纳税人权利法案。退一步讲,在税收征管法上规定纳税人的程序性权利,在单行税种法上规定纳税人的实体性权利,也非理想选择。这是因为,纳税人权利属于一般性规则,各单行税法着力规定的则是特殊性问题,其并不适合容纳太多一般性的纳税人权利规则。况且,在一部法律集中阐明纳税人权利,更可彰显我国税法"以人民为中心"的理念,治理价值更加突出。

其次,虽然专门的纳税人权利法案也可完整规定纳税人权利,但在通则性法律中完成此项工作更优。其原因在于,全面规定纳税人权利的目的并非宣示,而是要通过纳税人权利的体系化实现税法价值的统一化,并以此为指引系统性地完善税法建制。纳税人权利法案更主要是发挥宣示性作用,无法直接助力以纳税人权利为中心的税法体系化,而且单独立法也意味着,该法案与其他税法的联系较为松散,实践中有较少被援用以致被边缘化的风险。考察域外经验也可知晓,出台纳税人权利法案的多为税法体系化程度较低的国家(如加拿大、英国)。与之相比,在通则性法律中系统规定纳税人权利,将必不可少地以纳税人权利为中心对整部法律进行体系编排,又因为通则性法律在税法体系中的地位显要,此举将提升整个税法体系对纳税人权利的关切和回应。也即,在通则性法律中开展纳税人权利的结构化工作,也是对税法体系进行纳税人中心主义改造的过程。

---

① 参见刘剑文:《〈税收征收管理法〉修改的几个基本问题——以纳税人权利保护为中心》,载《法学》2015年第6期;朱大旗、李帅:《纳税人诚信推定权的解析、溯源与构建——兼评〈税收征收管理法修订草案(征求意见稿)〉》,载《武汉大学学报(哲学社会科学版)》2015年第6期。

最后,通则性法律有《税法通则》和《税法总则》两种模式,比较而言,《税法总则》在当前是更优选择,纳税人权利体系化、结构化的任务也更适合由其完成。各法律领域中,"通则"固然也要提炼并规定一般性、共通性规则,但一般不涉及太多的实质整合工作,更多是在相关规则阙如时发挥应急功能。某种意义上讲,制定"通则"常意味着短期内难以制定一部法典。① "总则"却不同,其对本领域具体制度的提炼和整合程度更高,而且通常是制定相关法典的关键一环。就税法而言,编纂《税法典》是值得追求的目标,法典编纂不外乎治安、守成、统一、整理和更新这五项目标②,我国在推进和拓展中国式现代化的历史关口编纂《税法典》,显是出于因应新形势、响应新事态的更新目标,既如此,价值渗入并以此牵起全篇颇为必要。"税法总则立法是税法法典化的重要环节,其意义不仅在于统合税法规范体系,更为重要的是提炼税法的原则和立场",此间需要贯穿始终的一项基本立场便是对纳税人权利的保护。③ 所以,首先在制定《税法总则》时高效开展纳税人权利结构化的工作,继而以此为线索调适其他税收法律,最终在编纂而成的《税法典》中全面体现纳税人中心主义,诚为当下的最优选择。在法律规范的各种形态中,法典的稳定性最强,这也意味着其灵活性较弱。税收和税法的功能繁多,诸如宏观调控之类功能的发挥并不依赖法典化,甚至与其还有几分抵触。相形之下,税法的法典化更应该也能够达致的是对纳税人权利的充分肯认和高效保护。

(三) 学界关于纳税人权利内涵的提炼

承前,囿于在《税收征管法》上规定纳税人权利天然存在局限性,已有学者选择不拘泥于《税收征管法》,而直接在应然层面对纳税人权利作类型化提炼。概言之,此间存在两种提炼方法,分别侧重从纵向和横向的维度考虑问题。

依据第一种方法,纳税人的权利体系可划分为宪法性权利和税法上的具体权利这两个层次,前者包括但不限于纳税人的财产权、平等权、生存权、选举与被选举权、言论自由和结社权等。归根到底,这些权利均具有基本权利的属性。基本权利本就是一个宪法概念,其为国家权力的运作划定界限④,

---

① 比如,我国在 20 世纪 80 年代制定《民法通则》便是《民法典》短期内难以问世的替代性举措。
② 参见〔日〕穗积陈重:《法典论》,李求轶译,商务印书馆 2014 年版,第 27—51 页。
③ 熊伟:《税法总则立法中的纳税人主义及其制度体现》,载《法律科学》2023 年第 1 期。
④ Bodo Pieroth/Bernhard Schlink, Staatsrecht II-Grundrechte, 25 Auflage, Heidelberg 2009, Rn. 73ff.

税收征取集中体现国家权力,在观照纳税人权利时便也应当有"基本权利"的意识。后者则是宪法性权利在税收领域的具体化,其又可分为纳税人在税收征收中的权利、在税收处罚中的权利、在税收救济中的权利,各自项下还可继续细分。① 追根溯源,税法学界有一种研究范式是站在宪法的高度观照税法议题,我国学者在提炼纳税人权利时单独将宪法性权利作为一个层次很大程度上便是受此种范式影响。但其存在的最突出问题是,容易淡化纳税人权利的特质,使其和一般意义上公民的权利相混同。比如前述选举与被选举权、结社权等,纳税人所享受的这些权利就并没有不同于其他公民之处,而且严格来讲,将这些权利称作纳税人权利还可能诱发逻辑上的谬误——现代国家早已不将纳税作为取得公民资格的前提,从而也不存在只有"纳税人"才能享受相关权利的情形。这种提炼方法还要面对的一个问题是两个层次权利之间的脱节,如纳税人在税收处罚中的权利包括回避权、质证权、辩护权等,而这些权利同平等权、财产权等宪法性权利之间的关联是较为间接的。

需要指出的是,日本税法学者还提炼了"纳税人基本权"的概念,这同样是从宪法高度审视纳税人权利的典型表现,其指向这样一种内涵:纳税人享有仅在税款征收和使用均符合宪法规定的条件下才纳税的权利。② 若该项权利得以确立,那么如果税负设定有违可从宪法导出的税收法定、量能课税等建制原则,纳税人便有权拒绝缴纳。同理,当税款的使用有违宪法原则时,纳税人同样可从源头上即加以拒绝。应当说,在理论上确立"纳税人基本权"的范畴是有益的,其有助于通盘考虑财政收支,并且推动税法制度向理想状态跃进,但其功用更多地体现在观念层面③,由于这一"权利"缺乏明确的行使标准,故在现实中很难发挥多大作用。更重要的是,其"权利结构"也存在明显问题:从权利类型看,其可被归入防御性的抗辩权,然而,其行使抗辩权所直接指向的是税务机关,据以提出抗辩的"责任主体"却是税收立法者和税款使用者,这种因第三方行为提出抗辩的做法是不合于一般法理的。

第二种方法主要是基于权利的性质来对纳税人权利进行体系化工作。较具代表性的做法是从实体性权利、程序性权利和救济性权利三个维度来对纳税人权利加以归纳。该做法最值得推崇之处在于避免仅从程序角度考察纳税人权利,而将实体性权利也纳入考察范围。如有学者将纳税人权利在理

---

① 参见刘剑文、熊伟:《税法基础理论》,北京大学出版社2004年版,第88—95页。
② 〔日〕北野弘久:《日本税法学原论》(第五版),郭美松、陈刚译,中国检察出版社2008年版,第59页。
③ 本书第七章将进一步揭示,财政收支一体化的思维都只具有抽象、观念层面的价值。

论上提炼为限额纳税权、税负从轻权、诚实推定权、获取信息权、接受服务权、秘密信息权和赔偿救济权。① 其中的前三者均属于纳税人应当享有的实体性权利,第四、五、六项是纳税人的程序性权利,第七项则为纳税人的救济性权利。将之与《税收征管法》的规定相比较,很容易看出其视野更加开阔,不再是简单照搬行政相对人的权利,对纳税人权利的特殊性有所观照。

该做法也回避了谈论纳税人宪法性权利的空泛性。实际上,传统观点认为"民法乃万法之母",近年来已有学者对此表达过商榷意见,认为这仅能对私法适用,而包括民法在内的全部部门法均要以宪法为依据。② 也有学者提出,民法相较于其他部门法还是相对特殊的存在,其不是宪法的实施细则,而是与宪法一道,分别作为私法和公法领域的基本法律制度。③ 但不管从哪种主张出发,作为公法的税法都要遵循宪法理念、奉行宪法原则,此殆无疑义,无须专门在税收法律中或者学理层面以复述的方式再行强调。

当然,前述提炼也存在一定问题,主要是思考的纵深度还可以提升,实体—程序—救济是在横截面的意义上所作的划分,其并未提供识别和提炼纳税人权利的具体线索和方法。如此一来,对纳税人权利的列示便容易出现缺漏。为此,在承认可以遵循实体—程序—救济的路径提炼纳税人权利的同时,仍须从别的维度引入新的视角,使纳税人权利体系更为充实丰满,也更加立体化。

二、基于公法属性推导的纳税人权利

谈论纳税人权利,无法脱离其所处的语境,税法是一个复杂的法体系,其兼具多重属性,这使得提炼纳税人权利的工作也应当在不同层面上进行。税法是公法,而且在本书第一章即已明示,税收法律关系作为"公法之债","公法"的部分是第一性的。现代公法将控权作为重要的目标取向,而公法所规范的对象在形式外观上主要表现为公权力运作,为达致控权目标,"权利制约权力"和"司法监督行政"乃是两条重要路径。此二者俱要求从制度层面确定相关的纳税人权利。

(一)"权利制约权力"与纳税人的程序性权利

公法在制度构造层面的一大特征是强调以权利制约权力。在此语境下,

---

① 参见张守文:《税法原理》(第九版),北京大学出版社2019年版,第83—84页。
② 蒋新苗、张融:《"民法乃万法之母"衡论》,载《中国政法大学学报》2020年第6期。
③ 赵万一:《从民法与宪法关系的视角谈我国民法典制订的基本理念和制度架构》,载《中国法学》2006年第1期。

行政法等典型公法上对行政相对人权利的规定主要是防御性的,也即明确行政相对人在各类行政程序中应当享受的权利,以此来反向促使行政机关依法行使权力,不得恣意。可见,公法上的权利逻辑其实是不同于私法的:在私法的层面,权利是第一性的,而所谓权力不过是使权利得以实现的一种能力;而在公法的层面,首先呈现出来的是权力,权利很多时候被用于规范权力的运作。①

"权利制约权力"的基本思路是在正当程序理念的指引下明确纳税人享有一系列权利。这实际上是从税法的"特别行政法"面向推导得出的。鉴于行政法侧重于从程序角度规范行政行为,故其主要由程序规范组成②,相应地,其虽然最终立足于保护行政相对人的实体性权利,但在法律规范中直接观照的则为其程序性权利。

正当程序理念发轫于英国普通法上古老的自然正义理念,旨在对抗恣意行政行为,其要求行政机关仅可以依据法律确定的方式和法律为保护私权利而对公权力所施加的限制来行事。③ 税收场域存在税收权力和纳税人权利的相互博弈和对立统一,在理想状态下,纳税人权利的存在为税收权力的行使划定了边界、导正了方向,故而对纳税人程序性权利作尽量完备的规定,是正当程序理念得以落地的关键。现行《税收征管法》在这方面已有所规定,本节前文罗列的关于纳税人权利的既有规定便主要是在这层意义上展开的,但是还存在权利列举不尽、已列举权利表述不够周延和内容较为宽泛空洞的问题。参酌域外经验,如下权利在本次《税收征管法》修改时应尽量完整、明确地纳入其中:首先,纳税人应当享有被告知、协助、听取意见和公正对待的权利。这包括纳税人有权获得有关税收系统运作的最新信息,获得合格专业人员的代表,了解税收的评估过程,以及被告知所享有的权利(包括上诉权利),并享受礼貌和有效的待遇。④ 其次,纳税人的经营自由和私人生活空间应当受到保护,这要求税务机关不得不必要地侵入纳税人的私人生活,其具体指向对税务机关搜查和扣押财产行为的限制。⑤ 再次,纳税人享有缴纳不

---

① 当然,"权力是使权利得以实现的能力"这一逻辑在公法层面也可以适用,只不过其相对间接。比如就税法而言,国家之所以掌握征税权力,本质上是为了保障和实现其依据税收法律所享有的税收权利。
② 薛克鹏:《经济法基本范畴研究》,北京大学出版社2013年版,第55页。
③ 参见朱大旗、胡明等:《〈税收征收管理法〉修订问题研究》,法律出版社2018年版,第83—84页。
④ Adrian J. Sawyer, "A Comparison of New Zealand Taxpayers' Rights with Selected Civil Law and Common Law Countries—Have New Zealand Taxpayers Been 'Short-Changed'?", 32(5) *Vanderbilt Journal of Transnational Law* 5, 21 (1999).
⑤ Ibid.

超过正确税额的权利。强调这一点的原因在于,纳税人可能无法获得正确计算自己应该缴纳多少税款的专业建议,导致其最终可能支付超过应缴数额的税款,因此,税务机关必须帮助和确保每个纳税人都准确计算税款,并保持最新的税务记录,在处理税收抵免等事项时亦须及时和适当。① 最后,便利纳税也应当成为纳税人的一项权利。具体而言,税务机关应当做到:向纳税人及其代理人提供明确、准确、及时的信息;确保对所有纳税人无条件地给予礼貌和周到的待遇;迅速响应每个纳税人的询问、投诉或请求;解释每次税收评估的依据;协助登记,帮助纳税人了解他们的权利等。②

《税法总则(专家建议稿)》在第 12 条罗列了纳税人的程序权利,包含申请回避权、索取税收凭证权、委托税务代理权、陈述权、申辩权、申请听证权、拒绝检查权、检举控告权和法律救济权等项目,相较于《税收征管法》的既有规则无疑更加全面。但若以更高标准衡量,则上文已述及的获得礼遇权和便利纳税权等内容尚未被纳入,可考虑进一步充实。

(二) 司法监督行政和纳税人的获得救济权

具体行政行为的可审查性是使行政权力受到控制的关键,这要求行政相对人有畅通的寻求和获得救济的渠道。在税收领域,纳税人作为行政相对人,亦可针对税务机关的征管行为提起行政复议和行政诉讼,但囿于当前税法制度层面存在的若干障碍,纳税人接近司法的权利在很多时候尚难真正得以实现。税务行政诉讼占整个行政诉讼的比重同涉税行政行为在整个行政行为中的占比是不相称的。笔者运用中国裁判文书网上的高级检索方式,在案由部分依序选择"行政案由""行政管理范围""税务行政管理(税务)",在案件类型部分选择"行政案件",将文书类型确定为"判决书",日期设定则为 2020 年 1 月 1 日至 2020 年 12 月 31 日,共检得 288 份税务行政判决书,而同期行政判决书的总量则是 142906 份,税务行政判决书仅占比 0.2%。而且,这 288 份判决书还未剔除社会保险纠纷、信息公开争议等,如果一一剔除,那么税务行政判决书的占比还要更低。

1. 在制度层面畅通纳税人获得救济权的行使渠道

税务行政诉讼在整个行政诉讼中占比偏低的缘由是多方面的。比如,税收征纳具有持续性,纳税人特别是从事生产经营的纳税人通常会在较长一段时间内持续与税务机关打交道,是故二者间存在动态博弈的关系,纳税人要

---

① Emmanuel Kasimbazi, "Taxpayers' rights and obligations: Analysis of implementation and enforcement mechanisms in Uganda", *DIIS Working Paper* (2004).

② Ibid.

遵循一种"序贯理性",也即要考量特定时点上的行为的后续影响,不仅在当时应当最优,在其后也应当最优。① 这样一来,以提起行政诉讼的方式获得个案救济,在长远看便未必是理想方案。然而,纳税人基于理性考量是否决定提起诉讼均属于个人决策的范畴,这正是"权利"的应有意涵——可以选择行使,也可以选择放弃,其他人无从置喙。但法律至少要为其行使权利铺平道路而非设置路障。由此观之,现行制度当然有亟待改进之处。

依据《税收征管法》第88条即所谓"两个前置"规则,纳税人同税务机关就纳税事宜产生争议时,必须先按照税务机关的要求缴清税款或提供相应担保,方可申请行政复议,且只有在对行政复议决定不服时才能提起行政诉讼。如此设计的弊端已为人所周知,学界早就从侵犯纳税人获得救济权、在纳税人之间人为创造不平等、"花钱买救济"等角度提出了诸多批评意见。② 从纳税人获得救济权的角度看,应当区分清税前置和复议前置再展开分析。就前者而言,清税前置会给经济实力弱的纳税人带来较重负担,实践中,某些纳税人之所以不选择"放眼长远"而是直接对税务机关的行为提起争讼,便是因为其确实难以负担税务机关所主张的税款,此间仍要求其先行缴纳税款方可寻求救济,实际上便阻碍了其获得救济权的实现。就后者而言,复议前置在当前则有一定必要性,鉴于法院内部具有税收、税法方面知识的审判人员偏少,审判力量较为薄弱,致使税务案件即便进入诉讼程序,法院通常也只能遵循行政审判的一般路径,对程序问题实施审查而较少关注实体问题。然而,行政审判的基本要求是对具体行政行为全面实施合法性审查,该处的合法性审查不局限于程序性审查,只不过由于一般行政法主要规范程序性事项,才使得行政审判中的合法性审查较多表现为程序性审查。③ 但对税务行政审判来讲,适用法律、法规正确与否的重要衡量标准之一便是适用实体税法是否正确,而要实施这方面的审查,同当前行政审判的一般进路相去甚远,也超出大部分行政审判人员知识储备的覆盖范围。所以,使税收行政复议前置于诉讼,对纳税人诉求得到满足、纠纷获得圆满解决来讲,并非坏事。

或许正是考虑到以上因素,《税收征收管理法修正案(征求意见稿)》中便拟取消复议前的清税前置,同时保留复议前置于诉讼的制度安排。这一思路具有进步性,但还不够彻底,尤其是纳税人提起诉讼之前仍须缴纳税款或提供担保的规定是否合适,仍待斟酌。至于复议前置,从纳税人获得救济权

---

① 参见张守文:《财税法疏议》,北京大学出版社2005年版,第294—295页。
② 参见朱大旗、胡明等:《〈税收征收管理法〉修订问题研究》,法律出版社2018年版,第259—268页;刘剑文、侯卓:《纳税前置制度的反思与超越》,载《江汉论坛》2015年第6期。
③ 侯卓:《税法裁判中法律适用的特征及不足》,载《法学》2020年第10期。

最理想的状态看,其应当有在复议和诉讼等多种救济手段间自由选择的空间,可在诉讼方式不敷需要的背景下,诚如前文所述,复议前置在现阶段未必不是一个可行方案。当然,意欲兼顾纳税人获得救济权的完满状态和客观实际,也可考虑改复议法定前置为复议诱导前置,即赋予纳税人选择救济方式的权利,但同时施以正向激励和负向激励。前者即当纳税人申请复议后才提起诉讼,若最终胜诉并满足其他条件,则纳税人的复议和诉讼成本皆可得到补偿。后者指纳税人无理由不选择复议程序时,若是提起诉讼系出于某些恶意目的,则税务机关可给予一定数额的罚款。①

归根到底,获得救济权是纳税人的一项基本权利,救济过程看似是程序性的,但实际上其意图解决的多为实体问题,维护的是纳税人的实体性权利。实践中纳税人的获得救济权得不到充分保障,并非仅有"两个前置"这一个问题。故此,仅由《税收征管法》规定相关问题在层次方面有些不够,也很难将所涉事项全面阐明。作为税法领域的基本法律,在《税法总则》中有必要专设一章"税务救济的基本规定",遵循全面和重点相结合的思路,既对税务救济的各项基本问题尽量予以阐明,也特别置重心于化解当下亟待解决的突出问题。

一方面,起草该章时要全面梳理《行政复议法》《行政诉讼法》《国家赔偿法》等关联性强的制度规范,对于涉税场域无甚特殊但较为重要的事项,可采取援引式立法技术导向《行政复议法》等一般法,从而使纳税人以《税法总则》为中心即可清楚察知自身寻求救济的方法和手段,此类事项包括但不限于涉税国家赔偿、税务行政规范审查与行政诉讼的衔接等。另一方面,在《行政复议法》等一般法的基础上,《税法总则》还须根据税务救济的特殊性,因应实践需求,对部分问题作出有针对性的规定。比如,对税务所作出的征管行为不服的,复议机关当为税务所隶属的税务局,这应在《税法总则》中予以明确。又如,税务行政诉讼相较于其他更为常见的行政诉讼来讲,数量偏少,技术性较强,可考虑将一审案件原则上交由中级人民法院管辖,这也须在《税法总则》中明确规定。还如,税务领域的规范性文件数量繁多,其中不乏在没有上位法依据的条件下增加纳税人负担的情形,此间损害纳税人权利的情形多过其他行政活动。有鉴于此,税法学界有赋予纳税人税务行政规范审查建议权的建议,这也被写进《税法总则(专家建议稿)》的第106条。根据该条,纳税人认为税务规范性文件同法律、法规、规章或上级规范性文件相抵触的,可向制定机关或上一级税务机关书面提出审查建议,认为税务规章同

---

① 参见朱大旗、胡明等:《〈税收征收管理法〉修订问题研究》,法律出版社2018年版,第271—272页。

法律或行政法规相抵触的,可向国务院书面提出审查建议,认为税务行政法规同宪法或者法律相抵触的,可向全国人大常委会书面提出审查建议。只有纠正了侵害纳税人权利的税务行政规范,才能从根本上消除纳税人寻求救济时可能遇到的障碍,前述制度建议确有必要,但现实中损害纳税人权益的情形主要存在于税务规范性文件的场合,《税法总则》将制度重心置于该处更为合意,这既强化了针对性,也能通过赋予规范性文件制定机关或上一级税务机关相应的审查义务,避免纳税人的建议未产生实际作用的情形发生。

2. 推进税务司法专门化以更好实现纳税人的获得救济权

一如前述,法院内部在税法审判方面的力量不足,是纳税人真正实现获得救济权的重要障碍。故此,充实税法审判力量、提升税法裁判能力便成为推动获得救济权真正落地的必经之途。

充实审判能力的一个总体方向是提升税务司法的专门化水平,相对稳定的审判人员无疑将使各类涉税纠纷的解决更为得心应手。对此,税法学界已有高度共识[1],仅对提升专门化水平的路径和方式有不同认知。根据专门化水平的由低到高,税务司法专门化大体上有专门的税务审判合议庭、税务审判庭和税务法院三种模式。稳定的税务审判合议庭较早设立于英国,其由职业法官或普通法官组成,职业法官虽是带薪的全职法官,但数量极少,甚至在一段时间内仅有8人,普通法官数量较多,但专业能力较差,且早期合议庭的审判程序、地点、证明标准并不固定,随意性较大。[2] 近年来,英国除通过优化人员结构以实质性提升税务审判合议庭的专业性,并对其审判过程作规范化改造外[3],还设立了专门的增值税法庭[4]、审理市政税务案件的英格兰估价法庭[5]、审理苏格兰一级税务合议庭上诉或移交案件的苏格兰税务高等合议庭[6],进一步提高涉税纠纷审判的专业性。独立税务审判庭的建制还可见于美国的佐治亚、阿拉巴马等州,这些州税务审判庭的审判人员是在税法领域具有丰富经验和知识的资深法官,统一审理境内的税务争端,被认为在较大程度上提升了涉税纠纷的审判效率和纳税人对纠纷得到妥善解决的信心。[7]

---

[1] 参见朱大旗、何遐祥:《论我国税务法院的设立》,载《当代法学》2007年第3期。
[2] D. C. Potter, Tax Appeals, 1970 B. T. R. 38 (1970).
[3] The Scottish Tax Tribunals (Conduct and Fitness Assessment Tribunal) Rules 2015.
[4] The Value Added Tax Tribunals (Amendment) Rules 1994.
[5] The Valuation Tribunal for England (Council Tax and Rating Appeals) (Procedure) (Amendment) Regulations 2017.
[6] The First-tier Tribunal for Scotland Tax Chamber and Upper Tribunal for Scotland (Composition) Regulations 2017.
[7] Jeff Patterson, "Alabama Taxpayers Gain Independent Tax Tribunal", 33 *Journal of State Taxation* 31(2015); John M. Allan & Eric Reynolds, "Georgia Introduces an Independent Tax Tribunal", 14 *Corporate Business Taxation Monthly* 15 (2013).

除相关州份设有税务审判庭外,美国还在华盛顿特区设有联邦税务法院,其前身是1924年成立的税务上诉委员会,在1969年被司法部赋予税务法院的地位,审理的案件专业性较强,主要是预付税款和退还税款等需要重新进行税额核定的涉税纠纷。①

同域外实践比较起来,我国税务司法专门化的进展相对滞后,无论哪一层次的实践均尚付阙如。该状况的存在有其现实合理性,鉴于法院尤其是基层法院"案多人少"矛盾突出而税务案件整体数量不多,在很长一段时间内,税务司法专门化的需求并不迫切。然而,近年来税务案件的数量增长较快②,伴随自然人更多成为直接与税务机关打交道的纳税人,涉税纠纷的发生频次在今后可预期的一段时期内还将显著提升,这必然导致税务司法专门化的需求日益凸显。作为参照项,针对金融审判的专业化,最高人民法院早在2017年便提出,在金融案件相对集中的地区选择部分法院设立金融审判庭,在其他金融案件较多的中院也可根据案件情况设立专业化的金融审判庭或金融审判合议庭。③ 其后,上海还成立了金融法院。相较之下,如果说成立税务法院的构想短期尚难实现④,税务审判庭和税务审判合议庭则完全具有现实可行性。在前者,不妨由最高人民法院出台意见授权有需求的地区自行在中级人民法院设置,由具有税收、税法方面专业知识的法官组成,其受案范围不妨兼及税务行政和刑事案件。⑤ 在后者,则更加灵活,可由各地法院根据工作需要自行安排,最高人民法院可相应发布指导性意见。实践中,很多法院有鉴于同一审判庭审理案件的类型过于多元,已在内部作人员划分,使每一类型案件的审理由相对稳定的合议庭进行,这也为税务审判合议庭的实践提供了可资借鉴的经验。

进言之,无论何种形式的专业化审判组织,均需要建立在审判队伍专业化的基础之上。对此,可综合采取如下方法:一是完善与税务机关交流挂职、联合开展业务交流等税务审判专业人才的培养机制;二是有针对性地开展税务审判专题培训;三是构建税务审判相关案例指导制度,完善审判配套机制。

---

① Thomas D. Greenaway, "Choice of Forum in Federal Civil Tax Litigation", 62(2) *The Tax Lawyer* 311 (2009).
② 在"裁判文书网"检索可知,从2015年到2018年审判的涉税刑事案件分别为3510件、6042件、6229件、7739件;2015年到2018年审判的税务行政案件分别为84件、473件、841件、1038件。
③ 参见《最高人民法院关于进一步加强金融审判工作的若干意见》(法发〔2017〕22号)。
④ 这里面很重要的一个原因在于,税务案件在不同区域间的分布较为均衡,没有"案件相对集中的地区"。
⑤ 同一审判庭兼顾裁判不同类型的案件,乍看较为奇怪,但现实中,该情形并不鲜见,比如许多法院设置的综合审判庭即同时裁判民事、行政类案件,又如由于法官在不同审判庭之间流动,在"案随人走"的背景下也不乏刑事审判庭裁判民事案件的情形。

应当说,在提升审判组织和审判人员的专业化水平之后,法院在涉税裁判中基本仅能观照程序性问题的状况将得到很大程度的好转,纳税人的获得救济权也有望更好地得以实现。

三、由债法因素导出的纳税人权利

虽然税法不能完全遵循典型的债法逻辑,但税收毕竟具有金钱债务的形式外观,所以在经过适当改造后也确实可以借鉴债法上的权利类型来对纳税人权利的某些方面加以界定。只是在通常情况下,税收债务的权利人是国家,而纳税人作为债务人存在,所以仅在少数纳税人以权利人身份存在的情形中,纳税人才得以基于债法因素推导出若干其应当享有的权利。下文拟对其中较为重要的两方面内容略作阐述。

(一)基于不当得利返还请求权看退税请求权的制度缺失

债有合同、侵权、不当得利和无因管理这四种类型。其中,纳税人多缴税款导致国家没有法律依据而多获得收入,此间存在类似于不当得利的法律关系,纳税人成立多缴税款返还请求权。现行《税收征管法》在第8条简略提及了纳税人享有退税的权利,但该处的"退税"是泛指,除多缴税款的退还外,还应当包括出口退税的情形。《税收征管法》第51条在前者的基础上具体明确了纳税人的多缴税款返还请求权,这也是狭义上的退税请求权,为表述简便,本节下文直接以退税请求权指代这一权利。还应当指出的是,此处借鉴债法进行推导的目的不是指税法上该项权利缺位,而是辨明其在内容设计上的不足之处。

现行《税收征管法》第51条设计了两种情形,一是税务机关发现纳税人多缴税款的情形,二是纳税人自己发现多缴税款。在情形一中,税务机关发现后应立即退还;在情形二中,纳税人可要求税务机关退还多缴纳的税款并加算银行同期存款利息,但必须是在结算缴纳税款三年内发现方得享受此项权利。应当说,这一区分处理的思路体现出对国库利益的看重——纳税人在缴纳税款三年后始发现多缴情事时不再享有退税请求权,这很大程度上是考虑到此间办理退库不易。然而,这一规定在实践中极易诱发对纳税人权利的侵害。在西安大鹏生物科技股份有限公司诉西安市高陵区地方税务局、西安市地方税务局案中[1],纳税人出让一宗地块给相对人,后因成交金额显失公平而被对方诉至法院,终获判决调减标的金额,因而导致原已纳税款超出应

---

[1] 参见(2018)陕7102行初367号、(2018)陕71行终475号行政判决书。

纳税额，纳税人遂请求税务机关办理退税却未获认可，法院也支持了税务机关的主张，理由是申请退税的时点相较于缴纳税款的时点已逾三载。①

应当说，该规定的不足之处颇多，比如未区分是因税务机关还是因纳税人导致了多缴税款，从常理出发，也应对此二者作区别对待。② 其实，如果从法体系统一的角度理解退税请求权，则不难察知前述第51条在合理性方面存在更加突出的问题。为彰显"法律不保护在权利上睡觉的懒汉"之精神，法律上设有各类型的时效制度，其基本考量即在于督促权利人积极行权。时效有取得时效和消灭时效之别，债法上诉讼时效即属于消灭时效，其适用于请求权。③ 退税请求权便是请求权的一种，若要就其设定时效规则，理论上应尽可能贴近消灭时效的制度逻辑。诚然，纳税人无须经由诉讼渠道便可行使退税请求权，这同诉讼时效的表述似乎扞格不入。然而，诉讼时效的本质是针对请求权的消灭时效，在法理上从来没有"请求权必须通过诉讼方式行使"的要求，故而借用诉讼时效的制度逻辑是没有问题的。

承前，诉讼时效既然是为督促权利人积极行使权利而设，那么具备行权条件便应成为时效计算的起点。《税收征管法》关于退税请求权的现行规定在这一点上可谓处理得至为不妥，其将客观的缴纳税款时点作为时效起算点，纳税人此时根本不可能知晓其存在超额缴纳的情事，否则便不会超额缴纳税款了。从前文所述案例的情形看，很多时候纳税人知道或者应当知道多缴税款的时点已经超过结算缴纳后的三年，这使其主张退税请求权可谓窒碍难行。就此而言，更为妥适的做法无疑是遵循债法上消灭时效规则的通例，将时效计算起点调整为纳税人知道或者应当知道多缴税款之日，在操作层面，诸如民事生效判决等事项便可作为"知道或者应当知道"的判断标准。

在德国《租税通则》等具有税法总则属性的域外立法例上，多设有"税收债法"一章，重点围绕税收债务从产生到消灭的全过程设计规则，其间颇多

---

① 当然，也存在相反判决。在刘玉秀诉国家税务总局北京市西城区税务局案中，刘玉秀欲转让一宗房产并已缴纳相应税款，后因民事纠纷而使该房产的交易履行不能，遂申请退税，税务机关同样是以已过三年时限为理由不予认可。生效判决则认为，"不宜对纳税人应在三年内就发现多缴的税款申请退税作形式性理解"，在纳税人申请后已使税务机关明知存在应退税情形时，税务机关便应"对其提出的退税申请予以全面、客观、正确的评价和考量并作出实质性判定"。从法院的论述看，其持一种"税务机关发现多缴税款既可以是主动发现、也可以是被动发现"的立场。参见（2019）京02行终964号行政判决书。

② 比如我国台湾地区的"税捐稽征法"也针对纳税人退税请求权设有5年的时效规则，但其在2009年修"法"后于第28条明确，若是因可归责于税务机关的原因导致多缴税款，纳税人行使退税请求权不受时效限制。陈清秀：《现代财税法原理》，元照出版有限公司2015年版，第80页。

③ 相关法理探讨可以参见梁慧星：《民法总论》（第五版），法律出版社2017年版，第249—250页。相关制度规则及最新立法动态可以参见杨立新、李怡雯：《中国民法典新规则要点》，法律出版社2020年版，第175—187页。

借鉴债法规则。不难发现，相较于程序法色彩浓厚的税收征管法，上文讨论的退税请求权更适合规定在《税法总则》中。《税法总则(专家建议稿)》在第49条规定，应税事实出现根本性变化的，纳税义务在相应范围内消灭；纳税主体已缴纳的税款，可以在纳税义务消灭之日起三年内请求征税机关退还。这一规定指向应税事实发生根本性变化的情形，如果正式出台的《税法总则》大致采纳该思路，则实际上是将多缴税款区分为两种情形：一为因计算错误等缘由自始便多缴税款；二为原未多缴税款，嗣后因应税事实发生根本性变化以致已缴税款应当退回。前一情形由《税收征管法》第51条调整，后一情形则受《税法总则》规范，二者恰好具有互补作用。当然，从功能适当的角度出发，改造《税收征管法》第51条并将其移入《税法总则》，与应税事实发生根本性变化后的退税规则共同构成保障纳税人退税请求权的一体两翼，是更为体系自洽的做法。

此外，债法上的不当得利返还请求权在对象范围上包含所受利益和"本于该利益更有所取得"，如相关利益的孳息。① 国家占用纳税人超额缴纳的税款，亦存在法定孳息也即相应的利息。所以在应然层面，无论是税务机关发现后主动退还，还是纳税人发现后申请退还，理论上都要加算利息而不应有所区别。现行《税收征管法》针对纳税人滞纳税款的情形设有滞纳金规则，从其内容看兼具补偿和惩罚双重属性，而如本书第一章已述及，本次修法的一项共识便是将其一分为二，使接轨行政强制法的滞纳金和纯粹补偿性质的税收利息并存于一部法律。在该语境下，不论纳税人有无主观过错均须就其占用国家税款的情事而向国家支付利息，既然如此，反过来的逻辑亦应成立，此即无论是何者发现，只要占用纳税人超额缴纳的税款，便应在退回时一并支付利息，这也使整部法律在内部逻辑上得以贯通。制定《税法总则》时，同样应对此予以明确。

(二) 从隐私权和"后合同义务"推导纳税人保密权的应有内涵

纳税人享有的保密权在某种意义上也可由民法上的隐私权和所谓"后合同义务"推导得出，而且从这两个角度切入，有助于发现既有规定的不足。关于隐私权的部分，也即公民的私人生活安宁和私人信息依法受到保护，不被他人非法滋扰，其作为人格权之一种，原则上不仅得对抗私主体，也应能据以约束公权力机关的行为。关于"后合同义务"的部分，包罗甚广，其中一项要求便是任何一方当事人不得将其在交易过程中获取的对方信息泄露出去。

---

① 黄薇主编：《中华人民共和国民法典释义》(中册)，法律出版社2020年版，第1796—1797页。

税务机关及其工作人员在征税过程中常常要依托大量涉税信息方能作出结论，这些信息既可能与经营情况相关，如经营业绩、利润情况等，也可能关系到自然人纳税人的日常生活状况，如自然人纳税人享受个税专项附加扣除时需要呈报诸多信息，赡养父母、抚养子女、因病就医等均在此列。与此同时，税务机关及其工作人员在征税过程中也不可避免地会获取纳税人不少的非涉税信息，如家庭住址、婚姻状况①等。更重要的是，税务机关必然会在特定税收征纳程序完结以后知晓纳税人缴纳税款的数额，这一信息原则上亦应受到保护而不得轻易向外界公开，这同"诚实的人也有不被点名的权利"之法理若合符节。

必须明确指出，纳税人的隐私和个人信息②在内涵和外延方面并不相同：第一，从权利属性看，隐私带有强烈的人格属性特质，譬如纳税人的年龄、婚姻状况、家庭成员信息、健康情况等，个人信息的财产属性可能更强，譬如纳税人的收入状况、财产分布情况等；第二，从可识别性看，隐私是纳税人不愿意为公众所知悉的信息，原则上不发生可否识别的问题，而个人信息则要求能够单独或结合其他信息后直接指向特定纳税人，具有强识别性；第三，从权利内容看，隐私所对应的主要是保护其不受公开的权利，个人信息对应的则是主体支配和自主决定的权利；第四，从权利保护方式看，对隐私的保护侧重事后救济，对个人信息的保护重在事前预防；第五，从权利救济方式看，隐私受侵害后的救济多以赔礼道歉等精神损害赔偿的方式进行，个人信息受侵害后则常导向赔偿损失等财产损害赔偿的方式。③ 综合上述，借鉴民法尤其是债法的规则和法理，纳税人保密权所指向的内容应当是较为多元的，不能仅从隐私权的角度来理解纳税人的该项权利，还须认识到其本质上是国家及作为其代表的税务机关承担"后合同义务"的要求，故其不能局限在商业秘密的范围，也不限于个人隐私，还不能将纳税情况排除在外——《税收征管法》第45条载有欠税信息公告规则，但这是一种税款保障手段，是公法属性影响税法建制的体现，其实际上也侵害了纳税人的保密权，只是因为所追求的目标正当且能通过比例原则的测试，才使其获得正当性。

以此来衡量，《税收征管法》第8条仅规定纳税人有权要求税务机关为

---

① 由于我国包括个人所得税在内的各税种均未将家庭作为纳税单位，是故婚姻状况与税收征纳一般关系不大。当然，严格来讲，二者间也并非全无关联，比如个税专项附加扣除中，对相关事项能够作税前扣除的便常常是本人及其配偶，此时确定婚姻状况便成为能否享受专项附加扣除的前提条件之一。

② 这里的"隐私"和"个人信息"主要就自然人纳税人而言，但在许多方面也可类推适用于企业纳税人。本节不打算在学理层面严格辨析相关概念。

③ 参见王利明：《论个人信息权的法律保护——以个人信息权与隐私权的界分为中心》，载《现代法学》2013年第4期。

其情况保密，但未言明此处"情况"一词的外延所及。《税收征收管理法实施细则》在第 5 条则明确，要保密的情况是指商业秘密和个人隐私，这实际上大大地限缩了其本应囊括的范围，商业秘密和个人隐私之外的涉税和非涉税信息都未成为保护对象。比如，实践中即不乏税务机关公布特定纳税人缴纳税款的情形，有时是借此鼓励和表彰"纳税大户"，但严格讲来此举不无侵犯纳税人保密权的嫌疑。有鉴于此，笔者建议修法时对纳税人保密权的内涵作尽量周延的列举，将纳税情况、涉税信息和其他非涉税信息三方面内容悉数纳入。

考虑到保密权的基础性和重要性，《税法总则》无疑是更适合规定该项权利的场域，在《税收征管法》中规定相关内容乃是《税法总则》缺位时退而求其次的选择。《税法总则(专家建议稿)》在第 11 条规定，纳税人的商业秘密、经营信息和个人隐私受法律保护，纳税人有权要求征税机关保密。相较于税收征管法及其实施细则的规定，前述设计部分扩张了保密权的范围，在商业秘密和个人隐私之外将经营信息也纳入进来，但问题在于，在立法中采用类型化方法时应注意类型划分的妥适性，重叠或是罅隙皆不可取。事实上，"商业秘密"和"经营信息"即存在重叠交叉之处，而且将"商业秘密""经营信息""个人隐私"三者并列，也容易予人以该处已穷尽列举全部需要保密的信息之观感。故此，更为合意的做法或许是在商业秘密和个人隐私之外，直接添附"其他涉税和非涉税信息"，然后明确"税收违法信息不属于保密范围"，这般设计条文或将涵盖更加周延。

四、体现税法特质的纳税人权利

纳税人权利是税法的固有概念，即便有必要基于公法属性、借用债法因素提炼若干权利类型，体现税法特质的纳税人权利也应当居于体系中最为基础的地位，进而应当能贯穿税收活动的各场域和全过程。而且，若是提炼得当，则体现税法特质的纳税人权利应当对税法制度具有相当程度的塑造力。

国家在纳税人财富形成的过程中有所贡献，故而以征税的方式参与分享。又因为在量的层面很难精确判定国家的贡献或曰纳税人的受益情况，故理想状态的税负设定应当遵循量能课税的路径，在公共支出相对确定的条件下，根据税负能力的大小在不同纳税人之间配置税收负担，而且须注意不能因税收的征取而扰乱市场对资源的配置，此即要满足税收中性的标准。基于这两项原则，应当考虑在制度层面明确纳税人享有税收筹划权和诚实推定权这两项充分彰显税法特质的纳税人权利。

(一) 税收筹划权的内涵与制度回应

税收筹划权的内涵可以被概括为纳税人有合理安排经营活动从而少缴税款的权利,其在学理上和域外制度实践中另有"最低税额权""税负从轻权"等相近表述。① 从逻辑上看,该项权利的确立是践行量能课税和税收中性这两项原则的题中应有之义:税法尊重纳税人合理合法的税收筹划,避免对不具有税负能力的财富征税,是量能课税在纵向维度的要求;纳税人实施合理合法的税收筹划,也是其经营自主权的体现,对此给予必要的肯定和维护同时具有尊重市场、鼓励竞争的作用,以契合税收中性原则。

税收筹划权的内涵至少涵盖如下四个层次:首先,纳税人有权放弃实施特定的交易安排,从而得以不缴纳税款;其次,纳税人有权选择实施税法所鼓励的交易安排,以享受税收利益;再次,纳税人有权在经济实质相同的多种交易安排中选择税负最轻者为之,违反立法目的者除外;最后,即便纳税人的筹划行为因违反立法目的而被给予否定性评价,也不意味着该行为具有违法性,而只是基于政策因素等方面的考量而从税法的角度对其实施调整,故此,不应针对纳税人的相关筹划行为处以罚款。

为了在制度层面完整纳入税收筹划权的这四方面要求,重要的不是用单一条文界定此项权利,而是全面检视各项税法规则,剔除或改造其中不合时宜之处。比如,《特别纳税调整实施办法(试行)》第 92 条对应当启动一般反避税调查的情形作了枚举,其中第一项便是"滥用税收优惠"。由前文提炼之税收筹划权的第二层内涵可知,纳税人安排自己的行为,使其符合税法所鼓励的方式,从而获得税收利益,乃是税收筹划权的重要意涵。税法对特定行为的鼓励一般是经由设定税收优惠得以体现。由此观之,纳税人使其行为满足享受税收优惠的标准从而减轻税负,很难被界定为"滥用"税收优惠,立法上如此规定易诱发实践中侵犯纳税人税收筹划权的风险,故建议将之删除。

在此基础上,《税法总则》应对税收筹划权作出总括性规定,如此才能为征纳实践提供根本性的行为指引。《税法总则(专家建议稿)》拟在第 11 条明确"纳税人依法享有减税、免税、退税等税收优惠的权利"②,这正是税收筹划权的题中应有之义。但该规定在形式和实质层面也存在若干问题。在形

---

① 侯卓、吴东蔚:《税收筹划权的理论建构及其实现路径》,载《东北师大学报(哲学社会科学版)》2020 年第 4 期。
② 《税法总则(专家建议稿)》第 11 条在最后一款还规定,"纳税人依法享有延期缴纳税款的权利"。这也是纳税人依法享受税收利益的表现,亦属于税收筹划权的要求。

式层面,该条款的表述严格来讲缺乏谓语,"依法享有减税、免税、退税等税收优惠"在整体上修饰"权利",是对此项权利具体范围的阐述,如此一来,"纳税人"和"权利"之间缺乏必要的连接词,该款合乎语法的表达方式应当是,纳税人"有"依法享有减税、免税、退税等税收优惠的权利。在实质层面,专家建议稿的内容只是言及纳税人可享受税收优惠,不足以涵盖税收筹划权的全部内容,当存在多种交易安排时,纳税人得选择其中税负最轻者,这也是税收筹划权的重要要求,应在《税法总则》的"纳税人权利保护"一章予以明确。事实上,阐明该点甚为重要,实践中某些税务机关倾向于认为,只要纳税人选择了税负较轻的交易方式,就说明其是出于获得税收利益的考量,进而将之归入避税行为的行列,在《税法总则》中完整表述税收筹划权的内容,有助于扭转这种倾向。此外,前文也曾述及,税务机关有权对避税行为实施特别纳税调整,但从纳税人享有税收筹划权出发,避税行为本身并无可罚性,故《税法总则(专家建议稿)》第6条在提炼一般反避税条款时,应阐明该点。

(二) 诚实推定权的制度塑造力

诚实推定权指纳税人享有在没有相反证据的条件下应当被推定不存在逃漏税等税收违法行为的权利。其与税收筹划权在形式上是相对应的,而在实质层面,诚实推定权也可被视为税收筹划权得以实现的前提——若诚实推定权未得到立法层面的肯认和执法层面的尊重,大量的税收筹划行为都隐然有被否定的风险。

1. 制度价值和基本指向

诚实推定权同样可由量能课税和税收中性等税法原则推导得出。一方面,基于经济实力的差异,各纳税人之间在规避税收负担的能力方面也有很大差距,各高收入纳税人更有可能享受到高质量的税收筹划服务,也更能够通过隐蔽、复杂的方法逃避税负,而中低收入纳税人却常因申报计税依据略低于评估值便被认定为不诚信,进而被施以核定调整甚至特别纳税调整。如此一来,贫富差距经过税收调整后不但改善程度有限,反倒存在被放大的风险。诚实推定权的确立对中低收入纳税人更为有利,有助于在横向维度实现量能课税。① 另一方面,诚实推定权的制度实践充分显现了对市场主体及其市场行为的尊重,"无证据不介入"同当前优化营商环境语境下"无事不扰"的要求遥相呼应,合乎税收中性的意涵。

诚实推定权的基础性地位决定了,应当在《税法总则》中对其作出明确

---

① 更细致的论述可以参见侯卓、吴东蔚:《论纳税人诚实推定权的入法途径》,载《北京行政学院学报》2021年第2期。

规定。由于税法学界近年来一直很重视诚实推定权入法的问题,是故《税法总则(专家建议稿)》也不意外地在第 11 条规定,纳税人有权被认为诚实地履行其纳税义务,有相反证据足以证明其违法行为的除外。该条款基本体现了诚实推定权的意涵,但也不无改进空间。理论上讲,诚实推定权要求如无相反证据则推定纳税人没有实施税收违法行为,该处的"违法"理当包含实体和程序两个层面,这是和纳税人同时承担纳税义务与协力义务的状况相适应的①,由此观之,专家建议稿对诚实推定权条款的设计仅指向纳税义务,对协力义务的观照似有不足。实践中,部分税务机关正是因假定纳税人递交的资料不完备、真实,进而依据《税收征管法》第 35 条启动核定调整,而对纳税人显为不利。有鉴于此,《税法总则》对诚实推定权的表述不宜局限于对纳税人如实履行纳税义务的推定,还应将纳税人诚实履行协力义务纳入进来,这样一来,该处措辞直接调整为"纳税人有权被认为诚实地履行其各项涉税义务"或许更优。

当《税法总则》对诚实推定权作出明确规定后,从其在整个税法体系中的统领性地位出发,理当对各部税法中不合于诚实推定权精神的地方加以改造。这首先直接指向微观规则,如在《税收征管法》的"税务检查"一章中,应当限定日常检查的频率、明确税务稽查的门槛,避免在短期内对特定纳税人重复实施税收检查,或是随意对纳税人开展税务稽查②,干扰其正常的生产经营秩序。在调试微观规则的基础上,诚实推定权的引入还要求税收立法和执法对于举证责任配置等重大议题,形成更加合理的见解。以本章前一节曾提及之《税收征管法》第 35 条第 1 款第 6 项为例,明确纳税人享有诚实推定权,将使该项规则的适用在举证责任配置方面明显异于当前实践。鉴于该问题的重要性,也为更好地反映引入诚实推定权后对整个税法体系的深刻影响,下文以其为对象展开个案检视。

2. 个案检视:确立诚实推定权对举证责任配置的影响

根据《税收征管法》第 35 条第 1 款第 6 项的内容,本节将之简称为计税依据明显偏低条款。其适用需要满足两个条件:一是计税依据明显偏低;二是无正当理由。无论是在理论上还是在当前实践中,对于相关情形满足第一项条件的证明责任由税务机关承担,基本没有疑义。但对于第二项条件的达到应由谁来证明,则值得检视。

---

① 参见陈敏:《税法总论》,新学林出版有限公司 2019 年版,第 247 页。
② 这从本质上看是对纳税人的"不诚实推定",故而希望通过重复检查或是轻易启动税务稽查的方式,"不查出问题不罢休"。

(1) 由纳税人承担举证责任的当前实践

举证责任又称证明责任,指事实真伪不明时,法官因不得拒绝裁判而采用的处理案件的方法。① 除司法程序外,税收征管过程中同样存在事实真伪不明的情形,最终判断的得出在相当程度上也取决于举证责任配置的状况。在适用计税依据明显偏低条款,尤其是认定阻却事由是否具备时,当前无论是在税务行政程序还是司法程序中,相关举证责任都更多被配置给纳税人,这本质上是对纳税人的"不诚实推定",也成为该条款在实践中被应用过频且在发生争议并进入司法程序后纳税人经常败诉的关键原因。

一方面,税务机关认为应由纳税人承担阻却事由成立的举证责任。

税务机关的立场可通过税务规范性文件来加以把握。因职责所限,税务规范性文件一般不会明确提到举证责任,但从字里行间并结合税务机关在行政诉讼中的答辩意见,不难推导出税务机关的基本立场。具言之,税务规范性文件将举证责任配置给纳税人的典型表现可见于南昌市地方税务局公告2012 年第 22 号,其第 20 条规定,"对申报的计税依据明显偏低的,主管地方税务机关应当依法对转让人和受让人进行约谈,并对其提出的理由进行核查,对约谈、核查仍无法有效排除疑点的,应认定为无正当理由",所谓"疑点"的意思是"可能有也可能无",也即此时待证事实正处于真伪不明的状态,纳税人依该公告将直接承担不利后果,是由其承担举证责任的表现。

此外,许多税务规范性文件均明确纳税人有提供证明材料的义务,税务机关对此进行审查,若认定有正当理由便以申报价格为计税依据,若没有则以评估价格为计税依据,这其实未涉及真伪不明时不利后果的分配问题。但由税务机关在行政诉讼中的答辩意见可知,前述提供资料的义务常被其等同于举证责任。② 这便使文件中关于举证责任的语焉不详在实践中异化为针对纳税人的责任配置。

税务规范性文件及征纳实践在认定"正当理由"时关于举证责任的配置,实际上反映了税务机关先入为主地将计税依据明显偏低推定为"无正当理由"的情形,这是对纳税人的"不诚实推定"。其产生的负面效应甚为明显。这首先意味着纳税人在征管程序中要承担更重的责任,且自身的主张很可能不被税务机关认可。而一旦进入诉讼环节且法院也认可此一举证责任配置方式的话,纳税人的败诉风险将急剧攀升,毕竟,举证责任的分配代表了

---

① 陈刚:《证明责任概念辨析》,载《现代法学》1997 年第 2 期。
② 如根据(2014)韶中法行终字第 75 号行政判决书可知,纳税人已向税务机关提供相关证明资料,但税务机关认为,最后真伪不明时的不利后果仍须由纳税人承担,这便是在举证责任的意义上理解提供资料的义务。类似情形还可参见(2017)吉行申 307 号行政裁定书。

诉讼不利后果的配置①，也即举证责任之所在，败诉风险之所在。

另一方面，法院倾向于认可税务机关的上述立场。

从司法实践看，法院确有认可税务机关立场，将阻却事由成立的举证责任配置给纳税人的倾向。笔者以"明显偏低""明显低于""低于""偏低"等为关键词在裁判文书网、"无讼"及"北大法宝"进行检索，截至2021年4月4日，共检得34个涉及计税依据明显偏低条款的判例，其中有19个以阻却事由是否成立为讼争焦点。② 该19个判例中，法院将举证责任配置给纳税人的有14例（占比73.7%），此间纳税人全部败诉；法院将举证责任配置给税务机关的有3例（占比15.8%），其中，郑州同盛药业有限公司诉国家税务总局郑州经济技术开发区税务局、国家税务总局郑州航空港经济综合实验区税务局案再审裁判中的纳税人③和亿源房地产开发有限责任公司诉国家税务总局抚顺市税务局第一稽查局案（本书以下简称"亿源案"）再审裁判中的纳税人完全胜诉④，广州德发房产建设有限公司诉广东省广州市地方税务局第一稽查局（本书以下简称"德发案"）再审裁判中的纳税人则部分胜诉⑤；另有2个判例未谈及举证责任的分配（占比10.5%），此时纳税人胜负参半。⑥

对典型个案作微观考察可知，举证责任配置对诉讼结果的影响直接而重大。如在韶关市盈锦置业有限公司与广东省仁化县地方税务局税务行政征收和行政赔偿纠纷案（本书以下简称"盈锦置业案"）⑦中，纳税人提供了书面合同、保证金复印件等证明资料作为商铺转让价格明显偏低具有正当理由的依据，税务机关以纳税人未提供团购方式的相关资料为由不予认可，法院认可税务机关的处理方式。不难发现，该案中税务机关和法院都对"提供相关证明资料"采取极高标准的理解，认为纳税人应呈交所有关乎正当理由判断的资料，这是将举证责任配属纳税人的体现。

法院在个案裁判中，有时径直将举证责任配置给纳税人，有时则会援引法律规范作为如此行事的依据。但问题在于，税法本身未就此作出明文规定，法院据以配置举证责任的规范可能谈的是另一问题。如在合浦雄鹰房地

---

① 李汉昌、刘田玉：《统一的诉讼举证责任》，载《法学研究》2005年第2期。
② 从所涉事项看，3个判例处于车辆转让领域（15.8%），16个处于房地产转让领域（84.2%）。需要说明的是，检索结果有一部分是二审或再审判决书，为尽量完整地把握法院立场但又不失严谨，笔者将能检出的同案一审判决书也纳入样本，但对不能检出的，即便在二审或再审判决书中有提及其判决书文号，也不纳入样本。
③ 参见（2019）豫行再157号行政判决书。
④ 参见（2020）辽行再24号行政判决书。
⑤ 参见（2015）行提字第13号行政判决书。
⑥ 参见（2014）乌中行77终字第95号行政判决书、（2016）沪7101行初520号行政判决书。
⑦ 参见（2014）韶仁法行初字第13号行政判决书、（2014）韶中法行终字第75号行政判决书。

产开发有限公司诉合浦县地方税务局案①中,税务机关依据《税收征收管理法实施细则》第47条第3款"纳税人对税务机关采取本条规定的方法核定的应纳税额有异议的,应当提供相关证据,经税务机关认定后,调整应纳税额"的规定,认为纳税人未承担举证责任,而法院认可税务机关的处理判决纳税人败诉。前引规定确实关涉推定课税,但其所指乃是对推定方法的选用、而非推定课税的条件是否达致存在争议时的举证责任配置。纳税人质疑推定课税的条件成就和质疑推定课税具体方法的选用,是不同层次的问题,不能将两种情形中的举证责任配置混为一谈。

至于举证责任被配置给税务机关,纳税人最终也获得较为有利结果的判例,经细致检视后可发现,"德发案"再审裁判中纳税人获得法院支持的诉求同能否实施推定课税本身其实并无关联。该案中,税务机关实施推定课税时便已围绕阻却事由之有无开展了证明工作,其查明竞买人唯一、拍卖保证金门槛设置过高、拍卖保留价设置过低等情形从而认为纳税人所提阻却事由不能成立。在此情形下,最高人民法院虽也在判决书中指出要尽量尊重市场形成的计税依据,但仍然认可税务机关的处理,仅判决撤销其加征滞纳金的这部分决定。而在纳税人完全胜诉的两个判例中,较为晚近的"亿源案"再审判决颇有典型意义,该案再审法院认为,亿源公司方面提出案涉五套门市房的单价系经原新宾县地税局领导及工作人员签字认可,这应当成为计税依据明显偏低的正当理由,而抚顺市第一稽查局则未举证证明其在作出被诉税务处罚决定前已依法进行核实,从而判决其败诉。由前述两个判例的裁判过程可知,法院对两个推定课税行为都实施了一定程度的审查,审查重心之一均是税务机关在推定课税前有无认真检视纳税人所提阻却事由②,而这只能由税务机关举证证明。

(2)从诚实推定权出发看举证责任的应然配置

承前,由税务机关承担阻却事由不能成立的举证责任,不仅在功能的意义上是合意的,即有助于税法裁判中司法审查的高效开展,而且也是从事物本质属性出发得出的唯一正解。为明晰该点,须对《税收征管法》第35条展开规范分析,在此基础上分析确立诚实推定权的指引价值。

较之"核定征税"的通常称谓,《税收征管法》第35条更适合被称为推定课税规则。从共性的角度看,其所辖六类情形均会导致税务机关无法据实课

---

① 参见(2015)北行终字第6号行政判决书。类似判例可参见郑州同盛案一审和二审裁判,(2017)豫0122行初82号行政判决书、(2018)豫01行终493号行政判决书。
② 相较之下,德发案中法院对推定课税的审查力度要薄弱一些,这主要表现在对纳税人的优势证据回应不够,事实上降低了行政诉讼中税务机关要达到的证明标准。王霞:《从"德发案"看税收核定司法证明标准的适用》,载《法律科学》2019年第4期。

税而不得不改用推定的方法来确定应纳税额。推定课税与据实课税相对应，属于税额确认的特殊方式。税额确认当以据实为优先，查明税基的责任由税务机关承担，只是因为涉税信息多在纳税人一方，故在法律有规定的情况下，纳税人也须配合税务机关查明税基。此时纳税人所承担的是协力义务，即面对税务机关征管行为的作为、不作为及容忍义务①，其主要包括依税法和相关法律规定设置账簿、进行纳税申报、提供相关资料等方面的内容。就属性而言，税务机关课征税款是主动行政，查明税基系其法定职责，若确因不具备据实课税的条件而不得不改采推定课税的方法，税务机关必须证明推定课税的适用条件已然成就。就此而言，《税收征管法》第35条所述正是推定课税的六种适用情形，其客观存在须由税务机关证明。"计税依据明显偏低且无正当理由"这一内容既然也位列第35条之中，故对于无论是"计税依据明显偏低"还是"无正当理由"，原则上都应由税务机关举证证明，否则其援引该条进行推定课税便有事实和法律依据不充分的嫌疑。

进言之，存在共性的同时，《税收征管法》第35条所载六类情形相互间也存在异质性。大体上，其可被划分为三大类别：第一类是情形一，此时纳税人依据法律法规可以不设置账簿，据实课税自无可能，税务机关只能推定课税而别无选择；第二类是情形二至情形五，这些情形中的纳税人不履行或不适当履行协力义务，如应当设置账簿但未设置，税务机关所须负担的举证责任固然不因此转嫁给纳税人，但根据协力义务的法理可相应减轻须达到的证明标准②，而且大略来看，纳税人不履行或不适当履行协力义务的行为通常指向其具有"不诚信"的心理；第三类是情形六，也即计税依据明显偏低且无正当理由，严格说来，此时纳税人已完成法律赋予其的各项协力义务，是税务机关对纳税人呈报的计税依据提出疑问，自应由其举证证明，且须达到相对更高的证明标准③，这正是纳税人享有诚实推定权的题中应有之义，也是"德发案"再审裁判中，最高人民法院"应当受到严格限制"一语的要旨所在。

依托上述规范分析，可对适用"计税依据明显偏低"这一条款的举证责任的应然配置形成基本判断。首先，税务机关对于整个"计税依据明显偏低

---

① 陈敏：《税法总论》，新学林出版有限公司2019年版，第531页。
② 参见柯格钟：《税捐稽征协力义务、推计课税与协力义务违反的制裁——以纳税者权利保护法第14条规定讨论与条文修正建议为中心》，载《台北大学法学论丛》2019年第2期。根据该学者理论，当纳税人未尽应尽之协力义务时，税务机关仍应依职权调查课税事实，但若调查后仍事实不明，此时纳税人应承担对纳税人有利事实的举证责任。
③ 更细致地剖析，计税依据明显偏低的条款在性质上同《税收征管法》第36条也即关联交易规则更为亲近，属于税基调整规则的范畴。举证责任配置和证明标准设定，均应立足于这一点。参见侯卓、吴东蔚：《税基调整权的理论勘误与实践调校——以〈税收征管法〉第三十五、三十六条的差异为视角》，载《税务研究》2020年第6期。

且无正当理由"情形的存在,均应承担举证责任,这是其证明自身适用法律正确的关键一环,也应当是法院对推定课税行为实施合法性审查的重心所在。事实上,"计税依据明显偏低"和"无正当理由"二者本就密切关联且难以分开,要求税务机关在不考虑正当理由的前提下单独证明计税依据明显偏低,易导致规则适用失当。其次,税务机关举证证明计税依据明显偏低相对容易,其证明"正常"计税依据的存在及其为何"正常"、纳税人呈报的计税依据又偏离该标准达一定幅度即可,但针对阻却事由的不存在,鉴于证明对象只可能是某事物的存在而不能是不存在,故纳税人须于此间配合税务机关的查证,基本表现形式是提出计税依据明显偏低的正当理由并提供相应证明材料。最后,纳税人此时仅承担初步证明责任①,最终的举证责任仍由税务机关承担,若其不足以举证推翻纳税人的主张便要推定其诚信,也即要承担对己不利的后果。从域外实践看,美国税法便遵行了该思路,依其《国内收入法典》"E 分章"第 7491 节(a),若纳税人已履行提出记账凭证、证实相关项目等初步证明责任,针对该争议的举证责任即由税务机关承担。② 从国内的司法实践看,前文述及的"亿源案"再审判决在举证责任配置方面也堪称范本,根据判决书中的法院说理部分,实际上将纳税人提出阻却事由视为一种初步证明责任,在税务机关未举证证明该阻却事由不能成立时,须承担不利后果。

若是依从由诚实推定权推导出的举证责任应然配置,部分案件的裁判思路和结果可能会有所不同。比如,"盈锦置业案"的纳税人将"已向税务机关咨询"作为推定课税的阻却事由提出,并将书面合同、保证金复印件等可能提供的资料呈交税务机关,并指出不存在税务机关及法院所称的团购相关资料。应当认为,纳税人于此间已履行协力义务并承担了初步证明责任,仍然存在的真伪不明状态便只能说是由税务机关举证不力所致,应当由其承担相应的不利后果,这才是彰显并保护纳税人诚实推定权的做法,而非直接以纳税人未提供团购方式的相关资料为由认定其未尽举证责任,并判决其败诉。

---

① 法理上,举证责任有主观和客观两个层次:主观的举证责任即提供证据的责任,指当事人就事实主张提供证据;客观的举证责任即结果责任,指经过各方举证,在程序结束时相关事实仍真伪不明的情况下,应由哪一方承担不利后果。纳税人阐明其所认为的推定课税阻却事由,只不过是在履行主观的举证责任,不直接决定最终认定结果。
② 参见《外国税收征管法律译本》编写组:《外国税收征管法律译本》,中国税务出版社 2012 年版,第 1368 页。应强调的是,纳税人须提出可信证据,才可被视为已履行初步证明责任,法官会对证据作可信度检验。See Megan L. Brackney, "The Impact of Code Sec. 7491 Burden-Shifting in Tax Controversy Litigation",9(4) *Journal of Tax Practice and Procedure* 29 (2007)。

五、小　结

　　纳税人权利在税法中是一个至为重要的范畴,无论是制度设计还是运行,在一定程度上存在着"言必称纳税人权利保护"的倾向。但与此同时,纳税人权利到底包括哪些内容,其在何种意义上具有异于普通公民权利的特殊性,却未能在理论层面得到很好的回答,这也诱致此一概念的内涵在整体上呈现出空洞、抽象和泛化的现象,同纳税人权利应有的重要地位不相匹配。

　　事实上,意欲完整把握纳税人权利的内涵,并且彰显其税法底色,便应遵循一种体系化的分析进路。税法是复杂的法体系,首先,其作为公法,深受控权思维影响,相应须从"权利制约权力"的角度提炼纳税人在税收征纳过程中的程序性权利,进而基于"司法监督行政"的立场,在制度层面为纳税人获得救济权的实现扫清障碍。其次,税法也在形式外观上具有某些债法的因素,为求得法体系的统一,可通过参照债法上的不当得利返还请求权、后合同义务等规则,检视现有关于退税请求权、保密权规定的不足,在关节要点处加以完善。最后,税法更具有独特的价值属性,体现税法特质的纳税人权利类型在整个权利体系中的地位更为重要,就此而言,税收筹划权和诚实推定权应当成为贯穿各类税法建制之始终的纳税人权利,基于这两项权利的核心要求对现有规则作系统检视和优化,是打造"纳税人友好型"税法的关键一招。当前,《税法总则》的制定正逐渐从理论设想走向制度实践,作为税法领域的基础性法律规范,全面、系统并有一定前瞻性地规定各项纳税人权利,是在税法层面彰显"以人民为中心"之理念的关键一招。《税法总则》是其他税收法律的基础,也为税收征纳活动提供基本遵循。一部充分保障纳税人权利的《税法总则》,能在相当程度上降低税收征纳双方的对抗色彩,同时提升税务机关的纳税人权利保护意识和纳税人的纳税遵从度,进而夯实国家治理的财政基础,并从税收的角度助力国家治理现代化。

第六章 税法体系内部的特异性规则

继第五章在微观层面审视税法规范之后，本章开始将视角转向税法的规范体系。本书前五章的相关探讨，从不同方面揭示了税法的制度逻辑，如果粗略地看，可将其视为税法的一般原理。但前几章也已多次提及，税法是异质多元的法体系，除一般性规则外，也有不在少数的特异性规则，要全面理解税法规则的实质内核，便不能不对此有所观照。这既能使人们对"一般前提下的特殊"有充分了解，也能反过来加深关于"一般"的认知。大体上，税法体系内的特异性规则可从微观和宏观两个层次加以把握，前者主要指向以税收优惠为代表的管制诱导性规范，后者则是指以《环境保护税法》为典型的特定目的税种法。

第一节 管制诱导性规范如何融入税法体系
——以税收优惠为中心的审视

在税法的规范体系中，主体部分是财政目的规范，以组织财政收入为基本目标，在实体方面以量能课税为基本遵循，据此在不同纳税人之间公平配置税负，故而税收征纳在理想状态下不会干扰市场配置资源，也能契合税收中性的要求。但税法中也存在管制诱导性规范，其典型代表即税收优惠，其将税收作为"经济诱因"，旨在以减轻税负的形式引导市场主体为或不为特定行为，达致经济、社会政策的目标。基于本书第三章所述三项税法基本原则作考察，则税收优惠对三者似乎都有所背离。就税收法定而言，税收优惠常以政策的形式出现，自然同税收法定的要求存在距离，但从内在性质看，税收优惠在税收要素中有其特殊性，从外部功能看，过于机械地强调税收优惠法定不利于其调节和调控功能的发挥，本书前面章节已多次阐述相关内容，此处不再赘述。就量能课税和税收中性而言，税收优惠从外观看便有不少是以偏离量能课税的非中性手段来追求政策目标，所以不能仅因此即认为其有失正当，而须作具体检视。有鉴于此，本节拟对实践中种类繁多的税收优惠政策进行类型化梳理，在此基础上揭示不合于量能课税、税收中性又无法因特定事由而得以正当化的典型情形，进而从实体和程序两个角度思考，如何将管制诱导性规范妥适地融入税法体系，既能发挥其规制功能，又不致破坏税法体系过甚。

一、税收优惠的类型化梳理及其偏离税法实体性原则的风险

截至 2024 年 9 月 25 日,笔者运用北大法宝法律法规库的高级检索功能,对税收优惠这一法规类别进行了检索,并以现行有效的部门规范性文件为限定条件,最终得到 1744 份文件。通过对这些文件的梳理和分析,大致可以将其中包含的税收优惠划分为照顾性税收优惠和政策性税收优惠两个类别。①

照顾性税收优惠主要是对社会中的弱势群体以及市场中的弱势企业进行帮扶,给予一定的特殊照顾,目的是保障公民的基本权利和企业的营业自由,如对贫困人口、残疾人和失业人员就业、创业的税收优惠,以及对小微企业的税收优惠。② 需要注意的是,该处所谓照顾性税收优惠并非指对弱势群体/弱势企业不具有税负能力的财富不征税——如第四章第二节曾言及,这部分财富本来就不可税。能称得上税收优惠的,一定是本来可税而例外地不予课征。故此,这里的照顾性税收优惠指的乃是对弱势群体/弱势企业有可税性之收益(如残疾人取得的薪金、下岗再就业所得等)的免征。此种优待的正当性不仅源于宪法上基本权利保护的精神,也是对纳税人税负能力差异的回应,其虽然貌似背离量能课税,实则同量能课税的内在理念若合符节,是税收公平特别是纵向公平以及矫正正义的题中应有之义。同时,相关举措可视为在尊重市场机制的基础上所提供的补充性保护,不会干扰和扭曲市场机制运行本身,因此也并未违背税收中性原则。

政策性税收优惠不同于照顾性税收优惠,其通常作为调控手段和工具而存在,通过对市场主体进行激励或诱导以实现特定的政策目标,又可以进一步划分为普适性税收优惠和特殊性税收优惠。就普适性税收优惠而言,既然是偏离基准税制的优惠安排,便不可能一体适用于全部纳税人,故而该处的"普适"也是相对而言的,具体指普遍适用于特定行业或特定区域。下表对相关规范性文件作了不完全列举。行业导向型税收优惠承载突出的产业政策考量,一般是为了促进某些行业发展,出于环境保护的目的而对污染防治类企业给予税收优惠,出于促进科技进步的目的对科技型企业给予税收优惠均属于此类。区域导向型税收优惠是国家区域发展政策在税收场域的具体表现,针对新疆喀什、霍尔果斯地区和海南自由贸易港等地的企业所得税优惠政策是区域导向型税收优惠的典型代表。此外,我国也出台了不少旨在助

---

① 参见熊伟:《法治视野下清理规范税收优惠政策研究》,载《中国法学》2014 年第 6 期。
② 参见《国家税务总局关于实施小型微利企业普惠性所得税减免政策有关问题的公告》(国家税务总局公告 2019 年第 2 号);《财政部、税务总局、人力资源社会保障部、国务院扶贫办关于进一步支持和促进重点群体创业就业有关税收政策的通知》(财税〔2019〕22 号)。

力乡村振兴的税收优惠政策,其包括但不限于农村电网维护费免征增值税、农田水利设施占用耕地不征收耕地占用税、农村集体经济组织股份合作制改革免征契税等方面①,就实质而论,乡村也可被视为一个相对特别的地理空间,故而这方面的优惠政策也属于广义上的区域导向型税收优惠。从税收中性的角度衡量,行业导向型税收优惠使相关行业内企业普遍受益,故通常不会造成一部分企业获得竞争优势、另一部分企业利益受损的结果,在这层意义上对市场机制的扭曲不大。其非中性风险主要产生于对受惠行业的择取不当——在市场中,不同行业间常存在替代效应,此行业获益可能引致彼行业的利益贬损,若是各行业之间在税负能力方面不存在理应被差别对待的情形,则该做法的合理性便可能存疑。有鉴于此,行业导向型税收优惠有无非中性风险尚须更进一步地展开分析。区域导向型税收优惠遵循相近的逻辑,其非中性风险在于可能扭曲区域间市场竞争,使具有相近税负能力的市场主体仅因所处区域不同便在实际承担税负方面表现出较大的差异。其中,由于当前乡村在发展方面确实滞后于城市,对其给予一定优惠助其振兴有更强的正当性基础,故接下来在讨论区域导向型税收优惠政策的正当性时应更多关注狭义上的区域导向型税收优惠政策,表6.1的部分梳理便是如此。

表 6.1 普适性税收优惠的典型情形

类型	文件名	字号
行业导向型	《财政部、国家税务总局关于光伏发电增值税政策的通知》	财税〔2013〕66号
	《财政部、国家税务总局关于风力发电增值税政策的通知》	财税〔2015〕74号
	《财政部、税务总局、工业和信息化部、科技部关于免征新能源汽车车辆购置税的公告》	财政部等公告2017年第172号
	《财政部、税务总局关于延长高新技术企业和科技型中小企业亏损结转年限的通知》	财税〔2018〕76号
	《财政部、税务总局关于延续供热企业增值税、房产税、城镇土地使用税优惠政策的通知》	财税〔2019〕38号
	《财政部、税务总局、国家发展改革委、生态环境部关于从事污染防治的第三方企业所得税政策问题的公告》	财政部等公告2019年第60号
	《财政部、税务总局、发展改革委、民政部、商务部、卫生健康委关于养老、托育、家政等社区家庭服务业税费优惠政策的公告》	财政部等公告2019年第76号
	《财政部、税务总局、工业和信息化部关于新能源汽车免征车辆购置税有关政策的公告》	财政部等公告2020年第21号

---

① 参见财税字〔1998〕47号、国税函〔2009〕591号、《耕地占用税法》、财税〔2017〕55号、财政部、税务总局公告2021年第29号。

(续表)

类型	文件名	字号
区域导向型	《国务院关于经济特区和上海浦东新区新设立高新技术企业实行过渡性税收优惠的通知》	国发〔2007〕40号
	《财政部、国家税务总局关于新疆困难地区新办企业所得税优惠政策的通知》	财税〔2011〕53号
	《财政部、国家税务总局关于新疆喀什、霍尔果斯两个特殊经济开发区企业所得税优惠政策的通知》	财税〔2011〕112号
	《财政部、国家税务总局关于中关村、东湖、张江国家自主创新示范区和合芜蚌自主创新综合试验区有关股权奖励个人所得税试点政策的通知》	财税〔2013〕15号
	《财政部、国家税务总局关于广东横琴新区、福建平潭综合实验区、深圳前海深港现代化服务业合作区企业所得税优惠政策及优惠目录的通知》	财税〔2014〕26号
	《财政部、税务总局、国家发展改革委关于延续西部大开发企业所得税政策的公告》	财政部等公告2020年第23号
	《财政部、税务总局关于海南自由贸易港企业所得税优惠政策的通知》	财税〔2020〕31号
	《财政部、海关总署、税务总局关于海南自由贸易港原辅料"零关税"政策的通知》	财关税〔2020〕42号
	《财政部、税务总局、科技部、知识产权局关于中关村国家自主创新示范区特定区域技术转让企业所得税试点政策的通知》	财税〔2020〕61号
	《财政部、海关总署、税务总局关于"十四五"期间中西部地区国际性展会展期内销售的进口展品税收优惠政策的通知》	财关税〔2021〕21号

至于特殊性税收优惠，其"特殊"之处表现在特定企业仅因其身份或所有制性质便可享受优惠，此类优惠政策使得哪怕同一行业内不同企业之间都面临差别待遇，致使市场竞争的结果过于受外来因素影响，偏离量能课税和非中性风险都至为强烈。历史地看，特殊性税收优惠曾在我国税制中较为常见，这方面实践包括但不限于：国有企业以其部分资产与他人组建新公司，且在新公司中所占股份超过一定比例，新公司承受该国有企业的土地、房屋权属免征契税①；批准铁路房建生活单位改制后的企业为铁路局及国有铁路运

---

① 参见《财政部、国家税务总局关于企业改制重组若干契税政策的通知》（财税〔2008〕175号）；《财政部、国家税务总局关于企业事业单位改制重组契税政策的通知》（财税〔2012〕4号）；《财政部、国家税务总局关于国有控股公司投资组建新公司有关契税政策的通知》（财税〔2006〕142号）。

输控股公司提供营业税应税劳务所获收入免征营业税①;国有森工企业减按10%的税率合并计算农业特产税。② 但近年来,这方面情形已大为好转,前述大量规范性文件已成为历史的陈迹,仅在《关于继续实施文化体制改革中经营性文化事业单位转制为企业若干税收政策的通知》(财税〔2019〕16号)中仍然存在此类情形。

经上述梳理可知,近年来实践中较为常见且非量能和非中性风险比较突出的主要是政策性税收优惠中普适性税收优惠这一类情形,下文重点对此展开分析。

二、税收优惠对量能课税与税收中性的背离能否正当化

从外观看,税收优惠乃是国家对纳税人的利益让渡。究其实质,是对具有税负能力的财富例外地不征税,也即通过偏离能力原则的方式创设税收特权,扰乱受惠主体与非受惠主体之间的利益关系。国家通过税收优惠的方式降低了受惠主体的税收成本,赋予其竞争优势,反过来便使非受惠主体居于劣势地位,扭曲了公平竞争的市场机制,背离竞争中性的要求。③ 因此,税收优惠背离量能课税与税收中性最直接的消极影响便是破坏竞争中性,妨害市场配置资源决定性作用的发挥。就此而言,唯有通过比例原则的框限,防止国家干预过度破坏市场主体在竞争中的均衡状态,此种背离方能获得正当性。已有学者指出,比例原则正在经历多方面的范式转型,其中很重要的一方面便是在保留权利保障这一传统功能的基础上,将作用场域拓展到权力配置。④ 所以,运用比例原则的分析框架来考察税收优惠对相关税法实体原则的背离可否正当化,具有方法论层面的合理性。具言之,此处应考察三方面问题:第一,适当性,各类偏离量能课税和税收中性的税收优惠是否有助于达致正当合理的公共利益目标;第二,必要性,是否别无其他对市场竞争秩序和市场配置资源作用损害更小的手段;第三,均衡性,通过税收优惠所促进的法益与其所造成的损害是否合比例?⑤

---

① 参见《财政部、国家税务总局关于改革后铁路房建生活单位暂免征收营业税的通知》(财税〔2007〕99号);《财政部、国家税务总局关于铁路房建生活单位营业税政策的通知》(财税〔2012〕94号)。
② 参见《财政部关于森工企业多种经营贷款财政贴息有关问题的通知》(财农字〔1996〕57号);《财政部、国家税务总局关于"十五"期间对国有森工企业减免原木农业特产税的通知》(财税〔2001〕60号)。
③ 参见王霞:《税收优惠法律制度研究:以法律的规范性及正当性为视角》,法律出版社2012年版,第39页。
④ 蒋红珍:《比例原则适用的范式转型》,载《中国社会科学》2021年第4期。
⑤ 参见侯卓:《重识税收中性原则及其治理价值——以竞争中性和税收中性的结合研究为视角》,载《财政研究》2020年第9期。

(一) 针对行业导向型税收优惠的审视

提供或生产相近产品或服务的不同行业之间存在替代性,产品的替代水平越高,不同行业企业的市场竞争越强,例如航空企业与铁路运输企业之间、不同能源企业之间便存在很强的竞争关系。① 行业导向型税收优惠降低了特定行业的税负成本,使行业内企业的竞争力变强。在这种情况下,替代行业内的经营者将面临市场占有率降低和销量下降、利润减少等不利后果,若是转型进入受惠行业,则必定伴随固定资产、技术、劳动力等方面的损失和成本投入的大幅增加。此间,相关优惠措施是否具有正当性,相当程度上取决于运用比例原则对受惠行业和替代行业进行利益权衡。

就本节前文表格 6.1 中所列的行业导向型税收优惠而言,能够正当化的优惠事项多致力于鼓励节能环保、推动产业升级、促进科技进步等公益性较强的目标,扶持对象则一般是市场中的弱势产业、新兴产业从而体现经济法实质正义观中"倾斜保护"的要求,所采用的优惠手段对市场机制的破坏也通常较小,因而不会对替代行业造成严重的损害。反之,若在目标的公益性、对象的应受扶持性和破坏竞争机制的缓和性方面不能达到要求,则相关行业导向型税收优惠便难以正当化。为更清晰地揭示该点,下文分别从正反两方面举例说明。

正面的事例如针对光伏、风电发电行业的增值税优惠。根据财税〔2016〕81 号(已失效)、财税〔2015〕74 号等文件,销售自产的利用太阳能、风力生产的电力产品,实行增值税即征即退 50%的税收优惠政策。两份文件的直接目的都是为减轻光伏发电、风力发电企业的税负,推动新能源电力行业的发展,更深层的意涵则是加快转变传统能源结构,提高能源的有效利用率,最终实现可持续发展。就适当性审查而言,我国新能源电力行业难以同传统电力行业竞争的一个重要原因在于行业起步晚、规模效益和经济效益未达到应有水平,发电成本远高于常规能源,增值税优惠有利于降低新能源电力行业的发电成本,使其获得具有竞争力的市场地位,故该项优惠政策确有助于新能源电力行业的发展。② 就必要性审查而言,我国新能源电力行业存在一定程度的市场失灵,国家既要强化对该领域的调控,又要避免干预过当,故而一种旨在培育市场的调控手段乃是优选。由此说来,增值税优惠不似价格管

---

① 黄传峰、张正堂、吕涛、高伟:《产业间竞争的内涵、特征及其理论依据》,载《工业技术经济》2013 年第 8 期。
② 参见于文轩:《论可再生能源效率促进的工具选择》,载《暨南学报(哲学社会科学版)》2018 年第 12 期。

制那般直接扰动市场,对传统电力行业竞争利益的损害也相对更小,又因其是对企业所获增值利益的税负减让,故比大水漫灌式的财政补贴措施更加精准、高效,因此可以认为,增值税优惠的举措对于达致目标来讲,确为别无其他更优替代性手段可寻。就均衡性审查而言,两份文件给予新能源电力行业一定的税收利益,使该行业获得竞争优势,进而使未受惠者——传统电力行业间接受到损害,有侵害其公平竞争权的嫌疑;然而,传统电力行业本身在电力市场的竞争中拥有较大优势,该优势地位的获取在相当程度上也源自早期的政策扶持,且依托优势地位,传统电力行业获取超额利润、耽于革新技术和提升服务水平也备受诟病,由此观之,适当减轻新能源电力行业的税负,既不会使传统电力行业的生产经营状况显著恶化,还将激发电力市场的充分竞争,迫使传统电力行业改进技术从而为更可持续的盈利夯实基础,电力消费者亦将从中获利。可见,该项税收优惠增进的法益远超损害的法益。综合上述三方面考察,应当认为,针对光伏发电、风力发电企业的税收优惠政策虽与量能课税和税收中性有所偏离但能通过比例原则测试,具有正当性。

  反面的事例如针对新能源汽车的车辆购置税优惠。财政部等公告2017年第172号和财政部等公告2020年第21号明确,符合条件的新能源汽车免征车辆购置税。从量能课税的角度看,消费者无论购买新能源汽车还是传统汽车,彰显税负能力的都是其购车支付价款而非汽车类型,是故单以能源类型设定优惠在一定程度上是遵循着与量能课税所不同的路径。从税收中性的角度看,虽然车辆购置税的纳税主体是消费者,但免税将使更多消费者青睐新能源汽车,新能源汽车行业将因之显著获益,传统汽车行业则因而竞争力下降,也即引发一种非中性的结果,该优惠政策对量能课税和竞争中性的背离能否正当化,仍然遵循前述三阶层的进路展开剖析。首先,车辆购置税优惠虽然会使更多消费者选择新能源汽车,提升新能源汽车的销量,却是以政府的判断和选择来代替市场机制,会压制市场主体进行知识发现的积极性。竞争是一个筛选机制和发现过程,在起点公平、机会公平的前提下,通过无数次竞争过程筛选出暂时的赢家,并从中获得关于生产成本、消费者偏好、开发新产品及实现技术创新的完全知识。[①] 而免征新能源汽车车辆购置税以人为增加新能源汽车行业的交易机会,阻碍了市场的自发调整,这一政策是否确能促进新能源汽车行业的研发创新能力和国际竞争力不无疑问。其次,虽说通常情况下,税收优惠对市场机制的扭曲相比于财政补贴和价格管控等手段更小,但具体采取何种税收优惠的方式仍应具体分析。新能源汽车

[①] 孟雁北:《产业政策公平竞争审查论》,载《法学家》2018年第2期。

之所以难和传统燃油汽车竞争,关键原因在于技术尚不成熟,生产和使用成本居高不下,因此允许新能源汽车企业对技术研发或生产制造中所使用的关键设备采取加速折旧的方法,或给予投资抵免优惠以及实行一定的增值税即征即退措施,引导新能源汽车企业提高核心竞争力,或许是更好的选择。最后,由前述适当性审查和必要性审查可知,车辆购置税增进的法益和损害的法益也难言均衡。综合上述,针对新能源汽车行业的车辆购置税优惠政策对量能课税和税收中性的背离难以通过比例原则测试,其正当性略显不足。

(二) 针对区域导向型税收优惠的审视

区域导向型税收优惠通过降低特定地区的税负成本,吸引企业、人才和生产要素流向该地,从而促进该地区的经济发展。量能课税在指引制度设计时的一个重要思路是不考虑与税负能力无直接关联的因素,但该项优惠措施恰恰反其道而行之,将企业所涉产业类型和所处区域作为设定税负的重要考量因素。同时,该做法致使不同区域之间产生明显的税负差异,企业、人才和各项生产要素若因而由高税率地区流向低税负地区,实际上是以牺牲其他地区的利益来促进低税负地区的经济增长,并会因税收洼地的产生而诱发避税行为,也将破坏全国统一市场的构建。因此,区域导向型税收优惠政策和量能课税、税收中性俱有所背离,其能否获得正当性支撑,关键要看所增进的法益究竟多大。有学者即认为,区域导向型税收优惠属于"特制税法规范"的一种,其在制定时需要考量内外双层因素,内在因素是促进特定区域发展,外在因素则是规避不当税收竞争①,而税收竞争正当与否则同所追求法益的质和量休戚相关。

检视前文表格所列区域导向型税收优惠的典型情形可知,其能够通过比例原则测试而获得正当性的一种典型情形是:以平衡区域发展为目的,以形式上的不公平矫正地区间因非市场因素而导致的实质不公平,优惠措施适度而审慎,不会过分偏离量能课税的标准,也不会过于损害其他地区的经济利益。相反,若受惠区域本身即已拥有较强的经济发展优势或者优惠过大过滥,则难以正当化。下文以西部地区的企业所得税优惠和横琴新区、平潭综合实验区、前海深港现代服务业合作区的企业所得税优惠为例,对比分析区域导向型税收优惠对量能课税与税收中性的偏离能否正当化。

根据财政部等公告 2020 年第 23 号的规定,西部地区的鼓励类产业企业减按 15% 的税率征收企业所得税,此项措施作为西部大开发系列政策的一部

---

① 参见叶姗:《特定区域的特制税法规范何以续造》,载《政法论丛》2022 年第 3 期。

分,旨在促进西部地区经济增长,协调我国区域发展。长期以来,我国东西部地区发展差距较大,已成为困扰中国经济和社会健康发展的重要问题,于适当性审查而言,企业所得税减免政策使西部地区的企业所得税有效税率下降,企业的全要素生产率提高,促使企业增加了人力资本、劳动力、固定资产等投资,对西部地区经济持续稳定增长作用显著。① 于必要性审查而言,企业所得税相比于其他税种不易转嫁,所得税税负的减少可直接降低企业的生产经营成本,因而企业对该税种税率的变动较为敏感,实行企业所得税优惠政策可较好地发挥吸引外部资本流入、促进经济增长的作用。于均衡性审查而言,西部地区 15%的企业所得税税率相比 25%的基本税率降幅较大,造成西部地区和其他地区之间的税负差异,因而出现低税率地区对高税率地区资源的"虹吸效应",引致地区间的不公平竞争②;同时,基于纵向维度量能课税的视角,低于基本税率意味着把握税负能力不足,直观地看可能导致财政收入的下降。然而一直以来,我国西部地区为全国的经济发展作出较大牺牲,在非完全市场环境下,由于历史、政策等因素相比于其他地区发展较为滞后③,故而赋予其一定程度的竞争优势是一种反向矫正,而且前述举措毕竟不是对其他地区利益的直接剥夺,所以对公平竞争的负面影响是可控的。此外,降低税率具有"放水养鱼"的客观功用,涵养税源之后,不无可能带来长期的经济增长—税基扩张—税收增加。综合来看,对西部地区的企业所得税税收优惠政策虽然没有严格遵循量能课税的进路,也和税收中性的要求有所偏离,但能够通过比例原则的检视,虽背离形式公平却有助于达致实质公平,是故此种偏离可以正当化。

财税〔2014〕26 号文规定对设在横琴新区、平潭综合实验区和前海深港现代服务业合作区的鼓励类产业企业减按 15%的税率征收企业所得税,该份文件的出台是我国加强自贸区建设的重要举措,旨在吸引外资、促进贸易、推动改革创新。客观来讲,减轻企业税负的方式可以吸引各类投资主体到区内投资、聚焦优势资源从而推动自贸区所在地区发展,其引导资源流向的作用无需赘言,故适当性审查应可通过。均衡性审查的结论较难作出,这是因为以税收优惠促进自贸区经济发展所增进的法益与牺牲国内公平统一市场

---

① 吴辉航、刘小兵、季永宝:《减税能否提高企业生产效率?——基于西部大开发准自然实验的研究》,载《财经研究》2017 年第 4 期。
② 罗鸣令、范子英、陈晨:《区域性税收优惠政策的再分配效应——来自西部大开发的证据》,载《中国工业经济》2019 年第 2 期。
③ 人们通常会从地理位置、区位条件、人口数量等方面的因素出发,认为西部地区经济发展相对滞后是天然形成的。但实际上,即便是近现代史当中也不乏西部地区发展不弱于东部地区的时期。从政策角度看,改革开放以后优先发展东部沿海地区的战略也是导致西部地区发展相形见绌的原因之一。

竞争环境所减少的法益,二者在价值层面难分高下,又缺乏量化标准,因而孰轻孰重殊难判断。但在必要性审查的部分,该举措至少存在三方面问题:其一,所得税的中性化程度偏低,对市场的扭曲作用较强,直接降低企业所得税税率易造成"税收洼地",而前述区域本身即为经济较为发达的地区,这种正向调节①加剧了地区间的发展失衡;其二,降低税率作为直接优惠方式,更易使短效增长型企业受益,对长效增长型企业却不能起到很好的作用,而加速折旧、费用扣除等间接方式不会对税收规制的整体性带来影响,更加公平,产业和功能导向作用也更强②;其三,从根本上看,促进贸易投资的目标应当通过建设现代化治理体系、优化营商环境、推进征管便利化改革等措施来达成,将培育功能、创新程序作为导向,而非从实体上突破统一税制,以"税收洼地"聚集生产要素。③ 因此,针对自贸区的企业所得税优惠并非达致目标必不可少且对市场竞争损害最小的手段,不能满足必要性要求,这使得自贸区相关税收优惠政策的正当性基础并不牢固。

需要指出,实践中背离量能课税和税收中性较为严重的区域导向型税收优惠主要还不是财税主管部门颁布的规范性文件,而更多见于地方政府制定的政策,《霍尔果斯经济开发区招商引资财税优惠政策》(霍特管办发〔2013〕55号)便颇具代表性。其以地方政府设立的经济技术开发区、高新技术产业园区等产业规划政策为基础设置配套的税收优惠方案,通过产业政策与税收优惠政策相结合的方式促进地区经济发展。然而由于此类地方税收政策的实施缺乏有效审查和制约,在追求任期政绩、发展地方经济、筹集财政资金等动机的驱动下,经常会出现政策优惠力度过猛的情况。④ 霍特管办发〔2013〕55号文在中央和上级政府给予的西部大开发优惠政策以及霍尔果斯国家级经济开发区优惠政策的基础之上,额外给予新办企业"五免五减半"的企业所得税优惠,并对缴纳税额达到不同等级的新设企业给予相应比例的财政奖励、对达到一定规模的新建工业企业给予财政补贴。该举措对企业的优惠力度极大而门槛又甚低,并且优惠幅度随纳税人缴纳税款中地方留存额度的增

---

① 学界一般会主张宏观调控应当是逆周期而非顺周期的,但这只注意到问题的一个方面,其主要观照的是时间维度,也即调控政策在经济过热—经济过冷等不同时期的作用重心差异。与此同时,在同一时点上,宏观调控也遵循着相似的反向调节逻辑,这可以被概括为"损有余而补不足"。
② 参见王婷婷:《中国自贸区税收优惠的法律限度与改革路径》,载《现代经济探讨》2014年第4期。
③ 参见郭永泉:《自由贸易试验区的税收制度:建设进程、创新成效和深化改革》,载《税收经济研究》2019年第1期。
④ 曹胜亮:《我国地方税收优惠政策的检视与法律治理——以竞争中立原则为指引》,载《法商研究》2020年第5期。

加而递增,这就不仅没有体现量能课税的思路,而且是与其背道而驰的。同时,此举不仅致使自身沦为避税天堂,对其他地区竞争利益的损害也显而易见,即便在西部大开发这一国家战略背景下,过度优惠对税收中性、统一市场和公平竞争的严重破坏亦难以正当化。有鉴于此,2018年3月6日,财政部、新疆维吾尔自治区财政厅、伊犁哈萨克自治州财政局在霍尔果斯联合召开了"财政部专员办进点见面会",霍尔果斯相关部门随即开展税务自查。霍尔果斯的优惠政策被喊停,并不意味着类似情形完全绝迹[1],故而当前对区域导向型税收优惠的检视仍应置重心于地方政府发文的场合。

特别值得一提的是,近年来,我国也有运用税收优惠手段推动更为宏观、更为根本的政策目标达致的实践,这集中体现在海南自由贸易港的建设方面。需要注意的是,海南自由贸易港建设由顶层设计推动,与前文述及的横琴新区等地的税收优惠政策多载于税务规范性文件不同,中共中央、国务院在2020年印发的《海南自由贸易港建设总体方案》中即提出,要逐步建立与高水平自由贸易港相适应的税收制度,零关税和低税率正是其中的两项基本原则。该总体方案在阐释低税率的具体要求时,明确指向企业所得税和个人所得税的税收优惠。在其指引下,全国人大常委会于2021年通过的《海南自由贸易港法》中,专设"财政税收制度"一章,其第28、29条细化了零关税的要求,第30条则以法律的形式为自由贸易港的企业所得税和个人所得税税收优惠提供合法性。正是因为顶层设计已作整体擘画,自由贸易港内符合条件的企业和个人在企业所得税和个人所得税方面都能享受15%的优惠,在形式合法性方面自无问题。在实质正当性方面,诚如《海南自由贸易港法》在立法宗旨条款也即第1条所言,以立法形式推出包括税收在内的各项政策,直接目标是为建设高水平的海南自由贸易港,更为长远的目标则是"推动形成更高层次改革开放新格局"和"建立开放型经济新体制",最终促进我国社会主义市场经济平稳健康可持续发展。其带有显著的先行先试意味,而所探索尝试者又事关根本,可见相关政策措施所增进的法益颇为宏大,这也使其对量能课税和税收中性的偏离更易获致合理性。同时,由于海南全岛封关运作,在税制环境方面实际上与我国其他地方是区分开的[2],因而于该地推行相关优惠措施对量能课税和税收中性的偏离程度大体上也是可控的。

---

[1] 类似情形,例如苏通科技产业园区2017年发布的《苏通科技产业园区关于进一步促进和开展总部经济招商的若干扶持政策意见》同样优惠力度较大且只要求在区内注册不要求实际经营。

[2] 比如,根据《海南自由贸易港法》第29条的规定,除特定情形外,海南自由贸易港的货物进入内地时原则上要按照进口征税。

三、税收优惠的体系兼容性改造

所谓"体系兼容性",意指在保留自身特质的同时与所处体系大体相适应。由前文实证梳理可知,税收优惠对量能课税和税收中性的偏离不能简单地以正当或不正当论断,而要具体分析。这也意味着,在应然层面,须辩证看待税收优惠对税法基本原则的背离,立足于"弊害禁止"而非"当然禁止"。而为实现辩证施治,需要从税法体系的外部引入公平竞争审查、司法审查、预算审查等保障性机制,以作为奥援。

(一)有所遵循的偏离:管制诱导性规范与税法基本原则的辩证关系

量能课税和税收中性起源于对政府与市场关系的认知。税收中性的逻辑起点便是对市场配置资源的尊重,量能课税也是如此。仅对具有税负能力者课征税款,能够避免国家经由税收对私人空间干预过度,在纳税人之间基于能力原则配置税负则不会改变市场配置资源的格局。可见,量能课税和税收中性在维持市场公平正义、营造公平竞争环境上有着独到的功能。对这两项原则的遵循有利于实现整体经济效益的提高与社会经济资源配置的最优化,因而可以说代表了经济属性的公共利益。是故,税收的征取原则上必须符合这两方面要求,不得因市场主体所有制、隶属关系、资本来源等因素的不同而给予差别待遇,这也是特殊性税收优惠不能被正当化的原因。然而在竞争无效、竞争过度等市场失灵的情况下,一味遵循中性不仅无法实现整体经济效益的提高,甚至还会起到反作用。此外,在特定情况下,一味强调量能课税和税收中性还可能束缚税收与税法功能的发挥,不利于合理政策目标的达致,甚至损害其他法益,尤其是非经济性的公共利益。在这两种情形下,基于维护和促进公共利益的目标可以考虑设定和运用管制诱导性规范。当然,此间也须对管制诱导性规范的适用范围予以严格限定,其毕竟是税法规范体系中的"异数",不可过于膨胀。概言之,其一般应以维护非经济性的公共利益为目的,如节能环保、科技进步、扶贫开发、区域平衡等,若以经济性的公共利益为目标,则仅得于市场失灵的场合为之,这也是普适性税收优惠需要具体分析是否有正当性的原因。

税收优惠作为管制诱导性规范的主要类型,本质是利用税负的差异化配置引导市场主体的经济行为以实现特定的经济、社会政策目标,因而不可避免地会与量能课税、税收中性相左,甚至不得不以牺牲此二者为手段。但如果其所追求的政策目标具有社会公益性,前述牺牲便具备了初步的正当性。在此前提下,税收优惠可否正当化,最终取决于能否通过比例原则测试。税收是现代国家最主要的财政收入来源,竞争是市场经济的核心,政府虽然可以为增进公共利益而推行税收优惠,但不可牺牲财政收入过多或是扰动市场竞争格局过甚,也即通过税收优惠所增进的法益必须超过所牺牲的法益,唯有如此,税收优惠才最终获得充分的正当性。

由上述可知,税收优惠等管制诱导性规范必定偏离量能课税和税收中性的轨道,这是其据以"诱导"的着力点,也是其成为税法体系内"异数"的根本缘由。但量能课税和税收中性对管制诱导性规范的指引价值依旧存在,这表现为其每一次偏离轨道的行为都要提供正当化理由,并且偏离幅度越大,所需提供的理由也要越是充分。这便是小标题中"有所遵循的偏离"之基本意涵。

(二) 借道外部程序机制以调校管制诱导性规范

承前,税收优惠等管制诱导性规范对量能课税和税收中性的偏离是否正当,需要具体问题具体分析。此项工作吁求较高程度的针对性和灵活性,须有较大空间以辩证施治,从而很难在税法体系内部完成,不得不借助外部机制。就此而言,立足我国业已生成的公平竞争审查、司法附带性审查和预算审查制度并对其作相应优化,事前管控与事后规制并举,无疑是一套切实有效的方案。

1. 延伸公平竞争审查的范围至税收领域

本节前文已揭示量能课税和税收中性共同具有的促进公平竞争的价值,也明确了税收优惠等管制诱导性规范对公平竞争的妨害。本书第三章曾述及的我国近年来勃兴之公平竞争审查制度,正于此处有用武之地。《公平竞争审查制度实施细则(暂行)》(本节以下简称"《实施细则》")第 2 条规定政策制定机关在制定涉及市场主体经济活动的政策措施时应当进行公平竞争审查,评估对市场竞争的影响。从域外实践看,公平竞争审查同税收存在极其密切的联系,其在澳大利亚等国的勃兴很大程度上便源于国有企业公司化改革无法消除非中性税收制度所造成的竞争扭曲[1],作为欧盟公平竞争审查制度之核心的国家援助审查也置重心于税收规则。[2] 但在我国,公平竞争审查的制度实践更多着眼于行政机关是否限制市场准入和退出、商品和要素流动等方面,对税收因素的关切少之又少,在《实施细则》第 13—16 条所规定的

---

[1] See Productivity Commission,"Review of National Competition Policy Reforms",http://ncp.ncc.gov.au/docs/PC%20report%202005.pdf, 2021-03-20 last visited.

[2] See Micheau Claire,"Tax Selectivity in European Law of State Aid: Legal Assessment and Alternative Approaches",40(3) *European Law Review* 324(2015).

四大类审查标准中,与税收相关者仅第 15 条"影响生产经营成本"中的第(一)项和第(二)项,涉及违法减免税款、返还税费两种情形。需要指出,该处是在征管层面论及减免税款和返还税费,并未涉及规范性文件的制定,这诚为一大憾事。相形之下,《税务规范性文件制定管理办法》(本节以下简称"《管理办法》")第 20 条第 2 款明确指出,税务规范性文件送审稿送交审查时,"按照规定应当对送审稿进行公平竞争审查的,起草部门应当提供相关审查材料"。事实上,税收是市场主体开展经济活动的重要成本,税收优惠作为以"厚此薄彼"为基本特征的管制诱导性规范,对市场竞争的扰动远较一般税法规则更为明显。故此,应当将公平竞争审查的范围延伸至税务规范性文件[1],尤应置重心于载有税收优惠事项的规范性文件。至于审查思路,前文论述实已阐明,概言之即先行考察税收优惠所追求政策目标是否确有公益性,继而从适当性、必要性、均衡性三个方面依次审查,检视目标与手段之间的内在逻辑关联,权衡法益得失。

需要指出,公平竞争审查既包括对增量文件的前瞻性审查,也包括对存量文件的回顾性审查,因此不能仅关注起草中的税务规范性文件,既有税收优惠政策的清理工作也应受到重视。[2] 实际上,《管理办法》第 5 章用专章规定了税务规范性文件的清理,其第 43 条明确规定,"制定机关应当及时对税务规范性文件进行清理,形成文件清理长效机制"。然而该办法第 47 条只是规定不需要继续执行的宣布失效、违反上位法规定的宣布废止、与本机关税务规范性文件相矛盾的予以修改等,并未明确对不能通过公平竞争审查的文件该当如何处理。有鉴于此,应尽快在第 47 条中增设对排除、限制竞争的税务规范性文件视情况予以修正或者废止的内容。

2. 强化对税务规范性文件的司法审查

《行政诉讼法》第 53 条赋予行政相对人在提起行政诉讼时请求一并审查作为行政行为依据的规范性文件的权利,其不仅是对行政相对人的救济和保障,亦是对法院享有行政规范性文件司法审查权的确认。然而,在税务行政诉讼实践中,法院对附带性审查的态度却较为保守,原告方提起审查的诉求难以得到支持,并且即使法院对税务规范性文件进行了审查,也多为合法性审查和程序审查,合理性以及实体审查相对有限[3],建立附带性审查制度、

---

[1] 顶层设计也主张适时扩大公平竞争审查的范围。在中办、国办于 2021 年 1 月印发的《建设高标准市场体系行动方案》中便提出,要"进一步明确和细化纳入审查范围的政策措施类别"。

[2] 参见刘大洪、邱隽思:《推动民营经济发展背景下的公平竞争审查制度改进研究》,载《法学论坛》2019 年第 2 期。

[3] 参见侯卓:《税法裁判中法律适用的特征及不足》,载《法学》2020 年第 10 期。

以司法权羁束行政权的立法目的有落空之虞。作为事后规制的重要手段,司法审查应当在督促政府依法行政、保护公民合法权益方面发挥更大的作用。具体到税收优惠事项,当行政相对人以税收优惠侵害自身公平竞争权为由提起行政诉讼时,无论其是否质疑行政行为所依据的税务规范性文件,法院都应主动进行审查,并因应税收优惠隐含与中性原则紧张关系的特质,从实体和程序两个维度全面检视规范性文件的合法性与合理性。概言之,法院不仅应审查税收优惠措施是否超越制定机关的权限、是否与上位法相抵触,还应审查其制定过程中是否依规定送交公平竞争审查、具体内容是否违背竞争中性、对量能课税和税收中性的偏离是否符合比例原则①,以司法审查的强化倒逼税收优惠的正当化。

3. 建构税式支出的预算审查规则

学界习惯于从税收要素的角度理解税收优惠,进而依税收法定原则的要求主张对税收优惠实施管控。但实际上,法定要求更多着眼于纳税人、税基、税目等一般性税收要素,税收优惠与之性质迥异,其承载诸多调节经济、社会等方面的政策目标,故而因应客观形势需求灵活变动乃是其重要特征②,强行将其纳入税收法定的管控范围有违功能适当原理。归根到底,税收优惠是财政利益的让渡,是一类隐性的财政支出,国家因实施税收优惠政策而放弃的财政收入也被称作税式支出,明确该定位更有利于对其准确、适当地施以法律规制。

预算制度便着力于对财政支出实施控制③,预算案虽同时编列财政收入和财政支出,但权力机关的审查重心是在支出维度,编列收入不过是为了估算预算年度可支配财力的规模,从而为支出项目的设计提供参考。美国最早将税收优惠以税式支出的形式纳入预算管理,其后,建立税式支出预算管理制度很快成为广泛的国际共识。④ 我国长期以来缺乏这方面实践,但近年来,顶层设计显然也已关注该点。比如,全国人大财政经济委员会所作的《关于2018年中央和地方预算执行情况与2019年中央和地方预算草案的审查结果报告》便提出"研究探索建立税式支出制度,税收优惠政策应当在预算草案中作出安排,提高税收优惠政策规范性和透明度"。由税收优惠到税

---

① 关于司法审查具体进路更详细的讨论,可以参见本书第四章第一节的相关内容。
② 参见侯卓:《税收优惠的正当性基础——以公益捐赠税前扣除为例》,载《广东社会科学》2020年第1期。与之相关联,税收重课与税收优惠同属管制诱导性规范,也不应将其纳入一般性税收要素的范畴,而应将税收重课、税收优惠同一般性税收要素定位为并列关系。税收重课和税收优惠一样,都要求灵活性。参见姚子健:《论税收重课法律制度》,载《新疆社会科学》2022年第4期。
③ 本书第二章第二节曾建议打造以支出为重心的财政控权机制,其核心之一便是预算制度。
④ 乔燕君:《税式支出预算管理研究的文献综述》,载《技术经济与管理研究》2016年第11期。

式支出的转变绝不是概念上的简单变换,税式支出制度包括对税收优惠规模和结构的测算、对税收优惠政策绩效的科学分析以及将税收优惠纳入预算程序管理的要求,借此可从根本上实现对税收优惠的规范化管理。

在编制预算草案时,应当将税收优惠的分目以支出形式列出并对全国各地区的税收优惠目标、优惠总量进行统计,如此一来,所有税收优惠的流向和金额一目了然,能够从结构上合理安排税收优惠的布局,实现税收优惠在行业和区域之间的大致均衡,维护统一市场和公平竞争①,在整体意义上实现量能课税和税收中性。在预算审查的部分,从我国实际出发,不妨将税式支出预算的审查重心置于预算草案的初步审查环节,此时更容易对草案进行修改,效率也会更高。将税收优惠纳入预算审查的范围,体现了我国对税收优惠的管理从清理规范这一限禁性思路逐渐调整到预算规制的控权逻辑,使税收优惠的制定和实施更加符合现代市场经济的要求。②

四、小　　结

量能课税和税收中性是税法基本原则在实体维度的重要内容,二者本身也存在密切关联,理想状况下,体现量能课税的税法制度同时便也是中性的。然而,伴随现代国家职能范围的扩张,税收和税法所承载的功能使命愈益多元,在组织财政收入的同时,对于推动相关经济、社会政策目标的达致也责无旁贷。税收优惠作为一类管制诱导性规范,常常借有意识的税负差异化配置,以求实现相关政策目标,这也使其易背离量能课税—税收中性的基本要求。鉴于所追求政策目标本身具有的公益性,税收优惠对量能课税和税收中性的偏离并非一概不合意,须借助比例原则的分析框架具体问题具体分析。

通过对 1744 份载有税收优惠事项的税务规范性文件进行类型化梳理,不难发现照顾性税收优惠本身便是量能课税的体现,非中性风险也相应最低。政策性税收优惠中特殊性优惠这一脉的风险最高,但近年来这方面的实践已相对较少;政策性税收优惠中普适性优惠的情形至为复杂,其有行业导向型和区域导向型两种具体类型,运用适当性、必要性、均衡性三层分析范式加以检视,可知其对量能课税和税收中性的背离能否正当化不可一概而论。针对这种复杂状况,有必要辩证看待管制诱导性规范与税法基本原则的关系,进而通过扩张公平竞争审查的范围、强化对税务规范性文件的司法审查

---

① 参见王霞:《税收优惠法律制度研究:以法律的规范性及正当性为视角》,法律出版社 2012 年版,第 116 页;叶金育、顾德瑞:《税收优惠的规范审查与事实评估——以比例原则为分析工具》,载《现代法学》2013 年第 6 期。

② 参见叶姗:《税收优惠政策制定权的预算规制》,载《广东社会科学》2020 年第 1 期。

和建立税式支出预算审查机制,助推税收优惠等管制诱导性规范在保持自身特色的同时,兼容于整个税法体系。

第二节 特定目的税种法的制度逻辑
——以环境保护税法为视角

税收优惠之于税法体系的特异性是在税收要素层面上的,税种法层面同样有特色鲜明以致在体系中显得格格不入者,这便是多由非税收入改征而来的特定目的税。大体上,税收和非税收入同为组织财政收入的手段,但二者在立论基础、制度逻辑等方面存在较大差异。曾几何时,"费挤税"等现象引人担忧,这主要是缘于非税收入在征收和入库等方面的规范性、强制性相较于税收明显偏弱,其占比过高既使纳税人权利受侵害的风险升高,也未必就能现实地转化为国家的可支配财力。有鉴于此,清费立税的相关改革在过去一二十年间始终在推进,排污费改征环境保护税便是其最新成果。清理相关收费后所立之税多为特定目的税。然而,税和费之间毕竟有其界限,仅从征管规范性的需求出发改费为税会否诱致体系性排异反应,特定目的税在税法体系中的特异性表现在何处,皆很值得探究。

本节即着意考察《环境保护税法》这一典型的特定目的税种法,首先通过比较环境保护税与其前身排污费的制度要素,揭示环境保护费改税的进步价值及其在制度层面的动因,然后从反方向观察,改征环境保护税后在程序和实体两方面反映出的问题,并且基于特定目的税种法与整个税法体系的紧张关系,阐明该问题的实质所在。本节接下来将进一步思考如何在理论和制度两个层面妥善安置环境保护税法等特定目的税种法,实现特定目的税种法之特殊性和税法基本原理之一般性的有机调谐。本节虽然以环境保护税法为具体研究对象,但相关研究的终极目的是准确理解特定目的税种法的制度逻辑,揭示其异于财政目的税种法之处,并在理论维度为今后可能的税费转换提供合理性分析的工具。

一、为何改征特定目的税:环境保护费改税的进步价值

我国自2003年起正式施行《排污费征收使用管理条例》,据此对直接向环境排污的行为征收排污费。其后十余年间,排污费的收取在为环境保护与污染治理筹集资金方面发挥了不可替代的作用。党的十八大后,顶层设计将生态文明建设置于更加重要的位置,十八届三中全会明确提出"推动环境保护费改税",在其指引下,我国在2016年出台了《环境保护税法》并自2018年

起施行。对比原《排污费征收使用管理条例》和《环境保护税法》不难发现，二者在具体制度设计上颇为相近，也正因如此，理论和实务部门多用"平稳过渡"来形容环境保护费改税工作。由此引发的问题是，如果环境保护费改税前后制度变化不大，那么其究竟能否更好地实现"用更严格的法律制度保护生态环境"的目标？如果能实现，主要的推动力量又是什么？

（一）征收排污费时存在的主要问题

征收排污费和征收环境保护税，最为直接的区别在于征收依据不同。环境保护税的征收依据是《环境保护税法》，相形之下，排污费的征收依据则是作为行政法规的《排污费征收使用管理条例》及其他更低位阶的制度规范。排污费时代，征收依据效力位阶偏低，使得征收过程的规范性方面有不少缺失。比如，某些地方的环境保护部门在征收排污费时随意改变征收标准和时间。又如，一些地方排污收费公示制度与稽查制度完全流于形式，执行不到位。再如，有些地方为尽量减少排污费征收对企业生产经营活动的影响而设立了污染治理专项基金，明确企业缴足排污费后得申请此项基金，其实质属于不规范的税收返还。还如，部分地方排污费征收完全依赖于企业自主申报，难以确保申报数据的真实性、准确性、可用性，为降低生产成本进而提升竞争力，企业有较强的动力少申报、少缴费，当这成为普遍现象时，"谁先申报谁先治理，谁先治理谁吃亏"的怪圈便产生了。

排污费征收过程的不尽规范，也导致了资金保障和行为诱导这两项功能发挥不力。[①] 征收过程不规范，首先导致了收入获取的不稳定。排污费征收任务长期由环境保护部门[②]承担，环境保护部门隶属于地方政府而不实行垂直管辖，地方政府对其征收过程可施加较大影响。部分地方政府过去有一种误解，认为排污费的征收可能削弱企业的生产经营积极性，从而对当地的经济发展产生消极影响。当经济下行压力较大时，某些地方政府倾向于要求环境保护部门放松排污费的征管力度，甚至直接缓征、减征，这就使排污费收入随经济形势变化而有较大波动。再者，组织收入本身不是目的，为环境保护和污染治理提供财力支持才是。1982年《征收排污费暂行办法》曾在第9条

---

① 资金保障和行为诱导分别对应现代财税法功能的两个层次——保障经济、社会运行和促进发展，在此意义上，财税法也被界分为保障型财税法和发展型财税法。参见刘剑文、侯卓：《发展型财税法的理念跃迁与制度构造》，载《中国社会科学》2023年第5期。
② 在我国，环境保护部门的名称经历了多次变化。以中央层级为例，承担环境保护职责的正部级单位最早是1998年由国家环境保护局升格而来的国家环境保护总局；2008年，国家环境保护总局升格为环境保护部；2018年，根据国务院机构改革方案，成立生态环境部，不再保留环境保护部。为表述方便而避免引发歧义，本节以下内容统一以"环境保护部门"指代不同时期承担环境保护职责的机构。

明确,排污费作为环境保护补助资金,按专项资金管理,这就使环境保护部门既负责征收排污费,也有权使用排污费收入,自收自支、自征自用,同财政收支两条线的一般要求相背离。2003年《排污费征收使用管理条例》虽然在第4条确立了排污费收支两条线的原则,但由于收入和支出实质上继续由环境保护部门独家掌握,相较于真正意义上的收支分离仍有一定距离。因此,在整个排污费时代,排污费收入被占用、截留、挪用的现象难以根治[1],用于环境保护和污染治理的资金有时并不充足。一方面,环境保护部门常有将排污费收入用于经常性支出的情形[2];另一方面,因为排污费收入的存在,有些地方政府甚至会以此为由减少对环境保护部门的经费投入,这也使环境保护部门不得不将排污费收入挪作他用以填补资金缺口。

除保障功能不显以外,征收过程的不规范也极大地削弱了排污费的行为引导功能。由于排污费征收标准偏低且迟未调整,以至于对排污者来讲,其对成本收益结构的影响有限,"不调整生产经营行为+缴纳排污费"的组合本来就要比"调整生产经营行为+减少缴纳排污费"更优。征收不规范特别是议价空间的存在,进一步向排污企业释放信号——与其耗费财力降污减排,不如与征收部门加强沟通以期获得对己有利的结果。同时,从排污费的征管程序看,特别看重排污者的自行申报,《排污费征收使用管理条例》于第6条规定排污者申报并提供资料的义务后,虽然于第7条规定了环境保护部门的核定职权,但实践中环境保护部门的核定有时并不严格,甚至不乏直接根据排污者申报下达排污费缴纳通知单的情形,这种被动式的收费程序使得某些排污者存在侥幸心理,与其降污减排,倒不如选择少报少缴。凡此种种,都使得排污费的征取未能充分发挥引导排污者降污减排的作用。

(二) 改征环境保护税的实践成效

排污费时代存在的前述问题,在《环境保护税法》实施以来确有相当程度的改善。首先是征管刚性有显著提升,随意减征、缓征的现象不复存在。《环境保护税法》以法律的形式明确规定环境保护税的各项税收要素,如该法第2条规定纳税人为直接向环境排放应税污染物的主体,第3条阐明征税对象是大气污染物、水污染物、固体废物和噪声,至于税目和税额,《环境保护税法》虽在第6条第2款赋予省级单位具体确定、调整本地区适用税目和税

---

[1] 王萌:《我国排污费制度的局限性及其改革》,载《税务研究》2009年第7期。
[2] 举例来讲,四川省崇州市曾经安置大量因征地而失业的百货大楼工作人员到环保局就业,受限于经费不足,不得不以排污费收入发放这些人员的工资。参见汪劲主编:《环保法治三十年:我们成功了吗——中国环保法治蓝皮书(1979—2010)》,北京大学出版社2011年版,第350页。

额的权力，但设计了严格的程序机制①，且各地方具体确定和调整都需要在统一的《环境保护税税目税额表》内进行，兼顾了原则性和灵活性。该法第12条还对免征环境保护税的情形进行列示，除正面列举四类暂免征收环境保护税的情形外，虽有设置兜底条款以涵盖潜在的其他免征情形，但该条将批准免税的主体提高到国务院的层级，且此间还须报全国人大常委会备案，这就在很大程度上关闭了地方政府随意免税的通道。至于减征环境保护税的情形，《环境保护税法》第13条正面阐述而未设置兜底条款，同样使随意减征的行为无从获取规则层面的支撑。在《环境保护税法》的基础上，截至2023年6月，财政部、国家税务总局、生态环境部、工业和信息化部等部门制发了11份部委规范性文件，对应税污染物适用、税收减免适用、排放量监测计算等征管中的常见问题予以明确，确保环境保护税征纳实践有章可循。在制度的导引下，近年来环境保护税的征管刚性不断得以提升，从相关数据看，2018—2022年，环境保护税收入总体保持稳定，而此间单一主体的排污量实际上在下降，这说明环境保护税纳税人的数量在增加，其侧面反映出征管本身更加趋于规范化。前文已述及，排污费时代征管刚性不足是收入和调节功能均未得彰显的重要原因，那么，环境保护税征管刚性的提升，有助于其组织收入和行为引导功能的更好发挥。

在组织收入的层面，环境保护税的收入相较于排污费收入总体稳定、略有提升。2023年5月，国家税务总局向全国人大常委会作了《关于环境保护税法实施五周年有关情况的汇报》，汇报中提到，2018—2022年，全国每年的环境保护税入库收入基本维持在200亿元出头的水平②，作为对照的是，征收排污费的最后一年，全国范围此项收入总计189亿元。对比可知，环境保护税收入比排污费收入稍有增加，这一方面保障了财政收入，另一方面也未明显增加纳税人的负担，特别是要认识到，伴随征管刚性的提升，近年来环境保护税纳税人的户数是在增加的，这意味着平均下来，单一纳税人的税负基本保持稳定。

在行为引导的层面，《环境保护税法》意图通过引导市场主体低标排污，达致节能减排的政策目标。就此而言，《环境保护税法》实施后，"两增两降"的趋势变化较为明显。这里的"两增两降"指的是企业环保投入和治污意愿不断增强，企业排污量和GDP环境代价则是明显下降。前文述及的国家税

---

① 关于《环境保护税法》在税权配置方面的实践及其合理性、创新性，可以参见本书第五章第一节的相关论述。

② 这五年的入库收入分别为151.4、221.2、207.1、203.3、211.2亿元。需要说明的是，2018年的四季度收入在2019年入库，所以当年的数据仅包含前三季度。

务总局所作报告中显示,2022年全国企业购进节能环保设备和服务的支出相比2018年分别增长169.4%和156.9%,能享受税收优惠政策①的纳税人户数有较大幅度增长(如能享受优惠政策的城镇污水和生活垃圾集中处理厂数量增幅达97.9%),纳税人申报的主要大气污染物二氧化硫、氮氧化物排放量分别比2018年下降33.7%和28.2%,每万元GDP对应的污染当量数比2018年下降37.1%。

(三)环保效能提升的制度动因

承前,征管规范性的提升当然是排污费改征环境保护税后环保效能显著提升的重要原因,与此同时,其他方面的制度动因也待发掘。对此,不妨从制度文本出发展开探究。通过对比可知,《环境保护税法》在承继原《排污费征收使用管理条例》的基础上,也有如下制度更新,其中不乏有助于提升环保效能之处。

首先,在立法宗旨中直接点明环保目标,原《排污费征收使用管理条例》将立法宗旨简单概括为加强对排污费征收、使用的管理,未见对环保目标的强调。这就使整个排污费征管被定位成为收费而收费,在正当性方面稍显不足。而《环境保护税法》则于第1条直接将"保护和改善环境,减少污染物排放,推进生态文明建设"作为立法宗旨,由此出发,无论是制度设计还是立法后评估,都有了明确的问题导向。

其次,征管主体由环境保护部门调整为税务机关,实现了征税权的归位。② 原《排污费征收使用管理条例》将征收权赋予环境保护部门,前文已经阐明此举在征管刚性方面天然存在的隐患。《环境保护税法》于第14条第1款规定税务机关是环境保护税的主征部门,环境保护部门则作为协作部门,承担对污染物监测管理等方面的职责。应当说,税务部门在征收管理方面有专业优势,这也是近年来各项非税收入逐渐划转税务部门征收的重要原因,而且,《税收征管法》赋予了税务部门多项权力,如其可根据该法第38条实行税收保全,根据该法第40条实施强制执行,根据第45条享有税收优先权,根据第50条享有税收撤销权和税收代位权等,这都是原先环境保护部门征收排污费时所不具备的权力。③ 环境保护部门则在排污监测方面有技术手段和专业优势,也积累了丰富的实践经验。可见,《环境保护税法》的制度设计

---

① 后文将会提及,能享受优惠政策说明纳税人的行为符合税法的要求,而税法的特定要求往往寄寓了减排方面的功能预期。
② 参见侯卓:《论环保税专项支出的地方预算法治改进》,载《中国地质大学学报(社会科学版)》2019年第19卷第1期。
③ 延伸来讲,这些权力也是税务机关征收社会保险费和各项非税收入时所不能享有的。

兼顾不同部门的优势,有助于提升征管的规范性和精确性,更好实现法律的预设目标。

再次,设定更多档次的税额减征优惠,切实发挥税收的激励效应,引导纳税人加大环保投入。原《排污费征收使用管理条例》也有减征排污费的制度设计,但其仅规定了排污浓度低于排放标准50%以上的减半征收这一种情形,能够受到激励的范围较为有限,当纳税人排污本就低于排放标准50%或是远远超过此一数值时,都很难从税额优惠中获益,便也没有足够的动力持续减排。《环境保护税法》第13条相应设定了两档减征优惠,除保留原有减半征收规定外,当排污浓度低于排放标准30%的,还规定减按75%征税,这就使那些高排放企业也有机会享受优惠,从而有动力减排。

最后,《环境保护税法》虽未明言,但随之出台的相关规范性文件将环境保护税收入全部配置给地方,使地方政府有更充足的财力治理污染和保护环境。原《排污费资金收缴使用管理办法》规定排污费收入在中央和地方之间按1∶9分成,《关于环境保护税收入归属问题的通知》(国发〔2017〕56号)则规定环境保护税全部作为地方收入,中央不参与分成。实践中,治理污染和保护环境等事权本就较多配置给地方政府①,将环境保护税收入全额配置给地方政府能更好体现环境保护税的特定目的税属性,也更能达致环保目标。

综上可知,排污费改征环境保护税后,实质层面的制度变化相对有限,而且这些变化许多并非本质性的,比如环保目标的彰明更多具有价值层面的引领作用,收入全额划归地方也不属于制度本体层面的问题。由此看来,税费转换前后,规范性的提升是影响最大的,征管主体由环境保护部门调整为税务机关实际上也是为了更好提升征管的规范性。然而,为提升征管的规范性、强化征管能力而推动排污费改税,诚然说得通,但稍加反思不难发现两个问题。其一,这本质上是一种工具性视角,倚重"税"附着(但可剥离)之规范性、强制性等外部价值,而非考量"环境保护税"之本质属性所得出的当然选择。由此带出其二,费改税有助于强化征管能力,无法反推"要强化征管能力必须费改税",信息抓取能力提升等纸面优势,未必只在环境保护税语境下才存在。如果说"税务主征"是排污费改税的主要期待,那么需要注意到,2018年,党的十九届三中全会审议通过的《深化党和国家机构改革方案》已提出由税务机关具体承担所辖区域内各项税收、非税收入征管等职责,同年7月,中办、国办印发的《国税地税征管体制改革方案》进而强调要对适宜划

---

① 有些本应由中央承担的事权也被交给地方承担。参见侯卓、宋嘉豪:《"双碳"目标下环境治理事权的府际配置》,载《学习与实践》2022年第8期。

转的非税收入成熟一批划转一批。在其指引下,近年来由税务部门征收各类非税收入的制度改革不断加速。① 如果说排污费改税后,税务机关在征管过程中能运用《税收征管法》赋予的各类手段,这是刚性提升的重要原因,那么未尝不能考虑在修改该法时增加条款,准许税务机关征收各类非税收入时得准用相关条文。事实上,《税收征管法》的修改进程之所以较为迟缓,其中一个原因也正在于有关部门考虑在税务机关一体征收各类财政收入成为大趋势的背景下,仍然将该法冠名为"税收"征管法是否合意。此外,适时制定一部《行政事业性收费和政府性基金法》②,以制度的形式明确税务机关征收各类非税收入时可采取的手段,也不是特别复杂的问题。凡此种种莫不彰显出,税务主征及附着其上的规范性、强制性等优势并不局限于税收场域。当排污费改征环境保护税并非环保效能提升的充分必要条件时,税费转换会否引发某些问题,以及应当如何解决这些问题,便更值得加以探讨。

二、改征特定目的税引发的体系排异反应

从《环境保护税法》实施五年多的情况看,其确实也表现出某些问题。如果说税费转换后征管能力的提升是工具性、外部性的,改征环境保护税后出现的相关问题反倒有一些内部的深层次原因。梳理这些问题并剖析其成因,无论是对于解决环境保护税法的问题还是指引其他税制改革来讲,都大有助益。

(一)排污费改征环境保护税后存在的问题

该处所谓"存在的问题",可在两个层次上加以把握:一是较为直接的,征管程序层面的问题;二是更为根本的,实体制度层面的问题。

1. 征管程序层面的问题

税费转换后,税务部门的征管积极性难以被调动,以及税务部门和环境保护部门之间的协作不够顺畅,是实践中反映出的两大突出问题。

就前者言之,虽然根据《国务院关于环境保护税收入归属问题的通知》(国发〔2017〕56号),环境保护税收入全部归属地方政府,但相较于增值税、企业所得税等收入贡献较大的税种,环境保护税收入微乎其微,甚至在某些

---

① 譬如自2019年起由税务机关全责征收社会保险费,其后,原财政部征收的11项非税收入在2019年、水利建设基金和重大水利工程基金地方部分在2020年分别划转税务机关征收。2021年6月,财政部又发布通知,将包括国有土地使用权出让收入在内的四项非税收入全部划转税务机关征收。

② 2021年,全国人大常委会预算工作委员会曾委托部分专家学者起草《行政事业性收费和政府性基金法》的专家建议稿。

地区可以达到忽略不计的程度。① 而在收入贡献度低的同时，环境保护税的征管难度却比较高。税费转换后，环境保护税的征收、检查、入库等各环节事项均交由税务部门负责，可环境保护税有自身的特殊性，前述工作的开展需要税务工作人员具备一定生态环境方面的知识，例如在税额确认程序中，要求税务部门在纳税人报送的表单、数据信息、账簿凭证等资料的基础上，逐项对比环境保护部门提供的排污费历史征收数据、环境违法处罚信息、监测数据等信息，以判断是否存在异常。② 但这些数据专业性强而不属于传统税务知识，要求税务工作人员掌握并熟练运用，有些要求过高。因此，环境保护税的征收之于税务部门来讲，似有高成本、低收益的问题，征管积极性不高便也可以预期。

就后者言之，我国环境保护税首创"环保监测、税务征管"的协作征管模式，其初衷是发挥各部门优势以实现征管效率与效益的最大化。税务部门负责主要的征管工作，环境保护部门则作为协助者负责监测应税污染物，并及时向税务部门提供监测数据。然而，由于排污费改征环境保护税后，利益归属较原先已发生巨大变化，简言之即环境保护部门不再能从税费征管中直接获益；同时，就环境保护税征管而言，税务部门是主责单位，各项考核主要针对税务部门而非环境保护部门，因而后者更可能投入精力到其他需要考核的工作中。又因为税务部门和环境保护部门在具体的权责分配方面尚不够清晰，且两部门相互独立而不存在隶属关系③，所以，当税务部门对环境保护部门提出协作要求时，环境保护部门常因自身工作繁忙且无足够积极性，而未及时进行协作。

2. 实体制度层面的问题

除征管程序方面的问题外，《环境保护税法》的实施还反映出若干实体方面的问题，而这些问题多由制度规则直接引发。

其一，征得的环境保护税收入体量偏小，远远不足以覆盖污染治理和环境保护投入。自 2018 年环境保护税开征以来，根据国家统计年鉴 2019—2022 年数据显示：2018 年，环境保护税收入 151.38 亿元，节能环保支出 5870.05 亿元；2019 年，环境保护税收入 221.16 亿元，节能环保支出 6969.01 亿元；2020 年，环境保护税收入 207.06 亿元，节能环保支出 5989.14 亿元；

---

① 方堃：《环境保护税征管中的问题与对策》，载《中州学刊》2019 年第 8 期。
② 陈玉琢：《税额确认制度若干问题研究》，载《税务研究》2018 年第 1 期。
③ 黄素梅、李佳鹏：《试析我国环境保护税征管中的难题与对策》，载《税务研究》2021 年第 2 期。

2021年,环境保护税收入203.27亿元,2021年节能环保支出5251.36亿元。① 当然,节能环保是环境保护的上位概念,节能环保支出未必都用于污染治理和环境保护,大略来讲,其由"节能"和"环保"两方面支出构成,环保支出仅为其中一部分。但是,环境保护税收入和节能环保支出两项数据的差距如此之大,依旧可说明一些问题。进言之,这里探讨的是宏观层面的问题,但亦未尝不可在微观层面对其进行观察。意欲使环境保护税收入和污染治理投入相适应,需要环境保护税的税额标准和环境损害修复成本大体上相当,就此而言,我国现行税额的下限是依据二十余年前的环境边际成本测算得出,已落后于经济社会发展的现实情况,有明显偏低的嫌疑。在此条件下,税收收入体量小便可以预期。

其二,环境保护税的征收,可能使税负能力强者少缴税、税负能力弱者多缴税,违反通常认知中的公平观念。根据《环境保护税法》,纳税人被限定在直接向环境排污的生产经营主体,这就使那些有条件对废水、废气等进行处理而不直接排污的生产经营主体不必缴纳环境保护税。一般情况下,后者的财力条件要强于前者,从而引致税负能力弱者缴税、税负能力强者不缴税的现象。进言之,《环境保护税法》通篇贯彻多排污者多缴税、少排污者少缴税的基本原则,特别是该法第13条还专门针对排污浓度低于国家和地方标准一定比例的情形,设定了两档减征优惠。实践中,越是经济实力雄厚的纳税人越有可能采购先进的降污减排设备,学习先进技术,实现节能减排,从而在产出相同的条件下排污更少、缴税更少。更直接地讲,当市场主体还没有解决生存问题时,其甚至很难有减排意识,那些有动力考虑减排问题的,更有可能是经济实力已较为雄厚的企业。正是在此意义上,有学者指称量能课税完全无法适用于环境保护税领域,环境保护税法建制整体偏离了税法的典型税理、情理与法理。②

其三,环境保护税的征收范围较窄,没有涵盖对环境造成污染的所有污染物。现行环境保护税制度从排污费制度平移而来,因之天然承继了征收范围过于狭窄的问题。③ 现行环境保护税的税目仅有大气污染物、水污染物、固体废物和噪声等四类,但实践中破坏环境的污染物远远不止以上四者,诸如塑料制品、危险化学品等也会对环境产生严重破坏,域外国家不乏将其纳

---

① 国家统计局:《中国统计年鉴(2019—2022年)》,http://www.stats.gov.cn/sj/ndsj/,2023年8月8日最后访问。
② 叶金育:《环境税量益课税原则的诠释、证立与运行》,载《法学》2019年第3期。
③ 何锦前:《生态文明视域下的环境税收法治省思——从平移路径到并行路径》,载《法学杂志》2020年第3期。

入环境保护税征税范围的制度实践。① 再者,二氧化碳等温室气体的排放在狭义上不会污染环境,因而一般不被视作大气污染物,但其同样有害生态环境,在碳达峰碳中和目标的指引下,环境保护税将之剔除在外也待商榷。② 总体上看,环境保护税征收范围的狭窄,将使其行为诱导功能难以充分发挥出来。

持平而论,征管程序方面的问题相对好解决,在税务部门内部加强管理,同时自上而下地强化税务部门和环境保护部门的协作,设计针对后者的激励机制,都是可考虑的做法。相比之下,实体方面的问题则要复杂许多,不同于程序方面的问题发现后即可着力解决,而且通过政策手段一般就已足够,实体方面的问题至少要追溯到制度层面,《环境保护税法》在实体制度设计方面存在的不足,又有更加深刻的动因,深究下去,或许是不得不然。

(二) 问题的实质:特定目的税种法与税法体系的紧张关系

前文述及的诸多问题特别是实体层面的问题之所以产生,有环境保护税自身的原因,但也有一定程度上的普遍性。归根到底,应当从特定目的税种法与整个税法体系内生的紧张关系入手,来理解问题的产生原因及其实质所在。

组织财政收入是税收最原初的功能,规范和保障财政收入的汲取过程则是税法的初心使命。由此出发,在将排污费改为环境保护税后,为污染治理和环境保护事业筹集资金本应是最直观的制度目标,但从《环境保护税法》第 1 条对立法宗旨的界定即可知晓,其关注的重心在行为诱导,对筹集资金则未置一词。进言之,传统的税收和税法既然更加关注收入,那么如何分配税负自然成为建制重心,本书第三章第二节已经阐明,就公平配置税负而言,量能课税是最优选择。量能课税的要义即在于不过多考虑税负能力之外的其他因素,从而使税负分配成为一项逻辑自洽的工作。问题在于,要想发挥环境保护税的行为诱导功能,就不能不更多关注税负能力之外的因素,比较起来,对税负能力的观照反倒是次要的。同本章前一节讲的税收优惠的逻辑很相似,有些时候,环境保护税等特定目的税恰恰是以背离一般税法逻辑的方式,达致自身的制度目标。因此,征收结果可能使税负能力强者少缴税、税负能力弱者多缴税,便不难想见。

---

① 潘楠、蒋金法:《OECD 成员国环境税收发展趋势及经验借鉴》,载《税务研究》2022 年第 8 期。
② 叶金育、蒙思颖:《"双碳"视阈下碳税并入环境保护税的制度证成与立法安排——以〈环境保护税法〉修改为依归》,载《南京工业大学学报(社会科学版)》2023 年第 22 卷第 2 期。

与此同时，虽说环境保护税最为根本的功能目标是助力降污减排和环境保护事业，但其既然是一种税收，便不得不依循税收和税法固有的制度逻辑，而这反过来可能妨害环保目标的达致。最为直接的，世界上各主要国家共同遵循的做法是，只能通过制定或修改法律的方式开征新税或提高税率、扩大征税范围，由于公众对税负普遍敏感，任何增加税收负担的议程在立法部门遇到的阻力都往往较大，故此，不少国家未采取税收形式，而是通过课征非税收入的方式筹集环保资金并对排污行为实施调节，当需要运用财政收入的手段达致特定政策目标时，税收也非最优先的选择。我国虽然已完成了环境保护费改税的工作，但一定程度上正是顾及公众对税负的敏感，而在整个费改税过程中都特别强调税负平移，以不加重纳税人的负担作为重要立足点。正因如此，在原先排污费的基础上提高负担水平或是扩大征收范围，都不大现实。此外，作为一类税收，环境保护税的征取还需要遵守税法的某些基本要求，至少不能偏离过远，比如本书第三章第一节提炼的"征税不得进入课税禁区、税负设定要符合半数法则"，第三节提炼的"征税要满足非税收扭曲和非税收歧视的要求，这些都在不同程度上妨碍环境保护税对环保目标的追求"，第二节"关于纵向维度量能课税的要求也会约束环境保护税法的制度设计"。实际上，虽整体持限制立场因而数量有限，但各国的税制体系中还是不免有一类税种系由特别公课改征而来，其有自身独特的价值追求和功能目标，这也是改征后的税种多被称为特定目的税的缘由。如何妥善处理包括环境保护税法在内的特定目的税种法在整个税法体系中的定位问题，使其既遵循税法的一般价值原理，至少不致偏离过远，又能保留自身的独特属性从而有利于特定政策目标的达致，确为税法学理上值得考量的问题。本节接下来即对该问题展开探讨。

三、如何在理论和制度层面把握特定目的税种法

在税法体系中妥善安置特定目的税种法，首先要在理论层面，于税法一般原理的基础上有针对性地提炼相对（而非绝对）特殊的建制原则，并揭示"一般"和"特殊"之间相互依从的关系。其后，还须对其应用场景进行类型化，阐明各类特定目的税种法的核心制度逻辑，从而使制度设计有章可循，也使特定目的税的应用不致无限扩张。承接前文，这部分的讨论仍主要以环境保护税为例，也会兼顾某些其他税种。

（一）理论层面：平衡量能课税与量益课税原则

法学界倾向于认为，环境保护税的基本制度逻辑是量益课税[1]，纳税人系根据自己从环境资源中所获利益承担相应的税负。如果将视野局限在税收的场域内，观察者只是会觉得环境保护税确实在税收体系中是个异类，却很难对其特异性之由来有足够深刻的理解。若是将视野放大到整个财政收入的场域，则对该问题的认识会更清晰。

通常认为，财政收入有税收、政府性基金和行政事业性收费等不同类型，此三者是其中较为主要的部分。前文已述及，税收的基本建制逻辑是量能负担，而政府性基金和行政事业性收费则分别遵循受益者负担和使用者付费的逻辑。从提取公因式的角度出发，"使用"本质上也是一种"受益"，而且严格说来，"使用"是更为直接、明显的"受益"，故而行政事业性收费的设定同样有受益者负担的意味。如此一来，税收和非税收入各执量能负担和量益负担之一端，细分来看，从税收到政府性基金再到行政事业性收费，则呈现对负担能力的观照渐趋弱化、对受益的把握愈益强化的脉络。

究其根源，收入和支出之间的对应性强弱，乃是促成上述演进脉络的重要原因。行政事业性收费收支之间的对价性最为明显，负担者直接使用了特定的准公共产品，负担一笔费用以支应提供、维持该准公共产品的成本实属理所应当。政府性基金的负担者则未必直接从特定准公共产品的供给中受益，举例言之，乘坐飞机的旅客要缴纳民航发展基金，支持民航基础设施建设、民航节能减排、通用航空发展等乃是该项基金的支出范围，缴费者从中至多只能说是间接受益。[2] 再到税收，其收入和支出之间已经高度分离，而且这种分离本身就是值得追求的——唯有如此方能筹集足够充分的财政收入以满足各项财政开支。在该场景中，财政收入和财政支出既然已经分离，自然只能根据别的标准来配置负担，量能课税因而具有了理论上和实操中的正当性。

基于以上论述，如果不将量能负担和量益负担绝对区分开，视二者为完全不同的两个范畴，那么大致可以认为，一项财政收入，其和对应的财政支出之间越是关联紧密，量能负担的因素越是要淡化，量益负担的因素则越是要强化。在各税种中，特定目的税不同于一般性的税种，"特定目的"之限定语表明，其收入至少在理论上被期待投放于特定场域。由此说来，虽然收支之

---

[1] 叶金育：《环境税量益课税原则的诠释、证立与运行》，载《法学》2019年第3期。
[2] 我国在2012年停止向乘客征收机场建设费，改征民航发展基金，此举即有考虑到政府性基金和行政事业性收费的差异。

间并无直接的对应关系,但抽象的关联仍然存在。① 这也使得环境保护税等特定目的税无法完全遵循量能课税的一般逻辑。

进言之,环境保护税等特定目的税毕竟也属于税收的范畴,其亦非完全脱离量能课税的辖制。首先,从生活经验出发,市场主体排污越多,至少反映出该市场主体有在开展生产经营活动,而这往往会带来税负能力的增加。其次,如果不考虑减排设备和技术的运用,排污量大者比排污量小者有更强的税负能力,也是通常可以成立的判断。再次,若是考虑到市场主体常将环境保护税负担以价格形式向下游环节转嫁,那么可以预期的是,在生产环节对环境容量有较大消耗的产品在价格方面将会高于同类型但生产时不消耗或较少消耗环境容量的产品,而消费者最终承受了转嫁而来的税收负担,一般情况下,愿意消费此类产品的消费者经济实力强于仅因价格高便望而却步的消费者,如此一来,至少对负税人而言,量能课税仍然是成立的。② 最后,如本书第三章第二节曾言,量能课税有纵横两个维度的要求,征税时不得侵蚀税基、不能进入"课税禁区"乃是其在纵向维度的要求,这也可被视作量能课税的底线,即便是环境保护税的征收,仍须满足这一点,因为征收环境保护税而使市场主体正常的生产经营活动无法开展,甚至使其难以存续下去,无论如何都是不可取的。

本书认为,对环境保护税等特定目的税来讲,处理量能课税与量益课税的关系时或许可遵循一种以量益课税为基本遵循、量能课税发挥底线保障功能的进路。概括地讲,特定目的税种法建制时可一般性地按照量益课税的原则展开,但量能课税原则导出的若干底线要求也不得被突破,比如不能对没有税负能力的主体、行为征税。较为理想的状态是,基于量益课税设计的制度,同时也满足量能课税的要求。

(二) 制度层面:严格限制特定目的税应用场域

特定目的税因其在一定程度上背离了量能课税的结构性原则,在税收和税法体系内都是一种相对特殊的存在。特殊代表着少数与例外,因此需要严格限定其应用场域,以保持税制体系的统一性与稳定性。在经济学上或许可以宽泛地理解"税收"概念,将不同性质的各类收入囊括其中,但在法学语境下,概念内涵与外延的清晰甚为重要,"税收"和"税法"这两大范畴都需要实

---

① 以环境保护税为例,费改税之后,环境保护税收入被纳入一般公共预算管理中,因而与其他税收收入混合在一起,统一用于各类支出事项。但是在实际运行过程中,各级政府预算多会通过合理安排将环境保护税收入用于环境专项治理,继续贯彻专款专用的原则。
② 这一逻辑和流转税对量能课税的遵循颇为相近,更为细致的讨论,可以参见本书第三章第二节"量能课税不能指引流转税法建制?"部分。

现内部的逻辑自洽。通常而言,两种情形中的税收收入与支出之间须具有相应的对价性,从而可在一定程度上偏离量能课税原则:一种情形是旨在使外部成本内部化的庇古税,另一种情形是具有对待给付性质的收益税。理论上讲,特定目的税仅得存在于此二情形,这便为限制特定目的税的适用场域,指明了方向。

1. 矫正成本外部化的庇古税

庇古税方案由英国经济学家庇古提出,其意图用税收弥补生产者私人成本与社会成本之间的差异,从而矫正经济活动的负外部性。某些经济活动会给活动参与方之外的社会成员带来负面影响,但活动参与方所负担的成本未将这部分因素考虑在内,这便使其他社会成员负担了一部分本应由参与方负担的成本,从而引致成本外部化的现象。此间,由于活动参与方现实负担的成本低于其应当负担的成本,成本—收益分析的结果通常将导向扩大生产或是消费,而由于外部成本的存在,这对于社会公共利益来讲往往是不利的。比如,因为生产而带来的污染排放会破坏环境,这就是一种典型的社会成本,如果生产者无须考虑这部分成本,过量生产在使特定主体获益的同时,将给生态环境等社会公共利益带来显著不利影响。可见,解决外部性问题颇为必要。历史地看,最传统的做法是实施管制,如政府可用行政命令的方式限定市场主体的排污量乃至产量,比较柔和一些的做法则是制定排污标准来规范市场主体的行为。① 然而,实施管制的做法增加了交易成本,更重要的是,排污之类的行为并不具有道德上的可责性,政府直接干预该类行为,有不必要地限制市场主体经济自由权的嫌疑,同处理政府与市场关系的应然思路不尽吻合。② 理论上讲,政府对经济活动进行调节应当是间接的,利益诱导是比直接干预更为可取的做法,就此而言,庇古税即遵循利益诱导的思路,其旨在将外部成本内部化,让特定主体负担自身行为所引致的社会成本,这就改变了成本—收益分析的结果,使私人边际成本或私人边际收益与社会边际成本或社会边际收益趋向于一致。本节重点讨论的环境保护税便是至为典型的庇古税,其征税对象是对环境造成污染的行为,纳税主体是从事有害于环境并导致环境污染的相关企业。企业在生产经营活动中产生环境污染就须针对其外部成本给付相应的税收,从而弥补因破坏环境给社会公共利益造成的损失,也相应调整自身的生产和排污行为。

推而广之,广义上的环境税类或多或少都具有一些庇古税的特质。比如,针对应税资源开发行为征收的资源税,同样有通过税收的征取使私人边

---

① 张维迎:《理解公司:产权、激励与治理》,上海人民出版社2013年版,第72页。
② 张守文:《政府与市场关系的法律调整》,载《中国法学》2014年第5期。

际成本和社会边际成本趋于一致的考量。① 一方面,资源特别是矿产资源的开发将给生态环境带来一定的破坏,这是资源开发行为负外部性的直观表现。另一方面,由于不少种类的矿产资源具有不可再生性,如果引入代际正义的视角,那么资源开发行为的负外部性将进一步被放大。征收资源税的条件下,企业须为其开展生产经营活动时开采和生产各类矿产品的行为缴纳相应税款,这可被理解为使前述负外部性内部化的举措。又如,丹麦、荷兰、芬兰、瑞典、挪威等国在20世纪后半叶相继开征碳税或采取其他方式对能源消费征税②,近年来,各发达国家中以碳排放量为计税依据的国家也持续增加。③ 二氧化碳作为典型的温室气体,若被大量排放可能引起气候变暖等一系列后果,相对主流的观点认为气候变暖是不可欲的,因而生产和生活中的碳排放具有负外部性,引发了社会成本的增加,许多国家便以碳税的方式使其转化为私人成本,以发挥矫正和诱导功能。

需要注意的是,庇古税方案的运用不能过泛,也不宜轻易地将特定税种理解为庇古税。就前者言之,虽然庇古税方案相比直接干预更优,但其也并非最优方案。究其实质,庇古税方案和直接管制都属于解决外部性问题的传统路径。以税收手段使外部成本内部化,首先会带来征税效率和税款使用的问题,更重要的是,当决策者无法、同时又缺乏动力确定私人决策的边际成本时,税制设计很难做到最优。④ 受到科斯定理的启发,相对较近的制度经济学研究成果更为推崇保护产权基础上鼓励谈判和交易的做法,政府于此间需要承担的职责主要是以制度的方式降低交易成本。⑤ 由此可知,不能片面地将庇古税作为解决外部性问题时的最优手段予以无限推广。就后者言之,许多税种都带有一定的矫正外部性的功能,这由税收和税法本身功能的复杂性所决定,但不能因此便将具有外部性矫正功能的税种全部视作庇古税,并以此来设计税制。举例言之,车船税也被认为是"绿色税种"之一,虽然《车船税法》未设置立法目的条款以彰明环境保护目标,但其制度设计还是表现出强烈的环保导向。比如,根据《车船税税目税额表》,对乘用车而言,年基准税额根据排气量大小来确定,而一般认为,排气量大小不同意味着对环境的

---

① 曾先峰、张超、曾倩:《资源税与环境保护税改革对中国经济的影响研究》,载《中国人口·资源与环境》2019年第12期。
② 参见苏明等:《碳税的国际经验与借鉴》,载《环境经济》2009第9期。
③ 陈旭东、鹿洪源、王涵:《国外碳税最新进展及对我国的启示》,载《国际税收》2022年第2期。
④ 张维迎:《理解公司:产权、激励与治理》,上海人民出版社2013年版,第74页。
⑤ 制度经济学家认为,制度使产权交易成为可能,制度发展的方向是使交易成本不断降低,风险持续变小,进而使市场更为有效。〔澳〕柯武刚、〔德〕史漫飞、〔美〕贝彼得:《制度经济学:财产、竞争、政策》(第二版),柏克、韩朝华译,商务印书馆2018年版,第232页。

破坏程度有所区别,由此可见车船税制度设计的环保税逻辑。然而必须指出,车船税首先是一种财产税,量能课税于此间是更为基础性的建制原则,如果说排气量大小车用车价值正相关,因而据此差异化设定税负尚可谓兼顾了环境税和财产税的逻辑,那么,在保有车辆期间,车辆随时间推移而不断贬值,基准税额却一成不变,则有违反量能课税的嫌疑。本书认为,当一个税种兼有不同功能时,有必要明确哪一方面的功能为主,如果外部成本内部化不是其最主要的考量,即不应轻易将其纳入庇古税的范畴。与之相应,这些税种的制度设计不是不能考虑环境保护等功能,但更多要通过税收优惠等管制诱导性规范来达致目的,税种法的主体部分还是应当坚持税法的一般逻辑。

2. 具有对待给付性质的受益税

受益税是指为分担准公共产品的成本,由国家按照受益程度向其管辖范围内的自然人、社会组织强制征收的金钱给付。受益税遵循受益与对价对等的原则设计制度,最早由亚当·斯密提出①,后继学者演绎出主观需求理论②,建议设计一套税制,政府通过计算所提供准公共产品的成本和个人的边际效益来征收税款,尽量使成本和边际效益相对等。本书第三章第二节已经阐明,现代国家,量能课税已取代量益课税成为税法建制的结构性原则,但即便如此,为支应准公共产品的供给,受益税在特定情形中也有自己的用武之地。

准公共产品的特点是社会成员从中受益的程度有大小差异,因此需要按照"谁受益、谁付费""多受益、多付费"的原则来分摊准公共产品的成本。该特征自然就导致了受益税的税收收入与支出之间存在对待给付性的性质,需要将税收的取得与使用更加紧密地联系起来。《预算法》③规定以税收为主体的财政收入被纳入一般公共预算统一管理,如此将导致税款缴纳和使用之间的关联链条并不是非常紧密。而受益税的对待给付性质又将税款的征收与使用重新联结起来,以此来保障纳税人在缴纳税款之后相应享受到受益税所规定的使用范围内的公共产品或者公共服务。举例言之,车辆购置税便是一种典型的受益税。车辆购置税的前身是车辆购置附加费,在1997年开始施行的《车辆购置附加费管理办法》中就明确规定车辆购置附加费专款专

---

① 〔美〕哈罗德·M.格罗夫斯:《税收哲人:英美税收思想史二百年》,刘守刚、刘雪梅译,上海财经大学出版社2018年版,第19页。
② 〔美〕理查德·A.马斯格雷夫、艾伦·T.皮考克主编:《财政理论史上的经典文献》,刘守刚、王晓丹译,上海财经大学出版社2015年版,第6页。
③ 参见《预算法》第6条第1款,一般公共预算是对以税收为主体的财政收入,安排用于保障和改善民生、推动经济社会发展、维护国家安全、维持国家机构正常运转等方面的收支预算。

用。随后虽在"费改税"进程中,车辆购置附加费变更为车辆购置税,但其税收收入并不作为经常性财政收入统一规划,而是用于交通运输项目的重点支出,保障了收入和支出之间的关联性。此外,成品油消费税亦属于典型的受益税,成品油消费税收入也不纳入统一的财政预算体系,而是单独分列为公路基金,用于交通运输基础设施建设。事实上,从成品油消费税的由来便不难察知其受益税属性,概括地讲,其由涉及公路的六项行政事业性收费改征而来。有关部门曾一度考虑开征燃油税,后因新税种开征不易,才采取在消费税项下新增税目的方式完成费改税工作。原先涉及公路的收费收支关联紧密,比如,过路费收入主要用于高速公路等道路的建设、维护、管理和运营,又如,桥隧费收入主要用于特定桥梁、隧道的建设、维护、管理和运营。改征成品油消费税后,虽然清费立税,但仍然保留了收入和支出之间有一定对应关系的做法,也可谓势所必然。由以上二例可知,受益税的对待给付性质决定了其收入用途具有特殊性,相应地,在收入归属和管理等方面便要作出特别安排,而不可与一般性的税收相混同。

与前文关于庇古税不能泛化认定的观点相近,受益税的范围也不应过度扩张。如同本书第七章将会述及的,收入和支出适当分隔本就是税收的一项重要特征,税制体系中充斥太多受益税,将使整个体系有紊乱之虞,也可能破坏税法功能的实现。即便出于相关政策目标而设置某些受益税,其数量和规模都应被严格控制。就体现受益者负担而言,税收无论如何都难说是比非税收入更优的选择。

四、小结:正视税费界限和特定目的税之特殊性

虽然具有税收的形式外观,环境保护税仍然更接近环境公课的制度逻辑,《环境保护税法》作为特定目的税种法,与财政目的税种法关于税负、税入、税权的配置规则存在差异,造成体系内部的紧张。本质上,采用税收还是非税收入的形式,对环保目标的达致未必具有根本影响,排污改税对征管能力的提升,经由制度设计,在排污费语境下或许也能实现。税法自带法价值,纳入保护环境等政策目标时须慎重,对其能发挥的非固有功能不可寄予过高期望。无论是把握《环境保护税法》所具有之促进环保事业的功能,还是明晰未来以财税手段推动达致环境善治的路径,都不能夸大税费差异,而应理性关注征管能力的持续提升。与其寄望清费立税毕其功于一役,稳妥有序的技术路线方为正途。

推而广之,环顾国内外,直接体现环保目标的包括但不限于狭义环境保

护税、资源税、排污行为税与污染产品税等税种。这些税种的共性在于,"税收"属性都很弱,要么本质上非属税收范畴,要么属于特定目的税的范畴,甚至从便利环境规制的角度出发,非税收入的形式可能是更优选择。本节前文已对环境保护税的这层属性作了释明,除此之外,资源税是否属于税收也存在争议——税收是对不属于国家之财富的分享,而资源本就属国家所有,故资源税本质上是一种"租"。再如美国、欧盟虽大量开征污染产品税,如运输燃料税、汽车销售税等,但实际遵循特别公课的一套逻辑,名税实费。

廓清该点对我们的启示有三。一是经济学意义上的税收和法学意义上的税收,在内涵和外延方面有其差异,在经济学意义上,具有税收之形式外观者均可被视为税收,但从法学的视角看来,概念应具有相对确定的内涵和基本一致的属性,其实完全可以从本质属性出发,在理论层面将某些虽有税收之名却无税收之实者不作为税收、至少不作为一般意义上的税收看待,而是仍然从诸如特别公课之类非税收入的角度来加以把握。至于特定目的税,通常系由特别公课改征而来,在实质维度依然与特别公课的内涵相近,但其既已成为税收之一种,便不得不受到税收和税法价值的规训,在制度逻辑方面向其妥协,然而这又会妨害"特定目的"之达致。与其如此,还不如在认识论的层面直接将其单独拎出来,在理论和制度层面均给予特别对待,从而避免陷入两难境地。这样做还能收到的积极效果是,使狭义税收和税法的内在体系得以畅通,仅因《环境保护税法》等特定目的税种法的特殊性质便否认量能课税作为税法结构性原则的主张,便也不再能够成立,这对于税法和税法学的体系化可谓大有裨益。二是虽然环境保护税已入列我国税制体系,但对其认识与阐释不宜过分拘泥于"税"之定性、循名责实,而应部分借鉴"唯名论"范式,关注事物个性。在特定目的税的场域,在考量制度设计时,如何更好达致"特定目的",至少是和"税"的属性同等重要的因素。三是"认真对待"费改税,其进程自20世纪末延续至今,《环境保护税法》的出台也是该进程的一环,从治理乱收费、费挤税的角度,费改税确有必要。但"哪些费应该改为税,哪些费应该保留"也须明确,学者多从主体关系维度展开讨论[①];其实,从税费本质属性出发求解方为根本思路。环境税类迥异于典型税种,实为一种环境规制工具,所遵循的制度逻辑与典型的财政目的税种法判然有别,而就规制工具的选择而言,非税收入以其灵活性以及免受税法固有价值拘束的优势,未必劣后于税收。在非税收入的规范性提升且税务机关征收非

---

① 张守文:《财税法疏议》,北京大学出版社2005年版,第131页。

税收入的类型越来越多的当下①,非税收入的正当性也不当然弱于税收,认为税费平移一定较佳并导向合意的政策后果,是将问题简单化了。诚如有学者所呼吁的,税费界限不宜被轻易抹煞,若只是借用税收的形式而推动费改税,利弊得失尚须衡量。② 需要指出的是,明确这一点在当前十分必要,除已经完成的排污费→环境保护税、公路养路费等六项收费→成品油消费税这些费改税工程外,未来一段时间有可能启动税费转换的尚有许多,如社会保险费→社会保障税、教育费附加→教育税等即如是。相关改革是否有必要推进,本节的研究或许具有一定的参考价值。

---

① 本节前文已通过陈述客观实践,揭示了这一趋势。如果将视野扩大到域外国家,不难发现由税务机关征收各类财政收入的做法颇为普遍,也正因如此,美国、英国、加拿大等国家都将相关征收机构冠以"收入局"而非"税务局"的名称,如美国国内收入局、英国皇家收入与关税局、加拿大收入局。即便征收机构仍然被称作税务局,也多会征收相当一部分非税收入,如澳大利亚便是如此,其税务局肩负着征收养老金的职责。历史地看,这有一个发展的过程,澳大利亚税务局原先在这部分承担的是监管职责,可由于在许多案例中法院难以强迫雇主缴纳养老金,于是 1992 年的一个法案让税务局承担起这方面职责。Geoffrey Kinston & Susan Thorp, "Superannuation in Australia: A Survey of the Literature", 95(308) *Economic Record* 142 (2019).
② 刘剑文、熊伟:《税法基础理论》,北京大学出版社 2004 年版,第 20 页。

第七章　税法体系外部的制度关联

本书前六章的共性在于,均是就税法言税法,行文至此不妨将视野抽离出来或者说移至更高层级,超越税法看税法,本章即着眼于审视税法的外部关系。事实上,既有税法著述乃至教科书不乏对税法外部关系的探讨,较为普遍的做法是讨论税法与宪法、经济法、行政法、民商法、社会法乃至刑法、国际法的关系。① 这方面的研讨自然很有必要,但除税法与经济法的关系尚有一定争议外,学界对前述其他方面的两法关系已基本达成共识。然而,税法的外部关系议题不止前述诸项,至少还有如下两方面问题亟待廓清。一者,税法和财政法的联系更为紧密,在不同场合也呈现"时分时合"的状况,究竟如何理解二者关系,统一的财税法在何种意义上可欲?二者,我国财税法学界最早提出"领域法"和"领域法学"的概念,其最初当然有为财税法和财税法学正名定位的意图,财税法也因而被视为典型的领域法,领域法至为重要的一个特质在于其有高度的开放性,故此,财税法特别是税法与其他法体系应当具有颇为紧密的联系,由此产生的问题是,如何在领域法语境下认识税法与其他领域法的关联,此种关联会否破坏税法体系的逻辑自洽,又当怎样加以调适?本章的两节即分别研讨以上两个问题。

第一节　财政法和税法一体化的障碍及其突破

不同于域外国家通常分别研究财政法和税法的做法,我国法学界近年来已逐渐习惯将"财税法"视为一个整体,其潜台词是财政法和税法有着密切的逻辑联系,是故二者应当被打通研究。如果说从"财政法和税法"到"财税法"的变迁体现出形式维度二者的统合,那么财政法和税法在实质维度的一体化是否可欲、可能和可行,则属于另一层面的问题,在当前仍有待探究。本章即对此展开考察,基本的研究进路是:首先,嵌入历史语境中,揭示我国在形式上将财政法和税法一并研究的缘由,并梳理学界实质性整合财税法的努力方向及其核心要义;其次,从四个层面检视财政法和税法制度逻辑上的差

---

① 参见张守文:《税法原理》(第九版),北京大学出版社2019年版,第32—33页。

异,明确不宜对此二者开展实质整合工作的原因;最后,思考财税法和税法实质性整合可能引发的消极效应。

一、财税法形式整合的历史动因和实质整合的理论建言

据考证,自 20 世纪八十年代起,法学界分别出版了关于财政法和税法的教材,彼时二者处在相对分离的状态,比如始于 1991 年的注册会计师考试中便有一门科目为"税法"①,而不包含财政法的内容。最迟到九十年代,学界便开始将财政法和税法统合起来一并开展研究,标志性事件一是相关全国统编教材被冠以"财税法"之名②,二是各高等学校在研究生培养环节,在"经济法学"二级学科下列入"税法与财政法"或"财政法和税法"的研究方向。自此以后,我国学界一直使用"财税法"这一概念,成立于 1998 年的中国税法学研究会也很快便在 2001 年转制为中国法学会财税法学研究会。意欲理解其背后的缘由,必须在横向对比域外做法的基础上,置于我国特定时期的历史语境中加以探查。

(一)独特做法背后的原因

从横向比较来看,英美国家呈现税法研究一枝独秀、财政法研究相对滞后的面貌,如美国的许多大学设有专门的税法研究机构和人员,其常常关注最新的税法问题,如数字服务税③、税基侵蚀与反滥用税④、收益所得税⑤等,而且兼采规范分析⑥、结构化分析⑦、实证分析⑧等研究方法,使得研究结论既贴近税制实践,也具有较高的可信度。相形之下,美国学者对财政法研究的必要性则持怀疑态度,不少学者质疑财政规则的有效性,认为"财政负责

---

① 李大庆:《财税法治整体化的理论与制度研究》,中国检察出版社 2017 年版,第 45 页。
② 比如司法部在 1995 年、1996 年分别出版的全国成人高等教育统编教材、全国中专统编教材即均被命名为《财税法教程》,两部教材分别由刘剑文教授、张守文教授主编。
③ See Wei Cui, "The Digital Services Tax: A Conceptual Defense", 73 *Tax Law Review* 69 (2019).
④ See Chris William Sanchirico, "Earnings Stripping under the BEAT", 73 *Tax Law Review* 303 (2020).
⑤ See Jacob Goldin, "Tax Benefit Complexity and Take-up: Lessons from the Earned Income Tax Credit", 72 *Tax Law Review* 59(2018).
⑥ See Madison & Allen D, "The IRS's Tax Determination Authority", 71 *The Tax Lawyer* 1 (2017); Hasen & David, "A Partnership Mark-to-Market Tax Election",71 *The Tax Lawyer* 1 (2017).
⑦ See Borden, Bradley T. & Sang Hee Lee, "Boundaries of the Prediction Model in Tax Law's Substantial Authority," 71 *The Tax Lawyer* 1(2017).
⑧ See Schwarz & Peter, "Tax-Avoidance Strategies of American Multinationals: An Empirical Analysis", 30 *Managerial and Decision Economics* 8(2009).

任的国家不需要财政规则,财政不负责任的国家即使有财政规则也可能无法实现财政纪律",即使财政平衡规则在抑制政府债务和减轻政府支出方面有一定的积极效果,但是学者们对其在司法过程中得到落实的前景仍不乐观,这在很大程度上削弱了法学界对其开展研究的动力。① 欧洲国家和日本则多是在行政法项下研究财政法问题,如美浓部达吉在其所著的《日本行政法(上、下)》一书中将行政法界定为有关行政的公法,并在下卷中将财政法划入其中,这一框架结构为日本行政法学界所接受,成为"二战"前日本传统行政法学体系论的通说,并在"二战"后经过田中二郎的进一步完善,一直沿用至今。② 至于相关国家的税法研究,则居于相对独立的地位。比如马克斯—普朗克研究所被视为德国最权威的研究机构,其下辖多个研究所,分别位于德国境内不同城市。其中,税法并未与财政法一道,而是和知识产权法、竞争法共同组成一个研究所,位于慕尼黑。总体上看,欧洲国家和日本多从行政程序的角度研究财政法问题,而对税法的研究则更为偏重法律实质。③

由此可见,将财政法和税法作一体化研究并非各国通例,这也被视作我国法学界的贡献之一。我国以统一的"财税法"概念统摄财政法和税法,毋宁说是理论驱动的结果,而实践中直到当下仍然存在明显的财政—税收之区隔。比如,国家机关序列中分设财政部门和税务部门,又如,市场上诸如会计师事务所、税务师事务所之类的中介机构也更多关注税务问题而不太多涉猎财政事项。至于理论层面为何要将财政法和税法贯通,最直观的解释是:财政和税收并非同一层次的范畴,前者本就包含后者④,经济学界注意到,无论中外,百余年来财政学的体系结构虽有一定变迁,但整体上依循"支—收—平—管"的脉络而无根本性调整⑤,与之相应,财政法也可被理解为由财政支出法、财政收入法、财政平衡法、财政管理法构成,税法是财政收入法的组成部分,只是因为其重要性远较其他部分为强,所涉制度规范在数量上也最多,才将其单列出来并与财政法并称。这一解释有其道理,但也有说明不了的问题——依该说,直接冠以"财政法"之名,相较于"财税法"的表述不是更为逻

---

① Kelemen, R. Daniel & Terence K. TEO, "Law, Focal Points, and Fiscal Discipline in the United States and the European Union", 108 *The American Political Science Review* 2 (2014).
② 江利红:《论日本行政法学体系的变革与重构》,载姜明安主编:《行政法论丛》第17卷,法律出版社2015年版,第47页。
③ Nakazato, Minoru & J. Mark Ramseyer, "Tax Law, Hiroshi Kaneko, and the Transformation of Japanese Jurisprudence", 58 *The American Journal of Comparative Law* 3(2010).
④ 当然,也有学者注意到,鉴于税收政策中除税收收入政策外,还包含税收调控政策,故而其可能不适合完全被归入财政收入政策项下。这也为理解财政和税收的关系提供了一种新的视角。参见张守文:《税法原理》(第九版),北京大学出版社2019年版,第27页。
⑤ 张馨:《公共财政论纲》,商务印书馆2022年版,第671页。

辑周延? 至于因为税法重要便将其单列的理由也不充分,可以作为对比的是,无论债法在民法体系中的地位如何重要,也从无"民法与债法"并称的设想乃至实践。

其实,理解财政法和税法为何会被学界合称,须置于彼时特定的时空环境之中。客观地讲,我国税法学研究受日本影响至深,日本又在相当程度上借鉴了德国等欧洲国家的理论框架和研究范式。诚如本章前述,欧洲国家和日本是在行政法项下研究财政法议题的,然而我国行政法学亦可谓发蒙未久,大体是在20世纪八九十年代之交时才产生,故在我国财政法、税法研究开始兴起的时候,行政法学研究自身的理论基础尚较薄弱,自然无暇投注更多精力到作为特别行政法的财政法领域。又因为财政议题和税收议题确实具有关联性,所以学者们便自觉地兼顾这两方面研究。事实上,财税法学者对公债、预算等议题的研究逐渐产生影响,一定程度上也吸引了更多的宪法、行政法学者关注相关议题。① 后来,由于越来越多的学者同时研究财政法和税法问题,"财税法"作为子部门法的地位也得以巩固,加之以问题导向为特征的领域法学研究范式逐渐推广开来,各界对于在形式层面整合财政法和税法基本不再存有疑议。

(二) 由形式整合迈向实质整合的努力及其核心要义

形式上统合在一起之后,财税法学界有感于财政法和税法在研究对象、话语体系、分析进路、研究方法等方面隔阂颇深的状况,萌生实质性整合二者的愿景。在这方面做出尝试的学者为数不少,但基本思路是相通的,此即借鉴并立基于北野弘久关于税收概念的界定,本书在第三章第三节已对此有所阐发,其界定的核心要义在于强调只有使用时合乎宪法理念的税收,方为真正意义上的税收。如此界定的价值在于不单纯从财政收入的角度来理解税收,还将税收的使用也纳入考量范围,从而使税收的征收与使用得以融通。国内学者认为包括税法在内的财政收入法与财政支出法存在紧密的逻辑联系,进而主张作一体化研究,其理论基点便是北野弘久所提出的税收概念。比如,有学者提出要对税收概念作"征税"和"用税"的二元化理解,进而对"征税之法"和"用税之法"作整体化把握。② 另有学者建构"一体化税法"的概念,其意涵与前述观点实际相通。③ 此外,有学者提炼"公共财产权"作为

---

① 刘剑文、侯卓等:《财税法总论》,北京大学出版社2016年版,第440页。
② 参见李大庆:《财税法治整体化的理论与制度研究》,中国检察出版社2017年版,第49—50页。
③ 参见彭礼堂、张方华:《论一体化税法中的税概念》,载《湖北经济学院学报》2017年第3期。

财税法的核心范畴,将其内涵表达为"政府基于其公共性特质取得、用益和处分私人财产的权力"①,如此界定实已蕴含打通财政收支作一体研究的思路。于是,有学者依托并发展该分析框架,指出应当以公共财产权为导向,使财政收支实质贯通,从而打造不是财政法与税法简单相加而是有深层次法理融合的财政税收法律一体化。②

应当说,上述理论尝试都很有必要,对于提升财税法学科内在的逻辑自洽性更是大有助益。但不难发现,以上探讨主要还是停留在观念层面,是在说"应当如何理解"而没有太多触及"应当如何去做"的问题,换言之,提供了"世界观"而未给出"方法论"。在本书看来,这并非没有缘由,无论怎样从理论的角度证成财政法和税法的内在联系,真要使二者实质性地融通在一起,仍非易事,对此不妨从二者的制度逻辑切入展开剖析。

二、财政法和税法制度逻辑的异质性

税收相较于非税收入的一大特征在于其征收对象不特定,也即不能基于收入用途倒推承受负担的主体。这从根本上使得税收收入和财政支出的关联被阻绝。某种意义上讲,这或许也是将税法而非更加宽泛的财政收入法从财政法中相对抽离出来的缘由所在——非税收入和相应的财政支出存在着密切联系。进言之,在各类财政收入中单独析出税收并割裂其与财政支出的关联,也是"结果"而非"原因",狭义财政法特别是其中财政支出法的部分和税法在制度逻辑上的差异,使得割裂税收收入和支出成为必然。总体上讲,狭义财政法和税法在制度逻辑上的差异包括但不限于四个方面的内容,这些都窒碍着财政法和税法的实质性融通。

(一) 实质维度的建制原则不同

本书在第三章已对税法基本原则开展反思性探讨,特别强调量能课税而非量益课税应当成为税法建制的根本遵循,同时,税收中性也不仅具有经济含义,同样富含法治价值。狭义财政法虽已将税法部分剔除在外,但其内部同样有颇为复杂多元的体系,然而无论哪块内容,均同税法的此二建制原则相去甚远。

财政支出建立在公共需求的基础上,同量能原则的区别毋庸多言。本书第六章第二节曾述及,财政收入法由税法和非税收入法组成,非税收入法的主体是行政事业性收费法和政府性基金法。行政事业性收费的设立要遵循

---

① 刘剑文、王桦宇:《公共财产权的概念及其法治逻辑》,载《中国社会科学》2014年第8期。
② 吕铖钢:《公共财产与私有财产分离下的财税法一体化》,载《财政研究》2018年第12期。

"让使用者付费"的路径,政府性基金的设立则须满足"使受益者负担"的标准,如果考虑到"使用"也是"受益"的一种表现,则二者可统一被称为受益原则。这便同税法建制所遵循的量能原则判然有别,也正是在此意义上,该节才提出,从实质标准看,改征而来的环境保护税仍然具有环境特别公课(政府性基金)的属性。究其根源,非税收入和税收的"初心"大不相同,这是引致其建制原则差异的关键所在。税收所要满足的是公共需求,非税收入所要满足的则是准公共需求,公共需求和准公共需求的差异在于所指向的对象是全体国民还是部分国民。如果所指向的对象是全体国民,相应负担自当由其共同承担,又因为此间很难辨明各人受益大小或是使用多寡,收入和支出之间无从确立对价关系,故而依税负能力分配便成为理想选择。反之,如果所指向的对象仅仅是部分国民,则无论是基于享受利益抑或使用准公共产品的情况来分配资金筹集的负担,便都具有了可行性。

进言之,要想真正打通财政收支,组织收入时便应遵循受益原则。有学者建议将量益课税作为税负公平普适性表达时便着重指出其是"从税收量与公共物品效用的关系从而从财政的收和支上总体考虑"问题,从而在贡献与收益相当的意义上是公平的。[1] 非税收入的量和相应支出的关系大致可以辨明,这意味着,非税收入和相应的财政支出可以也应当打通考虑,相关制度亦存在整合空间,而税收和财政支出之间的关联则仍然是薄弱且抽象的,二者存在类似于"统收统支"[2]的关系,组织起来的各项税收收入不区分用途,统一编列预算加以使用,其意图正是适当割裂以税收为主体的财政收入和财政支出之间的关系。

中性原则也是狭义财政法所无法满足的。本书第三章第三节曾言,税收中性有逐渐由收入中性向支出中性延伸的趋势,这主要有两层含义:一是传统经济学理论所主张的,财政支出要在扩张与收缩之间允执厥中,力求财政收支大体平衡;二是新时代应格外强调的,财政支出要避免侵入竞争领域,人为造成市场竞争的不公平。但从根本上讲,除非"撒胡椒面",否则财政支出一定是厚此薄彼,在原初意义上便是非中性的。[3] 换言之,虽然强调财政支出也要作中性化改造,但其适用范围是受限制的,受拘束的程度也相对较弱。

---

[1] 刘水林:《论税负公平原则的普适性表述》,载《法商研究》2021年第2期。
[2] "统收统支"主要被用于描述中央和地方的财政关系,是我国过去高度集中型财政收支体制的基本特征,所指称的是一种地方层级将全部财政收入上缴中央、中央按计划拨付地方支出的财政模式。其也有被用来描述国家和企业的关系。此处正文中是在收支分离的意义上借用这一概念。
[3] 这正是许多国家或地区在预算编制和审议的过程中,各方力量常常对支出安排争议颇多的原因。

至于非税收入,其用于满足准公共需求的目的和以受益为标准的负担分配原则决定了,仅有部分市场主体需要承担相应负担,该处同样没有中性原则的作用空间。

(二) 形式维度的建制思路不同

税收法定是税法的帝王原则,虽然诚如本书前面章节所述,将其机械理解为全部税收要素必须由狭义税法规定未必合适,但总体上讲,税法领域要受到更严格的法定原则控制,则无疑问。这是由于,税收乃是对私人财产权的合法剥夺,理当受到一定控制。狭义财政法则不同,财政支出本质上属于授益行政,故一般不存在经由法定保障相对人权益的必要。非税收入的征收虽然也是对私人财产权的限制,但其牵涉面毕竟有限,立法的需求也不强烈。所以可以看到,《立法法》在第 11 条中,将税收基本制度单独列出作为法律保留事项,而对于财政基本制度,则与经济基本制度及海关、金融、外贸的基本制度等一道,共同作为一项。而且即便如此,实践中财政立法的进程也明显较税收立法更为迟缓,非税收入、财政支出的统一立法皆尚付阙如,从立法技术的角度看,前述法案也很难真正成型。

本书在第四章、第五章均有论及,所承载财政目标和调控目标的优劣序位,很大程度上决定了一项规则应受法定控制的强度。由此观之,税法规则可以说更多是以财政目标为主,这是其受法定控制更严的根本原因。反观非税收入法和财政支出法,其在调节、调控方面的色彩更加浓郁,调节、调控呼求相当程度的灵活性,这同法律所具有的保守性、稳定性特质扞格不入,由法律以外的行政法规、规章乃至规范性文件加以规定更加契合功能适当的原理。在此意义上,虽然财税法学界一直有提炼"财政法定原则"的努力①,但真正溢出税收法定而延展至非税收入法定、支出法定和监管法定仍然很难取得实质性进展。

当然,对于非税收入和财政支出适当放宽法定要求,不代表对其放松管控。非税收入也会影响相对人的权益,而在总的财政资源有限的背景下,纵然是具有授益行政特质的财政支出,也会对其他市场主体的权益造成影响——在此处支出过多,可能带来的后果是在彼处投入不足。仅仅是从功能适当的角度不适合以财政法定来对其施加控制,其他替代性机制仍应在场且要扮演更加重要的角色。本书第二章曾论及预算之于财政控权的重要意义,

---

① 参见刘剑文:《论财政法定原则——一种权力法治化的现代探索》,载《法学家》2014 年第 4 期;熊伟:《财政法基本原则论纲》,载《中国法学》2004 年第 4 期;陈治:《财政法定实质化及其实现进路》,载《西南政法大学学报》2017 年第 1 期。

且已指出预算控权的重心正在于支出维度,预算案系每年编制,且预算执行中还有预备费、预算周转金、预算调整等机制可用来应对突发事件,基本无妨于财政支出的灵活性。故此,由预算而非法律来完成对财政支出等事项的控权任务,既可欲,又可行。

(三) 偏重自然法和偏重实证法的立场分殊

有域外学者认为,税法体系内部充斥着大量的政策目标,其制度设计所依凭的正是此类政策目标,由于不存在支撑税法建制的价值、原则,故"税法不存在自然法"。① 其实从本书前面章节的论述即知,该见解并不确切。税法的规则设计要受到一定法价值的指引和塑造,本书第三章所述基本原则即扮演了这方面的角色。如果说税收法定主要是从规则生成的维度对税法建制提出要求,税收公平和税收中性则为实体规则设计指引着方向。

根据经济学理论,人的需求可分为私人需求和公共需求,税收便是为满足公共需求而产生。公共需求的不可分割属性意味着无法测度个人所需付出的"成本",在这种条件下只有通过根据税收负担能力配置税负这一方式,才可实现纳税人和国家之间以及纳税人相互间的公平。有鉴于此,本书认为量能课税诚为税法建制的结构性原则,也是衡量其规则设计妥当与否的基本标尺,一项良善的税法规则原则上应当符合量能课税的要求。量能课税并非抽象的标准,而有着具体、明确、多元的意涵,如在纵向维度要求一般仅能对财富收益而非其本体课征税款,课税也应满足"半数法则"而不得进入"课税禁区"②,而在横向维度则要求对特定指标蕴含之税负能力的绝对值和相对值,应作出准确判断。可见,从量能课税的角度出发,是存在"理想税法"一说的。

同理,将税收中性原则贯穿于税法建制,也会使税法规则趋近理想状态。鉴于税收相对市场来讲终归是外在的,为避免干扰市场配置资源决定性作用的发挥,税负的设定应当恪守中性原则。这同样提出一系列具体的要求,而且有着可感知、可操作的评价标准,很容易识别出背离中性要求从而难言理想的税法规则。比如依第三章所言,仅仅因为所有制属性而给予的税收优惠便是不可欲的。

相较之下,将"不存在自然法"之说用来描述财政法,要更为妥帖。一者,税收活动的政策性强,可除税收之外其他财政活动的政策性还要更强。

---

① 该观点出自 Flume 和 Kruse,均系德国著名的税法学家。参见陈敏:《税法总论》,新学林出版有限公司 2019 年版,第 58 页。
② 如本书第三章第一节所述,从"纳税人同意"这一核心意涵去理解税收法定,也能得出正文中的结论,这反映出税法原则之间的内在关联,也强化了"税法是受到法价值指引和约束的"这一论点的合理性。

以财政支出为例,其常常要因时因地制宜地调整支出内容和力度,以发挥调节、调控等功能。① 在此意义上,并不存在先验的"正确"的财政支出方案或者计划。二者,对狭义的财政活动来讲,也缺乏一以贯之且具有高度共识的评价标准。比如,经济形势不景气时多会有针锋相对的两种观点,一种认为由于财政收入下滑,需要相应缩减财政支出,另一种则认为应当扩张财政支出以刺激经济。与之相关,有人会特别强调财政纪律的重要性,认为公债诱致代际不公平,应当受到严格控制,而有人则会认为公债是正常且必要的经济现象。可见,对于"怎样的财政制度是功能适当的""怎样的财政制度是好的"这一类问题的答案常常是因人而异。追根溯源,出现该状况是因为判断一项财政制度安排的合理性,本质上是在对其作经济评价,经济学的实质是对未来的预测,不同人的预测往往存在差异,预测正确与否又只能在事后方可知晓,且由于特定结果的发生是受多方面因素共同作用的结果,客观意义上的预测准确未必就意味着预测者主观上掌握了更优的方法或工具,这次预测正确也不代表下次还能如此。这样一来,狭义的财政制度缺乏先验的、(至少是)基本正确的衡量标准,故而通常只能是实证的。

(四) 法律规制的重心不同

这一点区别和前述第三点差异密切相关,系由之引申而来。概言之,因为税法体系需要受到法价值的指引,所以要对税收征纳活动实施更为全面的法律规制,而且须特别重视实体规则设计的正当性。反之,由于财政法缺乏可供评判制度合理性的工具,对财政活动的法律规制便只能停留在较浅层次,也即程序控制的维度上。

学界普遍存在一种认知,即财税法是财税政策的法律化。这里面其实有两层含义:一是税法与税收政策联系颇紧;二是财政法与财政政策过从甚密。前文曾述及,财政活动的政策性较之税收更为突出,由此很容易认为财政法与政策的联系要比税法更加紧密。然而,该见解同客观的财税立法实践存在较大出入。不难发现,实体税法中有些规则就是将税收政策予以法律化,这尤为明显地表现在税收优惠等事项上,反倒是财政法规则体现出较强的抽象特质,基本不会触及微观的政策性议题。其实这一现象很好理解:法律规则是抽象、概括和提炼后的产物,因而具有"最大公约数"的属性②,正因为财政

---

① 作为例证,为应对新冠肺炎疫情,包括我国在内的世界各国虽有综合采取财政、税收等各类手段来支持抗击疫情并刺激经济重振,但财政政策在其中扮演的角色要比税收政策更为突出。
② 这里的"最大公约数"有两层含义:一层是指在不同时空条件下,该规则都应该能适用;另一层则是指不同人对其评价应当大体都是正面的,至少也是可以接受的。

法调整对象的政策性太过强烈,对一项财政政策又时常出现正反两极的评价,故而不易在法律层面加以规定,税收政策虽然也具有以上特征,但其在程度上要轻不少,况且税法本身又有内在的价值体系,所以其得以将更多的政策内容纳入法律体系中。

由此出发,税法对税收征纳活动的规制是全方位的,兼顾实体和程序两个方面,而财政法对非税收入征纳、财政支出和财政管理过程的规制则主要限定在程序维度,因为只有在限定到如此之小的程度后才具有了起码的共识——财政活动要遵循正当程序等原则乃是各方争议较小或无争议的。实际上,当今各主要国家也确实是在法律中对税收征纳施以更加全面的规制,而狭义的财政法则更多是关于程序性事项的规定。为了说明该点,接下来对日本、德国和美国的制度实践略加考察。

就日本而言,其学界普遍将税法视为财政权力法,也即以权力强制命令人民的法律,而将狭义财政法视为财政管理法,此即管理国家财政权力的法律。① 从这一定性出发,一般认为前者需接受最严格的法律保留限制,而后者受到的限制相对较轻。② 从法律文本的具体内容来看③,日本税法从实体与程序两个维度规制税收,如日本《国税通则法》既规定了纳税义务的继承、纳税义务的成立时点等实体问题,又涉及纳税申报、退税、行政复议等征纳程序。相形之下,日本《财政法》被视为"与课税关系法无涉的财政管理性法规"④,该法共分为"财政总则""会计区分""预算""决算""杂项"五章,除极少数条文(如第9条第2款⑤)涉及实体内容外,其余条文均属于程序性规范。

就德国而言,需要说明的是,虽然Finanzgesetz一词的广义意涵约等于本章所称的广义财政法,但其狭义意涵为以税法为核心的财政收入法,与本章所称的狭义财政法(剔除财政收入法后以财政支出法为主干的部分)相对应的德语词是Haushaltsrecht。⑥ 狭义Finanzgesetz直接关涉国民的实体性权利义务,而Haushaltsrecht被视为"行政系统内部的统制手段之一",其仅属于程序性规范且很少与国民的权利义务发生交集。⑦ 从立法内容来看,德国《租税通则》的第一章"总则"和第二章"税收债法"涉及纳税主体界定和税收债

---

① 大脇成昭:《「財政」と「予算」の概念に関する一考察》,载《熊本法学》第113号,第85页。
② 廖钦福:《财政法概念之构筑——以日本法为对象的考察》,载《厦门大学法律评论》第10辑。
③ 一国的财政收入法与财政支出法往往由多部法律构成,受章节篇幅所限,难以完整描绘,故本章仅选取典型的法律以作说明。
④ 大脇成昭:《「財政」と「予算」の概念に関する一考察》,载《熊本法学》第113号。
⑤ "根据国家享受财产所有权的目的,管理国家财产时必须使之在通常情况下处于良好状态,并以最高效的方式予以使用。"
⑥ 大脇成昭:《「財政」と「予算」の概念に関する一考察》,载《熊本法学》第113号,第71—78页。
⑦ 同上书,第78—80页。

务关系的成立、消灭等实体内容,第三章至第八章则为程序性规范,涉及稽征、强制执行、救济等事项。① 综合起来,其兼顾对实体和程序问题的规制。而德国《联邦预算法》则类似于日本《财政法》,仅有少数条文规定了预算之编制与执行应遵循经济性与节约性等实体内容②,而且严格来讲这些内容的指向并不明晰,也缺乏关于法律后果的规定,所以更多是宣示性的。该法的其余条文涉及预算的提出、通过、执行和审计等程序性事项③,显然是将程序控制作为整部法律的重心。

就美国而言,其最具代表性的税收法律无疑是《国内收入法典》,该法典共分为十一编,呈现出"各实体税种法——税收组织法和程序法——非税收法律"的结构,其中,实体税法有五编,程序税法有两编,非税收法律虽有四编,但只占十分之一左右的篇幅④,可见税法对税收征纳活动的规制是全方位的。美国没有单独的、发挥基础性作用的财政法或预算法⑤,其财政法律由一系列法案组成,如 1870 年的《反超支法》、1921 年的《预算与审计法》、1974 年的《国会预算和截留控制法》、1985 年的《平衡预算和赤字控制法》等,⑥这些法案的内容基本上都属于程序性规范,以至于有学者提出,"美国联邦预算的演变历史也是这两大部门(立法部门和行政部门)对'钱袋子'控制权的争夺史,两大部门斗争的主要武器就是制定预算的规则和程序,把对自己有利的规则和程序强加于另一方"。⑦ 这一评价其实也反映出,以程序为中心的法律规制,同样可以达致权力制衡的目标,就此而言,偏重实体规制和偏重程序规制的两条路径,在功能意义上未必不能殊途同归。

三、统一的税收概念在何种意义上具有制度价值

诚如前述,学者们将财政法和税法的整合建立在统一税收概念的基础上,但囿于财政法和税法在制度逻辑上的多方面异质性,财政法和税法的实质性整合又殊为不易。那么不禁引人思考的问题是,统一的税收概念究竟在

---

① 刘剑文、汤洁茵:《试析〈德国税法通则〉对我国当前立法的借鉴意义》,载《河北法学》2007 年第 4 期。
② 陈清秀:《预算法之基本原理之探讨》,载《交大法学》2012 年第 1 期。
③ Federal Budget Code, https://www.bundesfinanzministerium.de/Content/EN/Standardartikel/Ministry/Laws/1969-08-19-federal-budget-code.pdf?__blob=publicationFile&v=4, 2021-06-05 last visited; OECD, "Budget Review: Germany", 14 (2) *OECD Journal on Budgeting* 13 (2015).
④ 李景杰:《〈美国联邦税法典〉对中国税收立法的借鉴意义》,载《太原大学学报》2011 年第 3 期。
⑤ 杨华柏:《美国的预算法律制度》,载《中外法学》1994 年第 5 期。
⑥ 美国预算法律制度考察团:《美国预算法律制度的特点及其启示》,载《中国财政》2011 年第 16 期。
⑦ 肖鹏:《美国联邦预算管理法律体系演变与启示》,载《财贸研究》2009 年第 6 期。

何种意义上具有优化制度实践的功用,或者说,财税法在哪些领域可能且应该依循一体化的思维方式?总体上应当认为,统一税收概念的价值主要存在于抽象的观念层面,但其也确实为特定的财政法和税法建制提供了一种融通性视角,若能注意到这一点并作出有效回应,制度设计的合理性将得以提升。

(一)从财政收支的关联性考量地方税种的择取

本书第四章和第五章均有建议在类型化基础上赋予地方层级更多的税权,这主要指向地方税。党的十九大和十九届五中全会都将健全地方税作为完善现代税收制度的重要任务,潜台词是现有地方税种数量偏少,地方主体税种也在"营改增"完成后的五年来处于缺位状态。我国近些年推动的政府间财政体制改革整体遵循"划分财政事权—划分财权—完善财政转移支付以弥补财力缺口"的进路。其中,在各级政府间划分财政事权主要依据外部性、激励相容和信息复杂性这三项标准。划分财权的核心是划分税权,最受瞩目的是对税收收益权的划分,基本上是按照税种的经济属性进行①,通常考虑的是税基流动性、税基分布广泛性、税负转嫁的难易程度等因素。不难发现,考量财政事权和税权划分时,是将财政收支割裂开的,其可能存在如下方面的问题。

在宏观层面,就一级政府来观察,容易产生较为明显的收支非均衡现象,比如我国在 1994 年分税制财政体制改革以来便在较长一段时间存在财政收支倒挂的情形,也即中央政府财政收入占比高②,本级财政支出相对较少,地方政府尤其是基层政府的财政支出较多,固有财政收入却比较少,从而不得不高度依赖上级政府的转移支付。这一状况并非完全不合理,甚至某种程度上讲是符合决策者意图的——我国顶层设计在 2007 年以前将政府间财政关系的理想格局表述为"财权和事权相统一",在 2007 年的十七大报告中则调整为"财力与事权相匹配",考虑到财力系由固有财力和转移支付共同构成,显而易见决策者希望让转移支付在地方财力中扮演更为重要角色的意图。

---

① 根据《国务院关于实行分税制财政管理体制的决定》(国发〔1993〕85 号),适合作为中央税的被认为是维护国家权益、实施宏观调控所必需的税种,适合作为共享税的被认为是同经济发展直接相关的主要税种,适合作为地方税的被认为是适合地方征管的税种。
② "分税制"改革初期,中央财政收入占整个财政收入的比重达到 55%,近年来则维持在 50% 左右。通常认为,考虑到地方政府有多个级次,同一层级也有很多不同的地方政府,所以中央政府和全部地方政府各自分享大致相当的财政收入,意味着前者的财政收入占比是比较高的。但也有观点认为,无论是成熟市场经济国家还是发展中国家,其中央财政收入占比一般均超过 60%,以此来衡量,我国中央政府的财政收入占比还不够高,只是由于其承担支出责任还不够,故而反过来显得收入占比偏高。参见楼继伟:《中国政府间财政关系再思考》,中国财政经济出版社 2013 年版,第 290 页。

然而,从各级政府都应当是责任政府的角度出发,一级政府的固有收入占支出数额的比重过低,终非善事。如果从涵盖财政收支的统一税收概念出发则可以认为,既然一定数额的支出被用于特定区域,那么这些支出所对应的财政收入自然也应由该区域的居民贡献。就事理应然而言,应当是各地居民纳税人贡献的财政收入相当一部分被用于本区域的公共事务,超出部分则用于更大区域乃至全国范围内的公共事务,而非反过来,本区域的地方性事务主要由其他区域纳税人贡献的财力来负担。

在微观层面,税种的经济属性有很多方面,从不同角度切入观察可能对该税种收入的应然归属形成不一样的见解。但与此同时,仅从经济属性的角度考虑问题也有失片面。本书前面的章节已经指出,财政被界定为国家治理的基础和重要支柱,意味着不能单纯从经济角度去考量财政税收问题。[①] 相应地,讨论税权配置特别是择取地方税种时,也应当将"有利于地方治理"作为重要的衡量标准,这同样要求一定程度上将支出维度的相关问题纳入考虑范围。

在观念的层面将财政收支打通考虑,以此作为择取地方税种时的思考方向,一定程度上有助于解决前文提到的宏观和微观层面的诸多问题。具体来讲,在分析某一税种的收入应归属于哪级政府时,要注重考察相关财政收支是否存在两种类型的关联性之一。一是地方政府的财政支出是否对税基的形成和相应收入的获取有所贡献,如果答案为肯定,则将相关收入划归地方更为合理。比如正在研议中的房地产税,其拟基于房屋评估价值对保有环节的房地产征收。房屋评估价值的增加在相当程度上是获益于地方政府提供的公共产品和公共服务,如开通地铁线路、修建公园、引入优质教育资源等。在这种情况下,将房地产税收入划归地方政府特别是其中基层政府,无疑是合理的。而且反向思考,该做法也能如同本书第二章第一节最后所阐述的,激发地方政府改善公共产品供给的动力,由此也再次得见将财政收支作关联考虑的积极效应。二是考察相关收入的形成会否引致地方政府事后的财政支出,若是,那么地方政府掌握相关收入也属应当。比如环境保护税是对排污行为征收,排污行为首先损害的是地方的环境容量,事后当地政府也须投入财力进行治理,故应当由其掌握环境保护税的收入。类似者又如消费税,其税目中有相当一部分属于消费后对生态环境造成破坏的产品,此时地方政

[①] 诚如有学者所指出的,"基础和支柱说"牵动了包括财政概念、财政职能、财税体制性质、财政学科属性、财政基础理论体系、财税体制改革方向等一系列变化。高培勇:《"基础和支柱说":演化脉络与前行态势——兼论现代财税体制的理论源流》,载《财贸经济》2021年第4期。

府要通过投入财力进行治理。过去消费税统一在生产环节征收,而且全部作为中央税,这便是一种典型的割裂财政收支考虑问题的做法。国务院在2019年印发的《实施更大规模减税降费后调整中央与地方收入划分改革推进方案》(国发〔2019〕21号)中要求后移消费税征收环节并稳步下划地方,2020年《中共中央、国务院关于新时代加快完善社会主义市场经济体制的意见》也明确提出要"研究将部分品目消费税征收环节后移"。应当说,这是一种适当考量财政收支关联性并且遵循系统思维的正确做法。如果不后移征税环节而只是单纯地下划消费税收入,还是未体现消费税收入和地方治理支出的关联性——因为对多数税目来讲,生产环节并不存在污染,故不产生相应的治理需求。

(二)从财政支出的地方性推导地方税立法权的适当下划

地方税的收入全部由地方政府支配,具体来讲是在各级地方人大审议通过的预算范围内,根据生效预算载明的方向和额度支出,这体现人大作为权力机关的法律地位。

进言之,本书第三章第一节已有述及,地方人大也属于权力机关的范畴,只是其权力的覆盖范围有区域限制。如果从统一的税收概念出发,便能推导出其本应一体决定地方性收入的获取,并运用该收入安排相应的支出,这也是责任政府的题中应有之义。现在的状况是,地方人大虽在审议预算案时也会看到收入,但有拘束力的审查仅限于支出议题,这合乎税收法定原则和"预算控权重心在支出维度"的法理,可作为权力机关的地方人大无从决定地方税开征、停征的境况仍应得到改变。故此,统一税收概念可以为赋予地方层级在地方税议题上更大的税收立法权,提供一条解释路径。至于具体如何向地方赋权,本书第三章第一节和第四章第一节从不同角度已作阐发,此处不赘述。

与此相关联,共享税的收入也有一部分被用于地方事业,甚至在当前地方主体税种缺位的语境下,增值税这一共享税收入中划归地方的部分成为许多地方固有收入的主要来源。遵循上述路径,似乎也能导出地方层级在共享税的制度设计中应享有一定决定权的结论。但其主要收入毕竟归属于中央层级,而且共享税在当前我国税制结构中也居于绝对的主导地位[1],故由中央层级掌握大部分规则制定权,地方层级在统一立法的条件下适当分享若干权限,尤其是出台或具体确定税收优惠方面的权限,是较为合理的选择。以

---

[1] 有学者据此将我国的税制结构称为"共享型分税制"。参见张守文:《论"共享型分税制"及其法律改进》,载《税务研究》2004年第1期。

此观之,现行《个人所得税法》等税种法在这方面的处置是较为妥当的。①

(三) 基于以支定收的思路确定财政收入的妥适规模

本书第二章第二节曾简略提及,现代国家应当遵循"以支定收"的理财思路,从根本上讲,这是由统一税收概念所推导出的。国家根据支出的需要来筹集以税收为主体的财政收入,故而在支出目的正当的条件下,财政收入的规模是存在一个大致合理区间的,最轻的税收还真不大可能是最好的税收。② 就此而言,包括但不限于税法在内的财政收入法在设定负担时要受其指引和约束。诚然,量能课税是税法建制的基本遵循,特别是其在纵向维度要求国家征税只能针对具有税负能力的所得、财产和消费进行,但即便如此,税收负担的设定还是有一个较大的弹性空间,最终如何确定仍须兼顾考虑支出需求。所以,在推进税收立法和税制改革之时,应当对该特定时空条件下的财政需求和相关举措对于财政需求得到满足程度的影响,都有足够关切并作出适当回应。比如,在一国财政支出需求旺盛而财力又不敷需要时,减税改革即应慎重,在总体上应遵循结构性减税的路径。否则,即便孤立地看通过一项改革举措减轻了纳税人负担,可从整体看,别处财政负担的增加很可能使纳税人的境况较之先前更加不利。③ 需要注意的是,在现代经济条件下,以支定收并非绝对以收支平衡为标尺,凯恩斯主义认为,仅在充分就业也即经济既不过热也不过冷时,财政收支才应该保持平衡。④ 当经济过热时,支出多于收入从而预算有一定赤字是理想状态,反之,当经济过冷时,支出少于收入从而预算有所盈余更为可取。无论如何,在估定支出规模的基础上,根据客观需要⑤确定收入的理想规模,有其必要性。

---

① 现行《个人所得税法》在第 5 条设计了减征规则,其第一款枚举了两类典型的可减征事由,但是否减征以及具体幅度和期限的决定权主要在于省级单位,也即由省级人民政府规定后报同级人大常委会备案。
② 有经济学者提炼了财政分配的"三元悖论",揭示了减税、增加福利支出和控制债务及赤字水平三个看似均值得追求的目标,实际上无法同时达致。这可从侧面印证正文所述观点。参见贾康、梁季、刘薇、孙维:《大国税改:中国如何应对美国减税》,中信出版集团 2018 年版。
③ 中国历史上著名思想家黄宗羲曾就历代税制发表评论,认为其存在三大弊害,为首的便是"积累莫返"。其特别观察到,每次合并税种的改革虽在一开始减轻百姓的负担,但最终往往会诱发新的"杂派",导致税收负担反较改革前更重。秦晖:《并税式改革与"黄宗羲定律"》,载《农村合作经济经营管理》2002 年第 3 期。深究之,其根源或许就在于不考虑财政支出需求的减税改革,终会因支出需求的刚性(不论该处支出需求本身是否完全合理正当)而诱致其他形式财政负担的增加。
④ 〔美〕哈罗德·M. 格罗夫斯:《税收哲人:英美税收思想史二百年》,刘守刚、刘雪梅译,上海财经大学出版社 2018 年版,第 170 页。
⑤ 该处的客观需要既可能是纯粹由支出压力所决定,也可能考虑到经济调节的需求。

在肯定以支定收的制度价值后即不难认识到,设计和调整税法规则时可以适当开展规划工作。有税法学者倡言必须开展"税制的规划"这一工作,这主要是指参考经济社会发展程度以确定税收收入占国民收入的比重,进而再结合经济社会的特征以确定各税种及税目的贡献度。① 借鉴该方案,也可以从以支定收的角度来适当规划税制。概言之,其有至少两个层次的内涵。在第一层次,整体把握财政支出的需求,相应确定税收收入应达到的规模。在第二层次,依托本国在经济、社会等方面的特质,进一步对不同税种和税目应当筹得的收入有所考量,比如,若是在特定时期对于地方治理有更强烈的资金需求,便可以适当地考虑在地方税的部分提高税率、扩充税基,若是需要在全国层面集中财力兴办重大事业,或者是要立基于区域发展不平衡的现实而强力推进基本公共服务均等化,则中央税和共享税领域的"增税"改革可能成为备选方案。由此可见,以支定收的思路对于在量能课税的射程范围内具体确定税负水平,进而指引税法制度的设计和调整,确有助益。

(四) 基于收支一体的观念改善财政支出的结构

如果说前三点彰显统一税收概念对税法建制的指引作用,此处着意考察的便是其对狭义财政法制度设计的影响。收支一体的观念为改进财政支出的结构,指引了若干方向。

一方面,既然纳税人贡献的税收收入是财政资金的主要来源,那么很自然的,财政资金的用途也要是纳税人所乐见的。前些年讨论颇热的"民生财政"②,其固然有很多方面的含义不能被简单等同于"增加民生领域的支出、加大民生支出的比例"③,但服务于改善民生诚为其必然的价值取向。所谓税收"取之于民,用之于民",便有着观念层面的收支一体之意蕴。

另一方面,财政支出也要担负培育税源的角色。学术界通常较为重视税法在涵养税源方面的功用,并认为其主要通过管控征税权力,使税收"取之有度"的方式得以实现。但实际上,这主要是消极性的面向,与之相较,财政支出更具有积极培育税源的功用。比如,现代国家的税收收入较多是在市场交易中获取,国家通过财政支出改善市场的硬件、软件设施,并为市场配置资源决定性作用的发挥保驾护航,便可预期借此获得更为充沛的收入,从而实

---

① 参见黄茂荣:《法学方法与现代税法》,北京大学出版社2011年版,第113—114页。
② 相关学理讨论可以参见刘尚希:《论民生财政》,载《财政研究》2008年第8期;张馨:《论民生财政》,载《财政研究》2009年第1期;陈治:《论民生财政的实践模式、路径选择与法治保障》,载《法商研究》2013年第6期。
③ 陈治:《构建民生财政的法律思考》,载《上海财经大学学报》2011年第2期。

现财政收支的良性互动。于是,财政支出即应当是市场导向的,[①]而应当避免从事会扰乱市场配置资源的过程,诱致市场萎缩甚至消失,乃至取代市场的支出行为。

从以上论述中不难发现,统一税收概念的建制价值基本都是抽象的、指引性的。其无法提供理想制度的具体方案,而只是勾勒出一个大致的方向。在此意义上,基本可以得出的判断是,统一税收概念无法实质性地将财政法和税法耦合在一起,但可以在一定程度上助力二者分别改进自身的制度设计,进而促推二者在某些方面相向而行。

四、小　　结

诚如众多学者已观察到的,将财政法和税法打通研究是我国财税法学界的一大贡献。但客观地讲,财税一体在很大程度上还停留在形式层面,真正涉及具体问题时,财政法和税法之间的隔阂依旧存在。为在实质层面使财政法和税法结合成具有内在逻辑体系的整体,学界从北野弘久统一税收概念的主张获得灵感,借此将税法和财政法分别概括为征税之法和用税之法,试图打通二者的联系。然而不难发现,财政法和税法的实质联系仍然薄弱,这究其根源是因为二者在实体维度的建制原则、形式维度的建制思路、偏重自然法还是实证法、法律规制重心等方面有较大差异,致使呈现出来的制度逻辑具有异质性。事实上,统一的税收概念无法导出方法论层面的具体结论,但还是有助于在抽象的观念层面将财政收支贯通起来,进而获得比割裂收支考虑问题时更加开阔的视野,譬如对于择取地方税种、配置地方税收立法权、改进财政支出结构乃至合理确定财政收入的规模等问题,统一税收概念都具有一定的制度指引价值。

第二节　税法与其他法体系的关联及其反思

诚如本章第一节所揭示的,税法与财政法在建制原则、建制思路、价值立场与规制重心四方面存在显著差异,这决定了一体化的"财税法"更多是理论层面的构想,其制度价值主要体现在抽象的观念层面。相比之下,税法与环境法、网络法等其他领域法看似泾渭分明,但相互之间在制度功能层面存在着不易被察觉的互动关系,学界对此尚未有系统阐发。欲真正理解此种互动关系,需要引入一种比较性的视角,先行观察税法与传统部门法的法际关

---

① 比如采取一系列优化营商环境的举措,典型者如建立市场友好型的法律体系并通过严格执法和公正司法保障其高效实施。

联结构。本节经过对比发现,税法与传统部门法的关联更多围绕如何构建统一法秩序展开,这是一种规范中心主义的视角,而税法与其他领域法的互动则围绕如何实现治理功能的有机协调展开,这是一种功能中心主义的视角。对于税法与其他领域法之间的功能中心主义互动结构应作何种评价,是本节将重点阐发的内容。

一、秩序建构:税法与传统部门法的法际关联

与领域法相比,部门法是历史更为悠久且相对成熟的法律分类模式,我国的法律体系和法学学科体系基本是依据部门法模式构建的。鉴于此,财税法学界在理解税法于法律制度体系中的定位时,往往会先入为主地引进部门法的视角,关注税法与行政法、民法的关系等问题。① 税法与传统部门法之间的法际关联和税法与其他领域法之间的互动关系呈现出非常不同的构造,欲理解这种差异,便有必要明晰比较的基点,下文将在厘清税法与传统部门法重要关联节点的基础上,阐明关联节点的发生机理。

(一) 税法与传统部门法的重要关联节点

制度文本比较是把握法际关联节点的常用方法,但其具有难操作性和局限性。现代社会是法治社会,法律积极、广泛地介入纷繁复杂的社会生活,为社会运行制定基本的行为规则和分配规则。社会生活的复杂性决定了无论是税法还是传统部门法都会形成数量庞大的规范群,以税法为例,12 部税收法律、65 件国务院制定的税收行政法规及规范性文件和 3877 件财税主管部门制定的税收部委规章及规范性文件构成了我国的税收法律体系。② 法典化被视为提高信息密度进而化约规范数量的良方③,但除民法外,其他法律的法典化"仍在路上",且法典化的化约作用亦有其限度。规范数量的庞大性决定了难以通过简单的制度文本比较来提炼税法与传统部门法的关联节点,即使能够提炼,平面化的梳理也难以直观呈现二者间的关联结构。

为破解这一难题,有必要引入一种主体性视角。④ 考虑到法学是一门以现实世界为研究对象的学问,法学研究的目的也常常是指引和改进制度实践,所以通过梳理学者的研究重心,可侧面察知税法与传统部门法的制度关联节点。受部门法学范式影响,多数法学学者将研究范围局限在特定部门

---

① 参见陈清秀:《税法总论》,法律出版社 2019 年版,第 5—9 页。
② 刘剑文、赵菁:《高质量立法导向下的税收法定重申》,载《法学杂志》2021 年第 8 期。
③ 蒋悟真:《税法典制定的时机、难点与路径》,载《法学杂志》2023 年第 1 期。
④ 此处采用"主体性视角"这一表述,是为了强调下文对关联节点的提炼是以学界、学者这一特定主体的观察而非以对客观制度文本的考察为基础。

法,仅关注本部门法共同体关注的学术议题。以受部门法学研究范式影响最深的民法学为例,有学者在梳理 2001—2020 年间发表于某法学核心期刊上的民法学论文的引证文献后指出,法学学科的文献占 86.96%,其中有 80.51% 的文献源自民法学,10.30% 的文献源自法理学,源自其他部门法的文献则寥寥无几。① 由于研究视域窄化,法际关联只有在表现出显著的协调或拒斥效应时才会受到关注,但这同时也意味着,法际关联结构在此种情形下会呈现得更为明显。故此,不妨遵循"解剖麻雀"的思路,梳理重要关联节点以把握税法与传统部门法的关联脉络。一般认为,税法特别是其中的税收征管法部分具有浓郁的程序法特质,故而其与行政法、诉讼法存在较为密切的联络;税收实体法受债务关系说的影响,且税法在认定课税事实时多参酌民法意见,因而甚至有"税法为民法的特别法"之见解,由此可知税法与民法的互动也颇多;此外,处罚规则亦是税法的重要组成部分,作为规定最严厉处罚手段的部门法,刑法与税法因而也不免发生关联。② 鉴于此,接下来即以现实发生的制度互动为线索,参酌近十年,尤其是近五年来发表的研究成果,着重考察税法与行政法、诉讼法、民法和刑法的法际关联。

就税法与行政法的制度关联而言,近十年来,税法和行政法领域频频出现修法活动或是动议,致使税法与行政法之间产生若干制度关联。这种制度关联的紧密性和基本特征,从学界的关注点即可见一斑。整体把握,即如何构建以行政法为一般法、以税法为特别法的融贯一致的规范体系,如何在规范体系不甚协调的前提下使其运行相对顺畅,是制度设计和运行的关键,也是学界研究的重心所在,这具体又可分为两方面主题:一是特殊类型的税收行政行为在行政法上应如何定性;二是行政法制度应如何具体适用于税法领域。

对于前一主题,税收征管虽是行政程序之一种,但从自身的特殊性出发,仍有不少相对独特的制度安排,若是置身一般行政法的语境下,该如何把握和认定基于这些制度安排作出的税收行政行为,并非容易回答的问题。税收行政行为的"特殊",可能是因为其缺乏明确而直接的一般行政法规范作为参照,税收事先裁定便是如此。原国务院法制办在 2015 年公布《税收征收管理法修订草案(征求意见稿)》,拟引入税收事先裁定,该法的修改工作虽在其后八年间未有实质推进,但税务系统的税收事先裁定实践却一直在探索前进之中。中共中央办公厅、国务院办公厅在 2021 年印发的《关于进一步深化

---

① 高毅、刘争元:《从引证情况透析中国的民法学研究》,载《西南石油大学学报(社会科学版)》2022 年第 2 期。
② 参见〔日〕金子宏:《日本税法》,战宪斌、郑林根等译,法律出版社 2004 年版,第 27—29 页。

税收征管改革的意见》中也强调要建立、健全税收事先裁定制度。学界也关注到这一制度进程，并且有意识地从该制度在行政法上应如何定性的角度展开讨论，主流观点认为其是"一项以税法解释为中心的个性化纳税服务"①，也有观点认为税收事先裁定既包含"契约性的税收安排，又有行政指导权力的行使，也有公共行政服务的特征"，应将之定性为准行政行为。② 税收行政行为的"特殊"还可能表现在，一项制度在税法层面早已有之，一般性的行政法规则制定较晚，且在其出台后，旧的税法规则与新的行政法规则关于该行为的规定差异立即呈现出来。这方面至为典型的例子是税收滞纳金，《税收征管法》第 32 条与《行政强制法》第 45 条在滞纳金议题上产生规则竞合，二者在加算起点、应否向相对人告知加征标准、滞纳金能否超过本金等三方面规定不同，前二者尚可基于特别法优于一般法的法理进行处理，唯因《税收征管法》第 32 条本身未阐明滞纳金可超过滞纳税款的金额，以致呈现"一般法认为不能超过、特别法未置一词"的状况，税务机关又倾向于认为税收滞纳金和行政法上的滞纳金并非一个事物，争议由此产生。司法机关对此议题的立场颇不一致，这也进一步凸显了问题的复杂性和妥善处理的必要性。③

对于后一主题，2021 年修改的《行政处罚法》引入了"首违不罚"制度、行政裁量基准制度和主观过错条款，并修订了"一事不二罚"条款，如何以《行政处罚法》的规定为基础，依循税法自身特质构造具体的税法"首违不罚"制度和行政裁量基准制度④，优化税法主观过错条款和"一事不二罚"条款的适用⑤，成为制度实践和理论研究都须关注的议题。此外，一般性的行政法法理也应融入具体的税收征管实践，这在可操作性层面相对更难，因而也更值得在理论上廓清思路。比如，税法上的委托代征制度因过度偏重效率原则而导致纳税人合法权益受侵犯，由于其属于行政委托之一种，行政法上的"被委任者不得再委任"原则可以作为约束效率原则的制度资源。⑥

就税法与诉讼法的制度关联而言，由于诉讼法上的一般性规定适用于税法场域时频频出现不当情事，如何根据税法自身特质调适诉讼法上的一般性

---

① 朱大旗、姜姿含：《税收事先裁定制度的理论基础与本土构建》，载《法学家》2016 年第 6 期。
② 黄家强：《税务事先裁定制度的性质判定与效力审思》，载《税务与经济》2018 年第 2 期。
③ 参见李刚：《税收滞纳金与执行滞纳金的关系辨析——经由司法类案的实证观察》，载《税务研究》2022 年第 9 期。
④ 参见周优、刘琦：《税务执法"首违不罚"的法理阐释与制度完善》，载《税务研究》2021 年第 9 期；朱丘祥、陈心怡：《税务"首违不罚"清单的适用条件及其限度》，载《财政科学》2022 年第 5 期；张馨予：《税务裁量基准的情节、格次化与适用技术——以区域基准文本为分析对象》，载《北大法律评论》第 22 卷第 1 期，北京大学出版社 2021 年版。
⑤ 参见陈阵香、韩欣雨：《论主观过错条款在税务行政处罚中的适用》，载《税务研究》2021 年第 10 期；侯卓：《论"一事不二罚"在税收征管中的适用》，载《税务研究》2022 年第 6 期。
⑥ 欧阳天健：《论税法中的委托代征问题》，载《东南学术》2019 年第 3 期。

程序规定成为重要的关联性制度问题。诉讼法的规则当然是针对诉讼环节设置,除税务诉讼的场域外,一般不存在直接适用诉讼法规则的问题。然而,如果拓宽视野,不难发现许多诉讼法制度乃至原理,隐然已有超越狭义诉讼场域而在其他程序中适用的趋势,正是在此意义上,税法和诉讼法在程序机制的许多方面产生关联。此间,税法自身特质应当被给予高度关注。所谓税法的自身特质,一方面指税法应当坚持的价值立场如纳税人权利保护等,另一方面也是指税法的部分制度具有特殊性,看似与其他法体系共享相同的范畴,但实际上颇为不同。就前者而言,举证责任是诉讼法上最为重要的制度之一,由于税收核定条款和反避税条款在适用过程中出现纳税人举证责任过重、致使其权利受贬损的情形,如何厘清权利义务与举证责任的区别、在此基础上合理设置税收核定与反避税场域中的举证责任规则成为实务界关注的焦点,又因其具有较强的理论性,学界的参与便也不可或缺。① 就后者而言,责任折抵是旨在化解法际竞合、避免一事二罚的重要诉讼法制度,由于税收滞纳金的惩罚性经常被忽视,税收行政责任与税收刑事责任在折抵过程中可能会出现评价不周延的情形,如何在准确界定责任属性的基础上构建全面的税收行政责任与税收刑事责任的折抵规则,诚为重要的制度问题。②

就税法与民法的制度关联而言,我国于2020年正式颁布《民法典》,民法被认为已形成较为稳定、成熟的规范体系,与此同时,税法典的编纂尤其是税法总则的制定也提上日程③,两类规范群不免要在宏观、中观乃至微观层面发生更多制度关联,此种关联围绕如何构建以民法为前置法、以税法为后置法的规范体系而展开,大体上可分为三个方面:其一,税法应如何看待民法对事实的评价结果,这是理解税法与民法的差异与关联的根本性问题;其二,税法应如何处理与民法规定相左的规范,以构建一个无矛盾的规范体系;其三,税法应如何借鉴民法上相关的成熟制度,这是促进税法体系完备化、削弱税法与民法隔阂的重要步骤。就第一个方面而言,各界共识是税法应以尊重民法评价为原则、以否认民法评价为例外④,但由于实践中频频出现司法机关突破民法规定而承认税法特殊性的案例(如德发案、刘玉秀案、陈建伟案),如何认识税法的特殊性或曰规范保护目的便成为平衡税法与民法关系

---

① 相关成果较多,代表性成果可以参见汤洁茵、肖明禹:《反避税调查程序中的税收核定:质疑与反思——以企业所得税为核心的探讨》,载《当代法学》2018年第4期;侯卓、吴东蔚:《税收筹划权的理论建构及其实现路径》,载《东北师大学报(哲学社会科学版)》2020年第4期;侯卓:《计税依据明显偏低的正当理由及举证责任》,载《政法论坛》2023年第3期。
② 王东方、陈虹:《税收刑行交叉案件中的"折抵"问题研究》,载岳彩申、盛学军主编:《经济法论坛》第24卷,法律出版社2020年版。
③ 本书第五章第三节对此已有较多阐述。
④ 参见杨小强:《论民法典与税法的关系及协调》,载《政法论丛》2020年第4期;熊伟、刘珊:《协调与衔接:〈民法典〉实施对税法的影响》,载《税务研究》2021年第1期;王霞:《民事行为税务定性中的"形式"与"实质"》,载《山西大学学报(哲学社会科学版)》2022年第1期。

的重要节点。就第二个方面而言,民法的法典化进程致使民法体系与条文内容均发生重大变化,税法中与民法相关的大量条文也因而显得不敷需要,为避免规范冲突,应及时更新税法中关于民法规范的条文表述,在准用性条款中将已被废止的《合同法》等旧法调整为《民法典》各编,对于民法概念也应作适度修正,以尽量与民法上的理解保持一致。① 就第三个方面而言,税法的"公法之债"属性是其与民法发生制度关联的重要原因②,税法能在多大程度上借鉴民法制度以完善税法自身体系,便成为重要的制度关联问题。此类问题以相关实践争议为背景,但由于其更具开放性与建构性,各界对此也关注颇多,税法能否、又应当如何借鉴民法上的重大误解③、纳税担保④、纳税义务消灭⑤、第三人代为清偿⑥等制度是重点问题。不难发现,这些制度的特点是均与债法存在较为密切的关系——重大误解涉及债的发生,纳税担保涉及债的履行,纳税义务消灭和第三人代为清偿涉及债的消灭。

就税法与刑法的制度关联而言,受社会事件和实务争议影响,如何针对特定违法行为构建完备、妥适的处罚体系成为重要的制度问题。《刑法》上的涉税罪名较多,包括逃税罪、抗税罪、逃避追缴欠税罪、虚开增值税专用发票罪等,其中逃税罪和虚开增值税专用发票罪引起的讨论更为热烈,其原因有三:第一,近年来影视明星因偷逃税款而接受处罚的案件频频发生,引发社会各界对于税法上偷税行为与刑法上逃税行为区别和联系的关注;第二,受刑法修订影响,逃税行为与偷税行为的定义存在出入,2015 年的《税收征收管理法修订草案(征求意见稿)》便拟以逃税行为取代偷税行为的表述,试图融合税法与刑法;第三,近年来虚开增值税专用发票行为不断增多,部分违法者承担了明显过高的刑罚。一方面,与偷逃税行为相关的制度问题包括如何区分偷税与逃税⑦、区分避税与偷逃税⑧、处理逃税罪与骗取出口退税罪的竞合⑨、修改逃税罪入罪标准以与偷税行政罚形成妥适的处罚阶梯⑩、阐明逃税

---

① 参见贾先川、米伊尔别克·赛力克:《论民法典时代税法对民法规范的适度承接》,载《税务研究》2021 年第 10 期。
② 至于对这种思路的辩证思考,可以参见本书第一章的相关论述。
③ 参见班天可:《涉税的重大误解——兼论"包税条款"之效力》,载《东方法学》2020 年第 6 期。
④ 参见张弓长:《〈民法典〉背景下的纳税担保制度再审视》,载《税务研究》2021 年第 6 期。
⑤ 参见侯卓、吴东蔚:《税法总则框架下纳税义务消灭的规范表达》,载《税务研究》2023 年第 8 期。
⑥ 参见王霞、杨钺:《"第三人代为清偿规则"在税收关系中的适用——"王某诉律信公司案"析评》,载《中南大学学报(社会科学版)》2021 年第 6 期。
⑦ 参见钱俊文:《偷税、逃税的概念辨析及相关制度完善》,载《税务研究》2016 年第 9 期。
⑧ 参见汤洁茵:《避税行为可罚性之探究》,载《法学研究》2019 年第 3 期。
⑨ 参见陈建清:《论骗取出口退税行为的刑法适用及处罚》,载《暨南学报(哲学社会科学版)》2016 年第 11 期。
⑩ 参见郭昌盛:《逃税罪的解构与重构——基于税收制度的整体考量和技术性规范》,载《政治与法律》2018 年第 8 期。

罪"首违不罚"规则的制度逻辑①，概言之，这些制度问题的核心脉络是如何从区分行为、处理竞合、区分处罚力度等三方面着手构建全面的处罚体系。另一方面，与虚开增值税专用发票行为相关的制度问题包括如何通过更多考虑主观目的、危害结果等因素的方式避免虚开增值税专用发票沦为简单的行为犯，以致处罚扁平化、无法形成妥适的处罚体系。②

（二）税法与传统部门法的关联结构及其规范价值

通过考察前述重要关联节点，不难发现税法与传统部门法的法际关联是以构建统一法秩序为中心展开的，制度实践重视这一点，学理探讨也聚焦于此。换言之，二者间的关联结构呈现出规范中心主义的特征。统一法秩序的基本要求是，整体法秩序对于特定行为所作评价应该一致，法秩序之下的各法域对于该行为所作的评价应在法域目的融贯的基础上实现统一。③ 其最直观的表现是，如果特定涉税行为在行政法上被评价为合法，便不宜在刑法上被判定为非法。

对于前述关联结构，不妨从以下四个方面加以理解。其一，从横向维度观之，不同法域对于特定行为所作的矛盾评价是导致税法与其他部门法发生制度关联的重要原因。以前文梳理的关联节点为例，从民法的视野出发，法律行为被撤销后，当事双方应回归法律行为发生之前的状态，但许多情形下，税法并不会因法律行为被撤销而作出允许退税的评价，由于税款业已缴纳，当事双方无法真正回归原始状态，这便导致法域评价出现矛盾。又如，无论是2015年的《税收征收管理法修订草案（征求意见稿）》还是学界研究成果，均倾向于在税法上以逃税概念取代偷税概念。逃税概念本身要比偷税更为科学是一大原因④，另一个原因则是立法修订导致偷逃税被不必要地割裂为两个行为，又由于条文表述的缘故，税法上偷税行为和刑法上逃税行为除严重程度有差异外，在主观要件应否具备等问题上，各方认识也未尽一致。故此，一个行为即便已构成税法上的偷税行为，且程度足够严重，也未必会受到

---

① 参见万国海：《逃税罪"不予追究刑事责任"条款的理解与适用》，载《政治与法律》2019年第12期。
② 参见陈兴良：《虚开增值税专用发票罪：性质与界定》，载《政法论坛》2021年第4期；张静雅：《虚开增值税专用发票罪的规范保护目的研究》，载《山东社会科学》2023年第4期。
③ 陈金钊、吴冬兴：《论法秩序统一性视角下违法判断的法域协同》，载《东岳论丛》2021年第8期。
④ "偷"的基本特征是暗中取走非由自己控制的财物，然而，税款如果是由纳税人自行申报缴纳，则在缴纳前系由自己控制，不具备"偷"的前提条件。相较之下，逃避纳税义务才是纳税人行为的实质，"逃税"概念因而可被理解为对逃避纳税义务行为的概括，因而是更加准确的表述。

刑法的制裁,反过来,刑法层面不予处置的行为,也可能回过头来要受到税法的消极评价。这固然由不同法体系的功能分殊所引致,但对整体法秩序而言仍不免有一定负面影响,统一使用逃税概念并使税法和刑法上的构成要件趋于一致,因而有助于构建一个更为融贯的法秩序。

其二,从纵向维度观之,统一法秩序不仅要求法域间的评价应趋向于一致,更要求法域内的评价须保持统一,税法与传统部门法的制度关联也多围绕法域内部的评价协调而展开。比如,税法的部分规范被定性为特别行政法,关注行政法上的"首违不罚"制度、行政裁量基准制度和主观过错条款如何具体适用于税法领域,实际上就是为了兼顾行政法的一般性价值和税法的特殊价值,从而实现法域内部评价的一致性。

其三,从立体化的法秩序结构出发,更为成熟、体系化、基础性的部门法在与税法的制度关联过程中表现出更多的主导性,其主要原因在于此类部门法在统一法秩序中占据优势地位,这侧面说明税法与传统部门法的制度关联依循的是构建统一法秩序的进路。统一法秩序并非平面化的构造,而是呈现出一种立体结构,上位法、一般法、前置法应得到尊重,否则将违背统一法秩序的要求。于税法而言,一般情况下[①],行政法常扮演上位法和一般法的角色,民法则作为前置法存在,税法学者并不否认此点,只是强调在税法领域开展相应制度设计时应更多考虑税法自身特质;诉讼法的诸多制度具有跨法域的特征,故而诉讼法的一般法属性较弱,税法与诉讼法的制度关联更具平等色彩;相比于税法,刑法在统一法秩序中虽未占据结构性的优势地位,但其规则设计更加完善,故而刑法所创设的逃税、虚开增值税专用发票等涉税概念甚至比税法上的相应概念更受学界认可。通过以上分析不难发现,税法与传统部门法的交流更多呈现出传统部门法单方面影响税法的态势。

其四,从法秩序结构的生成动力学出发,税法与传统部门法之间的制度关联以构建一个完善的规范体系、保护相关主体权利为基础,而非旨在实现特定的政策目标或社会目标。已如前述,税法往往是为了构建统一的法域间评价和一致的法域内评价而与传统部门法发生制度关联,进而与其他法域形成立体化的法秩序结构,此种生成机制是规范导向的,旨在构建统一法秩序,并避免因法秩序不统一而危及权利保障。诚然,部分关联性制度可能具有一定的政策效果,但政策效果并非制度关联的发生原因,也非法际关联所追求的首要目标。比如,逃税罪的"初犯免刑"规则具有激励逃税行为人主动补缴税款的政策功能,但这未必是最主要的,与实际政策效果如何相比,此项制

---

① 之所以强调是一般情况,是因为税法与部门法的关系是情境性的,严格来说只能根据具体问题和具体规则而定。

度会否引致不公平、不协调的现象产生,更值得关注。事实上,不少学者的研究确实也是如此展开的。①

税法与传统部门法的关联结构,反映了在法律体系中并不处于核心位置的税法为融入、维护统一法秩序而付出的努力,此种努力具有显著的规范价值,税法与传统部门法之间的隔阂在一定程度上被消弭,但税法与传统部门法的关联关系不会因关联制度的完善、法典化运动的不断深入而走向消亡。税法与传统部门法关联结构所呈现的规范中心主义特征,很大程度上源于部门法学范式对现实世界的形塑。部门法学范式认为,法律体系在理想状态下可以被划分为泾渭分明的各部门法,各部门法可以实现有效的分工配合,并能够组合成一个价值统一、规则无矛盾的自足规则体系。划分标准的模糊性②,以及自足公理体系在逻辑上的不可能性③均表明部门法学范式所谓的理想状态并无彻底实现的可能,不同部门法之间总会产生重叠地带,但受部门法学范式影响,应尽可能厘清重叠地带的法律适用问题以趋近于部门法学范式的理想状态成为主流观点。法律体系的复杂性与立体性,决定了局部的制度变革也可能导致牵一发而动全身的体系效应(如偷税与逃税的界分问题便由刑法修订而引发),而为了适应社会变迁,法律体系势必要开展经常性的制度变革。进言之,法律的体系化不仅是规则的体系化,更是价值的统一化④,保障法域价值的有机协调是厘清重叠地带法律适用问题的重要基础,统一法秩序下的各法域价值也会因社会变迁而变化(如税法以往更重视法定价值,如今对治理价值也给予更多关注),为充分协调各法域价值,势必要付出长期的艰辛努力。以上因素决定了,税法与传统部门法的法际关联将始终处于"在路上"的状态。

二、功能协调:税法与其他领域法的域际互动

税法与传统部门法的法际关联呈现出规范中心主义的特征,且由于部门法模式在我国法律体系中占据基础性、主导性地位,此种关联结构将长期持续。与之相比,税法与其他领域法的互动则呈现出功能中心主义的特征,换

---

① 参见郭昌盛:《逃税罪的解构与重构——基于税收制度的整体考量和技术性规范》,载《政治与法律》2018 年第 8 期;万国海:《逃税罪"不予追究刑事责任"条款的理解与适用》,载《政治与法律》2019 年第 12 期。
② 参见陈景辉:《数字法学与部门法划分:一个旧题新问?》,载《法制与社会发展》2023 年第 3 期。
③ 哥德尔定理揭示出,一个形式逻辑系统不可能在不借助外部因素的情形下充分验证本系统内所有命题的正确性,即使是高度统一化、形式化的数理体系也是如此。参见何柏生:《数学方法能否证明法律问题》,载《华东政法大学学报》2022 年第 3 期。
④ 陈景辉:《法典化与法体系的内部构成》,载《中外法学》2022 年第 5 期。

言之,二者间的制度关联围绕如何实现特定政策目标展开。税法的法际关联结构与域际互动结构为何存在此种差异?又应如何理解此种域际互动结构的价值?阐明领域法制度构造的特殊性有助于充分理解前述问题,为此,下文将先从部门法与领域法的差异性构造着手,明晰二者在制度功能层面的区别。

（一）领域法的制度构造与功能导向

部门法是学界人尽皆知的制度与范式概念,故前文在描述税法与传统部门法的法际关联时未详细阐发部门法的制度构造。相较之下,领域法已获得学界较大程度的认可①,并成为理解特定中层法律体系(如财税法和环境法)规范结构的主流视角,但一方面,领域法概念在学界远未达到耳熟能详的程度,相关研究在界定领域法时也更多是从研究方法层面着手(领域法与领域法学概念混同的表现之一)②,对领域法的制度构造未有过多阐发;另一方面,领域法与部门法"同构而又互补"③,在比较中才能更为清晰地揭示领域法在制度层面的特殊性。因此,下文将依循比较的思路描述领域法的制度构造。部门法与领域法在制度构造上的核心区别是,前者依循公理导向构建制度体系,后者则更多以问题和功能为中心组织相关规则。对此可从以下三方面加以理解。

第一,从法律规范的类型结构出发,领域法具有更强的行为引导能力。法律规范往往兼具行为规范与裁判规范的二元属性,前者旨在为普通公民的行为提供方向性指引,后者旨在辅助司法裁判顺利进行,但总体而言,行为规范属性占据更为基础性的地位,可以认为法律规范普遍具有行为引导功能。④ 法律规范通过四种行为评价方式实现其行为引导功能:一是认定行为合法,二是认定行为违法,三是鼓励从事行为,四是限制从事行为。传统部门法规范主要采纳前两种评价方式,但具体的构成比例也依部门法的不同而有所区别,如民法规范以合法性评价为主,刑法规范以违法性评价为主。当然,

---

① 张文显教授在中国法学会法学期刊研究会 2023 年年会上提出,"领域法学、新型交叉法学知识体系构建研究"是建构中国自主法学知识体系的第三阶段任务。
② 严格来讲,"领域法"与"领域法学"是不同的概念,前者指向特定的法律规范组织方式,后者指向对此种组织方式的规范提炼和理论研究。相较于部门法学,领域法学是一种新兴范式,二者在对社会现实的描述方面存在一定竞争关系,且领域法学对领域法的描述带有更为浓厚的"应然"色彩,由此出发,是否认同领域法现象的存在往往与是否认同领域法学理论密切相关。因此,"领域法"和"领域法学"有时会出现概念混同的情况。
③ 刘剑文:《论领域法学:一种立足新兴交叉领域的法学研究范式》,载《政法论丛》2016 年第 5 期。
④ 参见童伟华:《刑法规范二重性视阈下犯罪故意的认定》,载《法学》2023 年第 3 期。

传统部门法中也存在部分鼓励性规范和限制性规范(如《民法典》第 9 条规定"民事主体从事民事活动,应当有利于节约资源、保护生态环境"),但此两类规范仅占据相当有限的比例。相比之下,领域法规范更多采用鼓励性评价和限制性评价,以税法为例,税收法律中一般设有专章规定税收优惠规范(如《企业所得税法》第四章、《环境保护税法》第三章),《税收征管法》这一通则性程序法律和《企业所得税法》《个人所得税法》等重要税种法中则设置了专门的纳税调整规则。税收优惠规范属于鼓励性规范自不必言,纳税调整规则属于限制性规范的原因是避税行为系介于合法与违法之间的脱法行为,对其所作的纳税调整并非违法性评价而是限制性评价。① 关于守法的理论研究已揭示,公民接受法律指引的意愿受多重因素影响,仅靠合法性评价和违法性评价难以充分保障法律的指引效果,通过引入鼓励性评价和限制性评价可以进一步增加守法收益和提高违法成本,从而强化公民的守法意愿。② 由此出发,领域法因其在规范结构上的特殊性而拥有比部门法形式上更柔和但实际上更强大的行为引导能力。

第二,从法律规范的组织模式出发,部门法呈现出明显的演绎导向,领域法则呈现出更明显的问题导向。一般而言,部门法遵循较为严格的提取公因式进路,依照"总则—分则—具体规则"的层次设计部门法体系③,此种组织模式秉持的是演绎推理的思路,旨在构建一个由"价值—原则—规则"组成的规范金字塔。对于领域法的制度构造,可从以下三方面加以理解。一者,领域法的规范体系未呈现出明显的演绎导向。以税法为例,我国税法规范体系缺乏《税法总则》,《税收征管法》仅仅发挥不完整的通则性法律作用。这种现象并不局限于我国,世界上绝大多数国家的税法规范体系都缺乏专门的通则性法律④;落位到具体的税种法,我国多数税种法上未设"总则"一章(实际上,由于许多税种法的规则过于简单,其法律文本甚至未有章节之分),即使是设有"总则"的税种法⑤,其所谓的"总则"也更多是一般性规定(如概念定义)而不具有演绎意义。正因如此,学界常以"单行立法"概括税收立法的特征。二者,领域法的法律文本未必严格按照形式逻辑来设计章节,而是会考虑特定类型规范的功能重要性。以《企业所得税法》和《环境保护税法》为

---

① 侯卓:《个人所得税反避税规则的制度逻辑及其适用》,载《武汉大学学报(哲学社会科学版)》2021 年第 6 期。
② 参见肖惠娜:《人们为什么不守法?——守法理论研究述评》,载《中国法律评论》2022 年第 2 期。
③ 陈景辉:《法典化与法体系的内部构成》,载《中外法学》2022 年第 5 期。
④ 李刚:《比较法视野下我国"税法总则"的立法框架与特色章节》,载《法学家》2023 年第 4 期。
⑤ 如《企业所得税法》。

例，在前者中，"应纳税额"与"税收优惠"是独立的两章，在后者中，"计税依据和应纳税额"和"税收减免"是独立的两章，仅就形式逻辑而言，税收优惠是计算应纳税额的要素之一，并无独立成章之必要，此种章节设计源于税法具有显著的行为诱导功能，而税收优惠是重要的鼓励性规范，颇受税法学界与实务界重视，独立出来更便于发挥行为诱导功能。三者，领域法不仅在法典总则、法律总则和章节逻辑层面不吁求太高程度的归纳和提炼，在具体规则层面也呈现出"一事一议"的特定规则多于一般规则、至少也是不分伯仲的特点。受公理导向影响，民法的司法解释倾向于将个案解决方案上升为一般规则①，税法则缺乏对特定规则的共性提炼，该特征在反避税规则和纳税义务消灭规则中表现得尤为明显。②

第三，部门法和领域法均是对法律组织方式某一属性的描述，其本身是一组相对性概念，不具有非此即彼的本质主义特征。民法虽是典型的部门法，但其同样具有一定的领域法属性，如人格权独立成编更多是基于功能主义而非形式逻辑的立场。③ 反言之，税法被认为是典型的领域法，但其也具有一定的部门法属性，因此，虽然税收立法呈现出单行立法的特征，但以税收债务关系的成立与消灭为主线仍有提炼税法总则的技术可能，一些共性规则也有提取公因式的空间。④ 只是，税法规范能在多大程度上实现演绎导向的体系化，取决于其能在何种程度上克服简洁性与膨大性、通俗性与专业性、稳定性与发展性等多组二元矛盾。⑤ 至少就目前来看，税法的领域法属性仍较部门法属性更为显著。也正是因为此种二元属性，包括税法在内的领域法才能够同时形成广泛的法际和域际制度关联。

（二）税法与其他领域法的主要交汇场域

领域法的制度构造深刻影响了税法的法际关联与域际互动结构，为充分说明其中的逻辑机理，需要首先检视税法与其他领域法的交汇场域，从中提炼出税法的域际互动结构。本部分仍以引入主体性视角作为方法论，其理由已如前述。领域法家族的成员众多，一般认为税法、环境法、知识产权法、金

---

① 参见崔建远：《个案调处不等于普适性规则——关于若干债法司法解释的检讨》，载《广东社会科学》2014年第5期。
② 参见侯卓：《个人所得税反避税规则的制度逻辑及其适用》，载《武汉大学学报（哲学社会科学版）》2021年第6期；侯卓、吴东蔚：《税法总则框架下纳税义务消灭的规范表达》，载《税务研究》2023年第8期。
③ 参见王利明：《论人格权独立成编的理由》，载《法学评论》2017年第6期。
④ 参见熊伟：《体系化视角下税法总则的结构安排与法际协调》，载《交大法学》2023年第3期。
⑤ 参见蒋悟真：《税法典制定的时机、难点与路径》，载《法学杂志》2023年第1期。

融法、卫生法、教育法、体育法、网络法、海洋法、航天航空法、军事法均具有明显的领域法属性①，但受篇幅同时也受方法论的限制，笔者只能重点考察税法与理论和实务界关注较多的领域法之间的互动，以便更清晰、准确地把握二者间的互动结构。金融法与税法一样具有显著的经济资源调动功能，二者间存在显著的制度协调需求；此外，环境法、教育法、体育法、网络法本身及其与税法的互动关系都受到理论和实务界较多关注。因此，下文将根据相关制度实践，参酌近十年，尤其是近五年来发表的研究成果，提炼税法与金融法、环境法、教育法、体育法和网络法等其他领域法的交汇场域。

就税法与金融法的制度关联而言，运用税法手段促进金融业发展和保障金融安全，是近年来实践中表现出的新动向，这可从学界的研究重心窥得一斑。其一，从鼓励性评价的角度出发，如何克服因营改增而导致税法规范质量低劣化、给金融业带来过高增值税税负的问题是重要制度问题。② 税法应如何促进特定类型企业和特定地域的金融创新③，以及新型金融产品在税法上应如何定性以保障其金融功能的实现④等制度问题也受到一定关注。其二，从限制性评价的角度出发，税法对金融安全具有重要的制度保障作用，证券交易印花税在此间有不俗表现，如何优化印花税的制度功能⑤、是否要新设专门的证券交易税⑥因而成为具有重要制度价值的问题。其三，金融法与税法在信息维度的功能互动也受到关注，金融信息保护制度如何作妥当调适以助力税收征管⑦、纳税信用信息如何转化为融资信用⑧等议题是实务界和

---

① 刘剑文：《论领域法学：一种立足新兴交叉领域的法学研究范式》，载《政法论丛》2016年第5期。

② 参见孙瑜晨：《金融服务业"营改增"的现实省思和改革取向》，载《上海金融》2015年第2期；刘继虎、殷煌：《金融商品转让的增值税法规制研究》，载《中州大学学报》2021年第5期；杨小强、杨佳立：《论增值税立法中的金融商品界定》，载《法治社会》2023年第1期；翁武耀：《论我国金融商品交易增值税规则的完善》，载《上海财经大学学报》2023年第4期。

③ 参见唐士亚：《论互联网金融创新中的税法适用及完善》，载《税务与经济》2017年第6期；魏琼、吕金蓬：《我国互联网金融税收法律制度研究》，载《税务与经济》2017年第1期；余鹏峰：《激励与约束：税法规制自贸区金融创新的理路》，载《税务与经济》2018年第1期。

④ 参见张春丽：《我国金融衍生品税法性质及规范研究》，载《政法论坛》2015年第6期。

⑤ 参见贺燕、姚迪：《从功能变化看我国印花税未来的改革方向——基于历史和比较视角》，载《财政科学》2023年第6期。

⑥ 参见王彦光：《证券交易税的功能变迁与制度重构》，载《中国政法大学学报》2022年第2期；杨峰、刘先良：《论我国金融交易税收制度的完善——以欧盟法借鉴为中心》，载《法律科学》2015年第2期。

⑦ 参见邵朱励：《金融隐私权与税收征管权的冲突与平衡》，载《现代经济探讨》2013年第5期；崔晓静、熊昕：《国际税收自动信息交换法律制度的新发展》，载《法学》2014年第8期；张美红：《金融账户涉税信息自动交换标准推行的路径分析》，载《证券市场导报》2017年第7期。

⑧ 参见曾远：《税银互动多元目标机制的实证检视与路径优化》，载《金融理论与实践》2020年第5期。

理论界的关注焦点。其四,税法与金融法在宏观调控方面的功能比较以及二者在特定政策目标下的功能协调进路是更为重要但也较具理论性的问题,需要学界对此作进一步廓清。①

就税法与环境法的制度关联而言,顶层设计提出"用更严格的法律制度保护生态环境",税法制度显然在该处"法律制度"的行列之中且位置显要。早年间,法学界关于税法与环境法的交叉研究并不多见,近年来则呈现持续增长态势,其原因是税法与环境法的制度关联逐渐受到学界关注。通过税法手段促进环境保护并实现功能维度的体系协同是税法与环境法制度关联的核心脉络。现行税制结构中,有多个税种被认为具有环境保护功能,由排污费改征而来的环境保护税便是如此。本书第六章第二节已经述及,环境保护税属于特定目的税,其进入税法体系后引发了一定程度的内部紧张关系,须在许多方面作相应调适或者妥协。现行制度基本平移原排污费规则,在功能定位②、建制原则③、税权配置模式④、收入的支出与划分模式⑤等方面均有待进一步廓清与优化。除环境保护税外,资源税、车船税、消费税、耕地占用税等税种也不同程度上具有环境保护功能,如果将其理解为广义上的环境税类,那么如何经由法律解释和制度完善实现功能维度的内部体系协同与法际协同便是不容忽视的问题。⑥ 基于发展的视角,如果我国在今后借鉴域外经验引入碳税制度,前述环境税类的制度体系又该如何实施内部整合,同样须予以考虑。⑦ 还需要注意的是,环境税类各税种的立法技术也深刻影

---

① 参见侯卓、吴东蔚:《税法是宏观调控的合适场域吗——基于房地产市场调控的审思》,载《探索与争鸣》2019年第7期。
② 参见何锦前:《论环境税法的功能定位——基于对"零税收论"的反思》,载《现代法学》2016年第4期。
③ 参见叶金育:《环境税量益课税原则的诠释、证立与运行》,载《法学》2019年第3期。
④ 参见邓伟:《环境保护税税额地方确定权的实施现状与制度完善》,载《税务研究》2022年第6期;欧阳天健:《绿色长三角建设与财税法治保障》,载《地方财政研究》2022年第3期。
⑤ 参见叶莉娜、王晓萌:《环境税收入再循环机制:原理、借鉴与启示》,载《税务研究》2019年第3期;侯卓、黄家强:《财政自主与环境善治:环境税法实施中的法域协调》,载《中国人口·资源与环境》2019年第2期。
⑥ 参见欧阳天健:《〈环境保护税法〉中固体废物税目的法解释学省思》,载《中国地质大学学报(社会科学版)》2019年第6期;吴志良、丰月:《"耕地保护"的法际融合与制度互动——以税法与环境法的协同规制为中心》,载《南京工业大学学报(社会科学版)》2018年第4期;叶金育:《生态环境损害责任的法际协同——以〈环境保护税法〉第26条为中心》,载《政法论丛》2022年第3期。
⑦ 参见顾德瑞、熊伟:《生态税体系构造的法理逻辑与制度选择》,载《中南民族大学学报(人文社会科学版)》2020年第4期;褚睿刚:《环境相关税的法际联动与位阶划分——以领域法学的"环境问题"为中心》,载《大连理工大学学报(社会科学版)》2018年第2期;叶金育、蒙思颖:《"双碳"视阈下碳税并入环境保护税的制度证成与立法安排——以〈环境保护税法〉修改为依归》,载《南京工业大学学报(社会科学版)》2023年第2期;刘琦:《"双碳"目标下碳税开征的理论基础与制度构建》,载《华中科技大学学报(社会科学版)》2022年第2期。

响其制度关联效果,平移立法导致税收中性原则未能充分融入环境保护税的规则设计①、资源税的法律性质与功能定位不明②、总体税制的绿化程度不足③,均是有待进一步优化的制度问题。

就税法与教育法的制度关联而言,税法手段如何引导、促进教育行业健康发展,是实践中有关部门考虑较多的,这也从相关对策性研究中得以体现。税法与教育法的制度关联主要围绕两个层面展开。一者,税法在一般制度层面可以促进教育事业的发展,比如,税法组织收入的功能能为教育事业提供物质基础,子女教育支出专项附加扣除规则可发挥鼓励教育的功用。④ 较之于财政法,税法促进教育的功能相对弱一些,这由我国教育体系仍以公办教育为主的格局所决定,在此语境下,教育经费更多来源于财政而非市场,教育事业的发展更需要直接的财政扶持而非间接的税收引导。二者,在微观层面,克服民办学校与公办学校在税收优惠方面的区别待遇、从而为前者的发展营造更为平等的外部环境,是税法的重要任务。虽然现行各部法律原则上都是平等对待两类教育主体,但税法与教育法有关核心规定的认知差异以及税法规范的粗疏导致民办学校实际上处在较为不利的税法地位,亟待予以矫正。⑤ 除前述两个层面的问题外,受法典化浪潮影响,教育法典正在制定过程中,对于其该当如何整合税法规范的问题,也应给予必要关注。⑥

就税法与体育法的制度关联而言,体育产业在我国还不甚发达,其健康发展离不开税收手段的支持和引导。虽然我国的高级别体育事业具有"举国体制"的特点⑦,但某些体育产业的市场化程度并不低,故而税收优惠对于体育产业的发展具有重要意义。与之相关,税法与体育法的交叉研究在近年

---

① 参见林星阳:《环境税视野下税收中性原则的协调路径》,载《北京理工大学学报(社会科学版)》2021 年第 2 期。
② 参见郭楠:《矿产资源税的改革逻辑与实践考察——以资源税法为研究视角》,载《大连理工大学学报(社会科学版)》2021 年第 1 期。
③ 参见何锦前:《生态文明视域下的环境税收法治省思——从平移路径到并行路径》,载《法学杂志》2020 年第 3 期。
④ 参见李帅:《普惠性学前教育经费保障机制的构建——基于学前教育法和财税法的交叉视角》,载《湖南师范大学教育科学学报》2019 年第 6 期;闫晴:《家庭生育的税收激励:理念跃升与制度优化》,载《人文杂志》2020 年第 6 期。
⑤ 参见冯铁拴:《非营利性民办学校享受同等税收优惠待遇的障碍与突破》,载《复旦教育论坛》2022 年第 6 期;于浩:《我国民办学校利益关系法治化研究——以财税法为视角》,载《华东师范大学学报(教育科学版)》2018 年第 2 期;侯卓、陈哲:《后人口红利时代的财税法制度因应》,载《中南大学学报(社会科学版)》2023 年第 4 期。
⑥ 参见冯铁拴:《教育法典中教育财税规范体系化研究》,载《华东师范大学学报(教育科学版)》2022 年第 5 期。
⑦ 此一特征在我国承办奥运会等高级别体育赛事时表现得最为明显。参见侯卓、吴东蔚:《国际体育赛事承办的事权划分与府际协调》,载《体育科学》2022 年第 5 期。

来有一定热度,且主要围绕税法如何以税收优惠手段促进体育产业的发展而展开。在宏观层面,体育产业的发展有自身规律,税收优惠的施予要适应这一规律,在配置模式和体系构造等方面可借鉴域外经验加以提炼。① 在微观层面,税收优惠的作用在于引导社会资本进入,其主要指向体育健康服务、体育场馆等行业,如何善用税收优惠促进特定行业发展,在前一层次所提炼一般框架的基础上,还须具体问题具体分析。② 此外,《体育法》是体育领域的一般法,其对体育税收规范的整合很大程度上决定了税法与体育法功能互动的顺畅程度。③ 该法在 2022 年 6 月进行了最近一次修改,其第 71、78 条关于体育税收优惠的规定原则性较强,尚须结合前述税法与体育法交叉研究的结论加以细化。联系起来看,教育法典和《体育法》对税法规范的整合都获得关注,由此不难发现,税法与各领域法的规范整合,确已成为当前重要的制度体系问题。

就税法与网络法的制度关联而言,由于互联网和互联网相关行业近年来发展迅速且在许多方面表现出不规范之处,对其进行法律规制的必要性不断凸显,税法规制正是其中很重要的一个部分。与税法和前述其他领域法的互动不同,税法与网络法的制度关联目前更多还处在设想层面,投射到理论研究中,便是以对策性研究为主,且所提对策建议发散性较强,应然色彩浓厚。大体上看,税法促进互联网平台经济稳定发展并避免平台经济侵蚀税基是制度设计的着力点,围绕这一主线,理论界已然在三个方面展开前期讨论。第一个方面是税法规范和征管体系如何兼容新兴商业模式,相关议题包括如何在厘清平台经济之经济实质的基础上调整税法实体规范、④在强化涉税信息获取能力的基础上堵塞征管漏洞。⑤ 以上研究主要面向国内税法,且更多指

---

① 参见叶金育:《体育产业税收优惠的财税法反思》,载《武汉体育学院学报》2016 年第 3 期;余守文、王经纬:《中、美两国体育产业财税政策比较研究》,载《体育科学》2017 年第 10 期;叶金育:《体育产业发展中的财税政策工具:选择、组合与应用》,载《体育科学》2016 年第 6 期;叶金育:《体育产业税收优惠:规范设计与体系构造》,载《上海体育学院学报》2020 年第 8 期。
② 参见刘世奇、孔祥军:《促进我国体育健康服务业高质量发展的财税政策研究》,载《税务研究》2021 年第 12 期;高旭:《对体育场馆行业增值税征管问题的思考和建议》,载《税务研究》2018 年第 12 期;杨金娥、陈元欣、黄昌瑞:《社会力量投资运营体育场地的政策困境及消解路径》,载《上海体育学院学报》2019 年第 5 期。
③ 参见叶金育:《〈体育法〉中体育税收条款的创制论析——以体育税收规范整理为基础》,载《江西财经大学学报》2021 年第 3 期。
④ 参见欧阳天健:《数字法治背景下平台经济的税法规制》,载《南京社会科学》2022 年第 8 期;欧阳天健:《新经济模式下经营所得课税之优化》,载《法学》2023 年第 5 期;熊伟、毛彦、许恋天:《网络主播个人所得税法律适用问题辨析》,载《国际税收》2022 年第 5 期;王婷婷:《互联网零工经济的税法治理:挑战、逻辑与应对》,载《人文杂志》2023 年第 4 期。
⑤ 参见蒋大兴、王首杰:《共享经济的法律规制》,载《中国社会科学》2017 年第 9 期;沈斌:《数字经济时代涉税数据行为的法律规制》,载《法商研究》2023 年第 2 期;沈斌:《论数字经济时代网络平台的税源征收义务》,载《地方财政研究》2023 年第 3 期;闫晴:《数字经济时代灵活用工平台税收征管制度的困局、溯源及破解》,载《上海交通大学学报(哲学社会科学版)》2023 年第 3 期。

向局部性的制度调整。第二个方面是应否通过引入数字税的方式矫正平台经济所导致的课税不平等,相关议题包括平台企业的实际税负水平[1]、数字税的法理与制度基础[2]、数字税的域外实践[3]、数字税的域内功能。[4] 第三个方面与前一方面类似,均涉及较为根本性的制度变革,只是研究对象由数字税转移为双支柱税改方案,相关议题包括双支柱方案的基本情况与公平价值[5]、双支柱方案的局限性。[6] 同样地,还有部分成果探讨了平台经济相关税法规范的体系整合问题,有学者建议在未来的《税法总则》中设计与平台经济相关的专门章节。[7]

(三) 税法与其他领域法的互动结构及其治理价值

前文即已指出,税法与其他领域法的互动结构具有浓厚的功能中心主义特征,对此,可以结合二者的主要交汇场域作以下三个层次的解读。第一,税法与其他领域法的互动更多围绕如何借助税法手段实现其他领域法的治理目标而展开。对于提升国家治理能力而言,法律的作用主要体现在固根本、稳预期、利长远三方面,而法律的行为引导能力是"稳预期"的逻辑基础,具有重要的治理价值。[8] 前文述及,传统部门法主要通过合法性评价和违法性评价的方式来发挥其行为引导功能,与之相比,包括税法在内的各领域法在调整方法上颇为不同,在合法认可、违法否认这两极之间,各领域法还较多采用鼓励从事和限制从事的评价方式,由此导致领域法具有相较于传统部门法更为强大的行为引导能力。然而,领域法的行为引导能力并不是均质化的,税法和其他领域法在采用此二评价方式时也有一定差异,由此生成税法独特

---

[1] 参见吴东蔚:《互联网行业税收治理现状检视与调适进路》,载《中国流通经济》2023年第7期。

[2] 参见张牧君:《用户价值与数字税立法的逻辑》,载《法学研究》2022年第4期;张牧君:《重申量能原则:数字时代税收制度改革的规范性理由》,载《法制与社会发展》2023年第3期;侯卓:《数字服务税开征的正当性及其思路——基于互联网反垄断视角的考察》,载《江海学刊》2022年第2期;李帅:《论我国数字服务税法律制度的构建》,载《法商研究》2023年第4期。

[3] 参见茅孝军:《从临时措施到贸易保护:欧盟"数字税"的兴起、演化与省思》,载《欧洲研究》2019年第6期;郭昌盛:《应对数字经济直接税挑战的国际实践与中国进路》,载《法律科学》2022年第4期。

[4] 参见任宛立:《税收公平视角下数字税功能创新》,载《暨南学报(哲学社会科学版)》2023年第5期。

[5] 参见朱炎生:《双支柱方案:现行国际税收体系的自然延伸》,载《税务研究》2022年第3期。

[6] 参见杨洪、张梓桐:《"双支柱"方案视角下数字经济的税收确定性》,载《中南民族大学学报(人文社会科学版)》2023年第3期。

[7] 参见李刚:《比较法视野下我国"税法总则"的立法框架与特色章节》,载《法学家》2023年第4期。

[8] 马怀德:《法治与国家治理》,载《社会科学》2022年第8期。

的治理价值。一方面,包括环境法、体育法在内的其他领域法虽然兼用多种评价方式,但鼓励性规范和限制性规范仍居于较为次要的地位,如环境法上即有大量的责任条款,而鼓励和限制类规范在税法规范体系中的地位则更为显要。另一方面,主体从事或不从事特定行为受到多重因素影响,通过制度规范对其实施行为引导的作用机理因而也是多元的,比如,不直接涉及资源配置的提倡性规范也能发挥一定的行为引导功能,但总体来讲,考虑到市场主体大致符合理性经济人假设,通过改变经济资源配置格局来塑造新的成本—收益结构,仍是鼓励性评价和限制性评价据以发挥行为引导功能至为重要的切入点。诸领域法中,能够显著改变经济资源配置格局的主要是与市场经济关联最为密切者,金融法和税法的角色由此凸显出来。相较而言,金融法和税法也存在功能分殊,金融法更倾向于宏观经济治理,长于调整宏观经济结构,作用于中观和微观领域则有不够精细的风险[1];税法虽然在宏观层面的调整不如金融法有效,但也有自身的优势,这主要表现在其可以通过税负的差异化配置和及时调整,达致结构调整的目标,如此一来,运用税收和税法手段解决中观甚至某些微观领域的问题便具有了可能性,此外,考虑到金融法手段的采用一旦失当易诱发系统性风险,使用税法手段时的风险因素也要小许多。由此出发,税法的独特治理价值决定了其在与其他领域法的互动结构中占据更为强势的地位,这也侧面反映了二者间的互动是围绕功能而展开的。

第二,虽然税法与其他领域法之间也存在规范整合问题,但这并非二者间制度关联的重点内容,且此种规范整合呈现出较为明显的领域法导向而非部门法导向。从前文梳理可以看出,围绕税法与其他领域法的规范整合已引起理论和实务界的重视,规范整合是具有浓厚规范中心主义意味的问题,这似乎削弱了税法域际互动的功能中心主义特征。然而应当认识到,需要与其他领域法进行整合的规范在税法体系中通常居于边缘地位,涉及的条文数量也很有限。同时,即便是开展规范整合工作,其所依循的进路也有别于公理导向的部门法式规范整合进路,而呈现较强的功能导向。比如,从形式逻辑出发,教育法典并无必定要吸纳财税规范的理由,理论和实务界提倡此种规范整合的根本原因是现有税法规范未充分体察教育法特质,难以充分促进教育事业发展[2],这同样是一种功能导向的互动进路。因此,税法域际规范整合问题的客观存在,并不意味着税法的域际互动结构系规范中心而非功能

---

[1] 可以参见本书第二章第一节第三部分在"金融调控手段的优势与不足"题下的讨论。
[2] 冯铁拴:《教育法典中教育财税规范体系化研究》,载《华东师范大学学报(教育科学版)》2022年第5期。

中心。

第三,税法与其他领域法的互动结构并不是均质化的,其与部门法属性较强的领域法互动时,规范整合成为更突出的问题,且此种整合的部门法导向更为明显,其与部门法属性较弱的领域法互动时,功能中心主义的特质则更加突出。前文梳理的诸领域法中,环境法的部门法属性最为浓厚,自环境法从经济法中独立出来后,法学界对环境法的部门法属性基本上已不存在争议①,在此前提下,近年来环境法学界呼吁对环境法规范作体系整合,2021年全国人大常委会立法工作计划也明确提出要研究启动环境法典的编纂工作。② 受此影响,税法与环境法的规范整合在必要性和紧迫性方面更形突出,也具有更强的公理导向。举例言之,《环境保护税法》第26条规定排污者除缴纳环境保护税外,还应当对所造成的损害承担赔偿责任,从广义上看,缴税和承担赔偿责任都可以被理解为生态环境损害责任的下位概念,据此,构建层次分明的责任位序成为法秩序统一的重要要求。③ 也需要斟酌的是,税法与环境法的互动会否反过来妨害税法自身的逻辑自洽,比如广义上环境税类的各税种有无贯彻税收中性等税法建制原则,便值得关注。④ 相比之下,金融法的部门法属性较为薄弱,这尤其表现为金融法上充斥着大量的非法律概念,金融法规范缺乏长期稳定性,金融公法也缺乏统一的建制原则。⑤ 可见,税法与金融法的制度关联总体上遵循功能导向,二者虽同属于宏观调控法的范畴,但规范本身的互动是很薄弱的。需要认识到,虽说其他领域法的属性结构会影响其与税法之间的互动关系,但从定义出发,既然特定法域已被视作领域法,即便带有某些部门法属性,通常也会显著弱于民法、刑法等典型部门法。由此出发,大致可以认为,税法与其他领域法的互动整体上具有功能中心主义的特质。

综合以上三个层次的论述,虽然税法与其他领域法的互动存在些微的异质性,但将功能中心主义视作税法域际互动的结构特征是妥当的。此种互动结构与领域法的制度构造之间的逻辑关系在于,公理导向的部门法式制度构造会在一定程度上限制行为引导功能的发挥,不利于功能中心主义互动结构

---

① 只是在"领域法学"的理论范式提出后,法学界认识到,环境法同时也表现出领域法的重要特征。
② 吕忠梅:《中国环境立法法典化模式选择及其展开》,载《东方法学》2021年第6期。
③ 参见叶金育:《生态环境损害责任的法际协同——以〈环境保护税法〉第26条为中心》,载《政法论丛》2022年第3期。
④ 参见林星阳:《环境税视野下税收中性原则的协调路径》,载《北京理工大学学报(社会科学版)》2021年第2期。
⑤ 参见缪因知:《新兴法领域的社会科学运用:以金融法为中心》,载《思想战线》2020年第6期。

的形成,领域法则反之。一方面,由"总则—分则—具体规则"和"价值—原则—规则"构成的部门法体系注重层次性与稳定性,而鼓励性规范和限制性规范往往强调要突破原则(如税收优惠之于量能课税)以及相机抉择,这与部门法体系存在内生冲突。民法、刑法等传统部门法学者强调社科法学知识要经由法教义学筛选才能进入规范体系[①]、重视卢曼系统论中法律系统兼具规范封闭与认知开放的观点[②],较为直观地体现了部门法制度构造对功能导向互动结构的限制作用。另一方面,领域法制度结构对功能导向互动结构的促进作用,可以税法为例作说明。税法规范体系呈现出显著的"空筐结构"特征,即税收法律、法规的内容具有框架性,许多实体规范由下位的部门规章或规范性文件填补[③],这也是领域法制度构造的典型体现,空筐结构减少了税法规范所受的原则约束,为央地政府提供了更多的相机抉择空间,客观上起到强化税法调控功能和满足地方治理需求的作用。

规范中心主义的法际互动结构已为学界所熟知,且体系化是法律制度与法学学科的重要基础与公认价值,对此难以展开新颖且深入的反思性分析。功能中心主义的域际互动结构则不然,以往研究未关注到领域法之间的互动呈现出此种结构,相应的反思性分析更是付之阙如,有进一步展开之必要。

三、现象省察:税法域际互动结构的三阶反思

税法与其他领域法的互动呈现出功能中心主义的结构,但结构不等于结果,此种互动结构在多大程度上满足了国家治理的需求?能够满足国家治理需求,又应否作为评判互动结构合意与否的唯一标准,结果好就一切都好?一种融贯规范中心主义与功能中心主义的"功能—规范融合"新互动结构,或许是更为可欲的,对此可从域内制度构造与域外价值协调两方面予以理解。在前者,税法、环境法、教育法等领域法纷纷追求法典化立法,包括税法在内的诸领域法应如何避免盲目依循部门法的法典化进路,寻找更契合"功能—规范融合"新互动结构的法典编纂模式?在后者,税法在何种情形下应限制自身的经济还原主义倾向,此种限制又是否有其限度?

(一)迈向"功能—规范融合"的新互动结构

"规则至上与后果主义是我国当下最流行的两种司法哲学"[④],法律制度

[①] 参见雷磊:《法教义学之内的社会科学:意义与限度》,载《法律科学》2023年第4期。
[②] 参见刘涛:《法教义学危机?——系统理论的解读》,载《法学家》2016年第5期。
[③] 可以参见本书第四章第一节的相关论述。
[④] 钱一栋:《规则至上与后果主义的价值理由及其局限——从法教义学与社科法学之争看当代中国司法哲学》,载《甘肃政法学院学报》2018年第4期。

的可接受性主要源自形式层面的规则体系性与实质层面的规则社会效果,且二者在特定个案中存在明显的张力①,法律可接受性问题由此呈现出一种复杂的组合构造。税法与领域法的互动结构呈现出功能中心主义而非规范中心主义的特征,其要想得到"善"的评价,至少应首先得到后果主义的赞许——尽管,针对"结果好就一切都好"的质疑仍有待进一步回应。遗憾的是,对于此种互动结构的社会效果,尚无法作全面考察,更难慷慨给予其正面评价。其原因在于,虽然税法的域际关联非常普遍,但其并未受到学界关注,纵使学界对此青眼有加,囿于社科法学的研究力量较为薄弱,前述互动结构的社会效果也难以获得全面检视。若仅作简单的个案分析,枚举在社会效果方面卓有成效或不甚合理的域际互动案例,由此得出的结论不可能严谨。

对于功能中心主义互动结构的社会效果,并非不能作有效推断。此处可引入问题导向的思路,即关注领域法之间是否存在功能协调不畅的情形并剖析其成因。关于财税法一体化的研究可为此提供灵感。② 一般认为,财政法与税法各自具有较强的领域法属性,二者又共同构成"财税法"这一典型领域法。据此,财政法与税法之间在理论上有强烈的功能互动关系。然而在实践中,财政法和税法的互动效果却难言理想。税收收入与非税收入③、税收收入与财政支出④对社会经济的作用方向常相互抵牾,这表明财政法与税法的功能协调不畅,二者对于社会经济的正向影响陷入"1+1<2"的窘境。关联紧密、立场趋近的财政法与税法尚且如此,税法在与关系较为疏远的领域法展开功能互动时能否保持协调,结论更难乐观。

究其根由,所谓功能协调,系围绕"有所为有所不为"这一主线展开的体系无矛盾的制度措施组合。体系无矛盾,首先指向不同制度体系间为实现共同政策目标而展开的协调性功能互动,其基础是同一制度体系内各项子制度的协调性功能运作。一个规范中心主义特征过于薄弱的制度体系由于缺乏控制内部子制度功能运作的能力,在对内整合与对外互动两个层面都难以实

---

① 以饱受关注的冯玉梅案为例,受限于现行法的不足,司法机关为打破合同僵局,只能采用拟制当事人意思表示这一对现行法体系突破较大的做法。参见韩世远:《继续性合同的解除:违约方解除抑或重大事由解除》,载《中外法学》2020年第1期。
② 参见本书第七章第一节。
③ 举例言之,为刺激经济发展,我国中央政府出台不少税收优惠以减轻企业税负,而地方政府为了实现财政目标往往会加强非税收入征管,这会削弱税收优惠的减负效果,进而抑制激励功能的发挥。参见王励晴、谷雨:《财政收入目标与企业非税负担》,载《经济经纬》2022年第2期。
④ 举例言之,税务部门为完成预期的征税目标,往往会采取税收超收的手段,而财政部门为了将优质企业保留在辖区内,往往会给予其更多的财政补贴,此种政策组合结构会扭曲财税信息和市场信息,进而导致财政政策错误。参见范子英、王倩:《财政补贴的低效率之谜:税收超收的视角》,载《中国工业经济》2019年第12期。

现真正的功能协调。进言之,在法律的功能结构中,稳定社会预期占据更为优越的地位。已如前述,虽然法律的行为引导能力具有一定治理价值,但其最终落脚点仍是"稳预期";从社会系统论出发,在功能分化的现代社会中,唯有法律系统可发挥形成"稳定规范性预期"的功能。① 无论鼓励性规范和限制性规范多么渴求相机抉择,都不能以法律的根本功能作为牺牲。一个融贯的法律体系是保障法律可预期性的制度基础,而体系整合被视作强化法律可预期性的根本方法。② 体系整合有规范整合与教义整合两个向度,但规范整合占据更为基础性的地位,对于强化法律可预期性的贡献更为显著。纵使超越功能视角,从更高的价值层次来看,法律的正义价值也不可脱离规范整合而存在,此种联系是如此密切,以至于不具备体系化特征的规范类型难以被称作"法律",《民法总则》取消"国家政策"的民法法源地位,可以视作此种理念在具体立法中的呈现③,经济法虽然更为认同政策的法源价值,但同样强调进入法体系的政策应满足基本的体系化要求。④ 规则主义与后果主义的冲突在个案中可能成立,但上升到制度尤其是制度体系互动的层面,规范中心主义与功能中心主义间更多是共同促进而非相互拒斥的关系,体系化的制度构造是二者的制度基础和共同遵循。于税法而言,相比于原有的功能中心主义互动结构,"功能—规范融合"的新互动结构更为可欲。

接下来的问题是,应如何理解此种新互动结构?对于原有互动结构应作何种改造,才能兼顾规范价值与治理价值?由于领域法的制度构造深刻影响其与税法的互动结构,对于新互动结构,需要从域内与域际两个方面作统合理解。在前者,面对由民法等传统部门法引领的法典化浪潮,领域法尤其是税法应如何立足自身特质,借助规范整合强化制度体系内部的功能协调,成为有待进一步思考的问题;在后者,领域法之间的功能协调,主要问题在于如何形成有效的领域价值协调机制。下文将循前述两个层面展开论述。

(二) 法典化趋势下领域法制度构造的优化进路

2020年颁布的《民法典》引领了我国的法典化浪潮。2021年度的立法工作计划中,全国人大常委会便提出要"研究启动环境法典、教育法典、行政基

---

① 李忠夏:《宪法学的系统论基础:是否以及如何可能》,载《华东政法大学学报》2019年第3期。
② 参见雷磊:《法教义学与法治:法教义学的治理意义》,载《法学研究》2018年第5期。
③ 参见李敏:《民法上国家政策之反思——兼论〈民法通则〉第6条之存废》,载《法律科学》2015年第3期。
④ 史际春、胡丽文:《政策作为法的渊源及其法治价值》,载《兰州大学学报(社会科学版)》2018年第4期。

本法典等条件成熟的行政立法领域的法典编纂工作""总结民法典编纂立法经验,开展相关领域法典化编纂和法律体系化研究"。在 2022 年和 2023 年的立法工作计划中,也有关于法典编纂的表述,如 2023 年将其表述为"研究启动条件成熟的相关领域法典编纂工作"。在税法领域,税法总则的制定也已提上日程,而税法学界普遍将其视作制定《税法典》的第一步。环境法、教育法和税法均是较为典型的领域法,其被认为是有待法典化的重点对象,表明对领域法作进一步体系化改造的价值已为顶层设计所认知。"总结民法典编纂立法经验"的表述,是否意味着税法等领域法的法典化也要采取传统部门法式的编纂模式?领域法的制度功能是否会因此受到过多约束?对此有加以辨析的必要。

税法具有一定的部门法属性,其法典化进程不免呈现较浓的规范中心主义色彩,但依据规范类型而施以不同的组织模式,形成财政目的规范为主、管制诱导性规范为辅的多元规范体系,有助于形成"功能—规范融合"的新互动结构。税法学界将"借鉴民法典编纂经验"理解为先制定税法总则、后编制税法分则的"两步走"思路,而税法总则应发挥协调税法规范体系的形式逻辑与实质价值的功用。① 虽然税法学界认同依循"总则—分则—具体规则"和"价值—原则—规则"的思路构建税法规范体系,但为尊重税法的功能主义价值,有别于部门法型法典的汇编型法典被视作更契合税法特质的法典模式。②

相比于部门法型法典,汇编型法典具有以下三方面特质。第一,汇编型法典不过度追求规范内容的全面性,仅要求法典所构筑的规范体系在本法域占据主导地位。③ 本书在前面的章节已介绍过,学理上将税法规范区分为财政目的规范和管制诱导性规范,前者以组织收入作为制度目的,受量能课税原则约束,后者系将税收作为经济诱因以求达致鼓励或限制目的,受奖惩原则约束。财政目的规范具备较高的价值统一性,且外观上得以税收债务关系的成立与消灭为主线展开,形式逻辑更具体系性,应当是税法典的主体规范类型;至于管制诱导性规范,税法典更主要的是设定框架,而不宜直接将过多的管制诱导性规范纳入法典内。该进路更多具有框架性与程序性的特征,税法典不欲限制税法的功能运作空间,而是旨在通过设定基本的规范来强化税法功能运作的协调性。

第二,汇编型法典不过度追求规范体系的公理导向,对于法体系的价值统一性和形式逻辑体系性持更为宽容的立场。一方面,价值统一性固然是法

---

① 刘剑文:《税法典目标下税法总则的功能定位与体系安排》,载《法律科学》2023 年第 1 期。
② 同上。
③ 参见蒋悟真:《税法典制定的时机、难点与路径》,载《法学杂志》2023 年第 1 期。

体系赖以存续的基础,但其不具有绝对性,"法典本身不必然构成一个价值判断一致的体系"。① 据此,税法典可容纳更多奉行不同建制原则的税种,比如,对于更讲求量益课税的环境保护税②,若秉持严格的价值统一性原则,则应将其排斥在税法典之外,而这显然是极为荒谬的。另一方面,由于不过分追求形式逻辑的体系性,税法典可以在保证编纂体例大体符合形式逻辑的前提下,将部分具有重要实用价值的制度提升至更高层次,以专章规定税收优惠便是其典型表现。

  第三,汇编型法典不过度追求规范内容的稳定性,只要法典的主体内容保持稳定即可。财政目的规范是税法典的主体,其虽已基本成熟,但增值税立法和房地产税改革仍是"正在进行时",考虑到数字经济对税制的影响愈发深刻,今后同样可能发生较大的税制变革。因此,税法典不应被构建成一个僵化的规范体系,而须为税制变革预留框架性的轨道③,税法的制度功能仍存在进一步拓展的空间。至于管制诱导性规范,其本就不具有太高的稳定性,税法典不会对其施加无法企及的约束机制。从行为指引功能出发,由于对不同类型规范采取"分而治之"的策略,税法的行为指引功能没有因法典化而被削弱,又由于税法典对管制诱导性规范采取框架性、程序性的控制措施,税法内部制度的功能协调性得到强化。从可预期性出发,财政目的规范成为税法典主体内容,并得到基本的体系整合,管制诱导性规范也受到约束,这些举措都可以强化税法的可预期性。这种强化当然不完美,但在日新月异的现代社会,法律能实现大体的可预期性已殊为不易。此处可借用法社会学学者的一句辩词:"'掌握80%的现象,提出80%靠谱的理论,解释80%的问题',而这总比诉诸纯粹概念与'不证自明'要更加令人信服。"④ 同样地,吸纳80%的税法规范,继而以统一性价值整合其中的80%,使得纳税人可以预期80%的税法现象,这样的税法典当然是可欲的。

  与税法学者类似,环境法学者同样呼吁引入一种有别于部门法型法典的新法典编纂模式。此种模式被概括为"适度法典化",其与汇编型法典高度相似,只是在局部议题上更为重视环境法的制度特质,对此可从以下三方面作对比分析。第一,环境法典同样不过分追求法典规范内容的全面性。由于环境立法还存在较多的薄弱环节,距离成熟尚有一定距离,环境法典对单行法持更为宽容的态度,依据编纂难度而将一部分单行法(如《生物安全法》)

---

① 朱明哲:《法典化模式选择的法理辨析》,载《法制与社会发展》2021年第1期。
② 参见本书第六章第二节的论述。
③ 参见蒋悟真:《税法典制定的时机、难点与路径》,载《法学杂志》2023年第1期。
④ 杨子潇:《经验研究可能提炼法理吗?》,载《法制与社会发展》2020年第3期。

排除在法典编纂的范围外,乃是学界共识①,相形之下,税法典对于单行税种法持较为严格的吸纳态度,一般预期是全部税种法都被纳入其中。第二,环境法典亦不过分追求规范体系的公理导向。环境法同样存在多元价值,环境法典的价值统一性仅限于"以环境的保护为基本价值取向"这一层面;在具体的篇章体例上,更符合形式逻辑的"行政学理体例"被视为当下难以实现的模式。② 第三,环境法典也不过分追求规范内容的稳定性。虽然环境法典应由具有较高稳定性的规范构成,但由于环境法制尚不成熟,环境法学界普遍认为即使环境法典编纂成功,待未来环境法制完善及立法技术成熟后仍要增补大量规范内容,这决定了环境法典的稳定性只具有相对意义。③ 税法典虽然也为税制变革预留较大空间,但此种变革更多是局部性的,其稳定程度较环境法典更高。

联系起来看,税法和环境法均是典型领域法,税法学者与环境法学者在法典编纂模式上作出了极具共性的选择,表明一种有别于传统部门法型法典、更契合领域法特质的法典编纂模式是可能的,而这种兼具体系性与功能性的新型法典,正是"功能—规范融合"互动结构的基础。

(三) 税法的经济还原主义及其协调

现代法体系具有高度的制度复杂性,这决定了不同法体系之间可能形成数量庞大的制度互动节点,要提炼一套具有普适性的制度互动协调方法,殊为不易。相比于通过制度协调实现税法与其他领域法之间的体系化,如何实现二者间的价值协调才是更为重要的问题。从规范中心主义出发,提炼共性价值、保障多元价值的协调与融贯是规范整合的基础,而从功能中心主义出发,领域法的功能导向亦服务于领域目标的实现,不可能脱离价值协调而讨论税法与其他领域法之间的有效功能互动。领域法的功能导向,也可以表达为价值导向,领域法体系是围绕如何实现特定的价值目标(如保护环境、促进教育)而展开的,功能导向只是价值导向在制度层面的体现,故而于税法与其他领域法之间的功能互动而言,价值协调是更为根本性的议题。据此,本部分将在侧重于域际互动的前提下,探讨税法与其他法体系实现价值协调的基本思路。

由于税法的域际互动主要围绕如何借助税法手段实现其他领域法的治

---

① 参见吕忠梅:《中国环境立法法典化模式选择及其展开》,载《东方法学》2021 年第 6 期。
② 张忠民、赵珂:《环境法典的制度体系逻辑与表达》,载《湖南师范大学社会科学学报》2020 年第 6 期。
③ 参见吕忠梅:《中国环境立法法典化模式选择及其展开》,载《东方法学》2021 年第 6 期。

理目标而展开,避免税法价值过度侵蚀其他领域法价值便成为价值协调的重点。税法具有浓郁的经济还原主义特质,也即税法倾向于将全部带有经济色彩的人类活动都还原为经济行为①,进而从经济实力、经济后果的角度考虑是否征税。量能课税成为税法的建制原则,便是经济还原主义浸染税法的典型表现,其核心主张是税收须依据纳税人的税收负担能力征取,而税收负担能力便是由经济行为(如获取所得、保有财产和消费)所带来或增进的经济实力。② 由此出发,经济还原主义看似在探求实质公平,归根到底仍可理解为抱持的乃是形式维度的经济公平理念,只要对于同样的经济行为统一课以负担,税收便具有公平性。受该理念指引,能带来收益的犯罪行为也可以被还原为一种经济行为,由此便可得出犯罪所得应予征税的结论。③ 诚然,量能课税亦强调税收不得侵及税本④,但这一点可以从纳税人生存权的角度推导得出,也未尝不可以将其视为尊重经济理性的体现——侵及税本会破坏经济行为赖以发生的根基乃是其底层逻辑。由此可见,税法具有浓郁的经济形式公平色彩,其虽受到一定限制,但该处的限制主要是底线控制,这实际上会导致税法价值陷入扁平化、薄弱化的困局:只要税收没有侵及税本,以经济实力为标准统一课税便是公平的吗?结论恐难乐观。可税性理论虽然强调从主体与行为两个维度考察公益性,以此作为限制经济还原主义的依据,但其以是否"为社会公众提供公共物品"作为公益性的定义⑤,实际上秉持的仍是经济还原主义的思维——因为提供公共物品在多数情形下违反经济理性,所以提供公共物品被视作公益行为。此种理解对于税法经济还原主义的限制依旧有限,并非所有公共产品都无法通过私主体提供⑥,公益性也仅是减免税负时的考量之一。

  在与其他法体系进行价值互动的过程中,税法经济还原主义受到更多约束,税法价值也得到丰富和充实。一方面,并非所有带有经济色彩的行为都要还原为经济行为。与民法的互动使税法意识到,保障婚姻家庭是整个法体系的重要价值,基于伦理性的考量,对于近亲属间的经济活动,未必要视作经

---

① "经济还原主义"一词借用自社会学者对法律经济学研究的批评,其认为将所有具有经济意义的人类行为都简单理解成经济理性的外在表现是不妥当的。参见〔美〕薇薇安娜·A.泽利泽:《亲密关系的购买》,陆兵哲译,上海人民出版社2022年版,第30—32页。
② 许多奇:《论税法量能平等负担原则》,载《中国法学》2013年第5期。
③ 刘荣、李佳男:《税收犯罪中刑事没收的裁判分歧与理论匡正——以1800份逃税罪裁判为例》,载《税务研究》2023年第7期。
④ 刘剑文、熊伟:《税法基础理论》,北京大学出版社2004年版,第129—130页。
⑤ 张守文:《论税法上的"可税性"》,载《法学家》2000年第5期。
⑥ 参见冯俏彬、贾康:《权益—伦理型公共产品:关于扩展的公共产品定义及其阐释》,载《经济学动态》2010年第7期。

济行为而予以征税①；另一方面，对于经济行为，也不是都要依循形式公平的思路征税，比如由于环境保护税、消费税等税种的存在，生产等环节对环境破坏程度较高的产品，最终消费者承受的转嫁而来的税收负担通常会更高，此种突破经济形式公平的做法正是税法接纳环境保护价值的重要体现。可见，税法与其他法体系展开功能互动的过程，也是二者进行价值协调的过程。

明晰该点后，税法何时应坚持自身的经济形式公平理念，何时应尊重其他法体系的公平价值，便成为有待进一步思考的问题。对此，要得出清晰准确的结论是困难的，虽然法价值之间存在一定位阶，但价值与价值相互间的区分是模糊的，不同价值所处的位阶也常常言人人殊，更何况，意思自治的基础正在于无法对各类价值作清晰、统一的排序。②尽管如此，一种大体的尊让方案仍是可能的。其一，对于具有伦理意义的基础价值（如生命伦理与家庭伦理），税法须给予更高程度的尊重，对人民生活必需品课以最低税收或免税、对亲友间互发的娱乐性小额红包不征税，都是此种尊让的体现。其二，对于社会目的意义上的政策价值，税法也应在不严重偏离自身价值追求的前提下，适当予以接纳，其前提是经由税法手段可以更为便捷地实现政策价值。比如，经由税收优惠或税收重课实现环境保护目的之所以是可欲的，是因为环境保护以预防为主，而税法可以通过塑造新的成本—收益结构发挥事前预防功能，这远比事后投入财政资金来改善环境更能有效实现环境保护目的，国家财力也得到节省，由此形成税法与环境法双赢的局面。当然，税法手段于此间的运用应有其限度，经济形式公平理念虽不完美，但纳税人据此可大致预估自身将承担何种程度的税负，如果税法为实现政策价值而过度运用税法手段，将导致税法的基础性功能遭到严重贬损。由此出发，税法手段在结构与总量两方面都应受到约束。在结构方面，应形成以税收优惠为主、不征税和税收重课为辅的功能规范结构，从而更有助于强化税法手段的限度控制。其原因在于，不征税系完全否认相关活动的经济性，对税负影响颇大，对税法体系的冲击也较强，过多设置此类规则易诱发税负的体系性失调；税收重课与税收优惠的效果虽相类似，但从激励相容的角度出发，地方政府缺乏执行税收重课的动力，③普遍设置税收重课也容易导致纳税人税负处于十分不确定的状态。在总量方面，应在前述结构的基础上实现对税收优惠的总量控制，如美国曾将税式支出的占比控制在所得的28%以内，④构建完善的税

---

① 参见叶金育：《法际整合视域下婚姻家庭的税法保障》，载《法学评论》2023年第4期。
② 参见李海平：《基本权利客观价值秩序理论的反思与重构》，载《中外法学》2020年第4期。
③ 参见姚子健：《论税收重课法律制度》，载《新疆社会科学》2022年第4期。
④ 蒋悟真：《税收优惠分权的法治化：标准、困境与出路》，载《广东社会科学》2020年第1期。

式支出评估机制、强化预算监管是较为直观且有效的进路。

四、小　结

　　税法学者最早提出"领域法"的概念,税法因而被不少研究者视为典型的领域法,领域法研究也确实助推了税法研究的范畴更新和视域延展,对税法基础理论的展开也有重大意义。如果从更高标准来衡量,既有领域法研究更为关注的是方法论层面的理论问题,各领域法相互间的制度互动仅获得有限关注,这也制约了对税法与其他法体系关系研究的深入。作为典型领域法,税法与其他领域法之间的互动图景,对于理解域际互动结构和更好认识税法本身都具有深刻意义。无论是作为一种学术概念还是作为一种制度现象,领域法都与部门法存在显著的互补关系,脱离了对部门法的比较性论述,难以真正理解领域法的制度构造与制度价值。税法与传统部门法的制度关联更多围绕如何构建统一法秩序而展开,规范中心主义的色彩浓郁,反映了税法为融入法秩序而付出的努力;税法与其他领域法的制度互动则围绕如何实现治理功能的有机协调展开,这种互动结构具有明显的功能中心主义特征。此种异质性很大程度上源于部门法与领域法制度构造方面的区别,部门法的规范类型同质化、规范组织公理化,而领域法则呈现出规范类型多元化、规范组织功能化的特质。规范中心主义与功能中心主义看似泾渭分明,但体系化实为二者所共同遵循,融贯功能性与体系性的"功能—规范融合"新互动结构更为可取。为此,在制度构造层面有必要寻求一种区别于传统部门法型法典、更契合领域法特质的法典编纂模式,在域际互动层面则有必要系统反思税法的经济还原主义,构建一种大体适用的价值尊让秩序。目前的领域法研究更多是描述性的,指引制度完善的作用尚不明显,本节正是为弥补该缺陷而作的努力,也就在此过程中,税法与其他法体系的关联节点得以更清晰地呈现出来,法际或域际互动的方向也跃然纸上。

结　论

　　本书从对税收法律关系性质的检视入手，继而考察了税收与税法的功能、税法基本原则这两方面议题，随后以分析得出的理论主张为工具，揭示了税法形式渊源的特殊性及其内在合理性。在本体论、价值论和发生论研究的基础上，本书在微观和宏观两个层面开展规范论研究，提炼了税权配置的应然格局和纳税人权利的应有谱系，并且从内外双重视角对税法规范体系及其制度关联展开剖析。本书各章的基本结论概述如下。

　　税法学界倾向于从债务关系的角度来理解和界定税收法律关系的性质，这一观点对于明确税法和行政法的区别，特别是凸显实体税法的研究价值，颇有助益。客观来讲，税收确实具有"债"的形式外观，但具有该外观的远非税收而已，故其并不当然导向应该基于债法逻辑来观察、重构税法的结论。不同于学界通说，"债"的定性对实体税法建制的影响有限，对程序税法的影响却很大，而很多程序税法规则若是依循债法逻辑设计和运行，将产生逻辑不自洽的情状，也未必有利于纳税人权利保护。其实，税收法律关系"权力关系说"的初心本意是限制征税权力，这同税法的公法属性相适应且时至今日仍富有价值。故此，税法研究应在正确理解各学说内涵的基础上取其精华，制度设计也须充分把握税法的公法属性，对于债法思维和债法规则的植入持一种审慎、谦抑的立场。

　　在对税收法律关系的性质形成更加全面的认知之后，能够更好地理解税收与税法的功能。税收和税法的功能具有高度关联性。税收的功能主要是组织收入、配置资源、保障稳定，三者的共性在于均强调国家以税收为媒介干预乃至直接介入经济活动，具有强烈的积极行权属性。就税法而言，其需要保障税收功能的发挥，故充分授权是税法功能的重要维度；但与此同时，若是如前文所述，体察税法的公法属性并由"权力关系说"的角度把握税收法律关系，则控权亦为税法功能的题中之义。这便要求无论授权还是控权，俱不可推到极致。一方面，国家借税收积极干预经济、社会生活时，要警惕泛化理解税收宏观调控的倾向，且须自觉接受税收、税法固有价值的拘束，在有更优方案时避免轻易使用税收工具。另一方面，也须明确，严格控权导向的税法是同古典时代最小国家——最轻税负的理论预设一脉相承的，当税收和税法承载的治理功能日益凸显时,过于机械的控权型税法显露出不合时宜之处,其既不能满足税收调控对时效性、专业性的要求,还可能因陷入形式主义的陷阱而无法真正收到控遏行政权力的实效。因应现代社会的治理需求,不妨适当收缩税法控权功能的辖制范围,置重心于以组织财政收入为目标的税收规范和税种,而对于主要承载管制诱导目标的税收规范和税种,则相对放宽法定要求。相应地,经由构建以支出为重心的替代性机制,使控权目标依旧得以达致。

从内在属性和外在功能出发,对税法基本原则也可形成新的认知。学界一般将税法基本原则概括为体现形式正义的税收法定、体现实质正义的税收公平和体现效率正义的税收效率。这一概括较为全面,但也存在若干问题:一是将税收法定仅仅理解为形式维度的要求,作用于实践有形骸化的风险;二是多从量能课税和量益课税两个角度理解税收公平,衡量尺度不一致,贬损对于制度实践的指引价值;三是仅将税收中性作为税收效率原则中税收经济效率这一分支下的一项具体要求,对其重要性认识不足。对这三方面问题,有必要在学理上加以廓清。

税收法定以"纳税人同意"为核心诉求,最早呈现为平等磋商式的直接同意,后于议会主权时代异化为代议式间接同意,在反思间接同意能否真正反映纳税人意志的基础上,直接同意以另一种形式部分复归。我国学术界和实务界习惯在"依法行政"项下理解税收法定,早期片面强调依法治税,后又将其与法律保留等同,均未能从"纳税人同意"的角度加以把握以致此二要求均有形骸化之虞,契约式直接同意更为当前实践所轻忽。2020年完成既有税种立法仅为落实税收法定的里程碑而非终章。税法建制要彰显契约精神,循推定和参与两条路径探求纳税人直接同意,重心是以半数法则、树果原则拘束税收立法,使课税仅限于财产权"附有"社会义务的程度,同时审慎吸收纳税人参与,着力提升其效能。

税收公平之衡量标准的不统一,本质上源于学界对量能课税作用范围的认知不全面。概言之,通说认为量能课税仅对纳税人之间的税负配置格局提出要求,而且其只是拘束所得税法(主要是个人所得税法)、财产税法之大部,不及于流转税法。实际上,量能课税对税法建制的要求有纵横两个向度,纵向意义上的量能课税要求税负设定应力求准确地把握税负能力,这主要是对国家和国民的财富分割提出要求,横向意义上的量能课税才指向纳税人内部的税负配比。同时,如能充实对税负能力类别的认识,则各税种法建制均可以也应当受到量能课税的拘束。由此出发,将量能课税与量益课税相并称是不适当的,暂且不论量益课税内在的不可操作性,仅从逻辑的角度看,"收益"不过是税负能力的来源之一,"收益"也不必定转化为税负能力。量能课税已经对量益课税有所考量,并将其合理成分纳入自身的要求之中。故此,量能课税应当成为税收公平的统一要求,税法建制应从不同维度恪守量能课税的要求。

税收中性既是一项经济原则,更是一项法律原则,其有着降低税收超额负担、避免扭曲资源配置、禁止不合理地歧视部分市场主体等多方面要求,归根到底是对纳税人自由权、平等权、发展权的彰显和维护。在强调市场决定性配置资源、竞争政策基础性地位的语境下,明确税收中性作为税法基本原则的定位,要求对税收政策实施公平竞争审查,缓释劣质化的税收竞争,从税收维度助力优化公平竞争营商环境。但税收中性主要是税法控权功能的体现,诚如前述,在现代治理语境下,税法控权不应被推到极致,故税收中性应当是相对中性,能够容纳税收宏观调控,而且不能反向歧视国有企业进而削弱全民所有制。确立扎根本土实际、剔除风险因素的税收中性原则,有助于对我国税法体系实施市场化、竞争化和中性化改造。

税法形式渊源的特质及其生成机制,必须从与税收法律关系性质相匹配、有利于税法功能发挥、受税法基本原则指引的角度加以把握。不同于学术界通常假定的理想状态,我国税收法律在形式上呈现"空筐结构"的状况,相当一部分规则载于国务院制定的实施条例、财税主管部门制定的税务规范性文件之中。这种状况有其合理性:一是税收事项的技术性促推全国人大及其常委会向行政机关分享税收立法权,但该点理由不能绝对化;二是税收调控、调节功能的高效发挥建立在相关规则具有一定灵活性的基础上,而下位规范较之税收法律更有这方面的优势;三是地区间差异和因地制宜的治理需求也在一定程度上消解了税权纵向集中的合意性。由此出发,在把握税收法定之"纳税人同意"内核的基础上,可采行一种富有弹性的法定标准,基于规范对象的异质性而由不同位阶的制度来规定相关内容,并在共享税、地方税的场域为地方预留一定制度空间,同时从实体标准和程序两个方面对法律以外之下位制度规范的规则创制行为加以控制。与税收法律的"空筐结构"形成鲜明对比,同时也可谓是其必然结果的,是税务规范性文件在实践中扮演重要角色。受制于税收法定原则的束缚和《立法法》关于税收基本制度实行法律保留的规定,财税主管部门制发此类文件时多冠以"经国务院批准"或"经国务院同意"的前缀,希望以此在法律保留和转授权禁止的条件约束下获得合法性加成。原《税收规范性文件制定管理办法》第5条也试图赋予该行为以正当性。但问题在于,该条规定仅明确财税主管部门得掌握"减税、免税"事项的规则创制权限,而实践中大量文件已涉及其他优惠类型甚至一般性税收要素的调整。更重要的是,"经国务院批准"或"经国务院同意"未改变财税主管部门制发相关文件的行为性质,且有转授权之嫌疑。诚如该章第一节所述,财税主管部门掌握一定税收"剩余立法权"有其必要,但需要经由制度调整达致该目标,在此之前,相关做法有自我授权的风险。

  税收权力和纳税人权利是税法的基石范畴。税权配置要服务于税收与税法功能的发挥,且须受到税法基本原则的拘束。我国当前的税权配置在纵向上高度集中,在横向上相对分散。在应然层面,应认识到税权配置须在授权和控权这二元立场之间允执厥中,既要将税权配置和运行纳入法治轨道,也要保障其可以能动高效地助力经济社会发展。同时考虑到税权异质多元的情状,故不应不加区分地讨论税权配置,而应在类型化的基础上提炼税权配置的应然格局。概言之,财政目的税权和管制诱导税权、一般性税收要素决定权和特别税收要素决定权、税收要素确定权和税收要素调整权的配置均应遵循差异化进路,三组"二元关系"中的前者应更多遵循控权进路,故可适当集中税权,三组"二元关系"中的后者则不妨体现更多的授权因素,赋予行政机关和地方层级更大的税权。实践中,行政机关掌握的税权要超过文本设定范围,这主要表现为其拥有较大的自由裁量权且事实上掌握一定的税收"剩余立法权"。对此状况要作辩证分析,其部分合乎于功能适当原理,但以税收法定原则的要求和税权配置的应然格局来检视,则行政机关通过这两种方式扩张税权仍应限定在特定领域或事项,且应受到法律规制。至于纳税人权利,不宜将其纳入税权概念,而应作为相关概念单独研讨。我国当前的立法实践和理论言说在不同程度上存在对纳税人权利理解程序化、空洞化的情状,应当顺应税法体系颇为复杂的情状,从公法属性、债法因素和税法特质三个角度切入,建构应然层面的纳税人权利体系,并以此指引制度优化的方向。

  税法的规范论研究除关注具体的核心范畴外,也要关注作为整体的规则束,这可以从内外双重视角切入。在税法体系内部,尤其要注意识别并妥善安置税法体系中的特异性规则,避免将税收和税法的一般性制度逻辑简单地加诸其上。微观层面的税收优惠等管制诱导性规范和宏观层面的《环境保护税法》等特定目的税种法,便遵循着不同于其他"主流"税法规则的制度逻辑。在前者,税收优惠本就以偏离量能课税的非中性方式追求调节和调控功能的实现,对此不能一概认定为不正当,而应考察其所追求的目标是否妥适且能否通过比例原则测试。在后者,特定目的税种不以组织财政收入为主要目的,有些究其实质仍属特别公课的变种。实践中易因税收较之非税收入在征管能力和规范性方面的优势而启动费改税的工程,可一旦依从税收和税法的制度逻辑去调适相关收入的汲取过程,反倒会阻碍特定政策目标的达致。

排污费改征环境保护税便是这方面的典型事例。排污费改税希望通过税较之费在征管环节的规范性,提升环境治理效能,但这仅为外在工具性视角。从内在属性看,选择税收形式与环境善治无必然联系,反因环境保护税的税收性质和对税法建制原则的部分遵循而束缚减排力度。大体上,环境保护税仍然更接近环境公课的逻辑,从而同税法一般性的建制原则和价值取向显得格格不入。针对特定目的税种法,要充分认识其特殊性,同时也要和整个税法体系的一般性相协调。为实现该目的,在理论层面,应当注意平衡量能课税和量益课税的关系,在将量益课税作为特定目的税种法一般建制逻辑的前提下,肯定量能课税的底线保障功能;在制度层面,则须严格限制特定目的税的应用场域。

在税法体系外部,税法与财政法的关系看似清晰,实际上值得深思细研。虽然学界一直有推动财政法和税法实质整合的努力,但客观言之可谓成效甚微。究其实质,该状况缘于二者实质维度的建制原则和形式维度的建制思路存在差异,在偏重自然法和偏重实证法之间各不相同,法律规制重心也不一致。因此,仅从形式、抽象、观念层面强调"财税一体化"要比实质性整合二者更有可能,客观效果也要更优。此外,税法属于典型的领域法,税法与其他法体系的关系也须自觉置于领域法学语境下加以审思。领域法是与部门法相对应的学术概念,税法与部门法和税法与其他领域法的关系应当区别审视之。税法与部门法的法际关联呈现浓厚的规范中心主义色彩,税法与其他领域法的域际互动则表现出显著的功能中心主义特征,前述现象很大程度上源于领域法与部门法在制度构造上的差异。融贯功能性与体系性的"功能—规范融合"新域际互动结构更为可欲,税法等领域法的法典化和税法与其他领域法的功能互动,均应据此展开。

税法基础理论是整个税法研究的基础,其体系庞杂,内容繁复,是故研析不易。同时也囿于本人的研力所限,本书各章所得出的结论是初步的,笔者今后还将继续结合法学、经济学理论和制度实践对其加以完善和深化。

主要参考文献

一、著作类

（一）中文著作

1. 蔡茂寅:《预算法之原理》,元照出版有限公司 2008 年版。
2. 陈敏:《税法总论》,新学林出版有限公司 2019 年版。
3. 陈清秀:《税法总论》,元照出版有限公司 2012 年版。
4. 陈清秀:《现代财税法原理》,元照出版有限公司 2015 年版。
5. 葛克昌:《税法基本问题》,元照出版有限公司 2005 年版。
6. 葛克昌:《租税国的危机》,厦门大学出版社 2016 年版。
7. 黄茂荣:《法学方法与现代税法》,北京大学出版社 2011 年版。
8. 郭庆旺、吕冰洋、岳希明:《税收对国民收入分配调控作用研究》,经济科学出版社 2014 年版。
9. 李大庆:《财税法治整体化的理论与制度研究》,中国检察出版社 2017 年版。
10. 李建人:《英国税收法律主义的历史源流》,法律出版社 2012 年版。
11. 廖益新、李刚、周刚志:《现代财税法学要论》,科学出版社 2007 年版。
12. 刘剑文、熊伟:《税法基础理论》,北京大学出版社 2004 年版。
13. 刘守刚:《西方财政思想史十六讲——基于财政政治学的理论探源》,复旦大学出版社 2019 年版。
14. 吕冰洋:《央地关系——寓活力于秩序》,商务印书馆 2022 年版。
15. 施正文:《税收程序法论——监控征税权运行的法理与立法研究》,北京大学出版社 2003 年版。
16. 施正文:《税收债法论》,中国政法大学出版社 2008 年版。
17. 王霞:《税收优惠法律制度研究:以法律的规范性及正当性为视角》,法律出版社 2012 年版。
18. 薛克鹏:《经济法基本范畴研究》,北京大学出版社 2013 年版。
19. 闫海等:《个人所得税的良法善治论》,人民出版社 2023 年版。
20. 叶金育:《税法整体化研究:一个法际整合的视角》,北京大学出版社 2016 年版。
21. 叶姗:《税收利益的分配法则》,法律出版社 2018 年版。
22. 张守文:《财税法疏议》,北京大学出版社 2005 年版。
23. 张守文:《当代中国经济法理论的新视域》,中国人民大学出版社 2018 年版。

24. 张馨:《公共财政论纲》,商务印书馆 2022 年版。
25. 张怡等:《衡平税法研究》,中国人民大学出版社 2012 年版。
26. 朱大旗、胡明等:《〈税收征收管理法〉修订问题研究》,法律出版社 2018 年版。
27. 《外国税收征管法律译本》编写组:《外国税收征管法律译本》,中国税务出版社 2012 年版。

(二) 外文译著

1. 〔美〕B. 盖伊·彼得斯:《税收政治学:一种比较的视角》,郭为桂、黄宁莺译,凤凰出版传媒集团、江苏人民出版社 2008 年版。
2. 〔美〕奥康纳:《国家的财政危机》,沈国华译,上海财经大学出版社 2017 年版。
3. 〔美〕肯尼斯·卡尔普·戴维斯:《裁量正义——一项初步的研究》,毕洪海译,商务印书馆 2009 年版。
4. 〔美〕理查德·A. 马斯格雷夫、艾伦·T. 皮考克主编:《财政理论史上的经典文献》,刘守刚、王晓丹译,上海财经大学出版社 2015 年版。
5. 〔美〕理查德·B. 斯图尔特:《美国行政法的重构》,沈岿译,商务印书馆 2011 年版。
6. 〔美〕维克多·瑟仁伊:《比较税法》,丁一译,北京大学出版社 2006 年版。
7. 〔美〕休·奥尔特、〔加〕布赖恩·阿诺德等:《比较所得税法——结构性分析》(第三版),丁一、崔威译,北京大学出版社 2013 年版。
8. 〔美〕约瑟夫·A. 佩契曼:《美国税收政策》,李冀凯、蒋黔贵译,北京出版社 1994 年版。
9. 〔美〕詹姆斯·M. 布坎南、理查德·A. 马斯格雷夫:《公共财政与公共选择:两种截然对立的国家观》,类承曜译,中国财政经济出版社 2000 年版。
10. 〔德〕奥托·迈耶:《德国行政法》,刘飞译,商务印书馆 2013 年版。
11. 〔德〕伯恩·魏德士:《法理学》,丁晓春、吴越译,法律出版社 2013 年版。
12. 〔德〕迪特尔·比尔克:《德国税法教科书》(第 13 版),徐妍译,北京大学出版社 2018 年版。
13. 〔法〕狄骥:《公法的变迁》,郑戈译,中国法制出版社 2010 年版。
14. 〔日〕北野弘久:《日本税法学原论》(第五版),郭美松、陈刚译,中国检察出版社 2008 年版。
15. 〔日〕金泽良雄:《经济法概论》,满达人译,甘肃人民出版社 1985 年版。
16. 〔日〕金子宏:《日本税法》,战宪斌、郑林根译,法律出版社 2004 年版。
17. 〔日〕中里实等:《日本税法概论》,西村朝日律师事务所西村高等法务研究所监译,法律出版社 2014 年版。

(三) 外文原著

1. Adrian Vermeule, *Law's Abnegation: From Law's Empire to the Administrative State*, Harvard University Press, 2016.
2. Bryce Lyon, *A Constitutional and Legal History of Medieval England*, W. W. Norton

& Company, 1980.

3. G. L. Harriss, *King, Parliament, and Public Finance in Medieval England to 1369*, Oxford University Press, 1975.

4. Richard A. Musgrave, *The Theory of Public Finance: A Study in Public Economy*, Mcgraw-Hill Book Company, 1959.

5. 財務省財務総合政策研究所財政史室編:《昭和財政史——昭和 49~63 年度》(第 4 卷),東洋経済新報社 2005 年版。

6. 金子宏:《租税法》(第 16 版),弘文堂 2011 年版。

二、论文类

(一) 中文论文

1. 陈少英:《财税法的法律属性——以财税法调控功能的演进为视角》,载《法学》2016 年第 7 期。

2. 陈治:《地方预算参与的法治进路》,载《法学研究》2017 年第 5 期。

3. 黄学贤:《行政法中的信赖保护原则》,载《法学》2002 年第 5 期。

4. 黄学贤:《行政法中的法律保留原则研究》,载《中国法学》2004 年第 5 期。

5. 靳文辉:《论地方政府间的税收不当竞争及其治理》,载《法律科学》2015 年第 1 期。

6. 刘剑文:《论财政法定原则——一种权力法治化的现代探索》,载《法学家》2014 年第 4 期。

7. 刘剑文:《财税法功能的定位及其当代变迁》,载《中国法学》2015 年第 4 期。

8. 刘剑文、李刚:《税收法律关系新论》,载《法学研究》1999 年第 4 期。

9. 刘剑文、王桦宇:《公共财产权的概念及其法治逻辑》,载《中国社会科学》2014 年第 8 期。

10. 刘水林:《论税负公平原则的普适性表述》,载《法商研究》2021 年第 2 期。

11. 刘伟:《财政补贴的竞争法审查及其改进——兼论〈公平竞争审查制度实施细则(暂行)〉》,载《财经理论与实践》2018 年第 5 期。

12. 吕铖钢:《公共财产与私有财产分离下的财税法一体化》,载《财政研究》2018 年第 12 期。

13. 庞明川:《中国特色宏观调控的结构性范式及形成逻辑》,载《财经问题研究》2016 年第 12 期。

14. 覃有土等:《论税收法定主义》,载《现代法学》2000 年第 3 期。

15. 沈岿:《因开放、反思而合法——探索中国公法变迁的规范性基础》,载《中国社会科学》2004 年第 4 期。

16. 史际春、宋槿篱:《论财政法是经济法的"龙头法"》,载《中国法学》2010 年第 3 期。

17. 汤洁茵:《税法续造与税收法定主义的实现机制》,载《法学研究》2016 年第

5 期。

18. 王鸿貌:《税收法定原则之再研究》,载《法学评论》2004 年第 3 期。
19. 邢会强:《论税收动态法定原则》,载《税务研究》2008 年第 8 期。
20. 熊伟:《财政法基本原则论纲》,载《中国法学》2004 年第 4 期。
21. 熊伟:《法治视野下清理规范税收优惠政策研究》,载《中国法学》2014 年第 6 期。
22. 许安平:《税收法律主义及其在当代的困惑》,载《现代法学》2005 年第 3 期。
23. 许多奇:《重释税收法定主义——以〈海南自由贸易港法〉颁布为契机》,载《法学论坛》2022 年第 2 期。
24. 许成钢:《法律、执法与金融监管——介绍"法律的不完备性"理论》,载《经济社会体制比较》2001 年第 5 期。
25. 徐阳光:《民主与专业的平衡:税收法定原则的中国进路》,载《中国人民大学学报》2016 年第 3 期。
26. 叶姗:《税权集中的形成及其强化:考察近 20 年的税收规范性文件》,载《中外法学》2012 年第 4 期。
27. 叶姗:《税收剩余立法权的界限——以成品油消费课税规则的演进为样本》,载《北京大学学报(哲学社会科学版)》2013 年第 6 期。
28. 叶姗:《论滞纳税款加收款项之附带给付属性》,载《法学》2014 年第 10 期。
29. 叶姗:《增值税法的设计:基于税收负担的公平分配》,载《环球法律评论》2017 年第 5 期。
30. 叶姗:《房地产税法建制中的量能课税考量》,载《法学家》2019 年第 1 期。
31. 张富强:《论税权二元结构及其价值逻辑》,载《法学家》2011 年第 2 期。
32. 张牧君:《重申量能原则:数字时代税收制度改革的规范性理由》,载《法制与社会发展》2023 年第 3 期。
33. 张守文:《论税收法定主义》,载《法学研究》1996 年第 6 期。
34. 张守文:《税制变迁与税收法治现代化》,载《中国社会科学》2015 年第 2 期。
35. 张婉苏:《从税收法定到税收法治的实践进阶——以进一步落实税收法定原则为中心》,载《法学研究》2023 年第 1 期。
36. 张翔:《我国国家权力配置原则的功能主义解释》,载《中外法学》2018 年第 2 期。
37. 朱大旗:《从国家预算的特质论我国〈预算法〉的修订目的和原则》,载《中国法学》2005 年第 1 期。

(二) 外文论文

1. Adrian J. Sawyer, "A Comparison of New Zealand Taxpayers' Rights with Selected Civil Law and Common Law Countries—Have New Zealand Taxpayers Been 'Short-Changed'?", 32(5) *Vanderbilt Journal of Transnational Law* (1999).

2. CA Crespo, "The 'Ability to Pay' as a Fundamental Right: Rethinking the

Foundations of Tax Law", 3 (1) *Mexican Law Review* (2010).

3. Daniel Deak, "Neutrality and Legal Certainty in Tax Law and the Effective Protection of Taxpayers' Rights", 49(2) *Acta Juridica Hungarica* 177 (2008).

4. Emmanuel Kasimbazi, "Taxpayers' Rights and Obligations: Analysis of Implementation and Enforcement Mechanisms in Uganda", *DIIS Working Paper* (2004).

5. Harold M. Groves, "Neutrality in Taxation", 1(1) *National Tax Journal* 18 (1948).

6. Lena Hiort af Ornäs Leijon, "Tax Policy, Economic Efficiency and the Principle of Neutrality from a Legal and Economic Perspective", *Uppsala Faculty of Law Working Paper* (2015).

7. 渡邊亙:《ふたつの法律の留保について》,載《憲法論叢》第 15 号。

8. 弓削忠史:《税法原理 IV》,載《九州共立大学経済学部紀要》第 111 卷,2008 年 2 月。

9. 吉村典久:《応能負担原則の歴史的展開》,載《法學研究:法律・政治・社会》第 63 卷第 5 号。